U0814905

“十二五”职业教育国家规划教材
经全国职业教育教材审定委员会审定

21世纪高等院校老年服务与管理专业系列规划教材

老年服务与管理概论

卢　霞　周良才　主编

北京大学出版社
PEKING UNIVERSITY PRESS

内 容 简 介

本书从多学科角度系统地、全面地梳理了老年服务与管理专业涉及的领域、学科知识。为了更准确地进行阐述，着重从老年人、老年群体和老龄化社会3个方面，对老年服务与管理的目标、具体的服务内容与管理领域进行了论述。本书共设计了3个学习情境，共包括9个子情境。学习情境一主要对老年服务与管理学科的兴起、老年服务与管理的领域、老年服务与管理的目标与伦理进行了概述；学习情境二主要对老年服务与管理的具体内容进行了概述，对涉及的每个领域的服务或管理的目的、目标及具体内容进行了概述；学习情境三主要从学科教育和学科发展的角度分别阐述了老年服务与管理专业的发展与未来。

本书可作为高职高专及应用型本科院校老年服务与管理专业课程教学使用，同时也可作为从事老年服务与管理工作的专业人士工作参考书。

图书在版编目(CIP)数据

老年服务与管理概论/卢霞，周良才主编. —北京：北京大学出版社，2014.9
（全国高等院校老年服务与管理专业系列规划教材）
ISBN 978-7-301-24156-1

Ⅰ.①老… Ⅱ.①卢…②周… Ⅲ.①老年人—社会服务—高等学校—教材
Ⅳ.①C913.6

中国版本图书馆CIP数据核字(2014)第077547号

书　　名：老年服务与管理概论
著作责任者：卢　霞　周良才　主编
执 行 编 辑：桂　春(guichun2005@126.com)
责 任 编 辑：胡伟晔　王慧馨
标 准 书 号：ISBN 978-7-301-24156-1/C・1006
出 版 发 行：北京大学出版社
地　　址：北京市海淀区成府路205号　100871
网　　址：http://www.pup.cn　新浪官方微博：@北京大学出版社
电 子 信 箱：zyjy@pup.cn
电　　话：邮购部62752015　发行部62750672　编辑部62765126　出版部62754962
印 刷 者：河北滦县鑫华书刊印刷厂
经 销 者：新华书店
787毫米×1092毫米　16开本　18印张　424千字
2014年9月第1版　2022年8月第8次印刷
定　　价：49.00元

总　序

人口老龄化是现代社会发展的必然趋势，也是当今世界各国共同关注的话题。作为人口大国，人口老龄化将成为未来一个时期我国基本的国情，随着人口老龄化加剧而带来的养老问题正日趋突出。

中国自古以来就有“尊老重老”的文化传统。新中国成立以来，更加重视老年人福利体系建设。早在1949年内政部设立时，社会福利事业包括老年福利事业管理就是内政部的重要职能之一。1978年民政部设立时，依然将社会福利事业纳入工作范畴内。改革开放以来，我国的老年福利事业有了长足的发展，面向所有老年人，以居家为基础、社区为依托、机构为支撑的老年人福利体系逐步建立，较好地保障了特殊困难老人的养老问题。

进入21世纪后，我国人口比例上的变化给新时期的老年福利工作提出了挑战。按照国际的通常理解，当一国60岁以上的人口占总人口的10%或者65岁以上的人口占总人口的7%时，这个国家就进入老龄化。1999年，我国60岁以上老年人口占总人口的10%，已经进入老龄化阶段。我国人口老龄化呈现出速度快、基数大、未富先老等特点。2011年年底我国总人口达13.47亿人，其中60岁及以上人口约为1.85亿人，占全国总人口数的13.7%，65岁及以上人口约为1.23亿人，占全国总人口的9.1%。“十二五”时期，随着第一个老年人口增长高峰到来，我国人口老龄化进程将进一步加快。从2011年到2015年，全国60岁以上老年人将由1.85亿增加到2.21亿，平均每年增加老年人860万；老年人口比重将由13.7%增加到16%，平均每年递增0.54个百分点。

同一历史时期，我国处于经济体制深刻变革、社会结构深刻变动、利益格局深刻调整、思想观念深刻变化的阶段，老龄化进程与家庭小型化、空巢化相伴随，与经济社会转型期的矛盾相交织，社会养老保障和养老服务的需求将急剧增加，这给应对人口老龄化增加了新难度。人口老龄化问题涉及政治、经济、文化和社会生活各个方面，是关系国计民生和国家长治久安的重大社会问题，已经并将进一步成为我国改革发展中不容忽视的全局性、战略性问题。为应对这种新的变化趋势，我国提出推进养老服务社会化的政策。

社会化养老服务一方面带来全社会共同参与养老服务的良好局面，另一方面也面临着人才队伍严重短缺的困境。目前，我国养老服务人才队伍的问题突出表现在人才严重短缺、队伍不稳定、文化程度偏低、服务技能和专业知识差、年龄老化等方面。这些困难严重制约我国养老服务水平的提高，严重影响老年人多样化的养老服务需求的实现。

“十二五”期间是我国老龄事业发展的重要机遇期，老龄事业任重道远。特别是党的十八大报告明确提出，要积极应对人口老龄化，大力发展老龄服务事业和产业。“养老服务体系”建设直接决定着老年人晚年生活质量的高低。养老服务体系离不开人才队伍建设。养老服务专业人才特别是养老护理员、老龄产业管理人员的培养尤为重要。

养老护理是一项专业性强的技术工作，它既需要从业者具有专业护理、心理沟通、精神慰藉等方面的专业知识，更需要从业者具备尊老、爱老、敬老和甘于奉献的职业美德。没有良好的文化素养、没有经过专业的技能培养不能胜任这一岗位。老龄产业管理者的管理理念、管理方法、管理水平在很大程度上决定了养老服务机构的发展方向和服务水平。这就要求我们培养一大批理论与实务能力兼备的管理人才，带动养老服务管理的科学化、高效化、信息化和制度化。

“行业发展、教育先行”，人才队伍建设离不开教育，大力推进老年服务与管理相关专业的发展是未来一个历史时期民政部和教育部的重点工作之一。在这样的社会背景下，组织全国多所大专院校联合开发“全国高等院校老年服务与管理专业系列规划教材”，旨在以教材推进课程建设和专业建设，进而提高老年服务与管理人才培养质量。

在内容选取上，系列教材立足老年服务与管理岗位需求，内容涵盖老年服务与管理岗位人才需要掌握的多项技能，包括老年健康照护、老年社会工作、老年服务伦理与礼仪、老年康复保健、老年人权益保障、老年活动策划与组织、老年营养与膳食保健等多个方面。

在编写体例上，反映了高职教育“高素质技能型人才”培养的要求，每本教材根据内容的不同采取不同的编写体例，其主旨在于突出教材的实用性和与岗位的贴合性，以任务导向、兴趣导向、技能导向等多种方式进行编写，既提高了学生学习教材的兴趣，又实现了理论与实践的结合。

“十年树木，百年树人”，人才队伍建设非一朝一夕可实现。在此，我们要感谢参与编写系列教材的所有编写人员和出版社，是你们的全心投入和努力，让我们看到这样一系列优秀教材的出版。我们要感谢各院校以及扎根于一线老年服务与管理人才教育的广大教师，是你们的默默奉献，为养老服务行业输送了大量的高素质人才。当然，我们还要感谢有志于投身养老服务事业的青年学子们，是你们让我们对养老服务事业发展充满信心。

我们相信，在教育机构和行业机构的共同努力下，在校企共育的合作机制下，我国的养老服务人才必定不断涌现，推动养老服务行业走上规范、健康、持续发展的道路。

本书编委会

二〇一三年一月

前　言

能否想象，在未来不到50年的时间里，世界上每4个人中就会有1个是老年人！人的预期寿命将再提高10岁，达到80多岁，如果以65岁为开始，我们将有约长达20年的时间处于老年期！如此漫长的老年生活我们该如何度过？这是我们每个人都将要思考的问题。

作为从事老年服务与管理工作的人士，我们身上的责任更多的应该是运用我们所学的专业知识去帮助老年人应对老年期的各种生活挑战，去制定防范措施来应对不断增加的老年人口，去发展更多的为老年人服务的项目。

我国老年服务与管理专业教育从20世纪90年代末开始建设，经过十多年的发展已初见成效。随着老龄化社会进程的加快，国内高校纷纷开设此专业，但由于老年服务与管理涉及领域广泛、学科众多，一方面如何科学、合理地规划与构建该专业的课程体系，在高校本专业建设过程中显得尤为重要；另一方面，在众多的领域与知识面前，如何让学生系统地了解本专业的重要性与涉及学科的广泛性，也是一个不容忽视的问题。而我国目前尚无此类书籍出版，基于如此背景，我们组织编写了本书。

本书从老年人及老龄化社会两个角度阐述如何通过服务与管理的方式构建和谐的老龄化社会，即老年服务与管理在老龄化社会的重要性；还系统阐述了老年服务与管理的目标、内容及本专业的发展，对学习本专业的学生及参与本专业教学的老师具有方向性的指导作用。

本书涵盖了当今社会老年服务与管理的大部分领域，以综述的形式对每个服务领域的目标、知识、方法、技巧进行概括，并结合当今老龄化社会的现状，导入典型案例，通过理论联系实践的方法，对目标、知识、方法、技巧进行阐述，不仅有助于本专业学生更好地理解专业内涵，也有助于从事本行业的人员开阔视野，加深对本行业的理解。

本书共设计了3个学习情境，共包括9个子情境。

学习情境一主要对老年服务与管理学科的兴起、老年服务与管理的领域、老年服务与管理的目标与伦理进行了概述。

学习情境二主要对老年服务与管理的具体内容进行了概述，其中包括老年生理健康维护、老年心理健康维护、老年幸福生活营造、老龄化社会的管理等4个子情境。每个子情境都涉及一个服务或管理领域，并对该领域的服务或管理的目标及具体内容进行了概述。

学习情境三主要关注老年服务与管理专业的发展与未来。从学科教育和学科发展的角度分别进行了阐述，并通过借鉴国外先进经验，发现与认识我国在老年服务与管理行业中存在的不足，进而提出改进方法，主要目的是为了开阔专业人士的视野。

本书由重庆城市管理职业学院卢霞老师和周良才教授联合主编，白冰、赵清钦、李莉、杜庆、聂麟懿等老师参编。在编写的过程中，我们参考与引用了众多专家学者同行的研究成果与观点，在此对他们表示衷心的感谢，同时，也对所有给予编写本教材以指导与关心、帮助，付出辛勤劳动的领导、学者、同人表示由衷的感谢！

本书内容涉猎广泛，材料丰富翔实，能够为开设老年服务与管理专业的相关院校的日常教学提供理论框架，为就读老年服务与管理专业的学生系统学习本专业学科知识提供方向性的指导，为从事老年服务与管理相关工作人士的日常工作提供借鉴和参考。

由于时间仓促，编者水平有限，定有不足之处，敬请读者批评指正！

编　者

2013 年 12 月

目　录

学习情境一　老年服务与管理概述

学习情境二　老年服务与管理的内容

学习情境三　老年服务与管理的发展与未来

学习情境一

老年服务与管理概述

子情境一　老年服务与管理学科的兴起

能力目标

本部分知识内容可以根据实际情况采用阅读、自学或讨论等教学形式组织学习，旨在培养学生：

1. 自主学习的能力；
2. 分析问题和解决问题的能力。

知识目标

通过本部分知识内容的学习，你应能够：

1. 了解全球人口老龄化问题的发展趋势；
2. 了解老年人日常生活的服务需求，认识老年人对服务需求的发展与变化；
3. 了解老龄化社会管理的意义与内涵；
4. 了解老年服务与管理的国内外经验。

任务一　全球人口老龄化

情境导入

2012年9月5日至7日，第二届人口老龄化长寿化国际研讨会在海南举行，人口老龄化趋势以及如何应对老龄化成为会上关注的焦点话题。联合国老龄研究所所长特鲁伊斯为研讨会致贺信时称，在20世纪的后20年，人口预期寿命提高了20岁，预计到2050年再提高10岁。中国社会经济系统分析研究会人口委员会主任萧振禹在专题发言中分析了我国老龄化、长寿化的趋势和现状。

萧振禹分析说，2001年到2025年，老年人口将从1.77亿增加到3亿，老年抚养比超过儿童抚养比。到21世纪中叶，世界上每4个老年人中就有1名中国老年人，中国将成为人口老龄化程度最高的国家。萧振禹说，当前，中国老年人多为居家养老，要应对人口老龄化的严峻挑战，在老年社会保障制度安排、公共服务体系建设、社会道德培育等诸多方面，迫切需要制定一套体现社会公平、公正的社会制度，有效应对老龄化挑战的国家战略。

全国人大原副委员长蒋正华在此届研讨会上发表主旨演讲时指出，人口平均寿命的延长也将带来一些挑战，对发展构成压力，如在社会适应人口结构变化的过程中有可能因负担过高比例的养老需求，对经济发展产生过大的压力；老年人有许多特殊需求，对医疗、生活、休闲、交通、居住等设施构成压力，需要社会及早作出安排等。

与会者认为，人口老龄化是社会文明进步的结果，也是人类社会共同面临的发展趋势，需要共同应对。

（资料来源：http://www.hinews.cn/news/system/2012/09/05/014911478.shtml）

任务描述

思考并讨论：

1. 老龄化社会的形成。
2. 你是如何看待中国人口结构老龄化这一现象的？

任务实施

1. 分小组就各个主题展开讨论；
2. 各小组选派代表汇报并分享讨论结果。

任务总结

1. 老龄化社会不只是人口学意义上的概念，从服务与管理的角度来说，意味着什么？

2. 人口结构的老龄化给社会确实带来了很多压力与消极影响，但同时也是社会发展的契机，请思考发展的契机是什么。

知识链接

一、全球人口老龄化趋势

对全球人口发展历史来说，在刚刚过去的100年间，世界人口总数翻了两番，这是一个惊人的和前所未有的人口增长速度。在漫长的人类历史发展过程中，农业革命和工业革命给人类人口增长带来了决定性的作用。

据统计，公元元年世界人口为2亿～4亿，到17世纪中叶世界人口增长到4.7亿～5.5亿。距今约200年前的19世纪初，世界人口达到8亿～11亿，到19世纪中叶达到11亿～14亿。20世纪初的世界人口数量为15亿～17亿。全球人口达到最初10亿是在1830年前后。100年后的1930年世界人口增长到20亿。第二次世界大战后，世界经历了新的急剧而空前的人口增长，人口增长率显著提高。1950年世界人口达到25亿，1960年则达到30亿。也就是说，人类从第一个10亿人增长到20亿人用了整整一个世纪的时间，而从20亿人增长到 30 亿人只用了 30 年的岁月。在此之后每增长 10 亿人的时间则越来越短,全球人口保持了持续的增长。1975 年世界人口达到 40 亿,仅用了 15 年的时间世界人口又增长 10 亿;1987 年则达到了 50 亿,1999 年突破了 60 亿。目前,世界人口以每年 7500 万的速度在增长,并且到本世纪中叶将继续保持增长。

在 20 世纪全球人口增长过程中,第二次世界大战后半个多世纪的人口增长尤其迅速而显著。公共医疗卫生条件的改善、疾病的减少、婴儿死亡率的下降、生活水平的提高等因素都对人口增长作出了贡献。许多发展中国家获得独立以后,致力于经济发展,积极改善医疗卫生条件,同时保持了较高的人口出生率。一方面是死亡率的下降,另一方面是高出生率,致使全球人口在 20 世纪后 50 年里爆炸性增长。尤其是大多数发展中国家的人口增长迅速。1950 年发展中地区人口占世界人口的比重为 67.8%,而到 2000 年这一比重上升到 80.4%。在 1950—1955 年间,发达地区的年平均人口增长率为 1.79%,而发展中地区的年平均人口增长率为 2.06%。到 1995—2000 年间,发达地区的年平均人口增长率下降到 0.289%,而发展中地区的年平均人口增长率虽然也有所下降但仍在 1.61%的水平上。在 1995—2000 年之间,非洲的年平均人口增长率则仍高达 2.39%。尽管非洲人口占全球人口的比重目前仅为 13%,但由于其高增长率,到 2050 年非洲人口将占世界人口的约 20%。在世界人口中,目前亚洲人口所占的比重最高,达到 60%,而美洲和非洲相差无几,欧洲则占全球人口的 12%。由于其低生育率和低增长率,到 2050 年欧洲人口占世界人口的比重将下降到 7%。

发达地区与发展中地区之间人口增长率的显著差异主要来自其显著的生育率水平差异。在 1950—1955 年间,全世界的总和生育率为 4.99,发达地区为 2.77,而发展中地区则为 6.16。20 世纪 70 年代以后发达地区的生育率基本在更替水平以下,90 年代前半期下降到 1.68,到 90 年代后半期则进一步下降到 1.57 的低水平。与此相比,发展中地区的生育率一直维持在较高的水平,在 90 年代前半期为 3.27,而到 90 年代后半期也在 3.00 的水平上。然而发达地区与发展中地区间的死亡率水平差异则明显缩小。比如,在 1950—1955 年间,发达地区的人口死亡率为 10.2%,而发展中地区的人口死亡率则高达 24.2%;到 1995—2000 年间,发达地区的人口死亡率为 10.1%,而发展中地区的人口死亡率则下降到 8.62%。结果,发展中地区的人口增长率远远高于发达地区。在 1995—2000 年间,发达地区的人口增长率仅为 1.1%,而发展中地区的人口增长率则高达 16.3%。1950 年,人口超过 1 亿的国家只有中国、印度、美国和俄罗斯等 4 国。到 2000 年人口超过 1 亿的国家增加到 10 个,印度尼西亚、巴西、巴基斯坦、孟加拉、日本和尼日利亚加入了这一行列。预计到 2050 年,埃塞俄比亚、刚果民主共和国、墨西哥、菲律宾、越南、伊朗、埃及以及土耳其等国家的人口也将超过 1 亿,全世界人口数量超过 1 亿的国家将增加到 18 个。

随着生育率的持续下降,很多国家实现或者正在实现人口转变,并在其过程中人口结构发生了根本性的变化,出现了新的人口发展趋势以及新的人口问题。人口老龄化不仅是发达地区所面临的人口发展趋势,也是 21 世纪全球所面临的人口发展趋势。人口老龄化是全球所面临的共同的、新的人口问题,也是制约和影响未来社会经济发展的重要的人口因素。

人口老龄化的不断发展将对各国的社会经济发展带来种种影响。目前全球人口老龄化水平(65 岁以上老年人所占比重)约为 7%,而发达地区的人口老龄化水平则远远高于发展中地区。根据联合国预测数据,到 2050 年全球人口老龄化水平将达到 16%,而发达地区的老龄化水平为 25%左右,即 1/4 的人口为 65 岁以上老年人。有些发达国家将面临人口数量的减少和急剧的人口老龄化这一严峻的人口问题，比如日本。到 2050 年，发展中地区的人口老龄化水平也将达到 15%左右，这也是较高的老龄化水平。

生育水平在很大程度上决定其未来的人口规模以及人口结构。从目前的情况来看，在今后一段历史时期内影响未来人口结构的主要因素是生育水平。同时，死亡率和平均预期寿命也将影响人口结构。全球人口平均预期寿命，还将继续不断提高，这也是一种趋势。在 1995—2000 年间，全球男性平均预期寿命为 63.6 岁，女性为 67.6 岁。然而，在发达地区和发展中地区之间平均预期寿命存在着较大的差异，如在 1995—2000 年间，发达地区和发展中地区的男性平均预期寿命分别为 71.1 岁和 61.8 岁；而发达地区和发展中地区女性平均预期寿命则分别为 78.7 岁和 65 岁。到 2045—2050 年，全球男女人口平均预期寿命将分别达到 73.9 岁和 78.8 岁，而发达地区和发展中地区男性分别为 78.2 岁和 73.3 岁，女性为 84.2 岁和 77.9 岁。平均预期寿命的不断提高将进一步加快全球人口老龄化进程。

二、我国人口老龄化趋势

新中国成立 50 年内，我国人口数量在急剧增长的同时人口年龄结构也经历了快速的转变。根据人口年龄结构的变化状况，1970—2000 年我国人口老龄化的进程可以分为两个主要阶段：第一阶段是老龄化的提高阶段(1970—1990 年)，在这一阶段中，我国人口老龄化开始出现持续提高的态势；第二阶段是快速步入老年型人口阶段(1990—2000 年)，在这一阶段中，我国人口老龄化速度加快，到 2000 年年底，65 岁及以上老年人口的比例达到了 7%，这标志着我国的人口年龄结构已经转变为老年型人口结构，并呈现出人口老龄化社会所具有的特点。

(一) 老年人口规模大，发展速度快

我国人口占世界人口的 1/4，老年人口的绝对数量居世界第一位。第六次人口普查显示，我国大陆总人口数是 13.4 亿人，65 岁以上老人占总人口数的比例为 8.87%，比 2000 年第五次人口普查上升 1.91%，为 1.17 亿人，60 岁以上的老年人口数已达到 1.8 亿。我国进入老龄化时间迟，但老龄化发展速度大大快于世界平均水平。瑞典老年人口比重从 7%升至 14%用了 85 年，法国用了 115 年，老年人口发展速度最快的日本用了 26 年。中国人口老龄化速度与日本不相上下，老年人口比重从 7%升至 14%，预计只需要 27 年。

(二) 老龄化的地区差异和城乡差异

到 1998 年年底，我国已经有近一半的省区 60 岁及 60 岁以上老年人口占本地区总人口比例超过或基本接近 10%，率先成为老年型省区。但从总体上看，我国人口老龄化在空间区域分布上是不均衡的，农村地区快于城市地区，汉族地区快于少数民族地区，东部沿海地区快于中西部地区。人口老龄化呈现出明显的地区差异和城乡差异。我国东北、东部、东南部沿海省份经济较为发达，与之相比，西部地区，如西藏、新疆等地自然条件差，经济发展滞后。发达地区人口老龄化发展较快，而内陆地区人口老龄化相对缓慢。如上海市老年人口 2000 年已达 238 万，占总人口的 18.5%，到 2025 年将达到最高峰 468.8 万，占总人口的32.7%；北京 2000 年老年人口为 188 万，占总人口的 14.6%，到 2025 年将会猛增到 416 万，老年人口的比例接近 30%，大大超过现在发达国家人口老龄化的进程，而在中西部地区，人口老龄化的程度低于东部。

在城乡差异上，一方面由于城市计划生育政策得到较好的落实及医疗卫生技术、生活水平的提高使人的寿命延长而表现为大城市人口超前老龄化，另一方面又表现为近年来农村地区青壮年劳动人口大量外流而使农村人口老龄化程度迅速提高。第六次人口普查还给我们以新的警示：居住在城镇的人口占总人口的49.68%，居住在乡村的人口占50.32%。同2000年人口普查相比，城镇人口比重上升13.46个百分点。人口的流动和户籍制度的改革，城市对农村剩余劳动力吸纳能力的提高，城市打工和做生意的收益的刺激，使农村有较高文化程度的青年人口越来越多地移居到了城市。这在给城市带来新的活力的同时，也给农村人口的老龄化带来了促动。农村人口老龄化水平的提高，已经使农村老人的赡养问题凸现了出来。今后，农村地区将是我国未来人口老龄化最严重的地区。

（三）呈现高龄化趋势

从1982年至1990年，中国80岁及以上的高龄老人年平均增长速度达到5%，快于60岁及以上老年人口的增长速度。1990年至2010年，我国80岁及以上的高龄老人年平均增长速度达到4.1%，快于世界平均3%和发达国家平均2%的水平。在1950年，世界80岁及80岁以上的老年人总数为1500万人，占总人口的0.6%，而中国有233.8万人，占总人数的0.42%；2000年世界80岁及80岁以上的老年人总数为6000万人，占总人口的0.98%，而中国有1343.4万人，占总人数的1.07%；预计到2025年，世界80岁及80岁以上的老年人总数为1.11亿人，占总人口的1.35%，而中国老年人总数为2574.8万人，占总人数的1.76%。中国的人口老龄化已经表现出明显的高龄化趋势。高龄老年人的比重不断上升，意味着医疗、护理任务加重，医疗和护理人员的社会需求量增大，用于医疗和护理方面的费用负担也加重，社会化的养老要求也越来越迫切。

（四）人口老龄化超前于社会经济的发展

一般情况下，经济发展、出生率下降和人口老龄化三者大致是同步的。中国人口老龄化是在经济发展水平不高、综合国力不强、人民生活水平还比较低的情况下到来的，人口老龄化超前于社会经济的发展。发达国家在进入老龄化社会时，已具备较强的经济实力，在经济上人均国民生产总值至少1万美元，到目前平均达2万美元左右。其所经历的时间是几十年甚至是上百年，在时间上有一个缓冲的机会，从而能相应地做好各种工作。即便是一些发展中国家，在进入老龄化社会时，人均国民生产总值也大大超过我国，例如乌拉圭，在进入老龄化社会时人均国民生产总值也达到2000美元左右，而我国在进入老龄化社会时，人均国民生产总值仅1000美元。老龄化大大超前于经济发展，未富先老，超出了社会经济的承受能力，增加了解决老年问题的难度。到21世纪中叶，我国的老龄化水平接近发达国家水平时，我们的经济实力也仅相当于中等发达国家水平。因此，经济的发展滞后于老龄化将是困扰我国社会主义建设的主要问题之一。

三、我国人口老龄化对社会的影响

人口老龄化是社会经济发展、人民生活水平普遍提高、医疗卫生条件改善和科学技术进步的结果。随着人口老龄化程度的不断加深，特别是老年人口的高龄化，也会给社会经济发展和人民生活等各个领域带来广泛而深刻的影响。由此带来的老龄问题包括社会经济发展问题和社会道德等方面的问题。

(一) 人口老龄化对经济发展的影响

人口老龄化对经济发展的负面影响不仅体现在社会扶养的人口负担增大，还通过消费、储蓄、劳动人口数量和质量、劳动生产率等方面体现出来。

1. 人口老龄化导致被扶养人口负担增大

扶养老年人口的主要承担者是劳动力人口，其主要指标是劳动力对老年人口的总负担率。各国研究结果都得到相类似的结论：扶养一位老人的平均费用与儿童的费用大体上为2∶1至3∶1。尽管中国儿童人口比例的下降抵消了老年人口比例的上升，在相当长的时期内被扶养人口总比例增加不多，但社会费用的支出仍将稳定地增长。医疗费用及退休金是社会对老年人主要的支出项目。随着人口老龄化的发展，领取退休金和养老金的人数将不断增加，社会保险、社会救济和医疗卫生等社会福利的支出将不断增加。国民生产总值中用于老年人的费用份额大幅度增加，势必限制社会扩大再生产，影响生产部门的资本投资和经济效益的提高，加重国民经济的负担。

2. 人口老龄化对消费、储蓄的影响

随着人口老龄化的发展，老年人口消费在消费市场中所占的份额越来越大，引起消费结构的变化。就一个国家的整体消费而言，在老龄化过程中，消费支出呈现逐渐扩大的趋势。从我国城市居民的消费水平看，老年人的家庭用品、保健费、医疗费以及交际费等支出的比例显著提高。随着人口老龄化的迅速发展，由于收入水平相对较低的老年人人均消费额随着衰老而减少，对住宅建筑以及电视机、电冰箱等耐用消费品的需求量减少，这就在某种程度上抑制了经济发展。人口老龄化对增加储蓄也会产生相当的减退效果，这主要是由养老金制度的推广引起的。由于有退休金或社会保险津贴供给老年人的生活费用，从而导致个人不储蓄或减少储蓄，使储蓄率下降。从长期趋势来看，由于老年人口的储蓄水平相对较低，老年人口的增加会带来总储蓄水平的降低。根据经济学理论，储蓄等于投资，储蓄减少等于投资减少，从而对经济发展产生不利影响。

3. 人口老龄化对劳动人口数量和质量的影响

随着老年人口比重的上升，劳动年龄人口所占比重相应下降，不利于经济发展。目前，发达国家大都面临这一问题，对经济发展的影响是深刻的。我国的劳动力自1978年以来以年均3%左右的速度增长，成为经济快速增长的动力。预计2020年以后，随着人口老龄化的加速，劳动年龄人口数量将逐渐减少，导致劳动力不足，这对经济发展是不利的。而且，老龄劳动力较难适应快节奏的生产活动，特别是在劳动密集型的生产中，不利于劳动生产率的提高。

4. 人口老龄化对提高劳动生产率的影响

老龄劳动力接受新的知识和科学技术较慢，对新兴产业的适应能力相对较弱，企业的新产品开发和技术革新也受到一定影响。在科学技术迅速发展、知识进步速度加快和竞争日趋激烈的情况下，劳动力人口老龄化对劳动生产率的提高和经济增长更显不利。

(二) 人口老龄化带来的社会道德问题

人口老龄化带来的社会影响，正在使家庭结构和功能发生变化。中华民族具有尊老敬老的传统美德，然而我国计划生育政策使得小家庭日益增多，传统家庭养老模式受到冲击。伴随着社会经济的转型，我国传统的大家庭观念日益淡化，家庭结构日益核心化。在我国社会保障系统不完善的情况下，老年人主要靠子女赡养，而现在如果两代都是独生子女，形成4∶2∶1格局，家庭养老成为倒金字塔形结构，子女物质和精神方面的负担加重，很难对老人照顾周到，社会上也出现了重小轻老、淡漠老年人、远离老年人的现象。

根据调查，现在约有40%的老人与子女分居。老年人需要丰富的精神生活，许多经济发达国家老年人自杀率居高不下，各种类型的精神疾病困扰着广大的老年人群，其原因在于这些国家家庭联系松散，丧偶以后独居的老人尤其感到孤立无助。在我国，由于物质贫困带来的社会问题也凸显出来，贫困的老年人成了社会的弱势群体，距离老有所养、老有所医、老有所乐的目标较远。据调查，老年人中认为自己经济没有保障的，农村达到45.3%，城市也有26.3%。城市中有三成的老年人享受不到离退休待遇，农村中享受到此待遇的只有4%，大多数没有固定的收入来源。在"未富先老"和家庭保障功能持续弱化的背景下，人口老龄化时代的到来，意味着老年人的生活保障(包括经济来源及生活照料服务)，正在由家庭问题转变为重大社会问题。

任务二　老年人服务需求发展

情境导入

据新闻报道，这几年，老年群体也出现了"入学难"的问题——很多老年人希望能到老年大学学知识、交朋友。每到招生季节，老年大学都是门庭若市，不少老年人连夜排队报名。为满足老年人生活品位的提高和学习需求，天津市老年人大学在2013年新学年实行"扩招"，计划设置230余门专业课程，其中新增专业43个；在原有专业课程中增加11个高层次班；共设665个班级，计划招收24 000名学员。

天津市老年人大学经过改扩建后面貌焕然一新，教学硬件设备的现代化水平大为提升，为增加高层次专业课程教学班提供了先决条件。2013年新学年，按照社会上老年人的需求和不断出现的新事物作为课程设置的方向。在保持原有"热门专业"——钢琴班、图像处理班、外籍教师英语班、芭蕾舞班、宝石鉴赏班等的基础上，根据广大学员对长寿与人生、医学、国学、美学、民俗文化类课程的需求，学校精心设置了2013年课程。

在新增课程中，有中外名著赏析、天津历史文化与人物、中国古陶瓷、旅游常识漫谈、法律常识讲座、老龄心理、出国行英语口语等。为了让一些有基础的老年人精进学业、不断提高专业水平，还设置了书法考级辅导、编舞研修等课程。为提高老年人的生活质量开设了家常菜制作、中西点制作、石雕工艺等课程。为满足健身、保健需求设立了太极拂尘、跆拳道品势、瑜伽理疗等内容，特别为准备照料"隔辈儿人"的老年人们开设了婴幼儿营养与保健、母婴保健与护理等课程，还新增了民族民间新秧歌舞、戏剧影视表演，并尝试开设声乐演唱小班和钢琴演奏小班。

(资料来源：http://www.tjlnrdx.com)

任务描述

思考并讨论：

1. 老年人有哪些需求？
2. 随着社会的发展，老年人的需求有哪些变化？

任务实施

1. 分小组就各个主题展开讨论；
2. 各小组选派代表汇报并分享讨论结果。

任务总结

1. 老年人需求的发展与我国经济文化的发展有哪些内在的关联性？
2. 请从老年服务与管理的角度思考如何应对老年人需求的发展。

知识链接

一、老年人服务的基本需求

（一）养老金服务

养老金服务包括现收现付制和积累制下国家、企业和个人养老资金的缴付、支出、养老基金投资运营以及养老金的发放领取等环节的服务。它是在养老保障经济制度下运行的服务系统。目前在大多数国家，养老金服务的上端——养老金的征缴、中端——养老金的投资运营以及下端——养老金的支付和领取等服务，一般都是由政府机构来承担的，属于公共服务的一部分。目前，我国养老金服务的上、中、下游的需求都在上升。

（二）医疗保健服务

医疗保健服务主要指围绕着医疗和健康保险制度为居家养老或集体养老的老年人提供的医疗保险服务、健康咨询服务、健康检查服务、疾病诊治服务以及医疗护理服务等。目前，大多数老年人与其他年龄段的人群享受的是常规的社会医疗卫生服务，这还与老年人具体的医疗保健需求有很大的差距。

随着养老保障事业的发展，国家和养老机构应该逐步发展为老年人提供的专门的医疗和保健服务，实行医疗保险与医院的多项服务挂钩，开展对老年病的专门研究，建立医治各种老年疾病的专门医院，研发出治疗各种老年病的药物以及老年保健用品，保障老年社会的健康和生活质量。

（三）生活护理服务

生活护理服务就是居家老人以及在专门机构养老的老人在日常生活中涉及衣、食、住、行等基本生活方面需要的照顾和护理服务。生活护理服务是家庭和养老机构养老服务中最基本、最普遍又不可或缺的服务方式，是维持老人生理需求与安全需求服务的必要手段。

传统社会老人的生活护理服务责任完全由家庭承担，而随着工业化和生产的社会化，家庭主要劳动者大多都外出工作，家中缺乏有效的劳动力和服务人员，大中型城市仅剩下老年人的“空巢家庭”日益增多，居家老人的生活护理问题日趋严重。尽管集中养老的机构提供专门的生活护理服务，但是其服务水平和服务质量普遍不高，需要从膳食、起居、衣着、活动等多方面加以改进，增加服务手段的科技含量和科学性。

（四）法律权益服务

法律服务是养老保障服务的中心内容之一。法律权益服务主要指在养老保障制度之下维护老年人各种合法权益的服务，既包括涉及养老金的法律服务，也包括医疗保险、伤残保险、老年人护理以及文化和消费权益等涉及老年人日常生活各方面的法律权益服务。涉及的法律范畴包括老年人作为普通社会公民的各项法律权益以及作为老年专门群体受到专门保护的法律权益。世界上许多国家都制定了保护老年人权益的法律，中国也颁布了《老年人权益保障法》，显示了社会保障中“保护丧失劳动能力者以及全体公民基本生活权利”的人文理念。

二、老年人服务需求的发展

中国的改革开放和现代化进程在提升了人民生活水平的同时，也扩大了老年社会的需求，迎来了老年社会服务的挑战。21世纪，老年社会的服务需求已经从过去的养老保障、医疗保健护理等基本需求上升到了老年心理健康、老年消费、老年文化以及老年业发展等潜在需求。过去，这种潜在的需求，不仅由于客观条件的限制而增长缓慢，还因为社会文化以及观念滞后而被长期抑制，但目前这种被抑制的需求正在得到逐步释放。

（一）心理健康服务

心理健康服务是养老服务的高级阶段，也是当今社会服务需求增长的重点与核心，更是现今家庭和社会养老服务中普遍缺乏的重要内容。由于现代工业社会和信息社会的高速发展，造成了环境恶化、人口密度增强、生活空间缩小、社会竞争加剧、生活节奏加快、生活压力增大，这一系列的社会问题给人们造成了不同程度的精神压力和精神伤害，导致了心理与精神的疾病。

一般来说，一个社会的现代化程度越高，生活节奏越快，环境压力越大，人们患心理疾病的程度就越严重。老年人是一个特殊的相对比较脆弱和敏感的群体。每个老年人都经历了人生的风雨与坎坷，基本走过了他们精力与活力最旺盛的阶段。同时，他们还要面对社会变化带来的生活方式以及观念的变化，应对晚年的经济贫困、健康状况不佳以及亲情缺乏的挑战。因此，当代社会的老年人如同其他人群一样，急需科学、正规、良好的心理辅导和心理治疗等一系列的心理健康服务。

（二）老年消费服务

广义的老年消费服务是指老年社会所有消费需求的服务，包括物质和精神两个层面。任何群体都有自己的消费需求和消费偏好，老年人也不例外。但是，目前除了保健品和补品以外，老年人真正需要的消费产品普遍缺乏。这种现象是由老年人陈旧的消费观念、顽固的生活习性、市场开发者的疏忽以及市场的趋利性等因素造成的。经历过经济萧条、生活困苦时代的老年人普遍过度节省。“舍不得”是他们共同的消费态度。另外，由于老年人的消费热情和消费动力不足，特别是老年人“吝啬”的消费倾向导致了老年消费产品的规模和利润下降，挫伤了消费产品提供者的积极性，使老年社会大市场未能完全形成，造成了老年社会消费市场的萎靡。

老年社会消费服务的第一要素就是产品的针对性和适应性。必须针对老年人的特点，开发出真正适合老年社会消费需求的产品。这些产品包括老人日常生活的衣物、食品、医疗、文化娱乐产品，还包括社会化养老服务、国内外旅游及老年社会价值创造等方面的消费产品。专业机构更要保护好老年人的消费权益，做好并优化老年人的消费服务。

(三) 老年文化服务

老年文化服务是当代老年社会保障服务中的重要内容，主要包括文化学习、文艺活动、体育活动、艺术欣赏、文艺创作、文化团体建设等内容。国家和各地政府举办的老年大学、各地社区建立的文化活动中心和文化站都为老年人提供了一定的文化服务，受到了众多老年人的欢迎。但是，随着老年社会需求内涵的不断丰富和需求水平的不断提高，需要社会提供更加丰富多彩的文化生活和文化产品，以满足老年社会日益增长的文化需要。文化团队建设是老年文化服务的重要手段，需要发动全社会一起进行。新闻传媒要发挥更加主动和积极的舆论引导及宣传作用，帮助营造健康的老年文化。

(四) 事业发展服务

事业发展主要包括老年人人生价值的实现以及老年社会生产力的开发两个方面。这个服务在马斯洛的需求理论中可以被看作是老年人对自己价值“自我实现需要”的诠释，这也是老年社会保障服务的最高形式。那些虽然上了年纪但仍然存有“梦想”的老人和退休的科学家、医生、教授、学者、政治家以及任何有一技之长的老人都可以根据自己的梦想和实际，在退休后较长的生命历程中有所作为。家庭、养老机构以及全社会都要为他们的事业发展提供一切力所能及的服务。这种服务不但可以保障老年人在自己的成就感面前获得满足、健康与幸福，还可以用自己的经验积累与后发优势为社会创造价值，作出贡献。

总之，老年社会需求不断增长，需求内涵日益丰富，这种客观现实使现有的养老保障服务面临挑战，对建立老年社会保障的服务体系提出了要求。

任务三　老年服务与管理的兴起

情境导入

渤海镇六渡河村王福红老人高兴地指着村里一座刚刚建好的老年服务管理站对记者说，再过两天，我们村的老人就可聚到这里娱乐了。该村干部王福昆介绍，今年在市、区、镇相关部门的支持下，六渡河村投入 30 万元建起了一座建筑面积为 500 平方米的老年服务管理站，服务管理站具有托老、就餐、健康咨询、老年协会、老年学校等多项老年服务功能，预计到元旦即可对外开放。按照村里的规定，服务管理站不仅免费接受本村的孤寡老人入住，还可接收儿女无暇照顾的老人。同时，村里更多的老人可以采取“半托管”形式，白天进服务站内生活，晚上再由子女接回家中照顾。据了解，今年渤海镇共有两村新建老年服务管理站，可为 100 余位老人解决晚年生活之忧。

（资料来源：http://news.hexun.com/2012-11-27/148420485.html）

任务描述

1. 你所了解的老年服务有哪些？请举例说明。
2. 社区养老服务站相对于其他养老方式来说有什么特点与优势？又有哪些不足？
3. 为什么现代社会需要老年服务与管理专业？

任务实施

1. 分小组就各个主题展开讨论；
2. 各小组选派代表汇报并分享讨论结果。

任务总结

随着我国经济与社会服务的发展，老年服务与管理经历了从少到多、从小到大、从单一到多元的过程。请描述一个你认为最理想的养老服务与管理模式，并说明理由。

知识链接

一、老年服务与管理是经济发展的产物

在封建社会自给自足的自然经济中，生产力不发达，社会相对贫困。社会由单一的经济单位——家庭组成，家庭既是生产单位，又是消费单位，它具有生育、生产、消费、抚幼、养老的多种功能。家庭收入的多寡，取决于劳动力的数量，春种秋收靠的是老年人所具有的生产知识与实践经验。老年人作为一家之长，不但在生产中起指导规划的决定性作用，而且在家庭财产处理与收入分配方面占主导地位，掌握支配权。在这种情况下，老年人在家庭中具有家长的绝对权威。子孙供养父祖是天经地义的事，而且受到法律和伦理道德的保障。例如，唐朝法律规定："凡是同居之内，必有尊长，尊长既在，子孙无所自专。若卑幼不由尊长，私辄用当家财物者，十匹笞十，十匹加一等，罪止杖一百。"(《唐律疏议·户婚》)西方也有类似的习俗，基督教的《旧约全书·申命记》第 21 章载："人若有顽梗悖逆的儿子，不听从父母的话，他们虽惩治他，他仍不听从……本城的众人就要用石头将他打死。"

在封建社会的家庭中，血缘关系与经济结合在一起，老年人的一切需要由家庭解决，社会没有力量也没有必要向有家庭的老年人提供经济保障和服务。

产业革命带来工业经济的发展。随着生产方式的改变，工厂制度的建立和产品机械化、标准化、商品化的发展，打破了以家庭为生产单位与消费单位的传统。生产社会化带来了生产资料与生产工具使用社会化、生产过程社会化和生产目的的社会化。与之相适应的是劳动方式、收入分配方式、消费方式的转变。退休制度推行和生活社会化的发展，要求社会对老年人的经济需要和医疗护理提供保障和服务。而这些，需要通过对老年人口组织管理和社区服务来实现。

二、人口老龄化要求服务与管理社会化

随着经济的发展，科学技术特别是卫生医疗事业的进步，一些国家的人口逐渐由高出生、高死亡向低出生、低死亡转变。出生率下降和人口平均寿命的延长，导致人口老龄化，老

年人口的绝对数量增多，老年人口在总人口中所占的比重加大。据统计，在 1965 年到 1985 年的 21 年间，中国、美国、英国和日本的 65 岁及以上人口，分别增长了 106％、51％、36％和 80％，普遍高于各国总人口的增长率。老年人口所占总人口的比重，也分别增加了 2.4、2.5、3.1 和 3.8 个百分点。

老年人口数量增加和老年人口比重上升，意味着社会用于老年人的支出增加和对老年人的赡养系数上升。要处理好代际经济交换中因人口老化程度加重所造成的矛盾，需要加强对老年人口的组织管理工作，诸如养老金的筹措、管理与使用。人口老龄化导致劳动力不足，为了弥补空缺，社会需要退休人员继续参与社会发展。为了弥补人口老龄化导致的劳动力不足，西方工业国家和东欧各国鼓励老年人参与社会发展。但是老年人再就业不在劳动年龄人口的就业范畴之内，因此需要由社会建立必要的组织机构，加以管理和协调，这些组织如日本的“银色人才银行”、“老年人雇用开发协会”，联邦德国的“高龄专业人才服务中心”，法国的“退休人员技术服务团”以及英国的“全国人才银行”等。

三、人口平均寿命延长带来的需要

“人生七十古来稀”这句话表明在人类历史上，人的寿命不长，能活到 70 岁的为数不多。据统计，世界人口平均寿命，公元前不到 20 岁，中世纪为 30 岁，19 世纪欧洲为 40～50 岁，20 世纪 20 年代为 55 岁，1988 年为 75 岁。人口平均寿命延长带来晚年岁月的增加。按 60 岁为老年起点年龄计算，很多国家 60 岁人口的平均预期余年为 20 年左右，这意味着老年阶段相当于一生时间的 1/4 左右。

晚年岁月的增加意味着闲暇时间的增加，通过有益的活动来消磨闲暇时间，不仅是老年人的需要，也是社会应该为老年人考虑的一个实际问题。1977 年，法国总统吉斯卡尔·德斯坦提出：“第三人生（老年阶段）有权利在直到人生最后的一刻，始终保持充实的生活感。晚年不是尾声，而是可以创造价值的人生另一个周期。”这种老年哲学的兴起，导致了退休生活的多样化。由桑多兹研究所与联合国社会发展和人道事务中心联合举办的一次国际性专家调查，建议各国政府和社会“按照生命周期拟订计划，以引导人们参加业余活动并达到满足”。巴西专家提议创立老年人闲暇活动组织，美国专家提议让老年人从事越来越多的业余活动，英国专家主张发展老年教育。一些发达国家为了满足老年人参加业余活动和欢度晚年的要求，建立了各种服务机构和协会团体，从事老年人口文化娱乐生活的组织管理工作。《1982 年维也纳老龄问题国际行动计划》指出：“人类的特点是，童年阶段长，老年阶段也长”，“根据模式生命表，平均寿命增加 1 岁左右，而发展中地区预期将增加大约 2.5 岁”，“旨在造福老年人的政策和行动必须向较年长者提供满足自我建树所需要的机会……较年长人士得到个人满足的主要途径是：继续参与家庭和亲属联系、自愿为社区服务、通过正式和非正式学习而继续增长知识、在艺术和手工艺方面自我发挥、参加社区组织和老年人组织、参加宗教活动、娱乐和旅行、非全日工作，以及作为见闻广博的公民参与政治活动”。这一切由于寿命延长而带来的需要，只有通过组织管理才能予以满足。

任务四　国内外老年服务与管理的现状

情境导入

2012年10月12日，以“爱老为老”为主题的中国(天津)首届国际老龄产业节在梅江会展中心举行，为参展单位及中老年消费者搭建一个展示老年用品和服务、购销洽谈、信息沟通的平台。

一进梅江会展中心的大厅，一部专门用于养老的智能机器人就吸引了大家的目光。机器人头顶摄像头，脸是双向视频显示器，老人仅用一个遥控器，就能控制机器人前进后退。这部机器人就是在本届老龄产业节亮相的专门用于居家养老的社区智能养老服务平台，天津申能科技有限公司总经理侯俊岭介绍说：“这有个摄像头，老人在家就能跟咱们工作人员联系。该机器人有六大功能，家政服务、可以订餐、同网络医生……这就像待机的电脑一样，老人只要按遥控器的呼叫键，就可以跟服务中心连上了，双方视频，面对面服务老人。我们想把这个系统在天津落地，服务天津的老人。”

除了居家养老的智能机器人，本市众多养老机构也分别亮相产业节，展示机构养老的服务优势，在“阳光幸福村”项目展台前记者看到，这个将在本市建设的首个中国复合式的新型养老社区，可以为老年人提供独立生活、介助服务、医疗护理、痴呆护理、临终关怀等多项服务，是涵盖老人晚年不同阶段、持续照料服务的一站式养老社区。这个崭新的模式也引起了很多老人的关注：“想这个规模多大呀，耗资多大呀，搞得挺好，我是非常激动。宣传为老服务，为老人想的都挺多，基本我们想到的，这里基本都有了。”

2012中国(天津)首届国际老龄产业节在梅江会展中心共设3个展馆，1100个展位，为参展单位及中老年消费者搭建一个展示老年用品和服务、购销洽谈、信息沟通的平台。市老龄办主任常振宗介绍说：“老龄工作不单单是养老，老人有养老、有医疗、有学、有乐、有老年人的维权、有老年人产业的发展。所以我们这次产业节，把老龄工作方方面面涉及的，全把它纳入这个展示的平台中来，拓展了养老的范畴，更能让社会想参与老龄社会的个人和企业，参与得更多。”

中国老龄产业协会副会长曹炳良也对中国老龄产业充满信心，并为中国老龄产业健康发展提出了建议：“老龄产业的发展不仅面对现在的老年群体，更重要的还要面向未来的老年群体，作为一种必然地要发展的产业，市场的前景应是美好的。第一，老龄产业发展必须要有长远规划，把责任边界划清，哪些是政府行为，哪些是市场行为，哪些是社会行为，要划清；第二，要确立未来优先发展的产业；第三，要形成社会的共识，特别是企事业要认识到，利用市场的机制促进产业发展，这就需要政府的引导，形成社会舆论。”

(资料来源：天津人民广播电台新闻广播 记者刘洋)

任务描述

1. 请思考为什么老年博览会、老龄产业节等有关老年人的展览会在我国频频召开。
2. 查找资料了解外国与中国在老年服务与管理方面有哪些特点。

任务实施

1. 分小组就各个主题展开讨论。
2. 各小组选派代表汇报并分享讨论结果。

任务总结

我国老年服务与管理起步晚，需要大量借鉴国际经验发展本国的老年服务与管理行业，请思考在本土化国际经验的过程中需要考虑哪些问题。

知识链接

一、老年服务与管理的国际经验

老年人口是一个包括各行各业、各层次老年人的群体。粗略划分，这个群体可以分为退休人员和不享受退休待遇的社会老人。

（一）世界各国对政府公务员退休工作的管理

英国规定：由文官部（现已并入财政部）负责对文职人员退休总规划的条款的实施，保证执行"年金增长法规"。有 10 个大的政府部门接受文官部的委托，按照文官部的详细指令，计算和发放大多数文职人员退休金支付表格。对于未被授权的部门，由文官部负责发放计算和批准书。文职人员退休年金的发放和增长，由主计长办公室负责，助理主计长负责对文职人员退休金及拨款等进行清算。

美国联邦政府人员的退休事宜，由联邦政府人事管理机构管理。联邦德国规定由内政部负责拟定退休政策及方针，由财政部负责财务的筹划与支付。公务员服务机关的上级机关负责退休金数额的决定、受领人的审定、年资的计算及直接实施的相关事宜。

日本《国家公务员法》规定：人事院有权调查研究养老补助金制度。《国家公务员互助会法》规定：公务员退休等年金保险的管理工作，由公务员互助会经办。各省、厅设互助会，各省、厅的公务员是互助会的当然会员。互助会是保险者，会员为被保险者。众议院议长、参议院议长、各省大臣代表各省（厅）工作人员的互助会，执行保险业务。

互助会在各省（厅）长官指定的地点设立办事机构。各互助会设经营审议会，经营审议会须讨论章程、经营规则的制定与变更，年度事业计划和预算决算，重要财产处理和重大债务。该会的委员由各省（厅）长官从互助会员中任命。互助会还成立互助会联合会，负责决定和支付年金；管理和利用公积金以及年金余额、福利事业。

苏联和东欧各国，从中央到地方均设有专门机构，负责退休人员的管理工作。苏联的退休人员管理机构为全苏工会中央理事会和各加盟共和国社会保险部，地方各级工会也负责办理退休人员登记与管理事宜。《苏联部长会议法》的第 8 条写道，苏联部长会议"制定和实施执行统一的社会保障政策的措施，同全苏工会中央理事会一道规定国家社会保险费发放的基本条件和数额”。全苏工会中央理事会根据政府的决议，对包括退休人员管理在内的国家社会保险实行领导和管理。列宁关于劳动者本人必须参加社会保险管理工作的原理是通过两条渠道实现的。渠道之一就是工会作为劳动者最有代表性的组织，从基层工会到全苏工会中央理事会的各级组织，都参加实施社会保障，它们代表和保护退休人员的利益。

罗马尼亚从中央到地方，各级都设有“退休金和社会救济专门委员会”，负责退休人员的管理工作。按照1982年1月27日颁布的《企业法》规定，企业将原来的“退休金和社会保险委员会”改为“社会问题委员会”。中央“退休金和社会保险委员会”设在劳动部内。委员会主席由劳动部一名副部长兼任，副主席由工会一名书记担任。

匈牙利的退休人员由工会主管。工会全国理事会的社会保险理事会主要管理退休工作。

保加利亚退休人员的管理机构为国民议会年金和社会福利部，中央工会参与立法工作。为安排好退休人员的福利，财政部设有“退休局”，卫生部设有“社会关怀局”，专门处理退休人员的福利与医疗事务。

捷克斯洛伐克管理退休人员的全国性机构是国家社会保障总局。退休人员的党员组织关系转到街道，就地参加街道的政治生活与社会活动。原单位负责组织退休人员的旅游、休养和娱乐活动，帮助解决有关生活的问题。

南斯拉夫退休人员的管理机构，是老年及残废保险自治利益共同体。共同体代表由受保职工投票选举产生。共同体最高权力机构是共同体全体大会。各级建有退休人员协会，由各行政区域内的退休人员或他们选举产生的代表民主选出领导机构，负责组织学习、参加社会活动、维护合法权益。

波兰的退休人员的管理机构，为全国社会保险协会及其分支机构，由全国劳动、工资和社会事务部进行监督。社会保险协会及其分支机构的管理方案，要受2/5的政府代表和3/5受保人代表组成的委员会监督。

泰国规定：公务员退休，须经所在机关附属的文官委员会同意。如该委员会不同意，须送中央主管机关附属的文官委员会决定。对不同职等人员退休，分别由部会首长、次长与监察大臣和地方政府首长及省府首长核准。

委内瑞拉政府规定：公务员的退休养老保险事宜，通过社会保险委员会组织实施。社会保险委员会是一个自治的、拥有财产的、独立于国家财政局并享有法人地位的组织。政府通过劳工部对社会保险委员会进行政策上的领导和业务上的监督。社会保险委员会的领导机构是领导委员会，由政府、雇主、受保人三方等额代表组成，另有医生联合会一名只有发言权没有表决权的代表参加。领导委员会负责制定社会保险委员会的章程，指导工作。社会保险委员会在全国各地设有管理机构，负责退休公务员的管理服务工作。

墨西哥《国家雇员社会保险服务法》规定：国家公务员的退休，由国家雇员社会保险服务委员会负责经办。该委员会是一个拥有法人地位的组织，是经过联邦政府财政和公共信贷部批准建立的。委员会的领导机构为领导委员会。领导委员会由7人组成，主任1人由共和国总统任命（同时担任保险服务委员会主任）。委员6人，其中3人由财政部任命，另3人由国家雇员工人工会联合会任命。领导委员会计划安排保险服务委员会的工作，决定保险服务委员会的投资，决定各种福利津贴的发放，任命和撤换保险服务机构的官员，审查保险服务委员会的财政收支，建议联邦政府修订社会保险服务法等。

(二) 老年社会福利的组织管理

一些工业国家除政府公务员的退休管理由政府的特设机构管理外，一般雇员和个体劳动者的退休，大多由社会保障机构(如美国的社会保障总署、英国的社会保障部、法国的养老金保险基金会、意大利的社会保险协会、奥地利的体力劳动者年金保险协会和薪金雇员年金保险协会、荷兰的社会保险银行、瑞士的联邦保险局、挪威的国民保险协会、丹麦的社会服务部和国家社会保障总署)负责管理。在养老金以外的老年社会福利的组织管理，各国有各国的做法，比较完整的有以下几例。

1. 美国管理老年社会福利的政府机构有老人署和老人顾问委员会

老人署又称老龄问题管理署，是美国政府老年社会福利的主管机构，隶属于卫生教育福利部。老人署设署长 1 人，由总统提名，经国会同意后任命。老人署的主要职责为：

(1) 负责有关老人及老龄问题资料的交流；

(2) 协助卫生教育福利部部长处理有关老人及老龄问题；

(3) 处理依据《老人法》提供的各类赠款；

(4) 在老龄工作领域中，指导发展各项研究及实验计划；

(5) 对各州及地方政府就老人和老龄问题提供协助；

(6) 编印并分送有关老人福利的各种资料；

(7) 搜集其他机构与老龄问题有关的统计资料；

(8) 鼓励老年人有效使用现有的资源与服务。

老人署的机关刊物为《老龄问题》(*Aging*)。在各州政府，指定或成立专管老人业务的单位。在社区内，以订约委托或补助合作方式，责成有关机构办理老人社会福利事宜。

老人顾问委员会是卫生教育福利部部长在执行老人法案时听取意见的咨询机构，设在卫生教育福利部内，委员会设主席 1 人，由老人署署长兼任，委员由部长从非公务员人士中指定。委员均为对老年问题有经验或有特殊兴趣的人士，任期 3 年。

美国政府为了研究和处理老龄问题，先后于 1950 年、1961 年和 1971 年召开了 3 次老龄问题白宫会议。美国国会也很关注老龄问题，并为研究老年人问题建立 4 个委员会，即参议院老龄化特别委员会、参议院劳动和公共福利委员会老龄问题专门委员会、众议院老龄问题特别委员会和联邦政府老龄问题顾问委员会。

2. 英国管理老年社会福利的行政组织是卫生与社会保障部

英国的老人福利行政，原来由国民救助局(National Assistance Board)、社会保障部(Ministry of Social Security)及卫生部(Ministry of Health)分管有关老年人的救助、年金和医疗保健事务。在地方政府设有社会服务部，负责办理老年人福利服务工作。首都伦敦每个区都设有社会服务部门，并组成“伦敦社会服务总会”，负责协调督导包括老年人福利在内的社会服务。

3. 日本管理老年社会福利的行政组织是厚生省

厚生省根据解决老龄问题的基本方针，从事老年社会福利的组织管理工作。基本方针有 3 条：(1) 老年人对策不仅是把老年人作为弱者来保障，而且是如何促使其提高晚年的生趣，要有前进性的对策；(2) 要从年金、医疗、福利服务、生存价值等广泛的范围中，多方面来研讨综合性的对策；(3) 必须由个人、家庭、社区、企业、团体及政府，各自就其本身范围作积极而持久的努力。

(三)老年人自我管理的民间组织

工业国家的老年人口管理除由政府负责主管的以外,还有很多老年人自己组织起来的民间组织。这些组织具有老年人自我管理和自我服务的作用,很受老年人欢迎,因而发展很快。

1. 美国退休人员协会(The American Association of Retired Person)

美国退休人员协会是美国最大的老年人民间团体。1958 年成立于华盛顿,为非党派、非营利性的老年人组织。会员超过 1200 万人。协会的目的与任务是:

(1) 确认老年乃是以“工作”为中心的社会转变,以“休闲”为中心的社会现象;

(2) 强调老年人的健康与能力,以及延年益寿的方法,必须设法维护和培养;

(3) 协助老年人在各方面获得均等机会;

(4) 出版刊物《现代成年》(*Modern Maturity*)组织老年医学研究;

(5) 促进老年人团体之间的合作;

(6) 奖励对老年人福利事业有重大贡献的个人与团体。

在服务方面,该协会提供的有:供应老年人所需物品、介绍人寿保险、组织低费旅游、辅导和介绍老年人就业、举办终身学院、提供法律咨询、促进立法、组织老年学研究。

2. 美国资深公民全国委员会(National Council of Senior Citizens)

美国资深公民全国委员会是在美国名列第二的老年人群众团体,成立于 1961 年,为支持建立政府医疗保险计划做出了贡献。现在的主要任务是向老年人提供药方配药服务、旅游服务和法律咨询服务。该会有会员 350 万人。类似的其他组织还有专业人员退休者协会、退休联邦雇员全国协会、都市老年联盟等。

3. 美国老年中心

美国老年中心为美国老年人提供的活动类型是创造性的活动(工艺、戏剧、音乐等)、消遣活动及学习。中心提供的服务包括信息、病人治疗指导、膳食、法律咨询、健康及就业服务。活动中心的经费来源是地方政府、联合基金委员会、宗教组织及私人基金会。据“全国老年中心协会”统计,这种遍布全国各地的老年中心已达 18 000 多个。

4. 日本中老年同盟

日本中老年同盟成立于 1979 年 3 月,被誉为中老年自主运动组织的先驱。随着老年人口的增多,日本各地先后建立了多种形式的老年人自助与自我管理的群众组织。有 20 多年建团历史的富士福利事业团是日本最早的志愿团体,它们利用老年人掌握的知识与技能为社会服务。现在,以东京为中心,各地蓬勃发展的老人事业团的活动,提高了老年人在社会上的地位,满足了老年人“自我实现”的需求,增进了健康,改善了代际关系,促进了老年事业的发展,增强了老年人自我管理的意识和信心。

二、我国老年服务与管理的现状

我国是一个历史悠久的文明古国,我们中华民族具有敬老、爱老、养老的传统美德。不但历代思想家对尊老敬贤有诸多论述,而且各朝政府都订有保护老年人的法令和保障老年人经济地位和社会地位的措施。但在漫长的农业社会里,老年人的衣、食、住都在家庭中解决,基本上不存在老年人口的组织管理问题,并新中国成立后,随着工业化和人口老龄化的发展，离退休人员的数量不断上升，多种经济成分的养老保险制度互有差异，老年人口的组织管理需要适应体制改革和发展经济的需要，并加以改进和完善。

（一）我国老年人口组织管理的有关规定

由于我们的养老保障覆盖面小，农村仍以家庭养老为主，因此我们的老年人口组织管理工作目前还是以离退休职工为主要对象，管理范围有很大的局限性。

新中国成立以后，我国建立了劳动保险制度，退休人员的组织管理是使退休人员安度晚年的组织保证。这种组织管理是随着退休养老制度的贯彻执行和退休人数的不断增加，由基层单位根据自己的情况，逐渐发展起来的。

20 世纪 50 年代初期，国家机关和企业中的退休人员很少，全国也不过 2 万人。在这种情况下，一般采取单位自管的形式。按照《劳动保险条例》的规定，企业设有"劳动保险委员会"。这是企业中管理社会保险工作的群众组织。委员会的经常任务之一，是为退休人员服务。活动的方式一般是定期或不定期地对退休人员进行家访和慰问，帮助解决他们生活中的实际困难。到 50 年代后期，一些老企业的退休人数开始有较大幅度的增长，为了做好管理服务工作，一些部门建立了退休人员管理服务的专门机构。铁路、邮电、航运等产业，由于退休人员较多，就在企业内部成立了退休职工管理委员会。这时，国家机关的离退休人员由各单位的人事部门兼管。

1978 年以后，随着新老职工的自然交替，离退休人数急剧增加。原来由各单位自管的形式，不能适应客观形势发展的需要，各地区各部门开始研究如何改进对离退休人员的服务管理工作。1978 年 6 月以后，对离退休干部、退休工人以及军队移到地方安置的离退休干部的管理，分别做出了规定。

国发〔1978〕104 号文件规定：离退休干部，就地安置的，由原工作单位管理；易地安置的，分别由接收地区的组织、人事和民政部门管理。退休工人由所在的街道组织、农村社队负责管理。

国发〔1980〕253 号文件规定：对离休干部的管理，就地安置的，由原单位负责；易地安置的，由接收地区的干部、人事部门负责，必要时，可建立小型干部休养所管理。县以上的干部、人事部门和其他有离休干部的单位，应根据情况，配备专职和兼职干部。

中共中央办公厅、国务院办公厅、中央军委办公厅《关于进一步做好军队离休退休干部移交政府安置管理工作意见》（中办发〔2004〕2 号）规定：各级民政部门积极推进军队离休退休干部（以下简称军休干部）服务管理方式改革，着力拓展服务管理内容、不断提高服务管理水平，全面落实军休干部政治和生活待遇，军休工作成绩显著。

2012 年，中共中央办公厅和国务院颁发进一步通知。通知规定随着经济的进步和军队各项改革的加快，为进一步做好军休干部服务管理工作，切实提高军休干部服务管理工作责任意识，推进军休干部服务管理工作高效运行，提升军休干部服务管理工作质量和水平。

（二）我国退休服务组织管理的几种类型

在退休工人的服务管理方面，全国各地根据实际情况，因地制宜地采取了各种组织形式改进工作。已建立的服务管理组织的类型，主要有以下 5 种。

1. 按系统建立退休人员服务管理组织

有些产业根据自己的特点，在本系统建立退休人员服务管理组织。例如，哈尔滨铁路局

1979 年的退休人数增加到 3 万多人以后，铁路局党政领导、工会、团委共同拟定和颁布了《哈尔滨铁路局退休职工管理委员会的管理办法》，从局、分局到基层组织，相继建立健全了各级"退休职工管理委员会"。管理委员会的业务机构为办公室，设专职专人，平均每百名退休人员配专职干部 1 人。这些专职干部，大都选聘离休、退休工人担任，管理委员会的办公用房及开支，均由行政提供。

2. 按市、县、区、街道建立的退休人员服务管理组织

很多省、市，以地区为界线，在一些市、县、区和街道组建了本地区的"退休职工管理委员会""退休职工联谊会""老年人协会"等不同形式的退休服务管理组织，在地方一级的统一领导下，条块结合，合理分工，形成了退休职工社会服务网。从市区到农村，对离休、退休人员实行统一综合管理。并采取条块结合方式，成立了市、县两级管理领导小组，由党政主要负责人任组长，吸收组织、人事、劳动、工会、民政、教育、卫生、财政、粮食、商业、供销等部门的领导参加。

北京市东城区 1982 年住有退休工人近 4000 人，来自 1600 多个单位。为了加强服务管理，建立了以退休工人居住区管理为主的管理服务组织，并制定了《退休职工管理委员会暂行条例》和《退休职工守则》，委员会成员由退休工人代表大会选举产生。

3. 厂街结合的退休工人服务管理组织

厂街结合办法，是指退休工人在生活上以企业管理为主，活动上以街道管理为主，互相配合、互相支持。鞍山钢铁公司中型厂就采取了这种方式。该厂同有关街道建立了 4 项制度，即互通情况、汇报工作、征求意见、定期考核。该厂有两处退休工人活动站，从建站到管理，都是根据厂街结合的原则进行的。

4. 按专业组建的离退休职工服务管理组织

在一些大中型城市，以专业为单位组建离退休服务管理组织，如青海省离退休科技工作者协会、重庆市退休工程师协会、上海市退(离)休高级专家协会、北京市离退休医务工作者协会等。这种专业协会的主要宗旨是为本专业的离退休人员牵线搭桥，提供参与社会发展的途径，满足他们继续为四化做贡献的愿望。与此同时，这些协会又是成员之间进行交流与合作的场所，彼此关照，相互服务，有利于身心健康。

5. 退休人员自我服务管理组织

这种服务管理形式，通常在远离城市的工矿企业中采用。抚顺矿务局西露天矿是个已开采 70 多年的老矿，离退休人员近 8000 人，相当于在职职工总数的 40%以上。1980 年曾建立两级管理制，结果不仅增加了生产第一线的压力，而且退休人员的困难也得不到及时解决。1984 年 4 月，该矿因地制宜成立了离休退休一起管、干部工人一起管的"离退休人员管理服务委员会"，委员会负责人和大部分成员，都由离退休人员担任。委员会一手抓服务管理，一手带领青年组织工副业生产，所得赢利用于发展老年福利事业。这种自我管理、自我服务的方针和为离退休人员服务、为矿山服务和为社会服务的方向，赢得了矿党委、离退休人员、在职职工和待业青年的"四满意"。

(三) 我国老年人口组织管理存在的不足

我国老年人口的组织管理工作在过去的 40 年中有了很大的发展，在两个文明建设中发挥了积极的作用。但是，我们也应该看到我们的这项工作还存在着一些不足，需要加以改革和完善。我国现行的老年人口组织管理所存在的不足主要有如下几个方面的问题。

1. 组织管理的覆盖面小，不适应人口老龄化的需要

我国60岁以上的老年人口有2亿，其中生活在农村的老年人占老年人口总数60%以上。我国现行的老年人口组织管理按地区划分，集中在城市，农村享受养老保险的退休人员和孤寡老人所占农村老年人口的比重不到5%，这意味有95%的农村老人被置于老年人口组织管理之外。随着农村核心家庭的增多，农村家庭的养老功能在弱化，已不适应人口老龄化需求和商品经济发展的要求。

据新华社报道，2012年在北京召开的全国老龄工作会议指出，截至2011年年底，全国60岁以上老年人口达到1.85亿，占总人口的13.7%。我国以养老金作为主要收入来源的老年人只有24.1%，与2000年相比增长4.5%，同时，城乡差异巨大。全国仅两成老年人口主要靠养老金生活。我国的老年人口组织管理工作主要表现为对退休人员的组织管理。随着人口老龄化的发展和人口平均寿命的延长以及高龄老人的增多，老年人口对社会服务的需求将逐年增加，老年人口组织管理的覆盖面小，不能满足社会经济发展的需要。

2. 管理体制不顺，存在着政出多门、互相掣肘的现象，不利于通盘规划和统一管理

老年人口的组织管理是一个涉及面广、与各个部门都有联系的工作，需要通盘规划、统一管理。我国现行的老年人口组织管理体制不统一，具体表现为：劳动部管理企业的退休职员和工人，人事部管理国家机构的退休职工，民政部管理部队交由地方管理的离退休干部和城市与农村的孤寡老人，中组部管理高级离休干部，总政治部管理在部队干休所安置的离休干部，各级工会从福利角度监督国家机关与企业对退休职工的组织管理工作。

管理分散和各行其是的局面，造成步调不一，标准各异。不同单位的同级离退休人员所享受的待遇有高有低，形成人为的不平等，给管理工作带来困难，不利于通盘规划和统一管理。

3. 条块分割不利于就地开展适合于老年人的组织管理工作

根据规定，离退休干部就地安置的，由原单位管理，原单位一般并没有专门机构或专职干部主管此事，离退休干部的活动经费由各单位管理使用，而这种条块分割的管理模式在现实生活中并不能满足离退休老人的组织服务与管理需求。以离退休干部活动中心为例，本单位所建造的离退休干部活动场所，与机关所在地区和离退休人员居住的地区之间往往距离较远。在这种情况下，远离原单位的离退休人员参加原单位的活动不方便，就地参加本地区的活动又受经费使用的限制，原单位和住地的服务管理机构，都难于为他们提供服务和进行管理。

思考题

1. 人口结构老年化对我国带来了哪些影响？
2. 请思考现阶段我国老年人的需求有哪些。

内容小结

1. 新中国成立60多年来，我国人口数量在急剧增长的同时人口年龄结构也经历了快速的转变。这标志着我国的人口年龄结构已经转变为老年型人口结构，并呈现出人口老龄化社会所具有的特点。

2. 随着我国人口老龄化程度的不断加深，特别是老年人口的高龄化，也会给社会经济

发展和人民生活等各个领域带来广泛而深刻的影响。由此带来的老龄问题包括社会经济发展问题和社会道德等方面的问题。

3. 老年人服务的基本需求有：养老金服务、医疗保健服务、法律权益服务和生活护理服务。老年人服务需求的发展包括：心理健康服务、老年消费服务、事业发展服务和老年文化服务。

4. 我国老年人口的组织管理还存在着一些不足：组织管理的覆盖面小，不适应人口老龄化的需要；管理体制不顺，存在着政出多门、互相掣肘的现象，不利于通盘规划和统一管理；条块分割不利于就地开展适合于老年人的组织管理工作。

推荐阅读

[1] 田雪原. 中国老年人口[M]. 北京：社会科学文献出版社，2007.

[2] 姚远. 中国人口年龄结构变化及老年人问题研究[M]. 北京：中国人口出版社，2007.

[3] 梅陈玉婵，齐铱，徐玲. 老年学理论与实践[M]. 北京：社会科学文献出版社，2004.

子情境二　老年服务与管理的领域

能力目标

本部分知识内容学习可以根据实际情况采用阅读、自学或讨论的形式进行，旨在培养学生：

1. 自我学习的能力；
2. 分析问题和解决问题的能力。

知识目标

通过本部分知识内容的学习，你应能够：

1. 了解家庭养老、居家养老、老年社区、机构养老等多种形式的养老模式；
2. 了解我国现行养老服务与管理的领域。

任务一　从地域的角度划分

情境导入

这几天在赣榆县青口镇大盘村居家养老服务中心老年卫生服务室内，村医正忙着为居住在老年公寓的老人测量血压，讲解日常保健常识；活动室内，老人们正忙着打牌，下棋……真是其乐融融。如今村里建起了老年公寓和居家养老服务中心，着实让村里的老人们亲切感受到离家不离村，村中享天伦。

为了进一步让村民享受发展成果，近年来，赣榆县青口镇大盘村坚持把集体收入全部用在为村民办实事上。为切实提高老年人群服务管理水平，去年大盘村集体出资 320 万元，建设老年公寓及居家养老服务中心，设立健康护理、心理咨询、纠纷调解“三室”和管理、志愿者、医疗“三支”队伍，并建立一整套规章制度，为老年人提供更好的生活保障，成为老年人群的幸福驿站。

大盘村早在 1996 年就开始建设第一批老人居住点，开创了全国“集中居家养老模式”

的先河，入住老年人占到全村老人的60%以上。到目前，已有82户，148位老人，除了14位是空巢老人，已经全部住了老年公寓，每家都是独宅独院，每家建筑面积是51平方米，有卧室、客厅，还有厨房、卫生间，老年人住得开心，也住得顺心。

老人祁洪干说："老年活动场所，打打牌，耍耍，有时候唱个古书听听，会下象棋的下象棋。地集体种的，也不用个人管理，到时候领粮食吃，劳力都出去干活，俺在家没有事，就转转，闲着蹓蹓，在一块打下麻将，下个象棋，很幸福现在。"

今年79岁的祁洪杰老人就是今年二月份和老伴搬进了这老年公寓，因为村里组建了农机专业合作社，土地由村集体共同耕种，生活中又住进了粮食、烧火、喝水都免费的老年公寓，着实让他们感受到非常幸福。

记者从赣榆县民政部门了解到，从2009年开始，赣榆县逐步在城镇社区和农村社区兴建社区居家养老服务中心，目前已建成147个，全县20多个村建立了老年人集中居住生活区，规模几十户到百十户不等，让老人真正享受到老有所养、老有所医、老有所学、老有所教、老有所为、老有所乐。

（资料来源：http://www.lygmedia.com/2012-11/29/cms238934article.shtml）

任务描述

1. 请回忆自己所居住的社区老人的养老方式与途径，并尝试归纳出各种养老方式的特点。

2. 请列举你所了解养老机构，并分析各养老机构之间的异同。

任务实施

1. 请每位同学用3分钟独自思考并写下要点；

2. 分小组根据主题展开讨论，并派代表汇报并分享讨论结果。

任务总结

1. 请思考从社区领域能否满足所有老年人养老的需求，为什么？

2. 机构养老服务面临的最大的挑战是什么？

知识链接

养老服务从地域的角度可以划分为社区老年服务与机构老年服务两个层面。为了更好地理解两个层面服务的异同，本书中所谈到的社区老年服务与管理是指在老人所熟悉的社区范围内为老年群体提供养老服务，而机构养老服务与管理是指老人在远离城市的大型养老机构接受服务。

一、社区老年服务与管理

（一）家庭养老

中国传统养老模式以家庭养老为主，即养老的物质需要和生活照料由家庭成员提供。

家庭养老的基础是血缘亲情，形式是在家养老，其实质是由家庭成员提供养老资源，即子女对父母在物质和生活上进行帮助。目前，认可的家庭养老内容主要表现在以下三个方面：

1. 生活照料

生活照料是指晚辈在衣、食、住、行等方面给予家庭中老年人的帮助。我国《老年人权益保障法》规定，60周岁以上可称为老人，60周岁以上老人可以适当承担一些力所能及的家务性劳动，家庭不能强迫其承担田间劳动或其他力不能及的劳动，当老人生病时，赡养人要为其提供送医、送药等服务，并有专人照料其生活。

2. 经济支持

晚辈为长辈提供一些经济上的帮助，特别是老年人在患病时的经济需求。一般城市中离退休的老人有养老金，可能在经济上对于子女的依赖不是很明显，但是农村中的老人和城镇无收入或低收入的老人，一般经济比较困难，多依靠子女接济。在农村，老人有自己承包的田地、林地和牧场，当老人不能进行生产劳动时，赡养人有义务耕种老年人承包的田地，照管老年人的林木和牲畜等，收益归老年人所有，这是农村家庭养老中经济供养的最基本形式。

3. 精神和情感慰藉

精神和情感慰藉是指晚辈满足老年人情感交流的需求，包括与老年人多沟通、帮助老人习得新的生活技能、尊重老人的婚姻自主权，给予丧偶老人特别的关照等。

（二）居家养老服务

随着计划生育政策的有效执行和经济的发展，社会急剧转型，家庭结构出现了高龄化、小型化趋势，家庭养老功能逐渐减弱，家庭养老模式已无法单独应对老龄社会的挑战，依托社区的居家养老开始受到重视。2005年3月，民政部《关于开展养老服务社会化示范活动的通知》再一次将表述调整为建立“以居家养老为基础，以社区老年福利服务为依托，以老年福利服务机构为骨干”的老年福利服务体系，为老年人提供生活照料服务。2006年12月，国家新闻办发布了《中国老龄事业的发展》白皮书，最终明确了我国要建立“以居家养老为基础、社区服务为依托、机构养老为补充的养老服务体系”，明确了居家养老模式在我国养老服务体系中的作用和地位。

对于推进居家养老服务的目的和意义，全国老龄办发〔2008〕4号文是这样描述的：“全面推进居家养老服务，是破解我国日趋尖锐的养老服务难题，切实提高广大老年人生命、生活质量的重要出路；是弘扬中华民族尊老敬老优良传统，尊重老年人情感和心理需求的人性化选择；是促进家庭和谐、社区和谐和代际和谐，推动社会主义和谐社会建设的重要举措；也是加快发展服务业，扩大就业渠道和促进经济增长的重要途径。”除了解决养老服务资源不足、提高老年人生活质量之外，推展居家养老服务也是扩大就业和促进经济增长的重要途径。

居家养老指老年人在家中居住，但养老服务却由社会来提供的一种社会化养老模式，它从形式上仍保持传统家庭的养老格局，但在内涵上体现了从传统模式向现代模式的转变。民政部副部长窦玉沛对这个模式作出了详细的解释：“我们现在构建的社会福利服务体系概括地说，一是以居家为基础，二是以社区为依托，三是以机构为补充。家庭养老是我们国家的一个优良传统，家庭养老最具亲情。老年人都有自己的住房，就不用去福利机构购买床位，它有一系列的优势，同时家庭成员负有赡养老人的义务也是我们法律的规定。《老年人权益保障法》规定子女作为赡养人要对老人提供经济上的供养、精神上的慰藉、生活上的照料，同时要照顾老年人的其他需求，所以我们必须强调继续以家庭为基础。二是以社区为依托，就是考虑到家庭功能养老的弱化，特别是空巢老人和单身老人，要依靠社区为家庭提供扶助，社区靠近老年人的身边，社区就有了一个地缘的优势。我们正致力于在社区提供完善的养老服务，比如上门服务、家政服务、日间照料、精神慰藉、紧急救助等服务。三是以机构为补充，就是考虑到还有一些病患老人、高龄老人由于身体状况需要到机构中入住，由机构提供专业化的养老服务。还有一部分健康老人，有支付能力，他们愿意到机构养老。我们要通过政府和社会力量进一步扩大机构中的养老床位。通过居家、社区、机构三位一体的结合，来构建一个符合国情的社会福利服务体系。”在居家养老模式中，家庭是承担养老照料责任的主体，在家庭照料的基础上，社区发挥近在老人身边的“地缘优势”，来提供一系列照料服务；同时，积极推进机构养老服务，以满足需要持续密集照料老人的服务需求。

在实际中，居家养老服务是正规照顾与非正规照顾相结合的综合服务项目。非正规照顾与家庭养老大致相同，而正规照顾是由社区内各机构专业人员提供的服务，主要有居家医疗保健照顾、个人生活照顾和文化娱乐等方面的服务。目前我国居家养老服务体系主要由三个板块组成：居家养老生活服务体系、居家养老健康服务体系和居家养老精神服务体系（见图 2-1）。

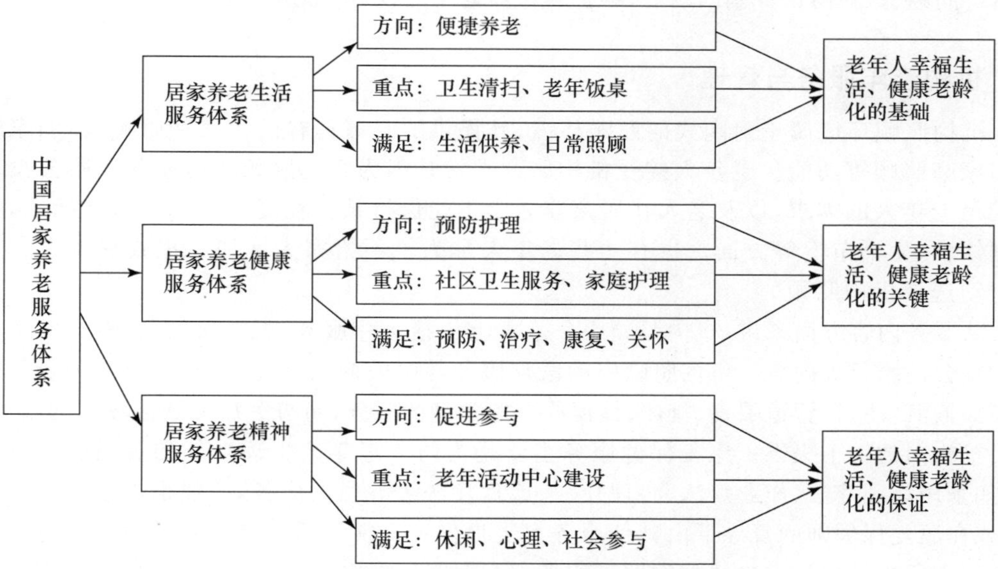

图 2-1　中国居家养老服务体系

（三）老年社区

老年社区是指专供老年人安度晚年的居住小区，它一般选址在城市郊区环境优美的地带，区内建有各种户型的公寓、酒店式套房以及少量的别墅，与之配套的还有绿化、娱乐中心、老年人运动场所、医疗保健中心、老年大学、图书馆、各种俱乐部和超市等。老年社区是随着我国房地产市场的繁荣和高消费群体的兴起而涌现的一种新型的养老模式。老年社区以家庭为单位入住，使老人在不脱离家庭社区生活的情境中获得专业服务。

老年社区具有规模优势，有利于社区服务的专门化与专业化，可引入较高层次的专业人才，促使服务上档次。配套设施与环境的建设可以丰富老年人的生活，有利于老年人满足人际交往的情感需求；老年社区还为朋友、子女探访提供较便利的条件，可保障老人家庭生活不轻易受到干扰；而优美的环境、清新的空气更是有利于老人身心的重要环境。

但从现有的老年社区来看，只有高收入家庭才能够承担其高昂的费用，对于大多数的老人而言，这种社区服务只能想象。此外，老年社区都远离城市，要真正实现家庭入住的可能性不大，而如果老人家庭的其他成员无法入住，老年人仍然面临空巢的可能，其家庭所带来的情感满足依然无法实现。

随着社会的进步，现有的社区养老服务已不能充分满足老年群体的养老需求，各地正积极探索多种形式的社区养老模式。如开办社区老年学校，利用广播、电视、网络、函授等多种方式，或采取集中授课的方式开办老年书画班、音乐班、舞蹈班、电脑班、外语班等，以满足老年人求知、自尊的需求；设立社区老年人才市场，老年群体是一个蕴含着极大开发价值的人才资源群体，尤其是离退休的老干部、老科技工作者，是国家的宝贵财富。设立社区老年人才市场，使老年人中的各类人才通过人才市场找到发挥余热的场所，利用自己的优势再就业，继续奉献，参与社会发展，体现老年价值，这样既为社会发展做出了新的贡献，又满足了老年人自我价值实现的需要；开展老人法律援助，开展社区老人法律援助、咨询、调解、庇护等服务活动，帮助老年人解决诸如丧偶、离异后的再婚问题、无子女及亲人赡养问题、老年人受虐待问题、家庭财产分割问题等，维护和保障老年人权益，使其安度晚年。

二、机构老年服务与管理

机构照顾环境属于封闭式的照顾环境，其提供的服务具有代替家庭照顾、辅助家庭或分担家庭照顾等功能。老年人接受机构照顾常常是因为家庭照顾或居家养老服务没有办法满足老年人的需求，以及老人在居家养老中不能保持某种程度的自主性和选择性，如在家庭饮食、生活节奏等方面。也有一些老年人是为了不给家人增加负担或缺少家庭支持而主动选择机构照顾的。

从服务内容方面来讲，机构照顾服务基本上包括医疗服务、康复保健服务、日常生活照顾和社会性服务等内容。机构照顾中的医疗服务与医院内的治疗不同，它只是为老年人提供诸如输液、注射、管道喂食、排尿、体温检查等类型的服务，而与医疗关联性较大的服务，一般由机构内的护士提供。康复保健服务主要是为防止老年人生理功能的衰退而进行的服务，如采用物理疗法、作业疗法、心理疗法、饮食疗法等方法的服务，一般也由康复保健师提供，或在康复保健师的督导下由其他服务人员提供。日常生活照顾主要是为那些行动不便的老年人所提供的日常生活中的照顾服务，包括协助如厕、入浴、穿脱衣、移动、喂饭、喂水、喂药、协助洗脸漱口等内容。社会性服务也被称为社交性服务，主要是帮助老年人适应机构环境和集体生活、成立老年团体或促进老年人个人之间的交往、帮助老年人与社区内的各种资源建立关系并运用这些资源、促进老年人与家人、亲属或社区的关系等。机构照顾的类型可以划分为特殊护理院、护理型养老院、康复保健型养老院和老年公寓等，这是根据机构的功能进行的分类，也是按照护理照料的程度进行的分类，各种不同功能的机构照顾所提供服务内容的侧重点也有所不同。

(一) 特殊护理院

特殊护理院是技术层次要求较高的机构，一般必须提供24小时的护理照料，老年人也以卧床不起的病人居多，或是行动极为不便的慢性病老年患者（包括老年期痴呆患者）。提供的服务多为专业性的医疗、康复保健、护理照顾和其他一般性的日常生活照料。这是以医疗服务为主、社会服务为辅的机构服务模式。

（二）护理型养老院

护理型养老院也称为老人护理院、养护之家、老人福利院等，要求技术层次较高。一般必须提供24小时有专业督导的、健康模式的护理照料服务，而不是医疗模式的服务。老年人也以生活完全不能自理者居多。服务的内容除了有一定的康复保健、护理照顾外，主要是一些个人照顾、日常生活活动的协助（如穿衣、洗澡、喂食）和其他一些社会性、娱乐性服务。这是以健康服务为主、社会服务为辅的机构服务模式。

（三）康复保健型养老院

康复保健型养老院主要是为那些疾病已经得到治疗，病情较为稳定，不需要继续入住医院，但又需要有一定的专业康复保健服务的老年病患者所提供的机构服务模式。提供的服务多为专业性的康复保健、护理照顾和其他一般性的日常生活照料。康复保健型养老院与护理型养老院的区别在于入住康复保健型养老院的老年人，其入住的时间为短期入住，在获得一定的服务，其状况得到改善后即可出院。这也是以健康服务为主、社会服务为辅的机构服务模式。

（四）老年公寓

老年公寓也被称作老人之家、老人院等，是指提供膳食、住宿、个人服务或社会照顾的机构。入住的老年人一般没有大的健康问题或残疾，只需要保障其良好的居住、活动环境和提供一定的社会性、娱乐性服务。这是以社会服务为主、健康服务为辅的机构服务模式。

概括而言，机构照顾的优点在于可以为老年人提供高密度技术性的服务内容；为老年人提供长期和积极的治疗性服务；为老年人提供居住、膳食和有限度的日常照顾及社交活动；减轻家属在照顾方面的压力。但机构照顾的缺点在于“独立院舍”，不可避免地过于强调“制度”而忽视个人需要，为维持机构的运行，缺乏人性化管理；容易忽视老年人的自主能力，使老年人对环境形成依赖，加速老年化的进程；机构生活远离老年人所熟悉的社区，容易使老年人脱离社会，精神需要无法得到满足；另外，机构生活比较单一，缺乏变化，极少数机构存在着虐待老人、照顾不周的现象。

任务二 从对象的角度划分

情境导入

年轻人白天要上班，老人无人照顾怎么办？送到附近的老人日间照料中心就可以解决膳食、护理等大问题。市政府提交市人大常委会主任会议审议通过的重点建议办理方案描绘了这样一幅蓝图：2015年我市将实现居家和社区养老服务网络全覆盖，每个街道建成一家老人日间照料中心。

一、民间资本举办养老机构可获补贴

随着深圳老龄化趋势的加快，社会各方对养老服务产生迫切需求。市人大常委会根据今年市“两会”期间39名代表的建议，形成《关于大力推进我市社会养老服务业发展，建立健全养老服务体系的重点建议》。根据办理方案，我市要从顶层设计入手，加强社会养老服务。明年6月份之前，我市要制定《关于加快社会养老服务体系建设的指导意见》，以及《深圳市养老设施专项规划》，同时完善财政资金投入养老服务事业的保障机构，鼓励社会力量进入养老服务业。对民间资本举办的非营利性养老机构或者服务设施，根据其投资额、建设规模、床位数、入住率等因素，给予一定的建设补贴或者运营补贴。

二、建设综合养老服务机构

据深圳市民政局数据显示，目前全市养老机构仅有30家，可提供床位4000多张，仅以16.2万户籍老人计算，就是近200名老人在“争”一个床位，距离到2015年我市要实现每千名户籍老人拥有养老床位40张的目标，缺口仍大。如何补齐缺口？方案提出我市要规划建设配备床位700张左右的综合性养老服务机构，为孤独优抚对象、低收入的高龄独居失能老人提供生活照料和紧急救援等服务。同时，加快市区两级福利中心的扩建升级，新增床位2150张。其中，罗湖、南山福利中心二期项目将于明年底前完成。盐田区福利中心改扩建项目和福田区老人护理中心项目将于2015年年底前完成。

三、建设15间示范中心

未来几年，我市在增加机构养老设施的基础上，将更加重视居家和社区养老。到2015年，全市每个街道要建设一家老年人日间照料中心，面向家庭日间暂时无人或者无力照护的老年人提供日间照料、膳食、护理康复、心理咨询等集中照料服务。方案更提出，在2014年年底前，要重点建成15间示范性老年人日间照料中心。我市还将利用社区健康服务中心设施，增加为老人提供健康体检、康复体检、康复理疗、医疗保健和健康指导等养老医疗服务，对行动不便的老人上门开展健康体检。

四、探索建立“三无”老人生活津贴

今后，老年人的生活将更有保障。我市在继续实施为80岁以上户籍老人发放生活津贴的基础上，将根据经济社会发展情况，逐步扩大保障范围。对于无劳动能力、无生活来源、无法定赡养的“三无”老人，我市将探索建立给他们的生活津贴制度。同时，我市还将建立“失独”老人生活散居津贴标准、机构供养保障制度和救助保障机制。

我市还将加强政策引导和政府扶持，鼓励商业保险公司参与设计与老年护理相适应的保险产品，增强老年人护理照料的支付能力。

（资料来源：http://news.sina.com.cn/o/2012-10-23/070425416843.shtml）

任务描述

1. 从老年人个体的角度来说，哪些服务的提供是必要的？
2. 请查阅资料找出老年人有哪些合法权益。
3. “老龄产业”发展面临哪些困难？与其他产业相比，“老龄产业”的特征是什么？

任务实施

1. 分小组就各个主题展开讨论；

2. 各小组选派代表汇报并分享讨论结果。

任务总结

老年人虽然拥有众多的合法权益，但常被剥夺或忽视，请思考：仅从立法的角度是否足以保障老年人的权益？如果不能，还有哪些途径可以保障老年人的权益？

知识链接

一、老年个体

随着年龄的增加，老年人的组织器官机能逐渐衰退，感知觉能力不断下降，活动能力逐步降低。同时，老年人大多患有各种急慢性疾病，疾病加速了生理性衰老，使老人肌体和器官功能日益退化。老年人对居住环境和社会服务有了更高的期待。老年人希望能在安全、便利、舒适的人居环境中生活，能够在熟悉的社区中满足日常生活照料、医疗保健、精神慰藉等不同层次的需求，幸福地安度晚年。老年人不仅重视物质需求的满足，而且更加关注精神生活与满足。因此，针对老年人个体的服务包括日常生活照料、医疗保健、心理咨询等多个方面。

(一) 生活照料服务

所谓老年生活照料，是指老年人受身心健康状况或年老体衰的影响，在日常生活活动功能方面逐渐减弱，需要他人照料。老人随着年龄的增长，其日常生活能力会下降，所以对于日常生活照料和病后照料的需求更为强烈。文化和经济因素会导致城乡老人照料需求的不同，而多数的城区老人在需要照料时会首选社区服务，而且老年人对照料的需求也与项目的服务内容和条件以及地区有关，所以对老人的全方位评估十分重要，这可以决定老人生活照料服务策略的制定。从国际经验来看，针对老年人的生活照料服务主要有以下几个方面。

1. 人身照料

人身照料是指对起床、穿衣、洗漱和洗澡等个人事务的协助。人身照料并没有精确的定义，但是《英国国家照料标准2000》给出了人身照料的4种主要类型：(1) 协助实现身体的基本功能如进食、洗澡和如厕；(2) 协助那些不完全是身体基本功能，但与实现这些基本功能有关的行为，仍然包括身体的密切接触，比如帮助老人从浴缸出来，以及帮助穿衣服等；(3) 不是直接提供物理性的身体照料，而是建议、鼓励和监督老人自己来进行这些行为，例如促使老人自己完成洗浴并监督整个过程；(4) 情感和心理支持，包括促进社会功能、进行行为管理和提供认知功能协助。可以看出，人身照料基本上是对老人本身直接施行的帮助和照料。社会服务局、私人营利机构和志愿部门都可以提供此类服务。

2. 家务和园艺协助

家务和园艺协助是指帮助处理家务方面的日常事务，此类服务大多数由社区志愿者为老年人提供，以帮助社区老人实现正常的日常生活。

3. 送餐服务

在英国，地方政府必须为那些有需要的人提供送餐服务，要么由社会服务部门直接提供，要么通过志愿部门要么利机构来提供。送餐可以是热的，也可以是冷冻的，且配合提供加热设备并指导使用。在我国，此类服务往往由社区机构组织，由机构工作人员或志愿者来完成送餐工作。

（二）医疗保健服务

随着社会的发展和经济的日益繁荣，人类平均寿命延长，人口结构逐步呈现老龄化趋势，老年医疗保健已成为新的重大社会问题。从我国现有保障体系来看，要有效解决人口老龄化给医疗保健工作带来的问题还需要进一步完善健康保障制度，同时，需要卫生部门转变医学模式，改革城市医疗卫生服务体系，积极发展社区医疗卫生服务，形成以社区医疗服务为基础的、社区与上级医疗防保中心合理分工的新型医疗卫生服务体系，形成社区医疗卫生服务与社区服务、社区建设协调发展的格局，这将是中国解决老年医疗保健问题的基本途径。

我国的老年社区医疗服务始于20世纪90年代末期，根据中国的国情并结合国外社区医疗服务的经验，中国老年社区医疗服务经过十几年的发展，已初具雏形。一些大城市初步建立了以社区人群健康为中心、社区为范围、家庭为单位，融预防、医疗、保健、康复和健康教育为一体的综合性的社区卫生服务模式，具体有以下几种模式。

1. 建立社区老年人档案

社区老年人医疗服务管理以社区服务中心为基础，以入户建档形式为所辖社区内老年人建立健康档案，筛选老年病人，并根据所患病种分类排序，掌握第一手资料。社区护士进行分片管理，对社区内60周岁以上老人实行三级预防服务。一旦老人生病住院就会迅速得到关于老人病情治疗，预后及家庭状况的信息，对出院转入社区的老人也可实行连续跟踪医疗服务。

2. 开设家庭病床

家庭病床是老年人社区医疗服务的主要形式。老年人由于行动不便、固执、恐惧等原因而不愿意去大的医疗机构诊治，更愿意在社区及家庭中接受帮助。20世纪50年代后期，最初是在上海以家庭病床的形式展开。80年代末有了大规模的家庭病床，为慢性病和不需住院的病人提供服务。90年代社区医疗服务迅速开展，全国大约有500万户家庭开设了家庭病床，仅在上海就有4万余张。但家庭病床在开展的过程中由于适合病种较少、收费较高、专业人才缺乏等原因，目前在推广的过程中还存在着较大困难。

3. 建立老年医疗服务院

上海是我国最早创办老年医疗服务院的城市，在1988年就建立了中国第一家老人医疗服务院，为老人实行全日制医疗、医疗服务、康复保健、善终等全方位服务。目前，国内常见的老年医疗服务机构有：(1) 独立老年病院，主要服务对象是医院所处地域的社区人群，并对本院出院后的老年人进行家庭访视等；(2) 独立的老年人社区保健诊所，不依附医院，受社区综合管理，为所在社区所有老年人建立档案，为老年人提供多种健康服务，如上门打针、换药、定期体检、临终关怀等；(3) 老人院、老年公寓 ⅱ 医疗服务中心，在社区内建有为老人提供日常生活照料、医疗护理的公寓式小型照顾机构，可为老人提供有偿或低偿的医疗保健服务；(4) 老年日托医疗服务中心，可以将老年人送到老人日托中心由专门的社区医疗服务人员对老人进行照顾。

(三) 心理疏导与治疗

老年人在身体机能衰退的同时,心理机能也面临衰退。社会角色的转化、亲友的离世、时代的变化、与晚辈的代沟、疾病缠身等,都会引起老年人的感怀神伤,严重的还会演变为困扰老年人晚年生活的心理疾病。

为了预防老年心理问题、促进老年心理健康、提高老年生活质量,需要在社区层面大力开展老年心理咨询服务与干预。社区心理健康服务在发达国家开展得较早,也较普遍,并在整个社区服务业中有一定的影响。美国早在 1936 年就由肯尼迪总统专门签署了“关于设置心理健康中心”的文件,随后设立的社区心理健康服务中心,在理论和实践方面,都取得了卓著的成绩。而且就在 2002 年 9 月,麦迪臣社区心理服务中心,被纽约州心理办公室(Office of Mental Health,OMH)选为 2002 年度的 OMH 奖获得者,以表彰其在“9·11”事件后做出的贡献。由此可见,西方的社区心理健康服务已经和医疗卫生服务一样受到人们的普遍接受和重视了。

在我国,社区服务业发展较快,但心理健康服务没有得到普遍重视。不过,在北京、上海等城市,社区的心理健康服务已经迈出了成功的第一步。上海的日林街道作为心理健康教育的服务基地得到了良好的发展。在宁波,社区心理健康服务还属于新兴事物,各街道干部、社区工作者,基于对心理健康服务的不同认识而采取不同的态度。有的认为心理健康问题不属于社区服务的范畴,应该交给诸如康宁医院这样的精神病专科医院解决;有的认为心理健康服务以前没搞过,又没有现成的模式可循,所以难度很大,目前还无法开展;但也有人认为,心理健康服务是关系到社区稳定的大事,是衡量社区服务是否具有高水平的重要指标。部分社区设立了社区心理健康服务中心或农村社区居民心理咨询中心。

根据现有的研究成果,在社区老年心理健康咨询与服务工作中,主要有以下几种形式和内容。

1. 环境护理

告诉患者的家人,要为患者提供安静、舒适的生活环境,因为良好的环境和气氛对心理疾病的康复非常有利,更有助于老人身心健康和精神愉快。

2. 陪伴护理

老年人最需要陪伴。心理咨询与服务人员作为知心好友的陪伴,能增加老年人对生活的信心和安全感,交谈还能使老年人压抑在心头的情绪得到疏泄,心情逐渐舒畅,进而摆脱不良情绪的困扰。

3. 倾听护理

耐心听取老年人“吐苦水”。不少人都有“一吐为快”的感觉,把心中不高兴的事都讲出来之后,就会感觉心情舒畅多了。这种倾听和理解对老年人尤为重要。

4. 疏导护理

有些患有心理问题的老年人固执己见,不通人情,情绪偏激,影响了他们的认知能力,造成“一叶障目”而“全盘皆黑”的错觉。疏导能帮助当事人走出认知的误区,客观而全面地看问题,清除心理障碍。

5. 防范护理

个别老年心理问题患者在心理危机时期,可能做出极端之事,如自杀、伤人或自伤等。

在心理护理中，要善于发现一些危险信号，防患于未然，及时开导与排遣，化解患者心头的冰霜，驱散烦恼与暴躁。

对于老年心理疾病的社区护理，护理者一定要融入患者的精神生活，摸清老年患者的心理状态，以“静”、“情”作主导护理，再加上药物治疗。总之，老年心理疾病的护理还是“心病乃要心药医”。

二、老年群体

（一）老年权益保障

保护老年人的合法权益，是我国司法实践的一项重要原则，我国的宪法、民法、婚姻法、刑法、诉讼法以及各种地方性法规等无不贯彻和体现着保障老年人权益这条重要原则。1996 年 8 月 29 日第八届全国人民代表大会常务委员会第二十一次会议通过并公布《中华人民共和国老年人权益保护法》（以下简称《老年人权益保护法》），于 1996 年 10 月 1 日起施行。该部法律的颁布实施，表明了我国对老年人权益的高度重视，对于我国老年人合法权益的保障发挥了重要作用。

1. 老年人的合法权益

根据我国《老年人权益保护法》的有关规定，可以看出我国老年人享有以下的权益。

（1）受赡养权。老年人应享受的家庭赡养与扶养：老年人应该老有所养。根据《婚姻法》、《老年人权益保护法》以及最高人民法院的司法解释，有 4 类亲属对老年人负有赡养、扶养义务：一是老年人的配偶；二是老年人的成年子女；三是老年人的弟妹；四是老年人的成年孙子女、外孙子女。对老年人的赡养包括对老年人进行经济上的供养、生活上的照料和精神上的慰藉三大方面。

（2）扶助权。指老年夫妇间有相互抚养的义务。

（3）再婚自由权。指丧偶老人享有找寻配偶、再次结婚的权利。法律强调老年人有再婚自由权，主要针对部分老人的子女因为面子、财产继承等问题反对老人再婚，阻止老人寻找幸福。

（4）自由处分遗产权。指老人对其生前积累的财产，有根据自己心愿、子女和配偶对自己的关心与照顾情况，决定由一人或数人继承自己的遗产，或者决定把自己生前积累的财产无偿地赠送给他人。

（5）继承权。指老人作为子女、配偶的法律规定的第一顺序继承人，在子女、配偶死亡时享受依法继承财产的权利。

（6）老年人应享受的社会保障。《老年人权益保护法》规定：老年人有从国家和社会获得物质帮助的权利，国家和社会应健全对老年人的社会保障制度，实现老有所养、老有所医、老有所为、老有所学、老有所乐。对老年人的社会保障项目主要包括养老保险、医疗保险、社会救济、社会福利、社区服务、住房保障、老年教育、法律援助等内容。

2. 老年权益保障存在的不足

虽然上述法律表明我国老年人权益的保障取得了长足的进展，但是受诸多因素的影响，在老年权益保障问题上仍存有许多不足之处。相关法律法规都是我国政治、经济、社会、文化特定历史发展阶段的产物，是在人口老龄化现象不够严重、物质条件不很充分的情况下先后出台的。随着我国社会主义市场经济体制的逐步建立，政治、经济和社会生活领域都发生了很多重大变化，出现了许多新情况、新问题，使得这些法律法规在保障老年人合法权益方面日渐显露较大的局限性。

《老年人权益保护法》以及其他涉及保障老年人权益的各项法律法规，都没有把老年人口与经济、社会、资源、环境的协调发展作为立法指导思想，没有很好的倾斜保护原则。正是由于立法指导思想和基本原则的偏差，导致这些法律法规的内容设置不尽科学，许多条款无法执行，立法目标难以实现。

没有进一步明确《老年人权益保护法》在保障老年人权益的法律体系中的核心地位。在《老年人权益保护法》以及其他涉及保障老年人权益的各项法律法规中，指导性条款过多，强制性条款和指导性条款划分不够明确，内容不够具体全面，使得这些法律法规的可操作性较低，司法机关在维护老年人合法权益的维护问题时难以做到有法可依。

《老年人权益保护法》以及其他涉及保障老年人权益的各项法律法规对于老年人的生活保障（包括精神赡养）、医疗保障、社会福利等诸多方面缺乏有效的强制性规定；对于歧视、侮辱、虐待、遗弃老年人，干涉老年人婚姻自由，侵占老年人财产等行为，还缺乏强有力的惩治条款；特别是对不履行生活照料和精神慰藉的行为，相关法律法规缺乏明确的界定方式与惩戒措施。

（二）养老机构管理

养老机构是为老年人提供住养、照护等综合性服务，满足老年人基本生活需要的场所，是养老服务体系的重要组成部分。随着人口的高龄化和家庭小型化，越来越多的老人需要到养老机构接受服务。养老机构在社会生活中将发挥越来越重要的作用。截至目前，全国有各类养老服务机构 38 060 个，总床位 266.2 万张，收养各类人员 210.9 万人，平均每千名老人拥有床位数 16.9 张，与发达国家的 50～70 张平均水平相差甚远，与发展中国家的 20～30 张的平均水平也有不少差距。而且，我国养老机构仍以公办为主，民办养老机构发展滞缓。在全国养老服务机构中，农村五保、供养机构约占 55%。在城市养老机构中，民政部门开办的社会福利机构、光荣院等收养性福利机构占 59%。

1. 我国养老机构模式

(1) 公办民营模式。公办民营模式由政府出资兴办养老机构，由社会团体或个人经营，政府只起到监督作用。养老机构可采用“以房养房”的办法，利用入住者手中的房产，与入住者达成协议，由养老机构方一次性买断入住者住房或帮助入住者经营住房，使老年人有经济能力来承担自己的开销，又使养老机构的经营者能够获取一部分利润，对养老机构进行再投入。

(2) 互助养老模式。其运作模式是政府支持、多方参与、民间操作，在老人家中和社区两个层面建立互助养老点和互助养老中心，形成以老人家庭为基础的家庭式互助养老和以社区养老设施为依托的社区式互助养老。在该模式中，由政府负责为互助养老点购买娱乐设施、补贴水电费等，并加强引导扶持、组织开展活动，条件宽裕的老人家庭提供活动场所，社区内企事业单位提供闲置场所或提供赞助，有效整合了政府、社会和家庭资源。

(3) 机构式专业养老模式。该模式通过对老年生活社区的整体开发而较全面地解决养老问题，是居家养老和机构养老完美结合的一种新型养老模式。在该模式中，老人以户为单位入住生活社区，完全是居家的概念；同时，老人置身于社区内，又可获得专业化的照料服务，并参与人际互动，有效地解决了老人的孤独与衰老感。

(4) 异地养老模式。该模式是指各地养老机构通过有效的机制建立起一个统一的网络,将老年人的市场需求资源和养老机构闲置资源整合起来,进行交换性服务,相互交换客户资源,让老人在没有增加很多费用的情况下,可以享受来自不同养老机构的多样化服务。

(5) 社区老年公寓。该模式就是在社区医院附近建立老年公寓,将社区医院和老年公寓有机地结合起来,这种结合能够将社区医院和老年公寓的优势互补,而且还具有以家庭为中心的老年护理模式的优势。

(6) 新型老年公寓。在经营管理上,老年公寓有两种模式:一是与政府脱离,实行自主经营、自负盈亏的企业化经营;二是国家控股,吸纳社会资金组建有限责任公司。新型老年公寓分为养老区(健康老人)、康复区(患病老人)、特护区(临终老人)、托老所(短期托管)、休闲养老区(异地养老)等不同区位,满足不同状况的养老需要。公寓内娱乐、健身、阅读、配餐等设施一律对外开放,组建面向社会的老年休闲俱乐部,广泛吸纳会员。

(7) 护理学院经营老年公寓。其优势主要表现在医院式管理、专业技术优势、教育研究优势。在医院式管理方面,以护理为主的医院管理服务是其特有的管理模式;在专业技术优势方面,护理学院的医疗护理知识资源丰富,老年护理专科人才有更丰富的专业知识和经验,更能够了解老人的需要;在教育研究优势方面,护理学院经营老年公寓,既有大量的实践机会使学生得到锻炼,又可以为老年公寓提供更为周到的服务,是一种双赢行为。

2. 养老机构管理存在的问题

在我国,90%左右的敬老院、养老院、老人院、福利院等养老机构基本上仍然沿用由政府、集体出资建设和经营的管理体制。在新中国成立60多年的今天,我们重新分析和评估这种公办养老机构的管理体制时,会发现有许多问题。

(1) 随着老年人口的不断增加,计划经济向市场经济的过渡,社会保障体系的逐步完善,政府、集体已无法包揽和完全解决养老问题。

(2) 原有的养老机构大部分设施陈旧、条件较差,满足不了现在老年人的生活起居、医疗护理等的需求。经过改造、扩建的一些养老机构,虽然设施、环境、医疗、护理条件较好,甚至还比较超前,但提供的服务对象并不是最需要帮助的人,变成了休闲、度假的场所,而最需要关照的高龄老人,则有可能被拒之门外。

(3) 养老机构供需匹配矛盾突出,目前,我国存在敬老院大量床位空闲与老人无法入住的矛盾现象,各种福利院和敬老院共有床位120万张,实际在老人院的老人只有70多万人。

(三) 老年人力资源开发

越来越严峻的人口老龄化,使得我国的劳动力从"无限供给"转向"有限剩余",对我国的产业结构和竞争优势产生了很大的威胁,并且将在2030年至2050年间劳动力供给进入最严峻的时期。1991年联合国第46届大会通过了社会发展委员会第32届会议提出的《联合国老年人原则》指出:意识到科学研究已否定了年老无用的陈旧观念,深信在老年人人数和比例日益增大的世界中,必须提供机会,让自愿而又有能力的老年人参与社会当前的各种活动并做出贡献。因此,开发利用巨大储备的老年劳动力资源是解决劳动力供给和老龄化挑战的一个一举两得的好对策,通过开发和利用,把我国老龄人口压力转化为创造社会财富的人力资源动力。

1. 中国老年人力资源开发的年龄阶段

在我国制定与老年人有关的政策措施时,往往把60岁以上的人口看作是一样的,但实际上这些老年人的年龄、身体状况对他人的依赖和需要帮助的程度各不相同。一般来说，较年轻的老年人身体状况较好，生活上的自理能力较强，对别人的依赖程度较小，有些人还可以再为社会做些工作。而越是高龄的老年人对老年人的各种特征表现得越为突出，需要家庭和社会给予更多的关心，向他们提供更多的经济帮助、医疗服务和生活服务。

在人口平均寿命不同的情况下，老年人的年龄分层状况也不同。现阶段，以60岁作为划分老年人口标准的话，60岁及以上老年人口可以进一步划分为低龄老年人口（60～69岁）、中龄老年人口（70～79岁）和高龄老年人口（80岁及以上）。低龄老年人口中有很大一部分是身体健康、意识清楚、精神旺盛的老年人，而且刚从工作岗位上退下来不久，有着其他人力资源群体所无法比拟的独特优势，如经验的优势、文化的优势和关系的优势等，而且低龄老年人本身也有继续为社会作贡献的意愿。中龄老年人虽然体质相对较差，需要部分的生活帮助，但仍有部分老人还能够继续为社会服务，尤其是知识分子。而高龄老年人一般是需要特殊照顾的人群。所以，低龄老年人口和部分中龄老年人口应成为老年人力资源开发的重点。

2. 我国老年人力资源的特点。

（1）老年人力资源具有资本性。老年阶段是经过一生的青少年、成年、中年阶段，进入人生最成熟的阶段，老年知识分子则经历了多年学校教育、社会生活、生产实践的训练，积累了大半生的资本，进入投入小、产出高的阶段。老年人力资源中很大一部分人具有人力资本，当代老年人经过新中国建设时的第一次创业，拥有了知识、技术、健康和经验等资本，他们在退出原工作岗位后，如果能够继续参与社会活动或结合市场上新的经济增长点开始第二次创业，他们就会继续获得人力资本收益，给社会经济带来更多的收益，否则这部分人力资本就白白浪费了。

（2）老年人力资源具有时效性。老年人力资源具有时效性，有两方面的含义。一方面，人力资本是通过人的有效劳动创造的价值体现出来的，失去劳动能力的人或不参加劳动的人，因为不能创造价值，因而也就失去了人力资本，也就失去了利用的价值。因为老年人的种种局限性，老年人力资本的时效性相对于青年人来说更为短暂。另一方面，老年人力资源不同于自然资源，如果自然资源不开发，它们就不会消失，而老年人力资源，如果不被及时开发和利用，或者不被适时地开发和利用，就会随着年龄的增长、时间的流逝而降低，直至完全丧失。

（3）老年人力资源与劳动年龄人力资源的互补效应。目前，对中国老年人口再就业尚有争论。中国人认为老年人到了六七十岁了，就动不了了，就应该在家颐养天年，更有甚者，如果谁家有老年人出去工作，其子女就会被扣上“不孝子”的帽子。而更多的人反对老龄人口再就业的一个重要依据是人口增长很快，比重高，就业问题严重，待业青年就业困难，老龄人口就业必然冲击青年人口的就业，使待业问题更加严重。因此禁止老龄人口再就业，以便留出位子，让青年人有更多的就业机会。

其实，老年人力资源与劳动年龄人力资源之间有着很好的优势互补效应。第一，老龄人口再就业的岗位多是需要较高的科学技术水平或劳动技能，较丰富的工作经验，比如对乡镇企业的技术、业务指导，教师与科研人员的返聘、医务人员的指导与培训、技术工人的返场指导等，这些都不是一般的刚毕业的大学生或高中毕业的待业青年所能承担的。这也体现了老年人力资源与劳动年龄人力资源之间的特长互补、职业互补。第二，两者是职位互补、性格互补的优势效应。有些岗位如一些机关、学校、工矿企业的传达员，多为再就业的老龄人口所担任。这些岗位不需要多高的技术能力，但是需要稳健、沉静、仔细，往往是青年人所不愿、不屑或不适于承担的。第三，很多再就业的老龄人口不占单位编制，是临时聘任人员，并不挤占编制以内的就业岗位。第四，有些老龄人口的再就业，还创造了一些就业机会，有利于青年人口的就业。

三、老龄社会

（一）老年社会保障

老年社会保障是指对退出劳动领域或无劳动能力的老年人实行的社会保护和社会救助措施。老年社会保障制度是一项重要的社会功能，是解决老年社会问题的核心。我国老年保障制度初建于新中国成立之后。国家颁布了如《劳动保险条例》等一系列政策，对国家机关、民主党派、人民团体和事业单位工作人员的退休制度给予了明确规定，保证了广大退休人员的生活需要，对社会的稳定与发展起到了安全保障作用。自中国共产党十一届三中全会以后，我国进一步建立、改革与完善了老年社会保障制度，颁布了《国务院关于安置老弱病残干部的暂行办法》和《国务院关于工人退休退职的暂行办法》。同时，我国对城乡生活困难的老年人实行了社会救济制度。在我国城镇和乡村，由政府对丧失劳动能力、无依无靠的老年人实行“五保”制度，使困难老年人的基本生活得到保证。

老年社会保障制度的实施和落实需要一个完整的运作系统来完成和完善，这就是它的服务体系。老年社会保障的服务体系就是支撑和维护老年社会保障制度运行和发展各环节与各阶段所需服务的总称。它既包括老年社会保障制度的上游——养老金的筹集，也包括制度的中游——养老金的积累与运作及其下游——养老金的领取以及老年群体的生活照顾与服务。老年社会保障的服务体系包含的内容很多，涉及保障制度的经济、法律、文化、政策等层面，贯穿于整个制度运行的全过程，体现在老年生活保障的各种表现形式中。

（二）老龄产业发展

老龄产业并不是传统意义上的一个独立的产业部门，而是由于老年消费市场需求增长带动而形成的跨行业、跨部门的综合产业群，是21世纪我国由于人口结构的转变而发展成的国民经济中的一个新兴产业。其基本面覆盖了第一、第二、第三产业，具有经济和社会的双重意义。由于目前老龄产业的性质徘徊在事业和产业之间，福利性和微利性是老龄产业的显著特征，是老龄产业与其他产业的主要区别。老龄产业，国外称为银色产业或健康产业。在国内来讲，老龄产业脱胎于计划经济时代的老龄事业，形成于市场经济时代的老年社会。它包括所有有关满足老年人特殊需求的生产、经营、服务的经济活动和设施。

1．发展我国老龄产业的必要性

我国是世界上老龄人口规模最大的国家，且增长速度快。加之我国人口出生率多年来的明显下降，更加快了人口老龄化的进程。随着老年人口基数的快速攀升，必然导致老年消费群体的不断扩大，这就为老龄产业市场的发展提供了可能。从购买力来看，目前我国老年人的总体收入水平和储蓄水平偏低，加上尚不完善的社会保障制度的负面影响，在一定程度上限制了老年人有支付能力的消费需求。然而，在一些经济发达的省市和地区，老年人的收入水平已相当高，可以满足高层次的需求。此外，由于我国老年人口规模大、增速快且有老龄人口高龄化的发展趋势，在未来相当长的一段时期内，即使维持现有的、较低的消费水平所产生的购买力，也足够支撑老龄产业的扩大和发展。而且，统计资料表明，我国政府用于退休金的支出也正在逐年增加。因此，随着我国经济的持续高速增长和社会保障尤其是养老保障制度的逐步完善，老年人口整体收入水平也在稳步提高。老年人口的经济实力和消费能力显著增强。就消费倾向而言，老年人消费需求广，购买欲望强。一方面由于生理和心理条件的变化，老年人对医疗保健、老年食品、老年服装、照料护理等老年人用品及劳务提出了大量需求。另一方面，随着社会化和市场化的发展以及计划生育的政策影响，家庭养老方式越来越难以适应客观需要，随着我国独生子女政策的继续推行及人均寿命的不断延长，一对夫妻养 4 个老人和 1 个孩子的"4＋2＋1"结构型家庭，甚至一对夫妻养更多老人和 1 个孩子的"多老人"结构型家庭越来越普遍，并有可能出现 60 岁老人照顾 80 岁老人的"纯老户"。现代家庭的养老功能弱化，老年人及其家庭对专业化与市场化需求的增加是一种必然趋势。人口老龄化的加快、老年人口规模的增加与老龄人口高龄化的发展，以及由此导致的家庭结构的变化，养老方式和消费方式的转变，成为老龄产业必要性的客观基础。

2. 我国老龄产业发展的基本现状

与老年消费群体巨大的需求相对应的是我国老龄产业市场的冷清。据统计，目前我国市场上每年为老年人提供的产品还不足 1000 亿元，甚至形成了"厂家不愿做，商家不愿卖，消费者无处买"这样一个怪圈。我国的老龄产业目前尚处于起步阶段，其发展严重滞后于老年人口的快速增长和老年消费群体的巨大需求。

首先，在老年服务业领域，目前专为老年人提供服务的设施严重不足，服务的项目和内容不全，服务人员的素质参差不齐，老龄服务的数量和质量都远远不能满足市场需要，是滞后中的滞后。老年人对服务需求依次排名为护理服务、医疗服务和生活服务等。其中，养老机构是目前我国为老年人提供护理服务的主要机构。据调查，全国约有 5％的老年人有入住养老机构的愿望和需要，并且随着人们养老观念的转变，这个数字会逐步增加。但是，目前我国养老机构的总床位数尚不足老龄人口总数的 0.9％，供需严重不平衡。随着人口老龄化的不断膨胀和预期寿命的进一步延长，我国人口老龄化趋势又呈现老龄人口高龄化的特点，高龄老人(85 岁以上)越来越多。随着家庭规模的日益小型化，家庭照料的人员也减少。这加剧了社会对医疗服务和生活服务的需求。而由于养老制度的公益性特点等原因，市场如何进入仍需进一步探索和研究。

其次，老年用品市场发展滞后。我国老年人的整体购买力不断提高，消费观念开始转变，老年用品市场的需求日渐强烈，但是老年用品却供给短缺，专门针对老年人的特殊生活用品，如老人床垫、手杖、轮椅等以及辅助商品如老视镜(老花镜)、助听器、假牙(义齿)、假发等，哪怕在我国许多大中城市，也很难找到老年消费品专卖店，即使有一些，适合老年人特点的保健型、方便型、舒适型的商品也少之又少。上海、广州等地的调查表明，在吃的方面，除了保健品，老年人所需的低糖、低盐、低脂食品等属于自己的专供商品难以找到。在穿用方面，市场上的老年人服饰要么没有，要么颜色晦暗，款式陈旧，号码不全。目前市场上适合老年人特殊需求的各种产品寥寥无几，老年用品市场发展滞后。

再者，在老年休闲文化领域，目前我国老年人的娱乐场所主要是在家里、马路上和公园里，而随着生活水平的日益提高，老年人闲暇时间充裕，可自由支配收入高，老年人在娱乐健身、绘画书法等方面的精神追求和个人文化发展的需求也越来越高。专门针对老年人休闲娱乐市场的潜力巨大。据旅游部门统计，我国每年老年旅游人数已占全国旅游总人数20%以上。2005年，我国老年出游人数达到全国出游总人数的25%。文化需求方面，目前全国老年大学已达2万余所。但相对于不断膨胀的老龄人口，这些数字尚不足道。老年理财业，作为一种新兴的老龄产业，刚刚起步。我国部分老年人除日常消费外也积累了一部分资金，客观上有理财的需要。同时，我国实行的基本养老保险制度的特点是"低水平、广覆盖"，这就要求个人还要为自己将来的养老负责，对用于养老的资金进行科学管理，这也是老年理财业兴起的根本原因。随着金融日益渗透到经济生活的各个方面，老年理财需求也日益增加。老年理财产品与其他理财产品相比，更加注重稳健性、防御性以及操作上的方便性。目前市场上理财产品众多，然而，传统的银行储蓄和国债仍是老年理财的主要选择，针对老年理财特点的理财产品仍待进一步开发。

思考题

请根据本情境所学内容解释"老有所养、老有所医、老有所学、老有所教、老有所为、老有所乐"的内涵与意义。

内容小结

1. 老年人希望能在熟悉的社区中满足日常生活照料、医疗保健、精神慰藉等不同层次的需求，幸福地安度晚年。老年人既重视物质需求的满足，也关注精神生活与满足。因此，针对老年人个体的服务包括日常生活照料、医疗保健、心理咨询等多个方面。

2. 老年人的合法权益包括：受赡养权、扶助权、再婚自由权、自由处分遗产权、继承权以及老年人应享受的社会保障。

3. 我国养老机构模式有：公办民营模式、互助养老模式、机构式专业养老模式、异地养老模式、社区老年公寓、新型老年公寓以及护理学院经营的老年公寓。

4. 开发利用巨大储备的老年劳动力资源，是解决劳动力供给和老龄化挑战的一个一举两得的好对策，通过开发和利用，把我国老龄人口压力转化为创造社会财富的人力资源动力。

5. 老年社会保障的服务体系既包括老年社会保障制度的上游—养老金的筹集，也包括制度的中游—养老金的积累与运作及其下游—养老金的领取以及老年群体的生活照顾与服务。老年社会保障的服务体系包含的内容涉及保障制度的经济、法律、文化、政策等层面，贯穿于整个制度运行的全过程，

6. 老龄产业覆盖了第一、第二、第三产业，具有经济和社会的双重意义，福利性和微利性是老龄产业的显著特征，是老龄产业与其他产业的主要区别。老龄产业包括所有有关满足老年人特殊需求的生产、经营、服务的经济活动和设施。

推荐阅读

[1] 仝利民．老年社会工作[M]．上海：华东理工大学出版社，2006.

[2] 张默．社区老年服务工作[M]．北京：中国社会出版社，2011.

[3] 张明，等．城市老年人社会服务体系研究[M]．北京：科学出版社，2012.

[4] 麻凤利．中国老龄产业发展的机遇与挑战[M]．北京：中国社会出版社，2010.

子情境三　老年服务与管理的目标与伦理

能力目标

本部分知识内容学习可以根据实际情况采用阅读、自学或小组讨论的形式进行，旨在培养学生：

1. 自我学习的能力；
2. 分析问题和解决问题的能力。

知识目标

通过本部分知识内容的学习，你应能够：

1. 掌握老年服务与管理的目标，包括老年生理健康、老年心理健康、老年生活幸福、老龄社会和谐；
2. 掌握维护老年生理、心理健康程序与方法；
3. 熟悉营造老年幸福生活、构建和谐老龄化社会的途径与措施；
4. 了解老年服务与管理质量标准与评估的意义与作用；
5. 了解老年服务与管理的伦理目标；
6. 了解老年服务与管理的日常礼仪。

任务一　老年服务与管理的目标

随着老龄化社会的日益严峻，老年人口越来越多，而社会经济的发展让老年人对养老生活提出了更高的要求，老年群体的巨大需求催生了快速发展的老年服务行业，并需要大量为老年人提供服务的专业技能型人才。同时，人口的老龄化对整个社会的发展也带来了深远的影响，如人口的老龄化对社会保障体系的影响，人口的老龄化对劳动力资源的影响，人口的老龄化对产业结构的影响，人口的老龄化对家庭的影响等。人口结构的变化势必会引发一系列的社会问题，在老龄化社会中如何应对纷繁复杂的相关社会问题并科学管理老龄化社会，这也需要更多的专业人士投身于老龄产业事业。

什么是高品质的老年生活？——当您上了年纪，仍然可以保持风度和智慧，拥有健全的头脑和充沛的精力与活力，这才是我们所希望的高品质老年生活。它意味着健康，不仅指身体上没有疾病，还包括充沛的体力、健全的心理和良好的交际能力。如何才能让老年人都过上高品质的老年生活，这不仅是老年人热切关注的问题，也是我们全体社会成员共同的美好愿望。

老年服务与管理专业致力于老年服务事业和老年相关产业的建设与发展。其服务对象为老年人，包括老年个体和老年群体。其服务内容包括为老年个体提供的日常生活照料、康复保健、医疗护理、心理咨询等服务性工作；针对老年群体开展的老年权益保障、养老机构管理、老年活动策划、老年人力资源开发等相关工作；立足于老龄社会所需要的老年社会保障、老龄产业发展等。其服务领域包括家老年人家庭、养老机构、相关企事业单位、老年社区乃至整个社会。

世界卫生组织(World Health Organization，WHO)在1987年5月召开的世界卫生大会上首次提出“健康老龄化”概念。其后，该组织在1990年的哥本哈根会议上提出要把“健康老龄化”作为一个战略目标。在1993年召开的第15届国际老年学大会上，又将“科学为健康老龄化服务”定为主题。世界卫生组织对“健康老龄化”的定义包括三个方面，即老年人个体健康、老年群体的整体健康和健康的人文环境。

《中国老龄事业发展“十二五”规划》中指出：“要以科学发展为主题，以改革创新为动力，建立健全老龄战略规划体系、社会养老保障体系、老年健康支持体系、老龄服务体系、老年宜居环境体系和老年群众工作体系，服务经济社会改革发展大局，努力实现老有所养、老有所医、老有所教、老有所学、老有所为、老有所乐的工作目标，让广大老年人共享改革发展成果。”这是国家在宏观层面对老龄事业提出的远景期望。

以此为指导思想，我们把从事一线老年服务与管理工作的专业技术人员的工作目标具体化为：以维护老年人生理健康、心理健康为己任，通过为老年人营造幸福晚年生活，推动和谐老龄化社会的建设与发展。这也是老年服务与管理专业人才培养的目标，更是从事该行业工作的相关人员应遵循的职业道德规范。

情境导入

亲和源股份有限公司创建于2005年3月，前身为上海康桥公共事业投资有限公司。基于我国人口老龄化程度加剧，养老需求日益多样化的背景，为顺应社会发展及市场经济的规律，以实现健康、快乐的老年新生活为目标，亲和源股份有限公司在上海市浦东新区康桥镇投资近6亿元，建成中国第一个与上海国际大都市相匹配的高档老年人会员制养老社区——亲和源会员制社区。社区占地面积8.4公顷，建筑面积10万平方米。

社区内无障碍化设计的高标准全配置的公寓楼和生态型的户外环境，为老年人提供安全舒适的居住和活动空间。专业的护理医院和颐养院，功能齐全的健康会所、配餐中心、老年大学，宽敞的图书馆、文体活动室，舒适的茶憩栈、咖啡厅，标准的门球场、迷你高尔夫……为实现“健康、快乐”的老年新生活奠定了坚实的基础；专业对口、训练有素的“秘书”，视会员为亲人，“代子女尽孝、替父母分忧”，尊重和保护会员的私密、自由，提供最人性化的生活、健康、娱乐领域的照料和服务；引进美国爱玛克、香港美格菲、上海曙光医院等著名的公司和单位，分别提供物业、餐饮、健身、医疗服务，现代服务业融入到传统的养老业，使养老在传统意义上实现了质的飞跃。

（资料来源：http://www.qinheyuan.com/about2.aspx? wId=1）

任务描述

1. 阅读上述内容，思考并讨论作为老年服务与管理专业的学生，你对中国老龄产业发展现状了解到底有多少。

2. 请运用各种工具查阅相关资料，了解我国在老年服务事业与老龄产业发展方面的最新进展与动态。

3. 作为老年服务与管理专业的学生，你如何投身于养老服务这一前景广阔、又充满希望的朝阳产业？

任务实施

1. 分小组就各个主题展开讨论；

2. 各小组选派代表汇报并分享讨论结果。

任务总结

1. 你对养老服务行业的自我认识与通过查阅资料了解到的行业发展状况是否存在差距？

2. 通过任务的实施，是否加强了你对老年服务与管理专业的信心？

知识链接

一、健康的定义

"维护老年人生理健康、心理健康，营造幸福晚年生活，建设和谐老龄社会"。看似简单的几句话，但要通过具体的方式和方法来实现，却实属不易。我们要深刻领会每一句话的含义。首先让我们来对"健康"作一个全面了解。

（一）世界卫生组织对健康的定义

对于"健康"的含义，20 世纪 70 年代，联合国世界卫生组织曾做过如下定义："健康是指生理、心理及社会适应三个方面全部良好的一种状况，而不仅仅是指没有生病或者体质健壮"。并据此提出了健康的十大标准：

（1）充沛的精力，能从容不迫的担负日常生活和繁重的工作而不感到过分紧张和疲劳；

（2）处世乐观，态度积极，乐于承担责任，事无大小，不挑剔；

（3）善于休息，睡眠好；

（4）应变能力强，能适应外界环境中的各种变化；

（5）能够抵御一般感冒和传染病；

（6）体重适当，身体匀称，站立时头、肩位置协调；

（7）眼睛明亮，反应敏捷，眼睑不发炎；

（8）牙齿清洁，无龋齿，不疼痛，牙龈颜色正常，无出血现象；

（9）头发有光泽，无头屑；

（10）肌肉丰满，皮肤有弹性。

(二) 中华医学会老年医学会提出我国健康老人的10条标准

(1) 躯体无显著畸形,无明显驼背等不良体型;

(2) 神经系统基本正常,无偏瘫和老年性痴呆及其他神经系统疾病;

(3) 心脏基本正常,无高血压、冠心病(无明显心绞痛、冠状动脉供血不足、陈旧性心肌梗死)及其他器质性心脏病;

(4) 肺脏无明显肺功能不全及慢性肺疾病;

(5) 无肝硬化、肾病及恶性肿瘤;

(6) 有一定的视听能力;

(7) 无精神障碍,性格健全,情绪稳定;

(8) 能恰当地对待家庭,有一定的社会交往能力;

(9) 能适应环境;

(10) 具有一定的学习、记忆能力。

不管是世界卫生组织还是中华医学会提出的健康标准,其对健康的定义都涵盖了3个方面,一个是生理健康,二是心理健康,三是社会适应能力,即能够充分享受幸福的晚年生活。目的是通过改善老年人个体的健康状况,提高老年群体的健康水平,从而促进整个社会的健康发展,实现健康老龄化。

下面分别从老年生理健康、老年心理健康、老年幸福生活、和谐老龄社会等4个方面来谈谈,老年服务与管理专业人士如何建立自己的工作理念。

二、老年生理健康

关于老年生理健康,从服务的角度思考,作为专业人士,我们需要面对两种类型的老年群体:一是身体完全健康的老年人,二是身体并不完全健康的老年人,针对不同类型的老年群体,我们工作的侧重点是不同的。对于健康老人,侧重于帮助其保持和维护现有的健康生理状况;对于身体并不完全健康的老年人,侧重于帮助其重新获得健康的生理状况或者帮助其应对由于身体的不健康因素带来的生活困扰。因此,我们需要对老年生理健康有一个清晰的认识,并掌握维护老年生理健康的方法和应对不健康身体条件下的生活方式。

(一) 老年生理特点

对于如何维护老年人的生理健康,首先需要了解老年人的生理特点,通过把握老年期身体的变化特征及规律,有效制订科学合理的养生保健计划,预防疾病,延缓衰老。

随着年纪的增长,人进入老年期后,身体会慢慢衰老,在个体的外形上、组织器官的组成成分上和功能上发生变化。

首先,在外形上老年人会表现出如下外貌特征:头发变白和稀少,皱纹、老年斑出现,皮肤松弛,眼视力等改变,牙齿松动脱落,身高下降,体重减轻,体形萎缩等,但个体差异很大。

其次,在身体组成成分上主要表现为:总水量减少,细胞内液量减少,不活动性脂肪量增加,脏器、神经及肌肉组织萎缩和重量减少,除心脏外,细胞数量减少,由此带来不同程度的基础代谢量减少、各种功能减退、储备力降低、适应能力减弱等状况。

再次,身体的各种功能随年龄增加而呈直线下降,主要表现如:体力活动和精神活动低下,基础代谢率下降,生殖功能低下,其他生理功能(如各脏器系统)随着衰老而发生退行性变化，由于各种生理功能的减退而可造成的各种不适，如全身性的症状是气力减退、身体衰弱、身体活动不自如、容易疲劳且不易恢复；局部症状是步行不自由、视力与听力和记忆力减退、头发变白、性欲减退等。

总的来说，衰老带来的影响是多方面的，储备力减少、适应力减退、抵抗力低下、自理能力下降都会不同程度地影响到老年人的晚年生活。

（二）老年生理健康的评定

对老年人生理状况进行全面综合的了解，并进行不同等级的评定，有助于我们开展不同类型的服务工作。

从世界卫生组织对"健康"的定义并结合中华医学会老年医学会医学提出的健康标准，我们归纳总结出关于生理方面的健康标准可以分为两个大的维度：一是躯体外形上的要求，二是各个脏器功能上的要求，三是反映在日常的活动能力上的要求，根据这几个维度提出具体的评定指标如下。

首先，在躯体外形上，我们可以从头发、眼睛、牙齿、肌肉等几个方面来评定老年人的生理状况，通过横向与其他老年人的比较及纵向与自己年轻时候的比较，来评价自身的衰老状况，这可以通过目测及自测的方法来进行。

其次，在各个脏器功能上，我们可以通过医学体检的方式，对各个脏器的功能作一个全面了解，各种生化指标可以不同程度地反映老年人的生理健康状况。

再次，在日常活动能力上，我们也可以通过相应的方式和方法来测试和评定其生理健康状况，如吃饭、穿衣、上下床活动、上厕所、沐浴、购物、处理财务、做一些力所能及的家务乃至适当的旅游等。

通过如此评估，我们可以把老年群体基本划分为四种类型：一是健康型，二是康复型，三是照料型，四是护理型。

（三）工作目标

针对不同类型的老年群体，我们工作内容和工作目标不尽相同。对于健康型老年人，我们的工作目标侧重于协助其保持健康的生理状况，工作内容包括养生保健、营养膳食等；对于康复型老年人，我们的工作目标侧重于帮助其恢复健康的生理状况，工作内容包括康复保健、医疗护理等；对于照料型老年人，我们的工作目标侧重于帮助其适应正常的老年生活，工作内容包括生活照料等；对于护理型老年人，我们的工作目标侧重于辅助其过上正常的老年生活，工作内容包括疾病护理、康复护理和心理护理。

三、老年心理健康

随着人口老龄化的加速，老龄问题日益增多，其中心理健康问题尤甚。过去人们对老年健康的关注通常都过于片面强调生理健康，随着新的健康理念的发展，人们发现健康不仅仅包括身体，而应该是身体、心理和社会三方面的完美结合。只有这样才能真正地提高人们的生命质量和生活质量。由此，整个医学模式也发生了转变，要求从生理、心理和社会三方面维护和促进人类健康。而人们对心理健康的认识从过去的一无所知，到今日有所认识并越来越重视，这也是社会发展进步的标志。

(一) 老年心理特点

维护老年人心理健康的基础应该是建立在对老年人心理特点的了解和掌握之上。

人进入老年期后，随着身体的逐渐老化，心理功能也随之退化，主要表现在以下一些方面。

1. 认知功能的变化

进入老年期后，由于听、视觉敏锐度的逐力渐下降，运动的灵活性和速度也明显减退，所以学习速度明显变缓，易出现焦虑。由于注意力分配不足，对信息编码的精度及深度均下降，记忆容易出现干扰和抑制，特别是信息主动提取方面，老年人记忆障碍较为明显，有时还会出现错构和虚构。这容易给老年人造成一定的心理困扰，出现挫败感，并导致抑郁和焦虑、愤怒等情绪的出现，从而影响其生活。

2. 智力的变化

老年人的液体智力随着年龄的增长在逐渐下降，但晶体智力却有可能由于知识和经验的积累，再加上生理健康和社会文化等相关因素的影响，而随年龄的增长逐渐升高。

3. 动机和需要的变化

首先在安全需要上，老年人对医疗保障、患病就医、社会治安等方面会有更多的关注。其次，他们对爱和归属的需要主要表现在家人的关爱和社会的关怀上。再次，在自尊和自我价值实现上，老年人要求不管在家庭和社会上都有自主权，承认他们的价值，维护他们的尊严，尊重他们的人格，过自信、自主、自立的养老生活。

4. 情感的变化

老年人在情感与情绪上较年轻时期容易产生消极情绪，如紧张害怕、孤独寂寞、自觉无用的失落感和抑郁感。当然，产生负向情绪的大部分因素都是由于人到晚年将面临更多的生活负性事件。

5. 个性的变化

进入老年期的老年人通常仍保持较高的稳定性和连续性，改变相对较小，而且主要表现为开放经验与外向人格特质的降低。而随着时代和社会的飞速发展，老年人由于未跟上知识结构和观念的迅速更新，通常也会表现出个性保守、古板、顽固等特点，甚至会出现偏执、多疑、幼稚化、强迫症等特点，这往往也与病理生理过程有密切关系。

除了要求掌握其症状特点，还要能够分析其形成的原因，找到病因，对症下“药”。

(二) 老年心理健康评估

老年心理健康的评估是通过各种心理学的方法和技术，对评估对象的心理特质(认知、情绪、个性、能力、行为方式等)及存在的心理障碍进行检查和评定，从而确定其正常或异常的原因、性质和程度，以帮助临床作出判断的一种综合诊断的方法。

老年心理健康问题是个复杂的系统问题，涉及的因素方方面面，有因为自身生理健康方面所引发的心理疾病，有因为家庭关系处理方面引发的心理疾病，还有因为与社会融合方面所引发的心理疾病等等。表现出的症状也各有不同，有抑郁症、强迫症、焦虑症、妄想症、狂躁症等等。在评估方面可以运用的方法和技术也较多，其中运用得比较广泛的是各种不同的量表，如人格量表、智力量表、抑郁量表等。当然还可以通过各种实验的手段来加以测验和诊断。

通过对老年人的心理状况进行综合评估，初步判断其心理健康类型，大致可以分为两种类型：一是心理健康状况良好，二是心理健康状况欠佳。针对不同的类型采用不同的方法。心理健康状况良好的，主要以维护和预防为主；心理健康状况欠佳的，还要运用各种心理评估的方法和技术，进一步深入诊断其心理疾病类型，以确认治疗和干预的方法。因此，老年心理健康评估具有三级功能：初级功能——防治心理疾病，中级功能——完善心理调节，高级功能——发展健康的个体与社会。

(三) 工作目标

维护老年心理健康，其工作目标在于通过运用多种方法和技术预防和矫治各种心理障碍与心理疾病。目的是为了维护和促进老年人心理健康，提高他们对社会生活的适应与改造能力。其工作内容具体说来包括三方面内容：初级预防，即向人们提供心理健康知识，以防止和减少心理疾病的发生；二级预防，即尽早发现心理疾患并提供心理与医学的干预；三级预防，即设法减轻慢性精神病人的残疾程度，提高其社会适应能力。

四、老年生活幸福

如何让老年人过上幸福的晚年生活，从客观条件看，一是为老年人提供一个健康的自然环境，二是为老年人构建一个和谐的人文环境；从主观条件看，应努力培养老年人适应社会的能力，能够理解和享受现代文明为人类生活带来的变化，并充分地融入到现代社会生活。

(一) 老年生活环境

健康的老年生活环境，包括健康的自然环境与和谐的人文环境。老年人对生活环境的具体要求如下。

1. 健康的自然环境

健康的自然环境主要是指老年人日常生活的周边环境舒适、环保，能够让生活于其中的老年人保持健康生理状况。其范围包括整洁舒适的居住环境、绿色环保的小区环境、方便快捷的出行交通、有效保障的医疗服务等。

2. 和谐的人文环境

和谐的人文环境主要是指老年人日常生活的周边环境文明、安全，能够给老年人的身心带来愉悦感。其范围包括亲密的家庭氛围、融洽的邻里关系、多样的社区服务、良好的社会风尚等。

如此构建的老年社会生活环境，能够让老年人从生理和心理上都保持健康的状态，从而过上幸福的晚年生活。

(二) 老年社会融合

现代社会科技的发展，除了带给我们丰富的物质生活，还改变了我们的生活方式。手机、电脑、网络等现代化工具的应用，给年轻一代的生活带来了方便快捷，但对老年人来说却是挑战，因为随着身体的老化，老年人的认知能力有所退化，造成对新事物的学习和接受能力也较差。除此之外，社会其他方面的发展变化，也会给老年人的生活带来不同程度的紧张与惶恐，他们因此而害怕与社会接触，进而产生与社会脱节的现象。这些都是老年人晚年幸福生活的障碍。因此，帮助老年人学习新生事物，了解和接受现代社会文明，融入其周围的生活环境，能够从多方面消除由于社会的发展变化给老年人晚年生活带来的不利影响，这也是从事老年服务与管理工作的专业人员所应完成的工作内容。

(三) 老年社会生活状况评估

老年人社会生活状况评估主要从两个方面来进行：一是生活环境，二是社会功能。

生活环境的评估主要从其居住条件，如房屋的修缮情况及安全措施情况；周边环境，如出行是否方便，空气质量是否良好，绿化条件是否达标，公共服务设施是否完善等方面进行评估。其功能在于确定老年人现有的生活环境是否存在对其不利的或者不安全的因素，为老年人提供舒适安逸的生活环境。

社会功能的评估主要可以从其日常的生活方式、社会隔离程度、工具性和情感性支持三个方面来评估。通过询问老年人典型一天的主要活动来获取其日常生活特点；通过询问老年人是否感到孤独、平时与他人的社会交往活动等来了解其社会隔离程度；通过询问其在生活上是否得到外来援助及与家人和朋友的亲密程度来了解其工具性和情感性支持。其目的一是确定老年人是否参与了社会活动或者想参与什么社会活动，二是确定老年人是否有自认为能够调动的社会支持资源。

(四) 工作目标

通过对社会生活环境的评估，全面了解老年人目前的社会生活状况，重点在于掌握老年人日常生活中面临的挑战，会给老年人带来哪些不利的影响，哪些地方需要得到改善，如何获得相关的社会支持。通常这样的工作应由老年社会工作者来完成，或者通过老年社会工作者召集各方面专业人士组成老年工作团队来完成。其工作内容包括改善老年人日常生活环境，调动社会资源，促进老年人与社会的融合。工作目标在于为老年人提供全方面的服务，改善老年人生活状况，营造幸福晚年生活。

五、和谐老龄化社会

老年人口的逐渐增多，人口结构的变化，势必给社会各方面都带来影响，利弊各有。

(一) 人口老龄化对经济社会的影响

1. 对劳动力资源的影响

廉价劳动力大幅减少，人口红利期缩短。老龄化社会的到来，我国的人口红利将逐渐消失，没有了吸引外资的劳动力成本优势，势必会对我国的出口贸易造成相当大的冲击。

2. 对社会保障体系的影响

人口老龄化加重了养老负担，对整个社会保障体系提出了新的挑战。一是经济保障，即老年人晚年生活的经济来源应当得到基本保障；二是医疗保障，即老年人在保健与疾病医疗方面有保障；三是社会化服务保障，即对老年人的个人生活能够提供必要的照料、护理和帮助等。

3. 对国家财政的影响

人口老龄化加重财政负担，影响经济建设支出。老龄化社会的政府部门、企事业单位离退休人员日益增多，相应的退休金将大增，势必给国家财政带来沉重负担。而且由于用于退休金的财政支出增加，则用于经济建设的支出必然要减少，从而影响国家经济建设的进程。

4. 对消费结构的影响

据统计，今后年轻人将基本上是夫妻两人要赡养四位老人，而上一代通常是四个以上子女赡养两位老人，养老压力的陡然增大，鉴于沉重的赡养负担，年轻人只好把钱存起来，不敢消费。由此带来消费结构的变化，制约内需的扩大，不利于消费水平的提高。

5. 对家庭关系的影响

不利于构建和谐社会，“4-2-1”式的小型化家庭结构不够稳定，家庭成员中若有一个或一个以上的人同时发生意外情况，整个家庭都会乱套，而家庭是社会的基本单位，家庭的不稳定会直接影响到社会的和谐。

除此之外，人口老龄化还会对整个社会的产业结构、社会文化诸多方面带来影响。

（二）工作目标

作为从事老年服务与管理方面的专业人士，如何应对人口老龄化对社会带来的各种影响，其工作目标主要在于运用各种方式和手段规避老龄化带来的弊端。如：完善社会保障体系，构建多层次的养老服务体系，为老年人提供多样化的养老服务；制定切实可行的办法，完善相应的法律、法规，建立健全社会养老制度，解除老年人的后顾之忧，保障老年人的基本生活；大力发展养老产业，开拓老年消费市场；有效开发老年劳动力资源，以应对年轻劳动力资源短缺问题，等等。

任务二　老年服务与管理的质量控制与评估

通过学习，我们了解到老年服务与管理专业涉及领域广泛，工作类型和工作内容复杂多样，我们无法制定一套适合整个行业的质量标准控制体系。但是我们可以针对每个专业服务领域制定不同的质量标准控制体系，来完善老年服务与管理的质量控制。

情境导入

为加快构建和谐社会步伐以及服务民生，进一步推动《养老服务机构服务质量规范》等8项地方标准的有效实施，近日，北京市顺义区质监局与区民政局就养老服务质量星级评定工作召开了工作研讨会。

会议共包括三项内容，一是成立了养老服务机构服务质量星级评定领导小组，进一步明确了双方的工作职责和协作的方式；二是对全区养老服务机构情况进行交流，对相关的政策、措施和经验进行分析，明确开展工作的切入点；三是建立了定期沟通机制，建立联系名录，责成专人进行信息沟通，定期召开座谈会、情况通报会，对工作开展情况以及工作中遇到的问题及时沟通、共同研究，确定解决的措施办法，形成了责任到人、齐抓共管的工作局面。

养老服务机构服务质量星级评定工作是促进养老服务机构规范管理、优质服务、加强建设的重要手段。下一步，我局将协同区民政部门鼓励和帮助辖区内各级、各类养老服务机构积极参与星级评定，有效促进顺义区养老服务机构的服务水平再上新台阶。

（资料来源：http://www.bjtsb.gov.cn/infoview.asp? ViewID=26578）

任务描述

1. 思考并讨论：为什么要制定相关的质量标准？其作用和意义何在？

2. 请运用各种工具查阅相关资料，了解我国养老服务体系建设过程中制定的相关制度和标准有哪些。

3. 课外社会调查：

(1) 请调研你所在的地区在养老服务机构所提供的服务质量情况；

(2) 请调研对养老服务机构服务质量监督方面的制度还有哪些；

(3) 搜集本地养老服务机构工作人员对这些制度的意见和看法。

任务实施

1. 分小组就各个主题展开讨论，并分享讨论结果；

2. 分小组编制调查问卷，并开展社会调查，形成调查报告，课堂分享调查结果。

任务总结

1. 社会调查过程中遇到哪些困难？如何解决？

2. 通过开展社会调查，是否能加深对质量监控体系的了解？

知识链接

一、老年服务与管理的质量控制

目前，全世界各国人口老龄化状况都日益严重，老年人口的日益增多，特别是高龄老人增加速度的加快，给老年服务与管理行业带来的最大压力在于如何建立更为高效的老年长期照护体系，解决老年人最急需的和最具有挑战性的服务需求。所以，我们在此以老年长期照护体系为例，介绍在该专业服务领域如何进行质量控制。

对于长期照护，有学者曾给出如下定义：在持续的一段时期内给丧失活动能力或从未有过某种程度活动能力的人提供一系列健康护理、个人照料和社会服务（桑特勒、纽恩，2005）。从此定义可看出，长期照护主要不是解决特定的医疗问题，而是为了提高生活质量，不是为了满足特殊需求，而是满足基本需求。其服务对象是慢性病患者和残障人群，老年人则占了此类人中的绝大多数。其目标在于满足患有各种疾病或身体残疾人士对保健和日常生活的需求，其内容包括从饮食起居照料到急诊或康复治疗等一系列正规的长期服务。其服务的主要场所包括专门机构性设施（如医院、护理院）和家庭、社区等其他场所。

在老龄化严重的发达国家，如美国，需要提供长期照护的家庭数占总家庭数的 1/4 左右，且每周护理时间在 18 小时左右，给家庭成员带来沉重负担，不仅影响其工作质量，而且身心疲惫。因此，大部分经济较发达国家都建立了一套完善的老年社会保障体系，从资金的筹措，到服务的递送和过程的质量监督与控制及后期的评估相对都比较完善。这使得发达国家的老年福利保障保持在一个稳定的质量水准，并起着很好的监督作用。

“质量”其实就是在某个领域中一种为同业所认同的优劣程度。在医疗服务体系中指的是医疗服务的不同水平和等级，借用于老年服务中的长期照护体系，指的就是老年照护服务中的不同水平和等级。在发达国家，质量体系的建立主要依据立法机构、管理部门和公众偏好来完成。因此老年照护服务体系必须符合相关部门制定的最低标准，并根据社会和经济发展水平逐渐提高服务质量和服务标准，它与标准制定和监督机制密切相关。

（一）质量标准的制定

在标准的制定上，每个国家根据自己国家的具体情况，制定了不同的相关法律法规。

美国 1965 年通过的《美国老年人法》中，对老年人的生活标准、应享有的照护权利、对老年住宅的设计制造、就业机会等都有相关规定，并详细阐明了管理机构的责任、拨款机构和实施细则。其后又增加了《老年人志愿工作方案》《老年人营养方案》等，特别是 1992 年《美国老年人法（修正案）》增加了新的第七章"弱势老年人权利活动"，内容包括长期照护监察员制，老年人受虐待、受忽视剥削的预防，老年人权利保护和法律援助发展计划等。

日本在 1963 年颁布的《老年人福祉法》不仅保障了老年人经济和医疗需求，还出了具体规定，甚至对各级政府、社会和企业等扮演的角色做出了明确规定。1970 年出台的《福祉设施紧急完善五年计划》大力推动了养老院之类的老年护理设施建设，使那些经济困难且迫切需要护理的老年人也能入住养老院。而在 2000 年开始实施的《长期照护公共保险计划》则通过政府财政支持、年轻人对老年人以及老年人对老年人之间的相互支持等多种途径来满足老年人的护理需求，并解决医疗资源浪费等问题。

我国从 1996 开始实施的《老年人权益保护法》对老年社会保障体系的建设目标有明确规定：老有所养、老有所医、老有所为、老有所学、老有所乐。同时也对国家、省、市、自治县等各级政府规定相关的职责。民政部 2012 年制定的《民政部关于鼓励和引导民间资本进入养老服务领域的实施意见》第七条专门提出对民间资本进入养老服务领域的指导规范：

(1) 完善养老服务法律、法规和政策，加强养老服务监督和管理，为鼓励和引导民间资本进入养老服务领域创造公平竞争的市场环境。

(2) 制定养老服务资格认证、建筑设施、人员配备、分类管理、安全卫生、等级评定等标准，建立养老服务需求与质量评估制度，推动各级各类养老服务标准的贯彻落实，规范民间资本养老服务提供行为。

(3) 开展养老服务从业人员职业道德建设、专业技能培训和职业资格鉴定，提升法律意识、责任意识和业务水平，推行院长岗前培训和养老护理员持证上岗制度，提升民间资本提供养老服务的质量和水平。

(4) 指导民间资本举办的养老机构或服务设施加强管理服务，健全规章制度，落实安全责任，实现安全、健康、有序发展。

(5) 培育和发展养老服务行业协会，发挥其在行业自律、监督评估和沟通协调等方面的作用，促进民间资本投资主体行业自律和维护自身合法权益。

(6) 地方各级民政部门要发挥好宏观管理、行业规范和业务指导职能，进一步采取切实有效的措施，鼓励和引导民间资本进入养老服务领域。

民政部 2008 年颁布的《关于全面推进居家养老服务工作的意见》第七条：建立居家养老服务管理体制。各地政府应加强对居家养老服务工作的管理和监督，建立相应的工作机制。在区、街道（乡镇）和社区（村）建立居家养老服务中心、站点，受政府委托负责本辖区居家养老服务的实施和管理，其主要职责是：建立老年人信息库，发布老年人服务需求信息和社会服务供给信息，对享受政府补贴的居家老人进行资格评估；对居家养老服务人员相关资格进行审查，接受服务对象的服务信息反馈，检查监督服务质量；承担政府委托的其他养老服务事项。

同时各级政府也制定了相关的规章制度，如重庆市政府于 2008 年开始实施的《重庆市城乡养老机构服务管理办法》对机构的设立、服务的管理及监督监管都作了详细的规定。

（二）质量控制的内容及分工

国际卫生组织认为，老年长期照护服务质量控制内容应包括护理人员的培训、对非正式和正式的护理提供者的监督、患者信息系统的建立、服务标准设定及指导纲领的发布，且各级政府机构在保障老年服务质量方面的责任各有侧重。

中央政府主要是制定政策来指导老龄产业的发展，立法和规范老龄产业，合理分配资源，筹措资金，组织和管理老年社会保障体系的正常运转，其中包括对老年服务质量的监管和评估、老龄产业所需人力资源的培养和物质资源的合理调配。

地方政府的管理责任应包括根据已有的政策规定合理分配养老保障资源，监管老年长期照护服务质量。质量控制的内容包括教育培训服务提供者、制定地区指导标准、调整国家标准以适应当地情况、建立现有服务系统的反馈和奖励制度。

社区提供的日常服务质量在很大程度上由服务效率和服务的人性化两条标准来考量。

（三）质量监管体系的常规运作

一些老龄化严重的发达国家，如日本、德国、英国、澳大利亚、美国，其正在实施的长期照护保障体系主要是这样运作的。

（1）中央政府是相关法律、政策、法规的制定者及相关项目的出资人，很多公共福利设施由中央政府出资兴建，或者由中央政府和地方政府、基金会等合作筹资建设，由地方政府执行监督管理职能。

（2）政府出资兴建的公共养老机构通常为护理院、养老院、特殊疾病专门护理机构、康复机构等，它们多数属于专业性较高、护理服务较完善、福利性质较强的老年照护机构。除接受地方政府的监管外，它们有时还直接接受中央政府相关部门的监管，且这些长期照护机构的监管、考核和资格审批在整个质量控制体系中也是最严格的，是主要的质量监控对象。

（3）社区长期照护服务和家庭照护服务通常由非营利机构、私营企业、老年人家属或非正规护理人员来承担。它们可以更加灵活地适应市场需求，调整服务内容。然而，政府对社区和家庭的照护服务质量的监管力度还较弱，没有足够的重视，也没有相关的政策性支持和资金投入。

（4）体制外的其他质量监督和意见反馈也逐渐被各级政府所重视，如媒体在监控养老保障服务质量方面所作的贡献。媒体经常对照护服务质量不高的机构进行曝光，引起政府对相关质量问题的关注，并加以改善。而且通过不定期地在互联网发布养老机构的调查报告，让公众从中了解各个机构的调查结果和评分情况，以便选择质量好的服务机构入住。这些都构成了一个完整的质量监控体系。

（四）各国经验分享

1. 英国

在英国，大部分的家庭照护客户对他们所获得的护理表示满意，但其他利益相关者（包括政府官员、服务提供者和消费群体）却认为长期照护服务质量是一个严重问题，特别是记录不当、药物管理及养老院和其他住宿护理设施不达标等问题。

其质量监督机构主要有社会护理检查委员会，负责监管大部分养老院、居家照护机构及其他社会服务提供者的长期照护服务质量，并对地方政府的社会服务部门进行评估；一般性社会护理委员会负责监管社会服务工作人员而卓越社会护理研究所则负责推广社会护理方面的最佳实践。

在英国，对养老机构的监管方式主要以制定标准和定期检查为主。标准由卫生部颁布，建立在人们对社会和健康护理服务的预期水平基础之上，内容涉及隐私和尊严，服务用户对自己生活选择权和控制权，文化、社会、精神和教育需求满足情况，健康和福利，实体环境的质量，危害和虐待防护。检查至少每三年一次，包括“关键性检查”“随机检查”“主题检查”“轻型触摸式检查”，以鼓励养老机构努力改善服务质量。检查结束若发现问题，则进行讨论和提出建议，若不能满足国家最低标准，则检查委员会应采取执法行动限期整改或取消机构的注册资格。

英国最具特色的监管措施是把推广最佳做法、提高人员素质作为补充。具体措施如：规定社会护理工作人员必须符合相应的资格规定和能力标准，必须通过刑事记录检查和参加就业记录审查；通过《护理标准法案》设定目标，每个机构内一半的工作人员都要符合国家职业资格特定标准；开发社会工作培训课程，并监管课程质量。特别是卓越社会护理研究所致力于提高社会护理服务的标准，提高整个社会护理领域服务供应的一致性和促进最佳做法的实施。

2. 德国

德国一直花费巨额资金来支付长期照护体系，但德国并没有定期从服务提供者、政策制定者或消费者那里系统地收集照护服务质量的数据。养老院通常在照护的结构方面业绩良好，但在养老住户照护的检查中往往不达标。主要问题出在营养、补水、失禁护理上、褥疮预防以及对痴呆病人的护理上，且9%的养老住户受到不适当的限制。

德国的质量保障体系将责任分配给服务提供者和疾病基金组织，并由各个省承担剩余的监管职责。法律要求每个服务提供者都有一个正式的长期内部质量改善体系。疾病基金组织必须通过与服务提供者签订合同来确保受益者能够获得高质量的照护体系。政府同时规定疾病基金组织必须与所有能够满足最低要求的服务提供者签订合同，这又影响了疾病基金组织对服务提供者的影响力。质量标准的制定通过疾病基金组织的联盟与服务提供者的联盟进行谈判，消费者不参与其中，谈判各方达成一致是启动和执行任何计划与项目的关键。除此之外，州政府也负责为养老院发放许可证和证书，承担“双重”监管的责任。

德国对长期照护系统的监管方式主要是通过定期合同来保障质量。执行基础是照护机构和家庭式照护服务供应商与消费者之间达成的合同条款。且相关法案（如《2001年长期照护质量保障法》）还规定了一系列制裁措施，供疾病基金组织在发现问题时使用，如费率的短期消减、退费和暂时停止收纳用户，并规定了检查的时间、涉及的机构、程序和质量检查的后果措施等。

除了疾病基金组织的质量保障，各州也可以对护理机构颁发许可，包括年度现场检查。对于选择现金型福利的长期照护保险受益人，机构供应商都会每半年开展一次质量控制访问，以确认受益人享受到了照护。

德国还出台了《2000年教育改革法》，对老年照护人员推出了统一的国家标准，其中包括老年照护护士和家庭式照护助理。其中规定老年照护人员需经过3年培训，并开发了针对长期照护的自愿型管理培训项目。此外，德国医疗办公室着手开发了最佳做法协议。疾病基金组织联邦医疗办公室与其他专家通过一个协商一致的程序，合作制定了照护标准。德国政府还鼓励人们在照护供应和质量保障方面开展尝试，特别授权大学的研究网络和部分服务供应商开发新的研究系统或示范项目。

3. 日本

日本的大部分老年长期照护服务一直是由医院提供的，存在的问题主要有多数老年病人住多人间，卧床时间长，无其他活动，房间设施简单，躲开处方药，对住院者人身自由的限制等。而过去日本公共管理机构并没有在公共服务中强调质量保障，只是要求管理对象遵守基本法律、行政管理制度和财务制度。随着长期照护机构数量的迅速扩张和公共财政在长期照护保险中支出的逐渐增长，长期照护服务质量成为一个重要的公共政策。

日本长期照护服务的监管是在三个政府层面上开展的——中央、县和市。对于养老院，检查更偏重于形式，主要是开展文件审查工作；对家庭和社区服务的正式监管也很少。但其非正式程序（如由政府官员定期敦促服务提供者改善质量，消费者的选择和竞争）都发挥着重要作用。

日本的长期照护服务系统的监管重点在于非常规的检查和人员培训。一般照护机构会认真听取国家政府有关部门的指导意见，如根据床位数确定的结构要求和人员配置要求。检查通常由地方政府执行，原则上一年一次，但主要是采用提交文件的形式，集中在实体实施、人员配置水平、财务管理和报告准确度这几个方面。唯一采取的制裁措施是如发现人员配置不足，则减少30%的长期照护保险项目拨款。针对阿尔茨海默病人群养老院，政府专门制定了几个特别的质量保障方法，如鼓励住户家庭、社区和地方供应商之间开展互动和对员工及所有人进行培训；协助建立阿尔茨海默病人群养老院经营人员行业协会，并促使该协会就服务质量、经费、良好做法的信息和自我评估等方面开展工作；所有的团体照护协会都要接受照护质量外部评估，由具备合格资质的地方评估机构开展。

除开展监管外，日本正实施一系列的替代性战略，以提高照护质量，其中包括在服务商之间展开竞争，促进私营资格审定（第三方评估）和认证。

二、老年服务与管理的评估

（一）评估的定义

所谓评估，是指依据某种目标、标准、技术或手段，对收到的信息，按照一定的程序，进行分析、研究，判断其效果和价值的一种活动，其评估报告则是在此基础上形成的书面材料。评估通常对某一事物的价值或状态进行定性定量的分析说明和评价的过程。从这个意义上来讲，评估结论是对评估对象的价值或所处状态的一种意见和判断。而这种意见和判断，则是建立在对评估对象的技术可能性、经济合理性进行充分、客观和科学分析的基础上的，因而能给相关部门或单位提供可靠的参考依据。

（二）老年服务与管理的评估

老年服务与管理的评估即依据老年服务与管理各个领域所确立的目标或所制定的标

准，运用各种技术和手段收集相关信息，按照一定的程序分析、研究、判断其对老年服务与管理的效果和价值，并提出评估的意见和判断。老年服务与管理的评估提供给老年服务与管理的提供者，以促进其改进服务质量；提供给老年服务与管理的监管者，为其制定相关政策时提供参考；提供给老年服务与管理的消费者，为其选择服务机构时提供参考。

评估也是质量监控体系的一个组成部分，但是我们在此把评估单独进行阐述和分析，原因在于评估在质量监控体系中与其他组成部分不同，它的执行主体通常由第三方机构来承担，独立于质量监控体系中标准的制定方和执行方。

（三）经验介绍

在老年长期照护体系中，评估工作开展得较好的国家是美国，因为要开展科学评估离不开客观的评价体系，需要多维度的定量数据。美国在这方面做得较好，他们采取了很多措施，收集了大量关于健康和长期照护质量的数据，并充分发挥国际力量，扩大针对长期照护服务受惠者的健康和实用结果的标准化数据收集。

其中，卫生信息科学工程(InterRAI)就是一个由32个国家的临床工作者和卫生保健研究者组成的国际合作网络。这个网络的成员关注如何改善卫生保健服务质量，特别是针对脆弱、长期患病和失能人群的卫生保健服务质量。目标是推动循证临床实践和政策决策的发展。为实现这个目标，这个组织的成员多年来潜心研究开发了一套评估体系，用于收集和分析不同医疗与社会服务环境下患者的特征及医疗干预结果的高质量数据。这套评估系统已经被一些国家和地区的政府用来控制卫生资源的使用和监督卫生服务质量。

InterRAI数据库需要一些规范的支持机制来维持，一方面，需要收集和评估具体患者数据，并以此为依据制定临床对策，这是医务人员日常医疗工作的一部分；另一方面，需要建立标准语言，增加医疗服务的透明度。建立一个完善的InterRAI数据库，对于老年服务与管理的质量控制和保障有着重要意义。其中包括：使临床保健有了共同的语言和质量改善测量工具；使流行病学和卫生保健研究有了共同的概念界定；创立以保健提供程度为依据的费用支付分类；为规范管理者、消费者和服务提供者，创建有质量的“绩效评测”手段。

目前，多数发达国家在处理入住养老机构的申请时，首先要利用通用的日常生活活动指标体系评测申请者的健康程度，然后根据结果来决定申请应获得什么标准的护理服务。这些评测指标可以简单概括为心理状态(认知能力、神志清醒程度、交流能力等)、生理状态(视力功能、是否尿失禁、是否戴导尿管、摔伤程度、康复潜力等)、情绪状况(精神病治疗药物的使用等)、行为状况(日常活动功能、是否需要限制身体活动)、营养状况(进食方式、是否戴饲管、是否失水、口腔保健情况、有否压疮等)。

日常生活活动指标已通过很多国家的使用检验，是一套统一、量化的数据标准。在一些国家，它还作为申请长期照护保险金和其他医疗的重要评估标准。现在，日常生活活动指标已经作为InterRAI数据系统的一部分来帮助收集需要长期照护者的相关数据。

InterRAI数据库的建立给质量控制工作带来诸多好处，因为数据越具体就越有助于正确的决策和管理。它为政府科学量化服务目标和质量标准提供基础，以便全面掌握老年人使用养老资源的路径并对公共养老资源进行有效整合和管理，通过跟踪监控老年人得到服务的质量及时发现问题，通过成本计算和预算控制让有限资源发挥最大效用。

在澳大利亚，由政府出资的照护机构和社区照护服务提供商也必须满足各项标准，特别是服务供应商，需满足的标准有27条，每一条都是消费者预期的一个结果。同时，相关部门利用各种工具，如通过消费者电子邮件问卷调查、面对面访谈或焦点小组等形式，收集3个方面的信息：一是消费者在服务供应过程中的体验；二是对客户权利的尊重和客户权利方面信息的接收情况；三是服务的满意度。通过对比质量标准，在各地的服务供应商之间开展联合评估。

德国和日本在服务质量方面的评估则主要采用私人评估的方式。如日本通过设立行业协会来关注质量问题，并向长期照护服务供应商推荐第三方评估，把评估结果公布在互联网上，有助于消费者作出选择。

任务三　老年服务与管理的伦理

伦理，就是人与人以及人与自然的关系和处理这些关系的规则，即各种道德标准和道德规范，也是人们共同认为的关于什么是“好”、什么是“坏”的定义。

在中国，传统的伦理有天、地、君、亲、师“五天伦”；又有君臣、父子、兄弟、夫妻、朋友“五人伦”。忠、孝、悌、忍、信为处理人伦的规则。从学术角度来看，人们往往把伦理看作对道德标准的寻求。

我们每个人都生活在一定的社会环境中，总是和他人发生这样或那样的联系，建立一定的社会关系，如同事关系、上下级关系、长辈与子辈的关系、员工与企业的关系等。种种关系错综复杂，稍不留意就会带来纷争，从而影响家庭、社会甚至国家的稳定，因此需要有一定的规范和准则来调节种种关系，即社会对道德的需要。

职业道德是一定社会的道德原则和规范在职业行为和职业关系中的特殊表现，是从业人员在职业生活中应遵循的道德规范及应具备的道德观念、道德情操和道德品质。

人们生活在社会中，社会需要发展，人们需要维持生计，就要从事各种生产活动，如教师执教、工人做工、农民种地、商人经商等，这些社会活动就是职业。人们通过这些活动获得维持生计的报酬，同时还对社会承担着责任，并影响人们对从事这种职业的认同。而各种不同的职业有各自不同的特点，也就有不同的要求和职业道德，如教师的职业道德是“教书育人”、医生的职业道德是“救死扶伤”。如果从事该职业的人不遵守该行业的职业道德，则会引发人们对其的社会谴责，道德即通过这种惩戒的方式来纠正人们的行为规范。那么从事老年服务与管理工作的人们又应该遵循怎样的职业道德？

情境导入

下面是一位客舱乘务员总结的如何为独自出行的老年旅客提供服务的经验，让我们来看看，作为服务行业具有良好口碑的空乘服务是如何工作的。

作为一名客舱乘务员，怎样为独自乘机出行的老年旅客提供服务呢？我们主要根据老年旅客的基本生理特点，提供相应的服务。服务过程中一定要仔细，要有耐心，语气要缓，动作要慢、要稳，特别是要尊重老年旅客的意愿。

登机过程中，一定要热情打招呼，给他们一个愉快放松的氛围，引导他们找座位就座，帮助安排行李。起飞前，重点为其介绍客舱设备，安全注意事项，特别是帮他们使用并系好安全带，教他们怎么使用呼唤铃，告诉他们不管有什么需要都可按压呼唤铃找乘务员帮忙。同时可寻求周围旅客的帮助，提供相应的支援。遇有航班延误，除了广播说明原因外，还要单独为老年旅客解释，做好安抚，让老人不要着急，必要时可与老人的家属通电话，说明情况，让老人与亲人说说话，会有效减缓其心里的焦虑。

起飞后，了解一下老人有什么需求，如有空座位，可以为其更换一个相对舒适的座位。关注老人对客舱温度的适应，为其做好保暖。提供餐饮时，优先满足老年旅客的需要，因为老年人对餐饮会有些特殊的要求，会有忌口，如温度、辛辣、软硬度等。先由老人选择，尊重其意愿。客舱空气干燥，建议老人多喝些温开水，少喝冷饮、咖啡。老人用餐速度会较慢，需要细嚼慢咽，慢慢品味，一定不要催。

餐后，特别是长航线，乘客员要多照顾多关心。高空低氧，客舱压力的变化会对老人有些影响，需要及时了解老人的身体有没有不适，做好监控。有一个重要事情就是在合适的时候问问老人需不需要使用卫生间，卫生间里的设备很多老人不会使用，我们要为其详细介绍，老人腿脚不便，我们需要帮助搀扶。很多老人自尊心很强，不会主动求人帮忙，或怕给别人带来麻烦，我们得去跟他们聊天，让他们不感觉孤独，精神上的愉悦能有效缓解疲劳，同时也可以进一步了解他们的需求。长时间静坐，下肢静脉血液回流不好，脚会发麻，老人需要起身活动活动。国际航班，由于时差问题，老人还可能会出现睡眠困难，这都需要我们去关注。起飞着落阶段，客舱压力的变化，有些老人会出现压耳的现象，可以教他们一些简单动作有效缓解，如吞咽、捏着鼻子鼓气等。

飞机下降前，了解好老人后续的转机、行李问题，是否需要轮椅等，解决他们的后顾之忧。国内航班转国际航班，行程较远，需要办理出关手续，还需要坐内场火车转候机楼，老人家一个人肯定是很困难。因此提早了解旅客的需求，如果有需要可以在飞机落地前通过机长经无线电联系地服，提早让地服人员在机门口等待，帮助老年旅客转机，这样会避免不必要的麻烦。

（资料来源：http://news.carnoc.com/list/205/205553.html）

任务描述

1. 通过阅读上述内容，对你从事老年服务与管理工作是否有所启发？

2. 编排一出情景剧，题目为《李奶奶的幸福生活》，情境假设李奶奶是生活在养老院的一位老年人，要求：

（1）把握题目的主题思想；

（2）从老年服务与管理的角度再现“幸福的一天”。

3. 思考并讨论，当你步入老年后，理想的生活状态是怎样的。

任务实施

1. 分小组就各个主题展开讨论，并分享讨论结果；

2. 编排情景剧的任务分配与团队合作；

3. 汇报演出。

任务总结

1. 你对《李奶奶的幸福生活》如何理解?
2. 编排情景剧的过程中遇到哪些困难? 如何解决?
3. 编排情景剧对学习专业有哪些帮助?

知识链接

一、老年服务与管理的职业道德

老年服务与管理工作以老年人为对象,从业者尤其需要具有高尚的职业道德。其职业道德目标为“尊老敬老,无私奉献;自尊自强,爱岗敬业;严谨细致,技术求精;遵纪守法,团结协作”。

(一) 尊老敬老,无私奉献

老年人是我们幸福生活的创造者,我们今天所拥有的一切都含有老年人的劳动成果。当我们年轻人享受幸福生活的同时,他们却慢慢老去,离开了奋斗多年的工作岗位,但他们仍然是英雄,是功臣,理应受到全社会的尊重与爱戴。我们年轻人有责任在他们年老后为其提供幸福生活,使其愉快地度过晚年生活。

老年人同时又是社会的弱势群体。人到老年各种生理和心理疾病随之而来,器官的老化、感知觉的退化,给生活带来各种不利影响。为老年人提供服务与管理,更多的是对其日常生活的照料和护理,其工作琐碎而繁重,且工资待遇普遍不高,但随着老龄化现象的日益严重,为老年人提供服务与管理的职业又是整个社会必不可少的一种职业。因此从事老年服务与管理工作的人们应具备无私的奉献精神才能够投入到这份公益事业中来,才能以很好的状态完成自己的本职工作。

(二) 自尊自强,爱岗敬业

为老年人提供服务与管理是一项光荣的工作。虽然在传统社会中有人认为服侍人的工作要低人一等,但是在现代社会中,职业没有高低贵贱之分,不同的职业其共同的目的是为社会服务。就像“叠罗汉”,如果没有下面人为你撑着,上面的人将会摔得很惨,所以其实每一个位置、每一个人都很重要。社会职业也像一个金字塔,哪个行业都很重要,都要有人去做。因此从事老年服务与管理工作的人们要树立自尊自强,爱岗敬业的观念。热爱本职工作是一种职业情感,也是人们对所从事职业的情绪和态度,正确地认识本职工作对社会的意义,全身心地投入到职业活动中来,努力培养对自己所从事工作的荣誉感和责任感,争取在平凡的岗位上做出不平凡的业绩。

(三) 严谨细致,技术求精

老年服务与管理工作的服务对象是老年人,老年人的生理和心理特点决定了从事该工作的人需要细心、耐心、责任心。比如从事一般的日常生活照料,看似简单,却需要工作人员随时观察和记录老年人的健康和生活状况,及时发现老年人的身体和心理不适,并配合医生、护士做好老年人患病时的治疗、护理工作。老年护理工作通常面对的是生活不能自理的老年人，从老年人的身体清洁到穿衣饮食再到睡眠都需要悉心照顾。除了严谨细致外，技术上的要求也必不可少，如何预防褥疮，如何营养膳食，如何帮助其排泄，如何促进其睡眠都需要掌握相关的技能和技巧。而精湛的技术能够让老年人生活得更舒适、愉悦。

（四）遵纪守法，团结协作

法律是由国家制定或认可的，由国家强制力保证实施的，以规定当事人权利和义务为内容的具有普遍约束力的社会规范；是全社会从事各行各业的工作者都必须遵循的行为规范，无一例外。因此我们需要树立严格的法制观，认真学习和遵守国家法律和法令，特别是学习有关尊老、敬老和维护老年人权益的法律、法规，以约束自己的一言一行。同时也要在工作中形成团结协作的精神，一个人的力量终归有限，如何调动一切有利因素为老年人提供更完善的服务也是我们的工作目标和理念。

二、老年服务与管理的日常礼仪

礼仪是人们在社会交往过程中共同遵循的，最简单、最起码的道德行为规范，它属于社会公德的范畴，但是其要求更为具体细化，通常能够表现一个人的文化修养和精神面貌。

礼仪包括礼节和仪表等内容。礼节是在交际场合，送来迎往间相互问候、致意等惯用的形式，而仪表则是指人的外表，包括容貌、姿态、风度、服饰等内容。礼仪应遵从尊重他人、适度自律的原则。

一个人在社会生活中要与他人接触，其礼仪的表现会使他人产生很强的知觉反应，能给人留下深刻的印象。良好的礼仪修养能强化人际间的沟通，建立良好的人际关系，反之，不但会损害自己的形象，而且会影响人际关系。同样，在职业活动中，良好的礼仪行为有助于职业活动的开展。因此，人们不但在日常生活中要重视礼仪修养，在职业活动中同样要遵守礼仪行为规范。

（一）着装礼仪

着装整洁、庄重大方。不管是从事护理工作还是管理工作，在工作的过程中一定要注意保持个人的清洁卫生与服饰的庄重大方。因为老年人都具有丰富的社会经验和阅历，他们见多识广，一般都有良好的审美观，所以着装得体能够给工作对象留下好的印象，从而增进相互的了解与沟通。切忌在工作的过程中穿着过于暴露或者浓妆艳抹，这样既不利于工作的开展，也容易让老年人产生反感。

（二）行为礼仪

行为举止端庄得体。行为是受思想支配而表现出来的外表活动，通常表现为一定的动作和表情。日常活动中的一举一动、一颦一笑都可以概言为行为举止。它是一个人文化修养的体现，它向人们传达信息，对周围的人产生影响。所以只要一个人举止端庄、文雅、落落大方，即使他相貌平平，也能给人留下良好的印象，获得人们的称赞。

所以不管在老年服务与管理的哪个专业领域都要求有正确的站姿、走姿和坐姿。站立时姿势挺拔端正，走路时轻快稳健，入座时轻稳挺直。而在言语上则要求礼貌待人，常用文明用语、规范用语，对老年人多用敬语，态度真诚和蔼，用心与老年人沟通。

内容小结

在本部分知识内容中主要介绍了如下几点知识：

1. 确定了老年服务与管理工作的总目标，即以维护老年人生理健康、心理健康为己任，通过为老年人营造幸福晚年生活，推动和谐老龄化社会的建设与发展。

2. 概述了老年生理健康、老年心理健康的评定与评估的指标及工作目标；老年幸福生活、和谐老龄社会包含的内容及工作目标。

3. 介绍了各国老年服务与管理质量监控体系，并结合我国具体国情，探讨了老年服务与管理的质量标准制定与评估的意义和作用。

4. 针对老年服务与管理的职业特点，提出在工作过程中应遵循的道德规范及应具备的道德观念、道德情操和道德品质。并就其日常工作行为举止提出了本行业需遵循的行为规范。

推荐阅读

[1]〔美〕詹姆斯·F.弗里斯.健康到老[M].北京：高等教育出版社，2009.

[2]〔美〕珍妮·韦，休·利夫考.康乐晚年——老年生理和心理健康大全[M].竞雄，晓梅译.上海：百家出版社，2004.

学习情景二

老年服务与管理的内容

子情境四　老年生理健康维护

能力目标

本部分知识内容可采用案例分析、小组讨论、角色扮演、情景模拟、社会调查等多种教学方法组织学生进行学习，旨在培养学生以下能力：

1. 理解老年生理健康评估在老年照护与护理中的意义；
2. 能对老年常见疾病提出预防措施；
3. 能制订老年生活照料与护理计划；
4. 能制订老年保健计划。

知识目标

通过本部分内容的学习，你应能够：

1. 熟悉老年生理健康评估的内容和方法；
2. 熟悉老年生活照料的内容及要求；
3. 熟悉老年常见疾病；
4. 掌握老年护理的原则与方法；
5. 熟悉护理的内容与要求；
6. 了解老年保健的原则与方法；
7. 熟悉老年保健的内容。

任务一　老年生理健康评估

情境导入

张某，男性，75 岁。10 多年前患者确诊“高血压”，最高达 180/100 mmHg，目前予以“安内真”1 片 qd，血压控制良好。4 年前患者确诊“2 型糖尿病”，目前予以诺和灵 30R 10U qd 控制血糖，血糖控制欠佳。两年前患脑血管疾病导致左侧偏瘫，失语，患病后脾气暴躁，不善与人沟通交流，整天在家看报纸和电视，老朋友来访时发现他出现焦虑感和恐惧感，且反复无常。

任务描述

思考并讨论：

1. 我们可以从哪些方面对张老的身体状况进行评估？

2. 我们可以使用哪些工具来进行评估？采用哪些评估方法？你对量表是否有所了解？

3. 在收集老年人健康史的过程中，你认为哪些知识和技巧对你帮助较大？你觉得自己应加强哪些方面的训练？

任务实施

1. 按每7人为一组对全班同学进行分组；

2. 以小组为单位根据情境展开主题讨论，分析解决该情境中提出的问题；

3. 各小组选派代表汇报、分享讨论结果。

任务总结

1. 老年生理健康评估的内容有哪些？

2. 老年生理健康评估的技巧是什么？

知识链接

一、老年生理健康评估的原则与技巧

（一）老年人健康史采集过程中的常见问题

1. 记忆不确切

增龄使老年人的感觉器官功能下降，脑细胞逐渐萎缩，记忆功能也逐渐减退。故部分老年人对发病时间、病情经过比较模糊，有时次序颠倒，重点不突出。

2. 隐瞒或夸大症状

有些老年人由于害怕某些检查项目和治疗措施、担心检查治疗费用过高、对疾病的危险程度认识不足、对疾病的预后缺少相关的知识或担心对自己及家属不利等因素，有可能隐瞒症状。另外，部分老年人脑功能受损或认知障碍，常常出现否认或夸大症状。

3. 反应迟钝、表述不清

老年人由于听力下降，认知功能障碍，往往对所提问题反应迟钝，回答问题常不具体、不准确，甚至答非所问。

4. 主诉与症状不相符

衰老、疾病、社会与心理问题等，使老年人主诉多、重复且与症状不相符。

（二）老年生理健康评估的原则

1. 避免受凉

老年人的感觉功能降低，皮下脂肪减少，血液循环缓慢，代谢率及体温调节功能降低，容易受凉，体检时应注意调节室内温度，以22～24℃为宜。

2. 避免劳累

老年人由于感官的退化，反应较慢，行动迟缓，思维能力下降，加之老年人往往患有多种

慢性疾病，很容易感到疲劳和烦躁，故体检时不要敦促速度，最好分阶段进行体检。全身评估时可分时分段进行。

3. 避免损伤

有些老年人痛觉、温觉减退或消失，需要较强的刺激才能感觉到，特别是痛觉和温觉检查时，故应以适当强度刺激老年人，但不要损伤老年人。

4. 重视老年人疾病的非典型性表现

老年人感受能力降低，加之常并发多种疾病，因而发病后往往没有典型的症状和体征。例如，老年人患肺炎时常无症状，或仅表现出食欲差、全身无力、脱水，又或突然意识障碍，而无呼吸系统的症状；因阑尾炎导致肠穿孔的老年人，临床表现可能没有明显的发热体征或仅主诉轻微疼痛。由于这种非典型性表现的特点，给老年人疾病的诊治带来了一定的困难，容易出现漏诊、误诊。因此对老年人要重视客观检查，尤其对体温、脉搏、血压及意识的评估极为重要。

（三）老年生理健康评估的技巧

1. 建立良好的护患关系

首先要尊重和关爱老人，同时要有足够的耐心，仔细询问并倾听。采集老年人健康史前，应先自我介绍，并说明采集目的和所需时间。

2. 提供舒适的环境和恰当的距离

环境要安静、舒适、光线柔和、温湿度适宜。与老年人交谈时应面对面，距离以使其能看清护理人员的面部表情及口型、能听清对方的声音、伸手可触及对方即可。

3. 及时核实相关的内容

主要是核实前后矛盾、含糊不清或存有疑问的内容，以获取准确的健康史资料。

4. 必要时求助家属或照顾者

对于有记忆功能障碍、语言表达功能障碍及认知功能障碍的老年人，询问时要简洁得体，必要时可由其家属或照顾者协助提供资料。

5. 适时运用沟通技巧

与老年人交谈时，语速要慢，语调平和，语音要清晰，语言通俗易懂，问题应限于确实需要的方面，要有适当的停顿和重复。在采集的过程中，应显示出对其回答的问题感兴趣和关心，对其陈述表示理解、认可和同情，并做好相关内容的记录。对于因认知障碍而无法表达和理解谈话内容的老年人，应适时运用非语言沟通技巧，如适当的目光接触、温和的面部表情、优雅的姿态、恰当的手势语、治疗性的触摸等。

二、老年生理健康评估的内容

（一）老年人健康史采集内容

健康史是采集老年人目前与既往的健康状况、影响健康状况的因素以及老年人对自己健康状况的认识、日常生活活动和社会活动能力等方面的主观资料。采集健康史的目的是收集资料和进一步形成护理诊断，为制订护理计划提供依据。

1. 一般资料

一般资料包括姓名、性别、年龄、婚姻状况、民族、职业、籍贯、家庭住址、联系方式、文化程度、宗教信仰、经济收入、医疗费用的支付方式、入院方式等。

2. 健康状况

健康状况包括目前和既往的健康状况、影响健康状况的有关因素、对自身健康状况的认识和反应、日常生活活动能力等。

3. 生理状况

生理状况包括目前最突出、最明显的症状和体征，以及近期饮食、睡眠、排泄、活动、性生活情况等。

4. 精神心理状况

老年人情绪的强度和紧张感，如有无焦虑、抑郁、固执、离群、主观、自私、多疑、妒忌、懒散、焦躁、过度紧张、烦躁不安、谵妄和痴呆等。

5. 既往疾病史

详细追问老年人的既往病史，手术、外伤史，食物、药物过敏史等。

6. 伴随症状

注意老年人多病共存的特点，不强调必须找到符合相应疾病的诊断标准。如肺心病和冠心病并存时，冠心病的症状常被肺心病的表现和体征掩盖。

7. 活动能力和生活自理能力

了解老年人肢体感觉和运动情况，包括日常生活能力（如洗澡、穿衣、进食、如厕、购物、打电话等）、生活方式和兴趣爱好（如吸烟、饮酒、运动、爱好、饮食习惯）。

8. 家庭关系和人际关系

了解老年人家庭成员情况及与周围社会环境中他人的关系，如能否恰当地处理家庭关系、邻里关系、子女关系，确定有无家庭不和、子女不孝、经济纠纷、退休、离异、丧偶、邻里纠纷等生活事件。

一般认为，老年人每1～2年应进行一次全面的健康检查，目的是全面、动态掌握其身体状况，及时发现潜在或现存的健康问题，实现健康老龄化，提高老年人的生命质量。

（二）老年人体格检查内容

老年人的体格检查方法与一般人的体格检查方法差别不大，但应考虑老年人的生理特点和疾病的影响。

1. 生命体征

生命体征包括体温、脉搏、呼吸、血压。老年人基础体温较成年人低，70岁以上的患者感染常无发热的表现。如果老年人午后体温比清晨高1℃以上，应视为发热。测脉搏的时间不应少于30秒，注意脉搏的不规则性。高血压和直立性低血压在老年人中较为常见，平卧10分钟后测定血压，然后直立后每1分钟、3分钟、5分钟各测血压一次，如直立时任何一次收缩血压比卧位血压降低不低于20 mmHg或舒张压比卧位血压降低不低于10 mmHg，称为直立性低血压。评估呼吸时注意呼吸方式与节律，有无呼吸困难。老年人正常呼吸频率为16～25次/分，在其他临床症状和体征出现之前，老年人呼吸频率大于25次/分，可能是下呼吸道感染、充血性心力衰竭或其他病变的信号。

2. 一般状况

评估老年人每日活动量、饮食状况以及有无饮食限制。测量身高、体重，正常人从50岁起身高可缩短，男性平均缩短2.9厘米，女性平均缩短4.9厘米。由于肌肉和脂肪组织的减少，80～90岁的老年人体重明显减轻。

3. 智力、意识状态

意识状态主要反映老年人对周围环境的认识和对自身所处状况的识别能力，有助于判断有无颅脑病变及代谢性病变。通过评估老年人的记忆力和定向力，有助于对早期痴呆的诊断。

4. 体位、步态

疾病常可导致体位发生改变，如心、肺功能不全的老年患者，可出现强迫坐位。步态的类型对疾病诊断有一定帮助，如慌张步态见于帕金森病，醉酒步态见于小脑病变。

5. 皮肤

老年人的皮肤干燥、弹性下降、皱纹多、色素沉着、没有光泽、感觉迟钝、敏感性下降，卧床不起的老年人易发生压疮，常伴有皮肤损坏。应全面评估老年人皮肤的颜色、温度、湿度，皮肤的完整性与特殊感觉。

6. 头、面部与颈部

(1) 头发

随着年龄的增长，头发变成灰白，发丝变细，头发稀疏，并有脱发。

(2) 眼睛与视力

老年人眼窝内的脂肪组织减少，眼球凹陷，眼睑下垂；瞳孔直径缩小，反应变慢；泪腺分泌减少，易出现眼干不适感；角膜周围有类脂性浸润，随着年龄的增长，角膜上出现白灰色云翳。老年人晶状体柔韧性变差，睫状肌肌力减弱，眼的调节能力逐渐下降，迅速调节远、近视力的功能下降，出现老视眼。老年人因瞳孔缩小、视网膜紫质的再生能力减退，使其区分色彩、暗适应的能力有不同程度的衰退和障碍。由于发生玻璃体混浊，易出现老年性白内障、眼底动脉硬化，易发生眼底出血等，严重影响老年人的视功能。异常病变有夜盲、白内障、角膜溃疡、斑点退化、眼压增高或青光眼。

(3) 耳与听力

外耳检查可发现老年人的耳郭增大，皮肤干燥，失去弹性，耳垢干燥。老年人的听力随着年龄的增长逐渐减退，对高音量或噪音易产生焦虑，常伴有耳鸣，特别在安静的环境下较明显。检查耳部时，应注意取下助听器，可通过询问、控制音量、手表的滴答声以及耳语来检查听力。常见的听觉问题有传导性耳聋、感音神经性聋、老年聋。

(4) 鼻腔与嗅觉

鼻腔黏膜萎缩变薄、干燥，嗅觉神经随增龄数量减少、萎缩，嗅觉变得迟钝，对气味的分辨力减退，对环境中的有毒、有害物体气味的敏感度降低，故易发生气体中毒。

(5) 舌与味觉

随着年龄的增长，老年人舌部的味蕾萎缩，数量减少，功能退化，对食物的敏感性降低，常使老年人食而无味，影响老年人的食欲。

(6) 口腔

由于毛细血管血流减少，老年人唇周失去红色，口腔黏膜及牙龈显得苍白；唾液分泌减少，使口腔黏膜干燥。由于长期的损害、外伤、治疗性调整，老年人多有牙列缺失，常有义齿。检查口腔时，应取下义齿，充分暴露检查部位，并注意牙托是否合适，有无牙周疾病及舌下病变。

(7) 颈部

颈部结构与成年人相似，无明显改变。注意老年人颈部强直的体征，不仅见于脑膜受刺激，而且更常见于痴呆、脑血管病、颈椎病、颈部肌肉损伤和帕金森患者。

7. 胸部

(1) 乳房

随着年龄的增长，女性乳房变长和平坦，乳腺组织减少。注意乳腺有无肿块，如发现肿块，要高度疑为癌症。男性如有乳房发育，则常常是由于体内激素改变或药物的副作用。

(2) 胸、肺部

老年人，尤其是患有慢性支气管炎者，常呈桶状胸改变。由于生理性死腔增多，肺部叩诊常示过清音。胸部检查发现与老化相关的体征有胸腔前后径增大，胸壁硬化，胸廓横径缩小，胸腔扩张受限，呼吸音强度减轻。

(3) 心前区

老年人心音强度的变化比杂音的变化更有临床意义，如舒张期杂音多为异常的反映，而收缩期杂音则应注意鉴别。检查的重点是确定有无心脏杂音、心肌肥厚及心脏扩大等。

8. 腹部

老年人肥胖常常会掩盖一些腹部体征，消瘦者因腹壁变薄、松弛，腹膜炎时也不易产生腹壁紧张，而肠梗阻时则很快出现腹部膨胀。由于肺扩张，膈肌下降致肋缘下可触及肝脏。随着年龄的增长，膀胱容量减少，很难触诊到膨胀的膀胱，听诊可闻及肠鸣音减少。

9. 泌尿生殖器

(1) 女性

由于雌激素缺乏使外阴发生变化，子宫颈变小，子宫及卵巢萎缩；阴毛稀疏，呈灰色；阴唇皱褶增多，阴蒂变小；阴道因纤维化变窄，阴道壁干燥、苍白，分泌物减少且偏碱性，易发生阴道炎、外阴瘙痒症。

(2) 男性

外阴改变与激素水平降低相关，表现为阴毛变稀及变灰，阴茎、睾丸变小；双阴囊变得无皱褶和晃动。随着年龄的增长老年男性的前列腺逐渐发生组织增生，增生的组织引起排尿阻力增大，导致下尿道梗阻，出现排尿困难。

10. 脊柱、四肢

老年人肌张力下降，腰脊变平，导致颈部脊柱和头部前倾。椎间盘退行性改变使脊柱后凸。骨质疏松，易自发性骨折，常发生股骨颈骨折、骨盆骨折等；关节退化致活动受限，骨质增生表现为腰痛、腿痛、关节痛。评估老年人四肢时，应检查各关节及其活动范围和动脉搏动情况，注意有无疼痛、畸形、运动障碍。如出现下肢皮肤溃疡、足冷痛、坏疽及脚趾循环不良等，常提示下肢动脉供血不足。

11. 神经系统

老年人神经传导速度变慢，对刺激反应时间延长，精神活动能力下降，表现如记忆力减退，易疲劳，注意力不易集中，反应变慢，动作不协调，生理睡眠缩短等。

(三) 老年人功能状态评估的内容

老年人的自理功能状态常与健康水平改变有关，并在很大程度上影响着老年人的生活质量。因此，定期对老年人的功能状态进行客观的评估是老年护理的良好开始。老年人的功能状态受年龄、视力、听力、躯体疾病、运动功能、情绪等因素的影响。因此，对老年人的功能状态评估要全面结合机体健康、心理健康及社会健康状态，避免主观判断偏差和霍桑效应，对功能状态评估的结果解释应谨慎。

1. 日常生活能力(Activities of Daily Living，ADL)

老年人最基本的自理能力，是老年人自我照顾、从事每天必需的日常生活的能力，如衣(穿脱衣、鞋、帽，修饰打扮)、食(进餐)、行(行走、变换体位、上下楼)、个人卫生(洗漱、沐浴、如厕、控制大小便)。这一层次的功能受限，将影响老年人基本生活需要的满足。ADL不仅是评估老年人功能状态的指标，也是评估老年人是否需要补偿服务或评估老年人死亡率的指标。

2. 功能性日常生活能力(Instrumental Activities of Daily Living，IADL)

IADL是指老年人在家中或寓所内进行自我护理活动的能力，包括购物、家庭清洁和整理、使用电话、支付账单、做饭、洗衣、旅游等，即为支持独立生活所需要的诸项活动。IADL评估老年人是否能独立生活并具备良好的日常生活功能。

3. 高级日常生活能力(Advanced Activities of Daily Living，AADL)

AADL是指与生活质量相关的一些活动，反映老年人的智能能动性和社会角色功能，包括主动参加社会交往、娱乐活动、职业工作等，但不包括满足个体保持独立生活的活动。随着老年期生理变化或疾病的困扰，这种能力可能会逐渐丧失。失去这一层次的功能，将失去维持社会活动的基础。例如，股骨颈骨折使一位经常参加各种社交和娱乐活动的老人失去了参与这些活动的能力，这将使这位老人的整体健康受到明显影响。高级日常生活能力的缺失，要比基本日常生活能力和工具性日常生活能力的缺失出现得早，一旦出现，则预示着更为严重的功能下降，需要作进一步的功能性评估，包括日常生活能力和工具性日常生活能力的评估。

(四) 实验室检查内容

实验室检查是诊断老年病的重要依据，但应注意区别的是实验室检查结果的异常是由生理性老化(衰老)引起，还是由病理性改变(疾病)所致，或者是受老年人服用的某些药物的影响。目前关于老年人实验室检查结果标准值的资料很少。老年人检查标准值(参考值)可通过年龄校正可信区间或参照范围的方法确定，但每个临床病例都应个别看待。

1. 常规检查

(1) 血常规

血常规检查值异常在老年人中十分常见，一般以红细胞$<3.5\times10^{12}$/L、血红蛋白<110 g/L、红细胞比积<0.35作为老年人贫血的标准，但贫血并非老年期生理变化，因而需要进行全面系统的评估和检查。多数学者认为白细胞、血小板计数无增龄性变化。白细胞的参考值为$(3.0\sim8.9)\times10^9$/L。在白细胞分类中，T淋巴细胞减少，B淋巴细胞则无增龄性变化。

(2) 尿常规

尿蛋白及尿胆原与成年人之间无明显差别。增龄使老年人的泌尿系统感染的防御功能降低，尿中出现白细胞或菌尿的比例也增多，尿沉渣白细胞计数>大于20个/HP才有病理意义。老年人中段尿培养污染率高，可靠性较低，老年男性中段尿培养菌落计数$\geqslant10^3$/mL、女性$\geqslant10^4$/mL为判断真性菌尿的界限。

(3) 血沉

在健康老年人中，血沉变化范围很大。一般血沉在30～40 mm/h之间无临床意义，如血沉超过65 mm/h应考虑感染、肿瘤及结缔组织病。

2. 生化检查

老年人生化与功能检查结果中常见的生理变化见表4-1。

表 4-1 老年人实验室检查结果中常见的生理变化

检验内容	成人正常值范围	老年期生理变化
空腹静脉血糖	3.9～6.1 mmol/L	轻度升高
肌酐清除率	80～100 mL/min	降低
血尿酸	120～240 μmol/L	轻度升高
乳酸脱氢酶(LDH)	50～150 U/L	轻度升高
碱性磷酸酶	20～110 U/L	轻度升高
总蛋白	60～80 g/L	轻度升高
总胆固醇	2.8～6.0 mmol/L	60～70 岁达高峰，随后逐渐降低
低密度脂蛋白	<3.1 mmol/L	60～70 岁达高峰，随后逐渐降低
高密度脂蛋白	1.1～1.7 mmol/L	60 岁后稍升高，70 岁后开始降低
三酰甘油(甘油三酯)	0.23～1.24 mmol/L	轻度升高
甲状腺激素 T3	1.08～3.08 nmol/L	降低
甲状腺激素 T4	63.2～157.4 nmol/L	降低
促甲状腺素	(2.21±1.1)mU/L	轻度升高或无变化

3. 心电图检查

老年人的心电图常有轻度非特异性改变，包括 P 波轻度平坦、T 波变平、P-R 间期延长、ST-T 段非特异性改变、电轴左偏倾向和低电压等。老年人动脉粥样硬化的发生率高，生理与病理的界限不明显。如老年人心电图有以上改变，应慎重并需结合临床判断。

三、老年生理健康评估的工具

(一) 老年人躯体健康一般状态评估表(参见表 4-2)

表 4-2 老年人躯体健康一般状态评估表

评估项目	评估内容
一般评估	姓名 性别 年龄 伴侣(有、无、逝世) 文化程度 身高 cm，体重 kg 家庭联系电话： 入院时间： 年 月 日 入院方式：步行、扶走、背来、车送、轮椅
生活自理评估	1. 饮食：早餐 两，中餐 两，晚餐 两。进食：自理 护理 2. 大便： 次/日，质：正常、稀、便秘、失禁。大便：自理 护理 3. 小便： 次/日，夜尿 次，小便：自理 护理(失禁、尿潴留、插尿管) 4. 穿衣：自理 护理 5. 修饰：自理 护理 6. 沐浴： 次/周，自理 护理 7. 褥疮：无 有 个，分度 。自行翻身、护理翻身
活动评估	1. 可以活动 完全不能活动(原因：瘫痪、骨折、恶病质，其他：) 2. 活动情况：① 床上活动；② 室内活动；③ 轮椅活动；④ 院内活动；⑤ 到处活动 3. 活动方式：① 被动运动；② 散步；③ 跳舞；④ 太极拳(剑)；⑤ 健身操；⑥ 下棋；⑦ 打球；⑧ 器械运动；其他运动： 4. 活动时间 分钟/次； 次/周
睡眠评估	睡眠 小时/日，入睡困难，易醒，多梦，失眠，用药物辅助睡眠

续表

健康意识	1. 吸烟：无 有 支/日。 2. 饮酒：无 有 两/日。 3. 看电视健康栏目：经常，偶尔，基本不看。看健康杂志：经常，偶尔，基本不看
疾病评估	1. 身体 基本健康 2. 有病（高血压病、糖尿病、冠心病、慢支、骨折、胃溃疡、风湿性疾病、关节痛、肿瘤、脑卒中、老年性痴呆、白内障、耳聋、其他 1. 2. ）
家族疾病	无 有（高血压、糖尿病、冠心病、精神病、胃溃疡、肿瘤、其他 ）
心理状态	平和、悲哀、易激动、焦虑、恐惧、孤独、沮丧、欣快、抱怨、痴呆。
社交能力	单独居住 多人居住 与同住朋友关系：很好；一般；有点矛盾； 希望与更多的人交往 不愿与人交往。
入院顾虑	无 有（经济原因，自理能力、家庭关系问题、想家，其他 ） 目前每月住院费用约 元（自己支付 元，家庭支持 元，社会支持 元）
营养状况	良好，中等，欠佳，肥胖，消瘦，恶病质
护理体检	T ℃，P 次/分，R 次/分，入院：BP 最高 mmHg，最近 mmHg 神志：清楚、痴呆，恍惚、模糊、昏迷
评估项目	评估内容
五官功能	正常 视力下降 失明（左、右） 失聪（左、右） 失语 义齿：无，有 颗义齿，全部义齿
用药	无 有（药名：1. 2. 3. ）； 自己服药；护士喂药。

（二）老年人功能状态评估量表

在医院、社区、养老机构、康复中心等开展老年护理时，有多种标准化的评估量表可供护理人员使用。

1. 日常生活能力量表（Activity of Daily Living Scale）

日常生活能力量表是由美国的 Lawton 和 Brody 于 1969 年制定的，主要用于评定被试者的日常生活能力。其量表常用于描述个体功能的基础状态，以及检测这些功能改变与否的指标，以作为制定护理措施的依据。

（1）日常生活能力量表的结构和内容

一是躯体生活自理量表（Physical Self-maintenance Scale，PSMS），如定时上厕所、行走、洗澡、穿衣、梳头和刷牙、进食等；二是工具性日常生活能力量表（Instrumental Activities of Daily Living Scale，IADL），或称为独居生活能力量表，如做家务、服药、洗衣、备餐、购物、使用交通工具、打电话、自理经济等 14 项内容来描述被评定者的日常生活能力。

（2）评定方法

该表项目细致，简明易懂，便于询问，即使非专业人员也容易掌握。评定时按表格逐项询问，如被试者因故不能回答或不能正确回答（如痴呆或失语），则可根据家属、护理人员等知情人的观察评定。

（3）结果解释

评定结果可按总分、分量表分和单项分进行分析。总分低于 16 分为完全正常，大于 16

分表示有不同程度的功能下降，总分最高为 56 分。单项分 1 分为正常，2～4 分为功能下降。凡有 2 项或 2 项以上≥3 或总分≥22，为功能有明显障碍。

2. Katz 日常生活功能指数评价表

日常生活功能指数评价表是 Katz 等人设计制定的语义评定量表，可用于测量评价慢性疾病的严重程度及治疗效果，也可用于预测某些疾病的发展。一般来说，日常生活复杂的功能首先丧失，简单的动作丧失较迟，如大脑神经的功能、心肺功能等。

(1) 量表的结构和内容

此量表将 ADL 功能分为 6 个方面，即进食、更衣、沐浴、移动、如厕和控制大小便，以决定各项功能完成的独立程度。

(2) 评定方法

通过与被测者、护理人员交谈或被测者自填问卷，确定各项评分，计算总分值。

(3) 结果解释

总分值的范围是 0～12 分，分值越高，提示被测者的日常生活能力越高。

3. Lawton 功能性日常生活能力量表

功能性日常生活能力量表是由美国的 Lawton 等人制定的。

(1) 量表的结构和内容

此量表将 IADL 功能分为 7 个方面，主要用于评定被测者的功能性日常生活能力。

(2) 评定方法

通过与被测者、家属或护理人员等知情人的交谈或被测者自填问卷，确定各项评分，计算总分值。

(3) 结果解释

总分值的范围是 0～14 分，分值越高，提示被测者功能性日常生活能力越高。

4. Pfeffer 功能活动问卷

Pfeffer 的功能活动问卷(Functional Activities Questionnaire，FAQ)于 1982 年编制。其目的是为了更好地筛选和评价功能障碍不太严重的老年患者，即早期或轻度痴呆患者。

(1) 量表的结构和内容

FAQ 将功能分为 10 个方面，即能够使用各种票证、按时支付各种票据、自行购物、参加游戏或活动、使用炉子、准备和做一顿饭菜、关心和了解新鲜事物、持续 1 小时以上的注意力情况、记得重要的约定、独自外出活动或走亲访友。

(2) 评定方法

评分采用 0～2 的三级评分法：0 级没有任何困难，能独立完成，不需要他人指导或帮助；1 级有些困难，需要他人指导或帮助；2 级本人无法完成，完全或几乎完全由他人代替完成。若项目不适用，如老人一向不从事这项活动，则记 9 分，不计入总分。由访问员或被评家属作出最合适的反映老年人活动能力的评分。该量表评定一次仅需 5 分钟，常在社区调查或门诊工作中应用。

(3) 结果解释

FAQ 只要两项统计指标：总分值的范围是 0～20 分，分值越高，提示被测试者的功能性日常生活能力越差。

FAQ≥5，并不等于痴呆，仅说明社会功能有问题，尚需进一步确定这类损害是否新近发生，是因智力减退还是另有原因，如年龄、视力缺陷、情绪抑郁或运动功能障碍等。

5. Barthel 指数量表

Barthel 指数量表主要用于检测老年人治疗前后独立生活活动能力的变化，体现老年人需要护理的程度，适用于患有神经、肌肉和骨骼疾病的长期住院的老年人。

（1）量表的结构和内容

该量表包括 10 个项目，通过进食、上下床活动、驱动轮椅、上下楼、穿脱衣服、大小便控制等进行评估，见表 4-3。

表 4-3　Barthel 指数量表

项　目	总分值	评分标准
1. 饮食	10 分	10＝独立；5＝需要帮助；0＝完全不能做
2. 床—椅移动	15 分	15＝独立；10＝需要帮助；5＝需要较多帮助；0＝完全不能做
3. 个人卫生	5 分	5＝独立；0＝完全不能做
4. 如厕	10 分	10＝独立；5＝需要帮助；0＝完全依赖他人
5. 洗浴	5 分	5＝独立；0＝完全依赖他人
6. 平地行走	15 分	15＝独立；10＝需要帮助；5＝操作轮椅；0＝完全依赖他人
7. 上下楼梯	10 分	10＝独立；5＝需要帮助；0＝完全依赖他人
8. 穿脱衣服	10 分	10＝独立；5＝需要帮助；0＝完全依赖他人
9. 大便管理	10 分	10＝独立；5＝需要帮助；0＝完全依赖他人
10. 小便管理	10 分	10＝独立；5＝需要帮助；0＝完全依赖他人

（2）评定方法

通过与被测者、护理人员交谈或被测者自填问卷，确定各项评分，计算总分值。

（3）结果解释

严重程度评估：0～20 分，功能严重障碍，日常生活完全依赖他人。21～40 分，生活上需要很大帮助，属重度依赖。41～60 分，生活上需要中等程度帮助。大于 60 分，生活上大部分自理。100 分，生活上基本独立自理，不需他人照顾。

任务二　老年人日常生活照料

情境导入

陈某，男，73 岁，身高 165 厘米，体重 69 千克，基础血压 165/95 mmHg。有心绞痛史 6 年，1 年前无明显诱因突发右侧偏瘫，言语含糊不清，无明显头痛头昏，立即入院行头颅 CT 检查提示“脑梗死”，入院后予以活血化瘀、改善脑代谢等治疗后，症状无明显缓解后出院，5^{+} 月前因“脑梗死后右侧偏瘫”欲行康复训练，遂入某康复中心，予以语言、偏瘫肢体综合训练等康复治疗有所好转后出院。现在老人在家休养，有专人照护。

任务描述

1. 该老年人有哪些生活照料的需求?

2. 生活照料的内容及要求是什么?

3. 选择不同的养老院参观体验调查,了解不同类型老年人生活照料的需求及生活照料方法。

任务实施

1. 分小组开展课外调查活动,根据书本提供的知识,对照实际情况,撰写调查报告。

2. 各小组选派代表汇报,分享调查结果,需要有照片、视频等调查资料。

任务总结

1. 老年人的居住环境有哪些要求?

2. 老年人饮食照料有哪些要求? 对待有吞咽困难的老人要注意些什么?

知识链接

一、老年生活照料的需求

(一) 满足老年人的生理需要

1. 食物的需要

应注意老年人的膳食营养,及时补充维生素、钙及蛋白质等,满足身体的营养需要;由于老年人存在消化能力下降、唾液分泌减少、味觉和嗅觉不敏感等变化,因此在满足营养的同时要考虑老年人的饮食特点。

2. 排泄的需要

协助不能自理的老年人排便、排尿,及时清除排泄物;帮助老年人训练排便、排尿功能,尽可能地恢复老年人的自理能力。

3. 舒适的需要

为老年人营造安静、清洁、温湿度适宜的休养环境;为老年人准备宽松、实用、舒适、美观、便于老年人穿着的被服。

4. 活动和休息的需要

根据老年人的身体状况,帮助老年人适当活动,并尽可能促进老年人的正常水平;帮助老年人养成良好的生活习惯并改善睡眠障碍。

(二) 满足老年人安全的需要

老年人由于自身和环境的因素,容易发生跌倒、噎食、误吸、损伤、走失、猝死等安全事故,因此需要评估老年人不安全的因素,采取安全预防措施来防止意外的发生。

(三) 满足老年人爱和归属的需要

营造良好的休养环境,促进老年人的人际交往,帮助老年人及时与家人联系沟通,改善家庭关系,更多地给予老年人精神上的关心。

(四) 满足老年人尊重的需要

在与老年人交往的过程中，要充分考虑到老年人的心理特点，善于运用沟通技巧，维护老年人的自尊，肯定老年人的价值，保护老年人的隐私。

(五) 满足老年人自我价值实现的需要

协助老年人参加各种活动，扩大老年人的社交范围，增进老年人之间的情感交流，形成良好的人际关系，更好地融入社会；协助老年人保持良好的容貌和衣着修饰，让老年人尽可能做到老有所为。

二、老年人生活照料的内容及要求

(一) 环境照料

老年人的生活环境主要包括居住地的周边环境、室内环境等，要求安全、便利、整洁、健康。良好的自然环境和社会心理环境对老年人健康长寿影响较大。

1. 营造良好的生活环境

(1) 周边环境

周边环境应方便老年人活动和生活。老年人住宅周围最好有公园或活动广场，以方便老年人活动；有商场、超市，以方便购买生活用品；距医疗机构较近，以方便就医。另外，最好为老年人提供一个进行社会交往的公共空间。

老年人不宜久待的环境主要有以下几种。① 空气污浊的环境。指不洁的场所和人群聚集的影剧院、歌舞厅等地方。② 嘈杂的环境。老年人若久处在人声嘈杂的环境里，容易产生烦躁情绪。医学研究表明，家庭中噪声超过60分贝，会对听觉、视觉、心血管系统、消化系统、内分泌系统和神经系统等造成损害。③ 过于安静的环境。老年人处于过于安静的环境，容易产生不安全感、孤独感，甚至恐惧感，对身心健康同样不利。因此，老年人居住地不宜过大、过空旷，周围要有子女或邻居相伴。④ 色彩纷杂的环境。老年人对色彩的快速辨识能力下降，如果长时间处于色彩纷杂的环境中，因判断失误而发生跌倒的可能性会增大。因此，老年人住宅应有清楚的方向性和明确的标志系统，为记忆力减退的老年人提供活动上的方便。⑤ 刺激惊险的环境。各种紧张的体育比赛、惊险的娱乐项目，使人们兴奋、紧张的同时，还会刺激老年人的交感神经，使其心跳加快，血管收缩，血压升高。因此，有心脑血管疾病的老年人应避免此种环境。

(2) 室内环境

老年人住宅内的采光、温度、湿度、通风和床的设置等，应适合老年人的生活，让其有安全感与舒适感。

① 采光：室内阳光照射对老年人尤为重要。日光照射时红外线被皮肤吸收，深部组织受到温热作用，会使血管扩张、血流加快，能改善皮肤组织的营养状况，给人以舒适感。因此，老年人居室内的采光要做到明亮有度。

老年人由于视力下降，光线较暗的地方容易产生危险，应根据照明用途和场所适当配置照明器具。在转弯和容易滑倒的地方(门厅、走廊、卧室的出入口、有高差处)应安置辅助灯，以便于老年人夜间行走。

老年人对亮度变化的适应能力差，必须设法使亮度逐渐变化。卧室宜采用可调节亮度的开关，并应在床头位置设置开关。在卧室与厕所之间应设置地灯，并保证夜间长明。所有照明开关均应采用大面板、带灯的开关。

② 温度和湿度：由于老年人的体温调节能力降低，因此要保持居室内的温度和湿度在适宜的范围内。一般温度应为22～24℃，湿度应为50%±10%。最好在室内放置一个温湿度计，以便准确地判定室内的温度和湿度。

条件允许的情况下，室内应有冷暖设备，但取暖设备的种类应慎重考虑，以防发生事故，如热水袋易引起烫伤、电热毯长时间使用易引起脱水。冬天有暖气的房间较舒适，但容易造成室内空气干燥，可用加湿器或放置水培植物以保持一定的湿度。夏天使用空调时，应注意避免冷风直吹在身上且温度不宜太低。

③ 通风：居室要经常通风以保持室内空气新鲜。一般每天应开窗通风两次，每次20～30分钟，通风时要避免对流风，以防老年人着凉。老年人行动不便，在室内排便或二便失禁时，易导致房间内有异味，应注意及时、迅速清理排泄物及被污染的衣物，并适当通风。

④ 色彩：老年人对色彩感觉的残留较强，故可将门涂上不同的颜色以帮助其识别不同的房间，也可在墙上用各种颜色画线以指示厨房、厕所等的方位。

⑤ 室内设施：老年人住宅室内所有门的净宽(通行宽度)均不应小于0.8米，以利于轮椅的通过。卧室门应带有观察窗，便于及时发现老人可能出现的意外。窗户应注意保温性、隔声性和密闭性。墙体如有突出部位，可选择带有缓冲性的发泡墙纸以减轻老人碰撞时的撞击力。墙面应贴有很难擦伤身体的材料。墙角部位宜做成圆角或切角，且在1.8米高度以下做与墙体粉刷齐平的护角。室内的地面要防滑，最好在居室中铺地毯，以防因腿脚不便或突然晕倒时摔倒或摔伤。家具要简单，尽量减少障碍物。

电器开关及插座位置应清晰、醒目，容易操作，开关高度距地宜为1.0～1.2米，如果考虑轮椅使用者的话，最好设置为0.90～1.05米。电源开关应选用宽板防漏电式按键开关，以便于手指不灵活的老年人用其他部位进行操作。

厕所应在卧室附近，从卧室到厕所之间的地面不应有台阶，并设扶手以防跌倒，夜间应有灯照明，对于使用轮椅的老年人，应将厕所改造成适合其个体需要的样式。浴室地面应铺防滑砖，浴室周围也应设有扶手。若使用浴盆，除了应有扶手或放置浴板外，浴盆周围还应放置橡皮垫。不能站立的老年人可以用沐浴椅。沐浴时，浴室温度应保持在24～26℃，要安装排气扇以便将蒸汽排出，避免因湿度过高影响老年人呼吸。

厨房地面也应注意防滑，水池与操作台的高度应适合老年人的身高。老年人普遍有记忆力衰退、嗅觉降低的现象，应选择能防止燃气泄漏的灶具和有燃气、烟气自动报警功能的抽油烟机，条件允许者用电磁炉是最安全的。

2. 老年人家具的选择

老年人居室内的陈设不要太多，一般有床、桌、凳椅、沙发即可，且家具的转角处应尽量用弧形，以免碰伤老年人。

(1) 床

为了预防和治疗腰部疼痛，最好选择木板床加厚褥子。床头应设床头灯和信号铃，床两边有活动护栏。床单要干燥、平整无皱褶，以全棉的天然材料为宜。床旁物品要注意摆放整齐，定点放置，方便老年人取用。为了减轻老年人的孤独感，还可以在床旁放老年人喜欢的物品(全家福照片等)使其感受到家的温暖。

另外，要注意床的高度、宽度和床垫硬度等。床的高度是指地面距床垫的高度以50厘米为宜。对能自主活动的老年人，床高的标准是以坐在床上足底能完全着地为宜，最好大腿与小腿呈90°角。对卧床的老年人应选择较高的床，以便进行各种照料活动，如有能抬高上身或能调节高度的床则更好。床的宽度最好在100～120厘米，这样有利于老年人自行坐起。床垫的硬度以易于活动、不过于松软为宜。床下应有一定空间，使老年人从椅子或床边站起时，脚向后有空间利于站起。

(2) 桌子

老年人用的桌子，既不能太高，也不能太低。桌子过高，容易导致老年人的脊柱侧弯、肌肉疲劳、视力下降等，长时间伏案的老年人，还会引起颈椎病变；桌子过低，则会使老年人感到肩部疲劳、书写不适、起坐吃力、胸闷等。

(3) 凳椅

老年人使用的板凳、椅子，最好有靠背垫，以托住其脊柱，保持全身肌肉用力平衡，减轻身体劳累。靠背垫和椅面的宽度要适中，避免久坐导致血液循环受阻而使足部温度下降，影响身体健康。

(4) 沙发

老年人使用的沙发不宜过于柔软。应注意座位不能过低，避免坐下去和站立时感到困难。有腰背部疾患的老年人，应选购带枕头的沙发，以增加舒适感，消除疲劳感。

(二) 饮食照料

1. 烹饪时的照料

(1) 咀嚼困难和消化吸收机能低下者的照料

老年人由于牙齿松脱、义齿装配不恰当、唾液分泌减少等原因，以致咀嚼困难及不适。照料人员应选择软硬程度适中的食物。蔬菜要切细，肉类最好制成肉末，烹制方法可采用煮或炖，尽量使食物变软而易于消化。但由于易咀嚼的食物对肠道的刺激作用减少，往往很容易引起便秘，因此应多选用富含纤维的蔬菜，如青菜、根菜类等烹制后食用。另外，还应定期为老人检查牙齿及配戴合适的义齿。

(2) 吞咽机能低下者的照料

某些食物(如水、饼干等)很容易产生误吸，对吞咽机能低下的老年人更应该引起注意。因此，应选择密度均匀、有一定黏稠度的食物，同时要根据老年人的身体状态合理调节饮食种类。

(3) 味觉和嗅觉等感觉机能低下者的照料

老年人味觉神经细胞退化，对食物味道的感应减低。因此，味觉、嗅觉等感觉机能低下的老年人喜欢吃味道浓重的饮食，特别是盐和糖，而盐和糖食用太多对健康不利，使用时应格外注意。饮食的色、香、味能够大大地刺激食欲，有时老年人进餐时因感到食物味道太淡而没有胃口，烹调时可用醋、姜、蒜等调料来刺激食欲，鼓励咀嚼并保持口腔卫生以增加对食物的味道体验。

2. 进餐前照料

(1) 进餐环境

进餐环境应清洁整齐、空气新鲜，必要时应通风换气，排除异味。老年人单独进餐会影响食欲，如果和他人一起进餐则会有效增加进食量。

(2) 进餐前准备

根据老年人需要备碗、盘、筷子或勺子等餐具,选择合适的餐桌及椅子。询问老年人是否有便意,并注意在餐前半小时移去便器,提醒老年人餐前洗手,做好就餐准备。

(3) 取合适的体位进餐

根据老年人的身体情况,采取适宜的体位进餐,尽可能采取坐位或半坐位。对卧床的老人帮助其坐在床上并使用特制的餐具(如床上餐桌等)进餐。

3. 进餐管理

(1) 进餐方式

对于有自理能力的老年人,鼓励其自己进餐;对于有困难的老年人,照料人员应协助进食,尽可能借助一些自制餐具,维持老年人自己的进餐能力;对于进餐完全不能自理的老年人,应予喂食,喂食时与老年人互相配合,并注意进餐速度;对于不能自口腔进食者,应给予管饲或胃肠外营养。

(2) 进食姿势

不管采取何种坐姿,都要保持上身前倾,食物在吞咽力量的基础上,借助重力将食物送入胃内,防止食物误入气管。而对于偏瘫的老年人,应选择有扶手的轮椅,使双足跟着地以坐得安稳。卧床老年人侧卧位进食时,后背应垫软枕或靠背以保持身体稳定,用软枕垫于双膝骨骼突出处以减轻压力,使用毛巾或餐巾遮盖老人上胸部,把食物放在老人能看到的地方和手能拿到的地方。老人喝水时,要使用吸管以避免发生呛咳。

(3) 特殊老人的进食照料

① 上肢障碍者:老年人患有麻痹、挛缩、变形、肌力低下、震颤等上肢障碍时,虽然自己摄入食物易出现困难,但是有些老年人还是愿意自行进餐。此时,可以自制或提供各种特殊的餐具,如老年人专用的叉、勺其柄较粗时易于握持,用纱布或布条缠在普通勺把上即可;有些老年人张口困难,可将婴儿用的小勺加以改造后使用。使用筷子对大脑是一种精细动作刺激,因此应尽量维持老年人的这种能力,可用弹性绳子将两根筷子连在一起以防脱落。

② 视力障碍者:对于视力障碍的老年人,做好单独进餐的照料非常重要。照顾者首先要向老年人说明餐桌上食物的种类和位置,并帮助其用手触摸以便确认。热汤、茶水等易引起烫伤的食物要提醒注意,鱼刺等要剔除干净,以保证安全。视力障碍的老年人可能因看不清食物而引起食欲减退,此时,食物的味道和香味更加重要,因为能引起食欲,也可让老年人与家属或其他老年人一起进餐,制造良好的进餐气氛以增进食欲。

③ 吞咽能力低下者:由于存在会厌反应能力低下、会厌关闭不全或声门闭锁不全等情况,吞咽能力低下的老年人很容易将食物误咽入气管。尤其是卧床老年人,舌控制食物的能力减弱,更易引起误咽。因此老年人进餐时的体位非常重要。一般采取坐位或半坐位比较安全,偏瘫的老年人可采取侧卧位,最好是卧于健侧。进食过程中应有护理人员在旁观察,以防发生意外。同时随着年龄的增长,老年人的唾液分泌也相对减少,口腔黏膜的润滑作用减弱,因此,进餐前应先喝水湿润口腔,对于脑血管障碍以及神经失调的老年人更应如此。

(三) 排泄照料

排泄过程是维持健康和生命的必要条件,而排泄行为的自理则是保持人类的尊严和社会自立的重要条件。指导与帮助丧失自理能力或因缺乏有关保健知识而不能正常排尿、排便活动的老年人,是护理人员的重要职责。

1. 厕所的设计

老年人使用的厕所应既方便能行走的老人使用,又便于坐轮椅或偏瘫老年人使用。卫生间的门应向外开,一旦发生意外可以及时救护。厕所内要有呼叫器,并安置在老年人容易触到的地方。地面要有防滑垫,如厕要穿防滑的拖鞋,以防老年人如厕时滑倒。宜选用坐式马桶,并设有扶手,以方便老人自己蹲坐和起身。

2. 如厕照料

对于反应迟钝、经常发生直立性低血压、服用降压药的老人,夜间尽量不去厕所,如夜尿次数多,应在睡前备好所需物品和便器,必须下床上厕所时,一定要有人陪伴。

对于患有高血压、冠心病、心肌梗死等疾病的老年人,当其用力屏气排便时,腹壁肌和膈肌强烈收缩,使腹压增高,而腹压的增高会使心脏排血阻力增加,动脉血压和心肌耗氧量增加,可诱发心绞痛、心肌梗死及严重的心律失常甚至发生猝死。老年人血管调节反应差,久蹲便后站起容易发生一过性脑缺血,容易晕倒甚至发生脑血管意外。因此,应指导老年人注意勿用力排便,大便时应取坐位,不宜用蹲式,便后站起时应缓慢,以防发生猝死等意外事故。

3. 卧床老人的排泄照料

因病需卧床休息或因身体极度虚弱而无力下床的老年人患者,要使其逐渐适应在床上解大小便,可采用下列方法促进其排泄。

(1) 便前诱导

小便困难者,可让其听流水声。女患者给其用温水冲洗会阴,也可按摩下腹部促进排尿。大便困难者,可根据患者排便的习惯,按时给予便盆。大便干燥者可用开塞露通便。

(2) 便盆的使用

男性老人排尿应用尿壶或大口瓶子,瓶口要光滑。排便用便盆,每次用便盆前要冲洗干净,并事先用热水温一下便盆。女性老人用普通便盆,如病情允许,可在他人协助下用普通便盆在床上坐盆。排尿后由前向后擦洗会阴,用热水擦洗肛门,使会阴和肛门保持清洁和干燥,减少泌尿系统感染的概率。

4. 排泄异常的照料

排泄是维持人体生命和健康的必要条件,而排泄行为的自理则是保持人类尊严的重要条件。随着年龄的不断增长,老年人机体调节功能逐渐减弱,自理能力下降,或者因疾病导致排泄功能出现异常,发生尿急、尿频甚至大小便失禁等现象,有的老年人还会出现尿潴留、腹泻、便秘等,常给老年人造成很大的生理、心理压力。照料人员应妥善处理,让老人明确排泄问题是机体老化过程中无法避免的,要体谅老年人,尽力给予帮助。

(四) 睡眠照料

1. 睡眠对老年人的意义

良好的睡眠,可调节生理机能,维持神经系统的平衡,是使人的精力和体力由疲劳恢复正常的最佳方式。老年人随着年龄的增长,脑动脉逐渐硬化,血管壁弹性减低,管腔愈来愈狭窄,脑血流量相对减少,脑组织呈慢性缺血缺氧状态,很容易出现疲劳。一旦出现疲劳或睡眠不足,可能加重各种躯体及精神疾患。另外,白天嗜睡,情绪沮丧、焦躁、焦虑、抑郁等使老人生活质量、工作能力及社会适应性下降，脑功能损害，诱发多种内科疾病等。因此，充分且合理的睡眠对老年人的身体健康是十分必要的。

2. 老年人睡眠的特点

相对青年时期而言，老年人由于身体生理、病理等原因，睡眠质量会有所下降，其特点为：① 睡眠时间缩短，调查发现65岁以上的老人，就寝时间虽平均为9小时，但实际睡眠时间大约只有7小时；② 夜间易受内外因素的干扰，易醒；③ 浅睡眠比例增多，而深睡眠比例减少；④ 容易早醒，睡眠趋向早睡早起；⑤ 睡眠在昼夜之间进行重新分布，夜间睡眠减少，白天睡眠时间增多；⑥ 老年人对睡眠到觉醒各阶段转变的耐受力较差。

3. 影响老年人睡眠的因素

(1) 社会心理因素

老年人的睡眠质量受多种社会心理因素的影响，如惧怕失眠、期待、自责等均可使情绪一直处于慢性唤醒状态而致睡眠障碍。疾病、生活不能自理、离退休后生活的不适应、经济来源减少、就医费用的增加等给老年人造成了很大的压力，成为影响老年人睡眠质量的直接原因。而能够继续工作、有业余爱好、婚姻状况正常、参加体育锻炼和社会活动、较高的社会支持度、较高的生活满意度，有益于提高老年人的睡眠质量。

(2) 精神疾病

各种精神疾病均可导致睡眠障碍，睡眠障碍是大部分精神疾病患者的主诉之一。约80%抑郁症患者存在睡眠问题，焦虑症则是导致失眠的另一种精神疾病。焦虑或抑郁的患者存在全面的睡眠质量降低，无论是抑郁还是焦虑所伴随的睡眠障碍，在老年期焦虑抑郁障碍的临床特征中，都表现了出来。研究表明，老年人的睡眠质量与抑郁和焦虑均呈正相关关系。

(3) 环境因素

睡眠环境的改变是影响老年人睡眠质量的主要因素之一。由于老年人入睡潜伏期长、深睡眠比例减少，所以老年人睡眠对环境的要求较高，如搬家、出差、住院等都可影响老年人睡眠质量。因病住院后，新的环境以及病房的声音、光线、温度、湿度及卫生条件等的改变均可影响老年人的睡眠规律。因此，环境因素对睡眠质量的影响不容忽视。

(4) 年龄因素

通常认为，人类睡眠的需要量与其年龄呈反比，年龄越大，对睡眠的需要量越少，到老年期一般每天只需6～7小时即可。但也有学者认为，随着年龄的增长，老年人睡眠的质和量逐渐下降，但对睡眠的需求并没有因此而减少，只是睡眠的生理节律发生了变化，睡眠能力降低。虽然卧床时间延长，但觉醒次数增多、时间延长，白天经常有意识打盹，以补充晚上睡眠的不足，但总的睡眠时间不变。

(5) 疾病因素

躯体疾病是影响老年人睡眠质量的重要原因，其中糖尿病、冠心病、关节炎或风湿病、青光眼或白内障、精神病、脑血管疾病、肿瘤、泌尿系统疾病和肺气肿或慢性气管炎等疾病对睡眠质量有显著性影响。疾病本身的困扰和对疾病的担忧，以及疾病期间运动量的减少，均可导致睡眠紊乱。

(6) 药源性睡眠障碍

凡能影响中枢递质，使睡眠—觉醒节律发生改变的药物，均可引起药源性睡眠障碍。

有相当一部分失眠患者，睡眠恶化的原因却是服用镇静催眠药引起的。因为对镇静催眠药的长期应用使机体对药物产生了耐受性，便很难停药。一旦停药，精神就会极度不安，引起一系列精神和躯体症状，如兴奋、不安、失眠、肌肉抽搐等。老年人常因存在慢性疾病而需长期药物治疗，许多药物可以产生失眠的副作用。影响睡眠的药物包括抗癌药、抗癫痫药、抗心律失常药物、东莨菪碱、某些抗高血压药物、类固醇、甲状腺激素、黄嘌呤诱导剂等。

(7) 不良的睡眠习惯

睡前抽烟，喝浓茶、咖啡、可乐等刺激性饮料，以及睡前长时间看情节恐怖的电视节目、书籍等都可以导致睡眠质量的下降。

(8) 时差性睡眠障碍

时差性睡眠障碍是老年人在东西方向跨时区高速飞行时引起的一种睡眠障碍。这种障碍的严重程度与跨越时区的速度和数量有关，跨越时区速度越快，数量越大，这种不适应就越明显，其表现形式与飞行方向和飞机到达的时间有关。这种睡眠障碍可直接影响机体的活动状况，导致烦躁、精神萎靡、食欲减退、疲乏无力、意外伤害甚至疾病的发生。

(五) 清洁照料

1. 口腔清洁照料

口腔是病原微生物侵入人体的主要途径之一。正常人口腔中有大量的细菌存在，其中有的是致病菌，当人体抵抗力降低，饮水、进食量少，咀嚼及舌的动作减少，唾液分泌不足，自洁作用受影响时，细菌可乘机在湿润、温暖的口腔中迅速繁殖，造成口腔炎症、溃疡、腮腺炎、中耳炎等疾患，甚至通过血液、淋巴导致其他脏器感染，给全身带来危害。长期使用抗生素的老年人，由于菌群失调又可诱发真菌感染。所以，做好口腔清洁对老年人十分重要。

(1) 协助老年人刷牙漱口

刷牙的最佳时间是进食后的半小时内。如果有可能，尽量在三餐后立即刷牙。这样，不仅可以使口气清新，还可以防止食物残渣为牙齿表面的细菌提供营养。每次刷牙时间控制在3分钟，以上下刷牙方式保护牙龈。很多人采用的大力横刷法，会使牙齿根部造成过度磨损并刺激牙龈的萎缩。刷牙时应特别注意下前牙内侧和后牙的位置，避免形成牙石。刷牙后要用清水多次冲洗牙刷，并将刷毛上的水分甩干，倒置保存。

(2) 刷牙后配合使用牙线与舌苔刷

牙缝间的食物残渣通过刷牙很难清除，这样会导致有害物质在牙缝深层的积存和腐败，口气的产生与此关系明显。因此，刷牙后使用牙线可以彻底清洁牙齿。对于舌苔的卫生要特别注意。舌苔不能过度刷洗，经常用力刷舌苔，会损伤舌乳头，刺激味蕾，造成舌背麻木，味觉减退，食欲下降。因此，要使用特殊的舌苔刷来清洁舌苔。普通的牙刷也会对舌苔造成损伤。

(3) 义齿的清洁

① 义齿也会积聚食物碎屑，必须定时清洗。义齿使用者应白天持续配戴，对增进咀嚼的功能、说话与保持面部形象均有利；晚间应卸下，可以减少对软组织与骨质的压力。卸下的义齿浸泡在冷水中，以防遗失或损坏。不能自理者由护理人员协助，操作前洗净双手，帮助老年人取下上腭部分，再取下面的义齿放在冷水杯中。

② 用牙刷刷洗义齿的各面，用冷水冲洗干净，让老年人漱口后戴上义齿。

③ 暂时不用的义齿，可浸泡于冷水杯中加盖，每日更换一次清水。不可将义齿浸泡在热水或酒精内，以免义齿变色、变形和老化。如遇义齿松动、脱落、破裂、折断，但未变形时，应将损坏的部件保存好。

2. 头发清洁照料

步入老年之后，由于皮肤的生理性退化、萎缩以及皮肤毛囊数目的逐渐减少等原因，头发会出现干枯、变细、脱落、易折断、变白等。在日常生活中，可以通过经常梳发、科学洗发、头部按摩、减少染发及烫发的次数等方法进行照料。

人经常梳理头发，不但可以加快头发根部的血液循环，起到坚固发根的作用，还能起到醒脑提神、防止大脑衰退、增强记忆力的作用。

头发每天都会沾上许多灰尘和细菌，再加上头发皮脂腺分泌物的不断积累，很容易影响头发的健康，所以老年人应经常清洗头发，保持头发的清洁。应根据老年人的健康状况、体力和年龄选择洗发的方法。身体状况良好的老人可自行洗发，体质虚弱的老人、高龄老人可协助洗发，卧床老人应进行床上洗发。洗发所用的洗护液应根据老年人的具体情况灵活选择。洗发的频率取决于个人的日常卫生习惯和头发的卫生状况，一般 3～5 天洗发一次，长期卧床的老人应每周洗发一次，对于出汗较多或头发上沾有各种污渍的老人，应增加洗发的次数。有头虱的老人必须经过灭虱处理后再洗发。在洗发时，水温要适中，不可过热或过凉，洗发的时间也不宜太长，并且应选用刺激性小的洗发水，不要使用碱性大的香皂或肥皂。

除进行头发照料外，老年人应经常对自己的头部进行按摩。由于染发剂多是有毒的化学品，频繁的染发会使发质受损，头发易断裂。而经常烫发则会使头发变得粗糙、易分叉。老年人应尽量减少染发、烫发的次数。

3. 皮肤清洁照料

在日常生活中，老年人要注意保持皮肤卫生，特别是皱褶部位，如腋下、肛门、外阴等。沐浴可清除污垢、保持毛孔通畅，利于预防皮肤疾病。沐浴时合适的水温可促进皮肤的血液循环，改善新陈代谢、延缓老化过程。建议冬季每周沐浴 2 次，夏季则可每天温水洗浴。沐浴的室温调节在 24～26℃，水温则以 40℃左右为宜。沐浴时间以 10～15 分钟为宜，时间过长易发生胸闷、晕厥等意外。洗浴时应注意避免碱性肥皂的刺激，宜选择弱酸性的硼酸皂、羊脂香皂，以保持皮肤的 pH 在 5.5 左右。沐浴用的毛巾应柔软，洗时轻擦，以防损伤角质层。可预防性地在晚间热水泡脚后用磨石板去除过厚的角化层，再涂护脚霜，避免足部的皲裂。而已有手足皲裂的老年人可在晚间沐浴后或热水泡手足后，涂上护手、护脚霜，再戴上棉质手套、袜子，穿戴一晚或一两个小时，可有效改善皲裂状况。使用药效化妆品时，首先应观察老年人皮肤能否耐受，是否过敏，要以不产生过敏反应为前提，其次再考虑治疗效果。

4. 衣着卫生

老年人衣着应以实用、舒适、整洁、美观为特点。

（1）衣着的质地

老年人体温中枢调节功能降低，对外界环境的适应能力较差，许多老年人既怕冷，又畏热。因此，在选择老年人内衣时，应以柔软、吸水性好、不刺激皮肤的棉织品为主，不宜选择对皮肤有刺激的毛织品、化纤制品等；外衣则可适当选择毛料、化纤织品等。另外，还要考虑各种织物的通气性、透气性、吸水性、保温性等，使冬装可保暖，夏衣能消暑。

(2) 衣着的款式

老年人衣着款式的设计应符合宽松舒适，柔软轻便，易穿脱，利于活动和变换体位的要求。上衣和拉链上应留有指环，便于老年人拉动。衣服纽扣不宜过小，方便系扣。可选择前开门式上装，便于老年人穿脱，尽量避免圆领套头上衣等。衣着过于窄小可影响血液循环，过大过长容易引起绊倒。做饭时的衣服应避免袖口过宽，以防着火。冬季，最好穿保暖、透气、防滑的棉鞋，穿防寒性能较优的棉袜和羊毛袜。其他季节，老年人宜穿轻便布鞋，老年妇女不要穿高跟鞋，以防跌伤。

(3) 衣着的颜色

以尊重老年人习惯和增强自信心为原则，对衣着的颜色，应尊重老年人的喜好。衣着色彩要注意选择柔和、不褪色、容易观察是否干净的色调。为了增强老年人的自信心，可建议老年人选择色彩较鲜艳的衣着，因为鲜艳的色彩可使老年人显得年轻、有活力。

(4) 衣着的卫生

老年人的内衣裤、袜等应勤洗勤换，清洗后翻转放户外日光晾晒，让紫外线充分照射，达到消毒的目的。

(六) 压疮预防与照料

压疮(pressure ulcer)是身体局部组织长期受压，血液循环障碍，组织营养缺乏，以致皮肤失去正常功能而引起的组织溃烂和坏死。引起压疮最根本、最重要的因素是压力，故压疮又称为“压力性溃疡”。长期卧病在床的老年患者，尤其是过于肥胖或极度消瘦、行动不便、长期依靠轮椅生活的老人，以及大小便失禁、皮肤经常受潮湿刺激的老人，容易发生压疮。

1. 老年人压疮的特点

(1) 比较隐蔽

老年人由于感觉减退、反应迟钝、痴呆等原因，常不能早期发现压疮。

(2) 易继发感染

老年人由于机体免疫力下降，压疮局部及其周围组织易继发感染，严重者可并发全身感染而危及生命。

(3) 全身反应不明显

老年人因感觉迟钝、身体虚弱及机体免疫力低下，即使继发全身感染时，中毒表现也常不典型、不明显，易贻误治疗时机。

(4) 愈合困难

老年人由于营养不良、皮肤老化、组织修复能力差、合并慢性病等原因，一旦发生压疮，很难愈合。

2. 压疮的预防

预防压疮的关键在于消除其发生的诱因。因此，护理人员在工作中应做到六勤：勤观察、勤翻身、勤擦洗、勤按摩、勤整理、勤更换。

(1) 避免局部组织长期受压

① 应鼓励和协助老年人经常更换卧位，翻身的间隙时间视病情及受压处皮肤情况而定，一般每 2 小时翻身一次，必要时 1 小时翻身一次，最长不超过 4 小时，建立床头翻身记录

卡,协助老年人翻身时应避免拖、拉、推的动作。

② 保护骨隆突处和支持身体空隙处。对易发生褥疮的老年人,可在身体空隙处垫软垫、海绵垫。必要时可垫海绵垫褥、气垫褥、水褥等,使支撑体重的面积加大,从而降低骨隆突部位皮肤所受到的压强。

③ 对使用石膏、夹板、牵引的老年人,衬垫应平整、柔软,随时观察局部皮肤和肢端皮肤颜色、温度改变的情况。

(2) 避免局部刺激

保持皮肤清洁干燥,对大小便失禁、出汗及分泌物多的老年人,及时洗净擦干;保持床单、被褥清洁、干燥、平整;不使用破损便器,使用便器时避免拖、拉动作。

(3) 促进局部血液循环

① 对长期卧床的老年人,经常检查受压部位,每日进行全范围关节运动,维持关节的活动性和肌肉张力,促进肢体的血液循环,减少压疮的发生。

② 定期为老年人温水擦浴,按摩受压部位,如局部按摩,全背按摩,电动按摩。

(4) 改善机体营养状况

营养不良是导致压疮的原因之一,又可影响压疮的愈合,蛋白质、维生素等营养物质对压疮的愈合都有促进作用。

3. 压疮的分期及护理

(1) 瘀血红润期

瘀血红润期为压疮初期,局部皮肤出现暂时性血液循环障碍,开始出现红、肿、热、麻木或有触痛,解除压力 30 分钟后,皮肤颜色不能恢复正常。此期要及时去除致病因素,加强预防措施,如增加翻身次数、红外线照射每日 2 次等。

(2) 炎性浸润期

红肿部位继续受压,静脉血回流受阻,局部静脉瘀血,红肿向外扩大、浸润、变硬,皮肤颜色转为紫红色,压之不退色,表皮有水泡形成。对于小水泡要减少摩擦,防止破裂,让其自行吸收;大水泡用无菌注射器抽出泡内液体,涂消毒液,配合红外线照射,用无菌敷料包扎,增加翻身次数,防止局部继续受压、受潮。

(3) 溃疡期

静脉血液回流严重受阻。轻者表皮水泡破溃,有黄色渗出液流出,感染后表面有脓液覆盖,使浅层组织坏死,溃疡形成;重者,坏死组织发黑,脓性分泌物增多,有臭味,感染向周围及深部组织扩展,可深达骨骼,严重者可引起败血症,危及老年人生命。

任务三 老年营养与膳食

随着我国老龄人口的逐步增多,与老龄人口健康相关的问题相继出现,如老年人容易患有肿瘤、心脑血管疾病、糖尿病、肥胖、骨质疏松、白内障、老年性痴呆等疾病,这些疾病直接影响了老年人的健康与长寿。在影响老年疾病的发生、影响老年人健康和寿命的众多因素中,营养因素是至关重要的。合理的营养能预防疾病,延缓衰老,增进老年人的健康。

情境导入

在沪召开的"第二届营养与成功老龄化学术研讨会"上，中国营养学会老年营养分会公布了老年人营养不良的具体自测量化指标。

根据一项最近对北京、上海、广州、成都、重庆等5大城市共6000名老年患者进行的专题调查显示，总体营养不良及营养风险的发生率为55%，老年人群易患病前5位分别为冠心病、糖尿病、高血压、脑卒中和骨质疏松。尤其是骨质疏松疾病，已成为高患病率、高致残率、低诊断率的代谢性骨病，其发病率比中风、乳腺癌还要高。

大多老年人所患的疾病均是与营养密切相关的慢性病，其中营养不良的老年人有52%不能自理，有营养风险的老年人有16%不能自理，而营养正常的老年人只有4%不能自理。

中国营养学会老年营养分会主任委员、复旦大学附属华东医院营养科主任孙建琴教授指出，老年人能够及早发现营养不良及营养不良风险的，应尽早进行营养干预或制订个性化的营养计划，有利于改善营养状况，降低慢性病及相关并发症的发生，从而能够有效地提高生活自理能力，改善生活质量。

（资料来源：http://www.shanghai.gov.cn/shanghai/node2314/node2315/node17239/node17244/u21ai663743.html）

任务描述

1. 试讨论分析，哪些原因会导致老年人出现营养不良。
2. 社会调查：请调研你所在的地区老年人的营养健康状况。

任务实施

1. 分小组就各个主题展开讨论，并分享讨论结果；
2. 分小组编制调查问卷，并开展社会调查，形成调查报告，课堂分享调查结果。

任务总结

1. 在社会调查过程中遇到了哪些问题？有怎样的收获？

知识链接

一、老年人饮食营养要求

（一）能量

由于老年人基础代谢率的降低及活动量的减少，能量需要也相应降低。当老年人摄入的能量超过维持机体能量代谢平衡的需要量时，可能造成体脂占体重的百分比不断增加，形成超重和肥胖，如65岁老人所需热量约为25岁成年人的80%。

（二）蛋白质

蛋白质是生命活动的基本物质。老年人体氮含量减少，机体蛋白质的合成率降低，容易出现负氮平衡。如果饮食中蛋白质供应不足，就可能引发老年慢性营养不良、贫血等疾病。老年人蛋白质的推荐摄入量（RNI）为 65～75 克/天，占一天总能量的 12%～15%。

但是，由于老年人肾功能降低，过多摄入蛋白质，会增加其肾负担，加之老年人消化吸收率低，所以应当在饮食中增加优质蛋白质，如奶类、豆类、鱼虾类等，并通过膳食加工使之有利于吸收和利用。优质蛋白质摄入量应为总蛋白质摄入量的 40%。

（三）脂肪

老年人随着年龄的增长，人体总脂肪明显增加。其中主要是胆固醇的增加，甘油三酯和游离脂肪酸也有所增加。脂肪和胆固醇摄入过多，易引起血中胆固醇，特别是氧化的低密度脂蛋白胆固醇的增加，造成动脉粥样硬化，增加心脑血管疾病的发生概率。此外，脂肪的摄入量也与结肠癌、乳腺癌、前列腺癌、胰腺癌的死亡率成正比。

我国 60 岁以上老人身体质量指数（BMI）＞25 的比例高于全国成人平均值，因此，老年人在饮食中，控制脂肪摄入量是非常必要的。在《中国居民膳食营养素参考摄入量》中规定，60 岁以上老人膳食脂肪提供的能量占一天总能量的 20%～30%为适宜。此外，由饱和脂肪酸、单不饱和脂肪酸、多不饱和脂肪酸提供的能量应当分别占膳食总能量的 6%～8%、10%和8%～10%比较合适。胆固醇摄入量宜小于 300 毫克/天。世界卫生组织（WHO）建议敏感人群膳食中胆固醇含量应低于每人 200 毫克/天。一些含胆固醇高的食物，如动物内脏、鱼卵、蟹黄、蛋黄等，老年人不宜多食。

（四）碳水化合物

老年人的糖耐量能量降低，血糖的调节作用减弱，容易使血糖增高。所以碳水化合物应以淀粉为佳，淀粉能促进肠道中胆酸及胆固醇的排泄。老年人膳食碳水化合物提供的能量应占一天总能量的 55%～65%为宜。

由于老年人肠道蠕动弱，活动减少，容易发生便秘，故摄入膳食纤维十分必要。膳食纤维作为不能被人体消化吸收的碳水化合物，可以增加粪便的体积，促进肠道的蠕动，对降低血脂、血糖和预防痔疮、结肠癌、乳腺癌有良好的作用。膳食纤维的适宜摄入量为30 克/天。

此外，不少食物中的多糖类物质，如枸杞多糖、香菇多糖等，有提高机体免疫功能和促进肠内双歧杆菌生长的作用，有益于老年人的健康长寿。

（五）矿物质

矿物质中的微量元素与心血管疾病及脑血管疾病的关系，近年来越来越引起人们的重视。

1. 钙

老年人的钙吸收率低，对钙的利用和储存能力低，易发生钙摄入不足导致骨质疏松，应增加钙的补充。中国营养学会推荐老年人膳食钙的适宜摄入量（AI）男女均为 1000 毫克/天，最高可耐受摄入量（UL）为 2000 毫克/天。

2. 铁

老年人对铁的吸收利用率下降且造血功能减退，血红蛋白含量减少，易出现缺铁性贫血，故要注意增加补铁的措施。老年人铁的适宜摄入量（AI）男女均为 15 毫克/天，最高可耐受摄入量（UL）为 50 毫克/天。

3．钠

老年人味觉降低，容易引起食盐摄入过量，而高钠又是高血压的危险因素，故老年人要注意控制钠的摄入，摄入量<6 克/天。

4．其他微量元素

铬和锰具有防止脂质代谢的失常和动脉粥样硬化的作用。镁对心肌的结构和功能起着良好的作用，能改善脂质代谢和凝血机制，防止动脉壁损伤，预防动脉粥样硬化的发生。硒对维持心肌功能具有重要作用，要注意补充。

(六) 维生素

老年人的生理机能下降，特别是抗氧化功能和免疫功能下降，因此维持充足的维生素需要量是十分重要的。维生素 A 的摄入量充足能降低癌症的发生；维生素 C 是水溶性抗氧化剂，对保护血管壁的完整性、改善脂质代谢和预防动脉粥样硬化方面有良好的作用；维生素 D 的补充有利于防止老年的骨质疏松症；维生素 E 是一种天然的抗氧化剂，能防止多不饱和脂肪酸氧化，预防体内的过氧化物生成，有延缓衰老的作用。B 族维生素是构成体内生化代谢的重要辅酶，对人体健康和疾病预防起着重要作用。

二、老年人配餐原则

(一) 老年人食谱编制原则

配餐是根据中国居民膳食营养参考摄入量标准，精心设计和调配食物的种类、数量，将一日各餐主副食品的名称、数量、烹调方法和营养素含量等列成表格，也叫作食谱编制。为老年人编制食谱需遵守以下原则。

1．要满足老年人对热量和营养素的需要量

根据用膳者的年龄、职业、性别、劳动和生理状况，依照中国居民膳食营养素参考摄入量标准，计算并选择适宜的食物，组成平衡膳食。

2．食物分配恰当，比例合理

要把一天的食物恰当地分配到全天各餐当中去，而且比例要适当，间隔要合理。一般早餐应当占全日总热量的 25%～30%，中餐占 40%，晚餐占 30%～35%。

3．要考虑膳食调配，注意食物的多样化

要采用适合老年人的烹调方法，选用各种食物，注意改善食物的色、香、味、形、质，以增进老年人的食欲，充分利用食物中的营养素。

(二) 老年人合理膳食原则

(1) 控制总能量摄入，饮食饥饱适中，保持理想体重，防止肥胖。身体质量指数(BMI)宜为18.5～25。

(2) 控制脂肪摄入，脂肪占总能量的 20%～30%，饱和脂肪酸、单不饱和脂肪酸和多不饱和脂肪酸比例为 1∶1∶1，n－3 系列脂肪酸和 n－6 系列脂肪酸比例为 1∶4。

(3) 蛋白质要以优质蛋白质为主，荤素合理搭配，提倡多吃奶类、豆类和鱼类蛋白。每日宜食 250 毫升牛奶，大豆或其制品 25～50 克。

(4) 碳水化合物以淀粉为主，重视膳食纤维和多糖类物质的摄入。

(5) 吃新鲜蔬菜水果，多食抗氧化营养素(β-胡萝卜素、维生素 E、维生素 C 和硒等)。每天宜食新鲜蔬菜500克。

(6) 补充充足的钙、铁、锌;食盐摄入每天应少于6克。

(7) 食物搭配要多样化,烹调注意色香味,并尽量柔软,不吃油炸、烟熏、腌制的食物。

三、老年人饮食保健

饮食,作为老年人日常生活中必不可少的内容,其本身也有矛盾的两重性,它既可以维持生命,保证健康,也会因饮食不当造成疾病。不良的饮食习惯,饮食营养过程中的种种误区往往造成营养素的浪费、破坏,甚至产生有害物质,给肌体带来危害。所以,在掌握营养学知识的同时,还应注意饮食保健。

(一) 养成良好的饮食习惯

1. 不暴饮暴食

老年人应避免吃得过饱,以防造成胃肠负担或引发肥胖、高血压、糖尿病及肝肾疾病等。

2. 不偏食偏嗜

膳食宜多样化。偏食易造成营养素不足或缺乏,过食生冷食品则损伤脾胃。

3. 不嗜细喜精

在日常饮食中粮豆混食、粗细搭配比单吃精米细面要好得多。因为就粮谷而言,大量的维生素与无机盐主要分布于谷粒的外层。过细的碾磨可损失许多营养素。另外粗细粮搭配,各种不同食物混合食用,还能起到营养素互补作用,提高食物的营养价值。

4. 不贪食肥甘

贪食过甜或过分油腻的食品,会使糖与脂肪的摄入过量,造成肥胖和胃肠负担,还易引发心血管疾病和糖尿病。

5. 不勉强进食

老年人若没有胃口或没有食欲,不要勉强进食,以免造成胃肠不适。首先应查明原因,对症治疗,同时创造轻松愉快的进餐环境,烹制可口的饭菜来增加食欲。

6. 饮食要定时定量

定时定量能使消化道乃至整个肌体代谢活动劳逸相间,促进消化、吸收、利用,充分发挥食物的效能。若经常食无定时,就会扰乱身体的生理活动规律,发生胃肠疾病和营养不良。

7. 饮食不过冷过热

饮食要温度适中,过冷或过热都会伤及脾胃,发生消化不良。饮食过冷使胃肠道受冷刺激而痉挛,产生腹痛、腹泻;饮食过热易损伤上消化道黏膜,甚至容易引发某些癌症。

8. 少饮或不饮酒

白酒除其中的酒精提供热量外,不含其他营养成分,所以尽量不饮酒,若饮酒应饮低度酒或葡萄酒等。

9. 食盐要适量

高血压等疾病与食盐过多有关。

10. 细嚼慢咽,不囫囵吞食

细嚼慢咽可使食物与唾液充分混合,经过咀嚼使食物被充分碾碎,形成食团送入胃内,有益于食物的消化吸收。

（二）饮食卫生保健

1. 老年人宜食用硬果类食物

硬果类食物也称干果类食物，是指植物干而硬的果实或种子，如核桃、榛子、花生、葵花子、松子等。一般老年人的咀嚼能力减退，唾液分泌减少，食用硬果类食物有些吃力。若排除牙齿松动、残缺等原因，适量地吃些硬果，不仅对身体无害，反而有益。中医讲求"齿宜数叩，津宜数咽"，嚼硬果如同叩齿，能锻炼咬肌，增强咀嚼功能，推迟牙齿的衰老。咀嚼硬果还能促进唾液分泌，改善消化吸收状态，起到保健全身的作用。

另外，硬果类食物含有丰富的蛋白质、不饱和脂肪酸、无机盐和维生素，这些都是老年人不可缺少的营养物质。

2. 肉类宜与蔬菜同食

肉类食品为人体提供优质蛋白质和脂肪，而蔬菜为人体提供维生素和无机盐及膳食纤维。在烹制肉类食品时最好与食用菌或蔬菜同食，这样既可使肌体获取较全面的营养素，又可使肉类中的胆固醇及食物在分解过程中产生的有害物质随同蔬菜中的膳食纤维排出体外，所以菜肉同食有益于老年人的健康。

3. 老年人宜多食鱼

海产鱼中含有较多的不饱和脂肪酸，可使血中的甘油三酯和总胆固醇降低，高密度脂蛋白增高，肝合成极低密度脂蛋白减少，所以能防止动脉硬化和冠心病的发生。另外，鱼类含有丰富的优质蛋白质，碘、钙等无机盐较多，适合于老年人多食用。

4. 老年人宜多食素食

提倡老年人多吃素食，并不是说荤腥不沾，而是从营养学角度，在平衡膳食的前提下，提倡多食素食。因为，老年人已从生命的顶峰逐渐走向衰老，物质代谢远不如年轻人旺盛，消耗相对减少，消化液分泌减退，一些代谢产物容易堆积；若动物性食物吃得多了，使体内饱和脂肪酸、胆固醇及其他物质增多，则将引起心血管疾病。

任务四　老年疾病预防

情境导入

何某，男，68岁，小学文化程度，身高155厘米，体重70千克，血压170/90 mmHg，听觉和记忆力都明显下降。有糖尿病史2年，平时喜欢吃较咸的、油腻的食物，不喜欢喝牛奶，也没有补钙，喜欢喝浓茶，两天抽1包烟，每天饮酒2～3两。平时运动较少，不喜欢外出，偶尔上街买生活用品。

任务描述

1. 电话调查自己家庭中的老年人目前身体状况，是否患有某些生理疾病。
2. 如何帮助家人提前预防疾病？

任务实施

1. 每小组成员开展电话调查，并由组长汇总调查结果。
2. 各小组选派代表汇报、分享讨论结果。

任务总结

1. 老年人常见的疾病有哪些？为什么？
2. 老年人患病有什么特点？

知识链接

一、老年常见疾病概述

老年病是指老年人发病率明显增高的疾病。因为老龄本身就是多种老年病的危险因素，故与增龄相关的老年病随着人口的老龄化逐年增多。据卫生部北京老年医学研究所对我国老年流行病学的研究结果显示，我国老年人前四位常见病依次是：高血压病、冠心病、脑血管病和恶性肿瘤。死亡的主要原因依次为：恶性肿瘤、心血管病、脑血管病及呼吸系统疾病。

（一）老年病分类

（1）多数发生在老年期的疾病或老年人所特有的疾病，如老年期痴呆、老年性白内障、老年性前列腺增生等。

（2）青壮年期即有发病而且老年期发病增多的疾病，如原发性高血压、慢性支气管炎、冠状动脉粥样硬化性心脏病等。

（3）老年人与青年人均容易发生的疾病，如感冒、肺炎、胃炎等。

（二）老年人患病的特点

多数老年人患有慢性病，多种因素可触发老年病的发生；多数老年病的症状和体征不典型；老年病多数为一体多病，同时伴有多脏器衰竭或多系统功能障碍，有多种老年综合征的表现和多种老年问题的出现；老年病常常存在多重用药和药物副作用的问题，需要多专业医师参与诊治，需要多学科团队参与康复及护理。

1. 起病隐匿，发展缓慢，症状体征不典型

起病隐匿，发展缓慢，症状体征不典型是由于衰老导致老年人机体的敏感性及反应性下降所致。当疾病发生时，患者并无任何不适，可以像正常人一样生活和工作。很多疾病有一个漫长的过程，甚至疾病发展到严重程度仍无明显不适症状，或临床表现不典型，极容易造成漏诊和误诊。

（1）老年人得肺炎时常无症状，仅表现为生活规律发生变化，食欲差，精神萎靡不振，全身无力，有的表现为脱水或突然出现意识障碍等较明显症状。但很少出现发热、咳嗽、胸痛或咳痰等呼吸系统的症状，早期很少能在胸部听到啰音。

（2）急性心肌梗死时老人少有心绞痛频繁发作、疼痛加剧等表现，常因呈无痛性急性心肌梗死而漏诊，有的仅有呼吸短促、恶心、呕吐等症状。

（3）因阑尾炎导致肠穿孔的老年人，临床表现可能没有明显的发热体征，或仅主诉腹部

隐痛、腹胀、腹泻、呕吐等胃肠道症状。

2. 多种疾病同时存在、病情复杂

由于老年患者全身各系统的功能都有不同程度的老化，防御和代谢功能普遍降低，各系统之间相互影响而导致多种疾病同时或先后发生。约有70%的老年人同时患有两种或两种以上疾病，而且各种症状的出现及损伤的累积效应也随着年龄的增长而逐渐增加，因而病情错综复杂。

3. 病情发展变化迅速，容易出现危象

由于老年人组织器官储备能力和代偿能力差，免疫器官老化，致免疫功能降低，应激能力减退，因此一旦发病，病情迅速恶化，治疗困难。老年人急性病或慢性病发作时，容易出现器官或系统的功能衰竭，病情危险。如老年重症肺炎，很快相继发生呼吸衰竭、心衰竭、脑病、多器官功能衰竭而死亡。老年存在多个心脑血管意外的危险因素，故猝死发生率高。

4. 病程长、康复慢、并发症多

由于老年患者免疫力低下，抗病能力和修复能力减弱，导致病程长、康复慢，容易出现多种并发症。

(1) 水、电解质和酸碱平衡紊乱。增龄的基本特征是脂肪组织增多、体内水分含量下降、机体细胞数目减少。伴随着机体数目的减少及内分泌功能的减退，出现细胞内液减少、含钾量减少和储钾能力下降等。因此，老年人患病后易出现脱水、低血钾、低血钠和代谢性酸(碱)中毒，特别是伴有发热、呕吐、腹泻、营养摄入不足或进食困难的老年患者，这是诱发严重室性心律失常、洋地黄中毒、意识障碍和加重心衰的主要原因。

(2) 感染。感染是导致老年患者病情恶化和出现多器官功能衰竭的重要原因之一。据统计，老年人并发的各类感染中，发生率最高的前3种感染依次是：尿路感染、肺炎、皮肤和软组织感染。与青壮年相比，老年人各种感染的危险性明显增高，特别是阑尾炎、结核病、尿路感染和胆囊炎。高龄、瘫痪、糖尿病、恶性肿瘤、长期卧床、住院时间≥5天是老年人并发感染的主要危险因素；并发多菌种或多重感染则与化疗和广谱抗生素的应用密切相关。

(3) 血栓形成和栓塞。由于血流缓慢(如病重卧床或因病长期卧床者)或血液黏稠性增加(如高血糖、高血脂、失水或高凝状态)等因素的影响，老年患者易发生动脉血栓形成、深静脉栓塞和肺栓塞，严重者可发生猝死。

(4) 多器官功能障碍综合征。多器官功能障碍综合征是导致老年患者死亡最常见的并发症。各种感染，尤其是肺部感染，是老年人发生多器官功能障碍综合征的主要原因。患者可在短时间内同时或相继出现呼吸、循环、大脑、肾的衰竭和弥散性血管内凝血(DIC)。

(5) 心理—精神因素的影响明显。国内外大量研究表明，70%～80%的老年疾病与心理、精神因素有关。综合医院内老年住院患者心理障碍的患病率高达60%，这在突然发生病痛者，或者病情反复发作，经久不愈，自理能力明显受限的患者中更为突出。

(三) 老年常见疾病介绍

1. 脑出血

脑出血(intracerebral hemorrhage，ICH)系指原发性非外伤性脑实质内出血，占急性脑血管病的20%～30%。脑出血预后与出血量、出血部位、病因及全身状况有关。老年人脑出血病死率高，并随年龄的增长而增高，急性期病死率达30%～40%，其余相当一部分患者留有偏瘫、失语、智能障碍等严重后遗症。

2. 老年高血压

老年高血压(elderly hypertension)是指年龄大于60岁的老年人,在未使用高血压药物的情况下,收缩压≥140 mmHg和(或)舒张压≥90 mmHg。若患者既往有高血压病史,目前正服用降压药,即使血压低于140/90 mmHg,也诊断为高血压。老年高血压病是导致老年人脑卒中、冠心病、心衰竭、肾衰竭发病率和死亡率升高的主要危险因素。随着年龄的增长,其患病率逐年增加,65岁以上的老年人患病率为49%~57%,80岁以上的老年人患病率为65.6%,是老年人致残、致死的主要疾病之一。

3. 冠状动脉粥样硬化性心脏病

冠状动脉粥样硬化性心脏病(coronary atherosclerotic heart disease)是指冠状动脉粥样硬化使血管腔狭窄或阻塞,和(或)因冠状动脉功能改变(痉挛)而导致心肌缺血、缺氧或坏死而引起的心脏病,统称为冠状动脉性心脏病,简称冠心病。1979年世界卫生组织将冠心病分为无症状性心肌缺血、心绞痛、心肌梗死、缺血性心肌病、猝死。冠心病是严重危害人民健康的常见病,其患病率随着年龄的增长而上升,70岁以上的老年人几乎都患有不同程度的冠心病。

4. 骨质疏松症

骨质疏松症(osteoporosis,OP)是一种以骨量(bone mass)降低和骨组织微结构破坏为特征,导致骨脆性增加和易于骨折的代谢性疾病。骨质疏松症可分为原发性和继发性两类。继发性骨质疏松症患者的原发病因明确,常由内分泌代谢疾病或全身性疾病引起,如内分泌代谢疾病引起的性功能减退症、甲状腺功能亢进、1型糖尿病、库欣综合征等或其他全身性疾病。原发性骨质疏松症又可分为两种亚型,即Ⅰ型(绝经后骨质疏松症)和Ⅱ型(老年性骨质疏松症)。Ⅰ型是由于雌激素缺乏所致,女性的发病率是男性的6倍以上。老年性骨质疏松症属于原发性骨质疏松症Ⅱ型,多见于60岁以上的老年人,女性的发病率为男性的2倍以上。患骨质疏松症的老年人极易发生脊柱和髋骨骨折。随着人口寿命的不断延长及老年人口的不断增加,每年因骨质疏松症并发骨折的发病率逐年上升,已成为一个严重的社会问题而备受关注。

5. 退行性骨关节病

退行性骨关节病(degenerative osteoarthritis)又称骨性关节炎(OA)、老年性骨关节炎、增生性关节炎等,是由于关节软骨发生退行性变,引起关节软骨完整性破坏以及关节边缘软骨下骨板病变,继而导致关节症状和体征的一组慢性退行性关节疾病。患病率和年龄、性别、民族及地理因素有关。好发于髋、膝、脊椎等负重关节及肩、指间关节等,高龄男性髋关节受累多于女性,手骨性关节炎则以女性多见。此病随年龄的增长发病率也随之升高,65岁以上的老年人患病率达68%,是老年人致残的主要原因之一。

6. 老年糖尿病

老年糖尿病(diabetes mellitus, DM)是指年龄在60岁以上的老年人,由于体内胰岛素分泌不足或胰岛素作用障碍,引起内分泌失调,从而导致物质代谢紊乱,出现高血糖、高脂及蛋白质、水与电解质等紊乱的代谢病。随着人口老龄化、人们生活方式和生活水平的改变,糖尿病患病率随年龄增长而上升。此病使老年人的生活质量降低,并发症多,寿命缩短,死亡率增高,目前已成为严重威胁人类健康的世界性公共卫生问题。

7. 老年期痴呆

老年期痴呆(dementia in the elderly)是指发生在老年期,由于大脑退行性病变、脑血管性病变、脑外伤、脑肿瘤、颅脑感染、中毒或代谢障碍等各种病因所致的以痴呆为主要临床表现的一组疾病。老年期痴呆主要包括阿尔茨海默病(Alzheimer disease,AD;又称老年性痴呆)、血管性痴呆(vascular dementia,VD,又称多发性梗死痴呆)、混合性痴呆(mixed dementia,MD;即AD合并VD)和其他类型痴呆(如外伤、颅内血肿等引起的痴呆)4种。但其中以阿尔茨海默病和血管性痴呆为多见,约占全部痴呆的70%~80%。

8. 前列腺增生

前列腺增生(benign prostatic hyperplasia,BPH)是老年男性的常见病之一,是前列腺细胞增生导致泌尿系统梗阻出现的一系列临床表现及病理生理改变。前列腺增生与体内雄激素及雌激素的平衡失调关系密切。随着我国居民人均寿命的延长和生活水平的提高,前列腺增生的发病率也随之增加,严重影响了老年男性患者的生活质量。

9. 老年性阴道炎

老年性阴道炎(senile vaginitis)常见于绝经后的老年妇女,因卵巢功能衰退,雌激素水平降低,局部抵抗力下降,致病菌容易入侵繁殖引起炎症,其患病率可高达16.6%。正常女性生理情况下,卵巢分泌雌激素使阴道上皮增生变厚并富含糖原,糖原在乳酸杆菌的作用下分解成乳酸,保持阴道正常的酸性环境,抑制病原体的生长。绝经后妇女由于生殖系统的老化,阴道壁萎缩,黏膜变薄,上皮细胞内糖原含量减少,阴道内pH增高,局部抵抗力降低,致病菌容易入侵繁殖引起炎症。

二、老年常见疾病预防的原则与方法

(一) 老年常见疾病预防的原则

1. 增强自我保健意识

老年人自身应加强身体锻炼,注重个人修养,增强自我保健意识,其关键是树立健康信念,追求良好的生活方式和行为方式。世界卫生组织曾于1997年宣称每个人的健康与寿命60%取决于自己。因此,要健康,自身因素就成为第一要素。

2. 家庭支持

家庭应主动承担养老责任,在生活、精神和经济上给予支持。家家有老人,人人都会老,尊重老年人,关爱老年人,就是关爱我们自己。

3. 健全各种保障体系

加强老年人的社会保障,积极发展老年医疗保险制度,重视老年人的精神文化生活,营造健康老龄化的环境,开展健康老年人的研究,加强老年病研究,重视和发展老年医学和护理教育,普及全科医疗和社区护理,提高老年人社区医疗服务质量,充分发挥老年群体的力量,积极开发健康老年人力资源,达到自我管理、自我服务的目的。

(二) 老年常见疾病预防的方法

1. 疾病知识宣传

(1) 宣传内容。向老年人群宣传老年疾病的相关知识,讲解老年常见疾病的发病原因、诱发因素和危险因素,老年常见疾病的临床表现、诊断、治疗方法及预防护理对策等。

（2）宣传方式。宣传方式应多样化，例如定期讲座、图片宣传、健康报、交流讨论等。

2. 饮食合理

（1）饮食要满足老年人营养的需要。应尽可能平均分配一天的摄食量，做到少食多餐，不漏餐。每日至少三餐，若一日四餐、五餐更佳。每顿饭只吃八九分饱。应食用低动物脂肪、低胆固醇食物，多食用富含纤维素、维生素、微量元素的蔬菜和水果，并且要有足量的优质蛋白。

（2）饮食要符合老年人疾病的要求。一般选用低盐、低脂、低热量、富含维生素和纤维素的食物，避免吃刺激性的食物，喝刺激性强的饮料。控制体重，戒烟酒，保持大便通畅，避免用力排便。

3. 保持乐观积极的心理状态

指导老年人保持乐观、平和的心态，正确对待自己的病情。避免过度劳累、情绪激动、饱餐、寒冷刺激等，以免病情复发。

4. 按医嘱服药

指导老年人按医嘱正确服药，不能擅自停药、减量或自行换药。告知老年人药物的作用和不良反应，并让老年人学会自我监测药物不良反应。定期复诊，如有异常及时就诊。

5. 定期体检并学会自我监测自我护理

（1）定期进行体格检查，做到对老年病的早期发现、早期诊断和早期治疗。

（2）加强血压的自我监测。教会老年人和家属测量血压的方法，协助老年人制定家庭血压测量的记录表，注明测量时间及血压值，有助于前后比较。

（3）教会老年人学会自测脉搏的方法及心肌梗死发作时的自救，外出时随身携带硝酸甘油等急救药品以备急用。定期复查血压、血糖、血脂等项目，积极治疗高血压。

（4）加强对骨质疏松症高危人群的监测，通过定期测量骨密度和骨量，早期筛选出骨量降低者，以便及时进行治疗，防止骨折等并发症的发生。

（5）教会老年人及家属正确注射胰岛素，熟悉药物的作用、副作用和注意事项；按医嘱正确用药，不可随意加减药量、换药、停药。

（6）教会老年人及家属尿糖定性测定、便携式血糖仪和胰岛素泵的使用方法。自我监测血糖是近十年来糖尿病老年人管理方法的主要进展之一，应用便携式血糖仪可观察和记录老年人血糖水平，协助老年人设计表格，记录测量的时间和血糖值，为调整药物剂量提供依据。指导老年人定期复诊，了解糖尿病病情控制程度，如有异常及时就诊。

6. 坚持适度运动

适当的运动可以提高心肺功能，保护心血管，还有助于锻炼全身肌肉和关节运动的协调性和平衡性，对预防跌倒、减少骨折的发生很有好处。对老年人来说，有氧运动是最合适的锻炼方式，如散步、慢跑、游泳、跳舞、骑自行车等。锻炼时应遵循从低到高、循序渐进、持之以恒的原则，从小运动量开始，同时要注意根据季节和个人情况选择合适的运动项目。运动时间每周3～5次，每次或累计在30分钟以上，且锻炼的时间尽量选择在下午和晚上。如果清晨锻炼，则不宜空腹进行。合理膳食和适量运动能帮助保持合适的体重，预防多种严重的老年病。已经患病的老年朋友在自身努力和医生的帮助下也可使疾病得到有效控制和缓解。

任务五 老年护理

情境导入

李某，女，65岁，身高150厘米，体重56千克，血压150/80 mmHg。6年前发现不明原因的腰背部疼痛，到医院诊断为“骨质疏松”，未按照治疗方案正规服药，也没有在饮食上加强营养。2个月前在卫生间不慎摔倒致右侧股骨颈骨折，立即入院进行外科手术治疗，行右侧半髋关节置换术，手术顺利，现已回家休养。

任务描述

1. 该老年人存在哪些护理需求？
2. 如何为该老年人制订一份护理计划？

任务实施

1. 组织小组成员学习“知识链接”内容，完成相关任务。
2. 分享学习成果。

任务总结

1. 如何发现老年人存在的护理问题？
2. 老年人为什么需要康复护理？老年康复护理技术有哪些？

知识链接

一、老年护理需求

（一）健康老龄化对老年护理的需求

我国在发展阶段就遇到了老龄化浪潮。专家们认为，实现健康老龄化是唯一的选择。而保障老有所医、促进老年人健康的重任落在了护理工作者的身上，这需要大量护士走向社会，走进家庭，为老年人提供健康咨询、护理指导及家庭护理等。

老年护理能重新燃起老年人对生活的热爱，最大限度地激发老年人的独立性，训练老年人独立生活的信心和能力，提高自我护理的能力，重返家庭。老年护理是以老年人为主体，从老年人身心社会文化的需求出发，去考虑他们的健康问题及护理措施，解决老年人的实际需求。要实现健康老龄化的目标，护理人员不但要学会老年疾病的护理知识和技巧，而且要掌握促进老年人健康的知识和方法，以维护老年人最佳的功能状态。因此，老年护理必须走出医院，深入社区和家庭，从老年人家庭单元的角度来评估老年人，不仅维护老年人的健康，而且重视其家庭成员的健康，提供健康体检与咨询及家庭护理服务，进行健康教育，从而使家庭及社区为老年人提供更适当的生理需要，更多的情绪支持与安慰。由于老年人大都生活在社区家庭中，开展老年健康护理，提供积极有效的社区健康护理项目，使老年人在社区、在家中接受各种健康护理，提高老年人自我保健的能力和健康水平，将是实现健康老龄化的重要保证。

（二）老年疾病对护理的需求

老年人是一个特殊的群体，老年疾病有其自身的特点：发病率高；慢性病多；病情复杂，住院时间长；医疗需求高，住院花费多。因此，长寿之后如何促进其保持良好的健康功能是今后面临的重大挑战。根据最近全国各地老年人健康普查表明，无重要脏器疾病的所谓健康的老年人仅占20%～25%，82%的老年人患有慢性病，且患有2种及以上慢性病的老年人多，老年人所患慢性病居前5位的是：高血压病、慢性肺部疾病、糖尿病、眼部疾患、心血管疾病。

慢性病是影响老年人日常生活能力（ADL）最主要的因素之一。对老年人日常活动影响最大的前5位疾病是痴呆、失明、中风、关节炎和慢性肺部疾病。众多学者将ADL丧失视为老年人最主要的健康问题。它不仅严重影响老年人自身的活动自由，而且还会给家庭及社会带来沉重负担。ADL丧失的老年人需要长期的护理和照料。

患慢性病的老年人比率高，慢性病病种多，治疗护理相应也多，并且有些有特殊的治疗，需要延续性服务，如血液透析、腹膜透析者，起搏器安装者，留置胃管、导尿管者，有各种造口者，等等，这些老人需要针对性的护理。例如，前列腺炎和脑血管后遗症患者对导尿及护理有需求；慢性肺疾病和脑血管疾病患者对呼吸道护理、雾化吸入、吸氧管理等护理项目有需求；糖尿病患者对定期测血糖、饮食控制等护理项目有需求等。

因此，患慢性病老年人对生活方式指导、慢性病预防、护理照料、慢性病康复与护理指导等护理项目有较高的需求。他们迫切需要护理人员走进家庭，提供具体的、可操作的指导，期望通过正确的护理干预，改变自身不良的生活方式和饮食习惯等，保持良好行为与生活方式，提高生活质量。

（三）老年人生活自理能力状况对护理的需求

在评价老年人健康状况及生活质量的指标体系中，日常生活自理能力（ADL）是一个十分重要的指标。2004年人口变动调查结果表明，我国老年人生活自理能力整体较好，91.1%的老年人生活能够自理，有8.9%的老年人生活不能自理，老年人生活自理能力状况总体较好，但不能自理老年人数已经超过1200万。其中浙江省有6.6%的老年人生活不能自理。另有资料显示，低年龄老年人和高年龄老年人的生活自理能力有明显差别，低年龄老年人生活自理能力最强，而年龄越高的老年人生活不能自理的比例也越高，90岁以上的老年人中，生活不能自理的比例已经达到50%，生活不能自理的老年人中，75岁及以上的老年人占一半。老年人生活自理能力是反映老年人健康状况的一个重要方面。随着年龄的增长，老年人生活自理能力逐步下降，老年人的健康状况也随着变差，他们对护理的需求量也随之增加。

ADL中重度依赖老人的健康护理需求主要表现在以下几方面。

（1）ADL中重度依赖老人最希望大医院能提供护理需求，提供各种健康护理项目，并希望到大医院就诊，这与高龄老人不同，可能与其患病多，更相信大医院有关；更愿意从医院的医护人员处获得健康护理知识，他们从各种媒体获取健康护理知识较少。

(2) 对上门护理服务、家庭巡视、日间护理和康复护理的需求较高。在一般临床护理项目中，对输液项目的需求最高，为 84.2%，更换尿袋、呼吸道护理、雾化吸入治疗、伤口换药等护理项目的需求比例相对较高；在特殊临床护理项目中，对留置导尿管护理、留置鼻胃管护理、压疮护理、康复指导、吸氧管理等的需求比例相对较高。

(3) ADL 中重度依赖老人希望得到定期测量血压、生活方式指导、家庭用药指导、老年常见病的护理指导、排尿与排便指导、家庭看护者的护理咨询、抽血检查及代采标本等护理项目。

(4) 对临终病人护理的需求在所有人群中，中重度依赖老人的需求最高，达 32.4%。

因此，对 ADL 中重度依赖老人重点应该做到健康评估，在此基础上建立健康档案，作为重点访视与护理对象，根据需求提供各种临床护理项目，同时给予心理支持。

(四) 老年人认知功能的改变对护理的需求

认知功能障碍是老年期痴呆的主要临床表现之一，目前据欧美国家统计，60 岁以上老年人的痴呆患病率为 6%～12%，85 岁以上则为 20%～40%，全世界老年期痴呆人数高达 1200 万。我国有关调查 65 岁以上和 80 岁以上老年期痴呆的患病率与之相似，据统计，我国现有老年期痴呆病人 500 万，并随老龄化而成倍增加。随着认知功能障碍老人的增多，对老年护理的需求也随之增多。

认知轻度损害的老年人自己并没有意识到或不承认认知有损害。而认知中重度损害者，一方面，自己无法评估，大部分反映的是照护者的意愿；另一方面，认知重度损害者往往长期卧床，反应差，正确的护理非常重要，否则会出现很多并发症，进一步损害其健康。

对认知中重度损害者，护理人员应定期体检和访视，一方面，根据老年人的情况提供临床护理项目、康复训练、家庭看护者的咨询、紧急救护服务、临终病人的护理等健康护理项目；另一方面，给老年人家人提供各种健康护理知识。

(五) 老年临终关怀对护理的需求

临终关怀是护理老年人安详、尊严、无憾地走完生命的最后一站。我国的经济状况、传统的文化思想及医务人员长期形成的道德价值观与发展临终关怀有着强烈的冲击。护理人员不可避免地面临伦理的挑战。尊重生命，关注护理而非治疗，注重生命质量，尊重死亡是一个自然过程。因此不加速也不延迟死亡，协助病人安静地、有尊严地死去，这是对老年护理的挑战。

由于老年人生理功能的衰退程度存在很大的个体差异，表现为生命活力、患病情况、生活自理能力的差异较大。因此，有必要对老年人进行健康评估，按其年龄、自理能力、认知功能、患病情况等方面的差异，将老年人划分为不同的类型，分别给予不同的医疗保健护理，有针对性地提供健康护理服务。

二、老年护理的原则和方法

(一) 对老年人主动性的关注

老年人由于疾病治疗及衰老等原因而无法独立完成日常生活活动时，需要其他人提供帮助。他们往往会对家属和护理人员产生强烈的依赖心理，有的甚至只是为了得到他人的关注而要求照顾。因此，要理解和尊重老年人，在拟订护理计划时，要把握每个老年人的个性，对老年人的日常生活进行多方面的护理。在生活功能方面，既要注意其丧失的功能，又应该看到其尚存的功能。要鼓励老年人发挥其尚存功能的作用，使其基本的日常生活能够自理。

应当注意的是，对于老人的日常生活而言，包揽一切的做法是有害无益的。所以不仅要满足老年人的生理需要，还要充分调动老年人的主动性，最大限度地发挥其尚存功能，尽量让其作为一个独立自主的个体，参与家庭和社会生活，满足其精神需要。

（二）对老年人安全的保护

1. 针对老年人相关心理进行疏导

一般情况下，有两种心理状态可能会危及老年人的安全，一是不服老，二是不愿麻烦他人。尤其是个人生活上的小事，愿意自己动手。如有的老年人明知不能独自上厕所，但却不要别人帮助，结果难以走回自己的房间；有的老年人想自己倒水，但提起暖瓶后，却没有力量将瓶里的水倒进杯子。护理人员要熟悉老年人的生活规律和习惯，及时给予健康指导和帮助，让老年人了解自身的健康状况和能力，使其生活自如。

另外，老年患者常感到孤独、寂寞，普遍存在怕衰老、怕疾病不愈、怕病死的心理，并且对自身和病情关注多，对外界关注少。因此，护理人员必须重视他们的心理，与老年人进行有效的沟通交流，及时发现他们存在的心理问题，通过肢体语言，如触摸疗法等，减轻老年患者的心理压力。做到善于沟通、耐心细致、服务热情、技术过硬，加强健康宣教，做好心理护理。

2. 为老年人提供可靠的社会支持力量

社会、单位和家庭要多关心老年人的生活，尤其是丧偶老年人的生活，为他们创造一个良好的社会生活环境，消除能导致消极情绪产生的各种环境因素。

3. 其他防护措施

因身体老化而引起的生理性和病理性改变所造成的不安全因素，能严重威胁老年人的健康，甚至生命。老年人常见的安全问题有跌倒、噎呛、坠床、错服药物、交叉感染等，护理人员应意识到其严重性，及时采取有效措施，保证老年人的安全。

（三）对老年人个别性的保护

1. 个别性的关怀

人们的日常生活有共同的行为和性质，但每个人也有其独特的地方。个别性是指每个人所具有的独特的生活行为和社会关系，以及与经历有关的自我意识。个体由于不同的社会经历和生活史，其思维方式和价值观不尽相同，且常能从自己的个性中发现价值。老年人有丰富的社会经验，为社会、家庭作出了很大的贡献，他们有很强烈的自我意识，如果受到侵害，将损伤其尊严。因此，护理人员要尊重老年人的个性，关怀其人格和尊严。

2. 私人空间的关怀

日常生活中，部分生活行为需要在私人空间中开展，如排泄、沐浴、性生活等。为保护老年人的隐私，让其快乐舒适地生活，要为其提供一个相对独立的空间。但在现实生活中，由于老年人身体状况、生活方式、价值观、经济状况等差别，很难作出统一的规定。理想状况下，老年人最好有其单独的房间，且要与家人的卧室、厕所相连，以方便联系。如果在多人房间内，每张床周围应用布帘或屏风遮挡。房间的窗帘最好为双层，薄的窗纱透光性好，又可遮挡屋内情况，厚的窗帘则可遮光，以利于睡眠等。

三、老年护理的内容与要求

(一) 基础护理

1. 生命体征监测与照护

(1) 能掌握生命体征的正常值及测量的方法；掌握生命体征异常的观察与护理知识。

(2) 能准确测量老年人的生命体征并判断是否正常；能对生命体征异常的老年人进行照护。

2. 用药护理

(1) 掌握用药基本知识及用药后反应的观察要点；掌握药物保管知识及注意事项。

(2) 掌握口服给药的方法及注意事项；能查对并帮助老年人服药。

(3) 掌握雾化吸入法知识，眼、耳、鼻用药知识，压疮清洁和换药知识；能为老年人进行雾化吸入操作，能为老年人应用眼、耳、鼻等外用药，能为 1 度压疮老年人提供压疮处理措施。

3. 冷热应用护理

(1) 掌握老年人使用热水袋常识及注意事项；掌握老年人湿热法常识及注意事项；掌握老年人皮肤观察专业知识。

(2) 能使用热水袋为老年人保暖；能为老年人进行湿热敷；能观察老年人冷热疗法后的皮肤异常变化。

(3) 掌握冰袋使用及温水擦浴的基本知识；能使用冰袋为高热老年人进行物理降温，观察并记录体温变化；能使用温水擦浴为高热老年人物理降温，观察并记录体温变化。

4. 消毒隔离

(1) 掌握消毒隔离技术知识；掌握消毒液配制注意事项；掌握试纸使用及监测技术。

(2) 能对老年人居室进行紫外线消毒；能配制消毒液，实施老年人房间消毒；能监测老年人居室的消毒效果。

5. 急救护理

(1) 掌握吸痰护理技术及知识；掌握止血、包扎与固定技术基础知识；掌握心肺复苏基本知识；掌握吸氧方法及相关知识；掌握危重老年人观察方法。

(2) 能对老年人外伤出血、烫伤、摔伤等意外及时报告，并作出初步的应急处理；能配合医务人员对有跌倒骨折的老年人进行初步固定和搬移；能对心脏骤停老年人采取必要的应对措施；能遵医嘱为老年人进行氧气吸入操作；能对跌倒老年人采取应对措施。

(二) 疾病护理

1. 脑出血

(1) 指导老人避免引起血压骤升导致脑出血的各种诱因，积极治疗原发性高血压、糖尿病、动脉硬化和颅内动脉瘤等原发病，避免用力和情绪激动。

(2) 饮食低盐、低脂、富含维生素和纤维素，保持大便通畅，避免用力排便。

(3) 坚持功能康复锻炼，做到循序渐进，不可急于求成，避免过度劳累。

(4) 控制高血压，遵医嘱正确服用降压药，维持血压稳定，不可骤停和自行换药，减少血压波动对血管的影响。定期复诊，如有异常应及时就诊。

2. 高血压

（1）告知老年人及家属有关高血压的危险因素、临床表现及高血压对人体的危害，以引起患者高度重视。高血压是终生性疾病，虽然不能治愈，但只要防治得好，完全可以和健康人一样有好的生活质量，一样可以长寿。

（2）加强血压的自我监测。教会患者和家属测量血压的方法，协助患者制定家庭血压测量的记录表，注明测量时间及血压值，有助于前后比较。

（3）按医嘱正确服药，不能擅自停药或减量；定期复查血压、血糖、血脂等项目，积极治疗高血压。

3. 冠心病

（1）告知老年人冠心病发生的诱发因素和危险因素，避免过度劳累、情绪激动、饱餐、寒冷刺激等，以免病情复发。

（2）饮食选用低盐、低脂、低热量、高纤维素，控制体重，戒烟酒，告知患者保持大便通畅的重要性。

（3）指导患者保持乐观、平和的心态，正确对待自己的病情。

（4）按医嘱服药，告知患者药物的作用和不良反应。

（5）教会患者学会自测脉搏的方法及心肌梗死发作时的自救，外出时随身携带硝酸甘油等急救药品以备急用。

4. 骨质疏松

（1）告知老年人有关骨质疏松症的基本知识，包括发病原因、危害及预防护理对策等。合理的生活方式和饮食习惯可以在一定程度上降低骨量丢失的速率和程度，延缓和减轻骨质疏松的发生。

（2）指导患者坚持规律的户外活动，如步行、骑自行车、慢跑等，有助于锻炼全身肌肉和关节运动的协调性和平衡性，对预防跌倒、减少骨折的发生很有好处。同时加强防跌倒措施，避免运动时跌倒。

（3）嘱患者按医嘱服药，并学会自我监测药物的不良反应。

（4）加强对骨质疏松症高危人群的监测，通过定期测量骨密度和骨量，早期筛选出骨量降低者，以便及时进行治疗，防止骨折等并发症的发生。

5. 退行性骨关节病

（1）针对老年人的特点，用通俗易懂的道理向老年人介绍退行性骨关节病的病因、临床表现、主要治疗与预防措施。

（2）积极治疗原发疾病或创伤，对各种畸形应尽早治疗，以免关节面受力不均，使其过早老化破坏。

（3）加强关节保护，防止关节受凉受寒，指导老年人正确的关节活动姿势，动作幅度不宜过大，不加重关节的负担和劳损，应用大关节而少用小关节，如用屈膝、屈髋、下蹲代替弯腰和弓背；用双脚移动带动身体转动代替突然扭转腰部；选用有靠背和扶手的高脚椅就座，且与膝髋关节成直角；枕头高度不超过 15 厘米，保证肩、颈和头同时枕于枕头上。多做关节部位的热敷，热水泡洗、桑拿。避免从事可诱发疼痛的工作或活动，如长期站立等，减少爬山、骑车等剧烈活动，少做下蹲动作。

（4）可以使用手把、手杖、助行器，以减轻受累关节的负重。坚持各关节的功能锻炼，防止关节粘连和功能活动障碍。

(5) 注意补充维生素C和动物软骨，可以预防或延缓软骨衰老。

6. 老年糖尿病

(1) 指导老年人及家属增加对糖尿病的认识，了解糖尿病发病的病因、临床表现、诊断与治疗方法，提高老年人对治疗的依从性。避免病情加重的各种诱因，积极预防低血糖。

(2) 告知老年人坚持饮食控制和体育锻炼的重要性。掌握饮食治疗的具体要求和措施，要长期坚持。体育锻炼时，要选择合适的鞋袜，以防足损伤，运动中如感到头晕、无力、出汗等应立即停止运动，外出时随身携带甜食和病情卡以应急需。

(3) 教会患者及家属正确注射胰岛素，熟悉药物的作用、副作用和注意事项；按医嘱正确用药，不可随意加减药量、换药、停药。

(4) 教会患者及家属尿糖定性测定、便携式血糖仪和胰岛素泵的使用方法。自我监测血糖是近十年来糖尿病患者管理方法的主要进展之一，应用便携式血糖仪可观察和记录患者血糖水平，协助患者设计表格，记录测量的时间和血糖值，为调整药物剂量提供依据。指导患者定期复诊，了解糖尿病病情控制程度，如有异常及时就诊。

7. 老年期痴呆

(1) 及早发现痴呆。加强对全社会的健康指导，提高对痴呆症的认识，及早发现记忆障碍，做到"三早"——早发现，早诊断，早干预。

(2) 早期预防痴呆。从青年期就加以注意，如积极用脑、劳逸结合，保护大脑，注意脑力活动多样化，保证充足睡眠，培养广泛的兴趣爱好和开朗性格，养成良好的卫生饮食习惯，戒除烟酒。

(3) 预防脑血管疾病。必须预防和治疗脑血管病，积极预防高血压病、糖尿病、肥胖症、高脂血症。及早发现脑血管疾病的患者在记忆、智力方面的改变。

(三) 康复护理

1. 家庭环境改建

居室环境房间的墙面为中色调，光线充足且通风情况良好。地面要求防滑地板(不允许打蜡)或塑胶地。床、椅的高度为60厘米左右。地表面无物品摆放，不应设门槛，以便轮椅通过。墙面距地面1米高处安装水平扶手杆。门廊至户外阶梯约3～4阶为宜，或修成无阶斜坡。盥洗室安装长把水龙开关、坐便器、坐式淋浴器、防滑地面。总之，一切生活设施以安全、自由空间大、功能齐全为准则。

2. 功能训练治疗

针对老年人不同性质、不同程度的功能障碍，可采用适当的物理疗法、运动疗法、作业疗法、言语疗法等。例如用作业疗法治疗老年病患者，进行日常生活的教育和训练，教会其使用辅助器械和适应性技巧，以代偿和弥补运动、视听等功能的缺陷，对记忆力、辨向力衰退的患者进行认知训练，并使用消遣疗法促进心理精神卫生，改善社会生活能力。

3. 辅助器具和矫形器的使用指导

训练穿脱假肢、矫形鞋、背心，安全驱动轮椅，使用餐具、自助具等。瘫痪老年人要借助拐杖或步行器等辅助器具进行训练。一般来说，手杖适用于偏瘫或单侧下肢瘫痪患者，前臂杖和腋杖适用于截瘫患者。步行器的支撑面积较大，较腋杖的稳定性高，多在室内使用。辅助器具选择的原则是：上肢肌力差、不能充分支撑体重时，应选用腋窝支持型步行器；上肢肌力较差、提起步行器有困难者，可选用前方有轮型步行器；上肢肌力正常、平衡能力差的截瘫患者可选用交互型步行器。

4. 日常生活能力训练

日常生活动作主要分为基本生活动作、移动动作和生活关联动作3个部分。其中，基本生活动作主要包括饮食、更衣、排泄、梳洗、语言交流等；移动动作主要包括步行、装支具步行、轮椅操纵、床上移动等；生活关联动作主要包括做家务、看管孩子、购物等。

(1) 基本生活活动训练：训练患者吃饭、穿衣、洗浴、整容、大小便等。

(2) 移动活动训练：步行、轮椅操作、床上移动、上下楼梯训练。

(3) 生活关联活动训练：烹调、清洁、洗衣、育婴、裁剪、修缮、购物等。

5. 预防并发症

老年人在伤病过程中常伴随一些并发症，如直立性低血压、压疮、呼吸系统感染、骨折、尿路和皮肤感染、关节韧带僵直、肌肉挛缩、抑郁症等。并发症加重病痛，造成新的功能障碍，生活质量下降。因此，需要采取相应的措施预防并发症的发生。

(四) 临终护理

临终老年人由于疾病和衰老的同时存在，机体的感觉、反应和防御功能均降低，治愈的希望已变得十分渺茫。临终老年人最需要的是身体舒适和控制症状，无痛苦地度过人生的最后时刻。

1. 提供舒适的临终环境

根据家中的居住条件、经济承受能力、老年人临终症状的轻重程度和家属的观念来进行选择。随着社区医疗的发展，如临终处所选在家中，社区的医生和护士或临终关怀团队可以为在家中的临终老年人提供良好的护理和支持。

尽力为临终老年人提供良好的居住生活环境。居室应明亮、宽敞、安静、温暖、舒适。注意室内的色调，最好以浅绿色为主，室内摆放鲜花或者绿色植物，使周围充满勃勃生机的气息，让临终老人在舒适典雅的环境中心平气静，减少对死亡的恐惧。居室内配有彩色电视机、收录机等，以适应老年人和家属日常生活习惯的需要。室内配有空调，以便调节室内的温度和湿度，保证空气的新鲜、流通。还应配有卫生间，以方便老年人。

2. 做好临终老年人的个人卫生

每天帮助老年人做必要的梳理，保持仪表整洁，定时洗浴或擦浴。对于不能自理的老年人，帮助其洗脸、梳头、洗脚、剪指甲，及时清除老年人的呕吐物和排泄物，注意口腔、皮肤护理。对瘫痪的老年人应定时翻身、变换肢体位置，预防压疮的发生。对平日喜欢美容化妆的女士或者淡妆可遮盖病容的人，只要允许，鼓励她们化妆。保持老年人的清洁、舒适，维护临终老年人的尊严。

3. 给予良好的饮食护理

提供少量多餐、营养丰富、易于消化的食物，提高临终老年人的食欲。对吞咽困难的临终老年人鼓励经常小口地啜饮饮料，或用棉棒蘸水湿润口唇和舌，使老年人感到舒适。必要时进行鼻饲或静脉营养，注意饮食卫生。

4. 安排好临终老年人的日常生活

保证老年人有足够的睡眠。睡眠可以使老年人摆脱疾病的痛苦和面临死亡的焦虑。保持环境安静、温湿度适宜、被褥柔软舒适，各项治疗处置相对集中，避免在老年人熟睡时量体温、测血压及打针服药等。睡前帮助老年人热水擦身、按摩。对于恐惧及孤独者，照料者可紧握老年人的手，必要时给予适量的安眠药或镇静剂。

对有活动能力的临终老年人，应扶助老年人下床做一些床边活动，或者到室外散散步。对不能下床活动的老年人，护理人员或家属要定时给老年人翻身、按摩，帮助老年人进行被动性的肢体锻炼。

任务六　老年保健

情境导入

程某，女，72岁，身高140厘米，体重52千克，生命体征平稳。文盲，老伴去世已5年，现在和儿子媳妇一起居住，婆媳关系尚可。10年前双膝关节病变导致行走不便，特别是上下楼梯尤其困难。基本生活能自理，性格开朗，喜欢与别人拉家常，不过由于行动不便，平日很少外出，与外界交流较少。

任务描述

1. 该老年人存在哪些保健的需求？
2. 为该老年人制订一份老年保健计划。

任务实施

1. 按每7人为1组对全班同学进行分组；
2. 以小组为单位根据情境展开主题讨论，分析和解决提出的问题；
3. 各小组选派代表汇报、分享讨论结果。

任务总结

1. 老年人应该养成哪些良好的生活方式？
2. 老年保健包括哪些内容？

知识链接

一、老年保健概述

（一）老年保健的概念

世界卫生组织老年卫生规划项目认为，老年保健(health care in the elderly)是指在平等享用卫生资源的基础上，充分利用现有的人力、物力，以维护和促进老年人的健康为目的，发展老年保健事业，使老年人得到基本的医疗、护理、康复、保健等服务。

老年保健事业是以维持和促进老年人健康为目的，为老年人提供疾病的预防、治疗、功能锻炼等综合性服务，同时促进老年保健和老年福利发展的事业，如建立健康手册、健康教育、健康咨询、健康体检、功能训练等保健活动都属于老年保健范畴。

老年保健的目标并非单纯延长老年人的预期寿命，而是最大限度地延长老年期独立生活自理的时间，缩短功能丧失及在生活上依赖他人的时段，达到延长健康预期寿命、提高老年人生命质量的目的，进而实现健康老龄化。

（二）老年保健的对象

1. 高龄老年人

高龄老年人是体质脆弱的人群。随着年龄的增长，老年人的健康状况不断退化，因而对医疗护理保健的需求加大。首先，退行性疾病容易导致生活不能自理，需要较多的生活照顾。其次，从年龄结构看，老年人年龄越大自理能力越差，变化非常明显（详见表4-4）。再次，高龄引起精神疾患增加，如老年痴呆、早老性痴呆发病率增高，对老年人健康危害较大，使老年保健护理的难度增加。

表4-4　年龄结构相关的自理能力

自理能力年龄结构	完全自理	部分自理	完全不能自理
低龄老年人(60～69岁)	93.2%	5.0%	1.8%
中龄老年人(70～79岁)	81.5%	12.2%	6.3%
高龄老年人(80～89岁)	54.3%	26.8%	18.9%

2. 独居老年人

随着社会的发展和人口老龄化、高龄化及我国推行计划生育政策所带来的家庭结构变化和子女数的减少，家庭已趋于小型化，只有老年人组成的家庭比例在逐渐增高。许多独居老年人特别是那些病危、残疾、高龄、失去自理能力的独居老年人，对医疗保健的社区服务需求量增加。因此，帮助他们购置生活必需品，定期巡诊，送医送药上门，为老年人提供健康咨询或开展社区老年人保健具有重要意义。

3. 丧偶老年人

丧偶老年人的数量随年龄增长而增加，丧偶对老年人的生活影响很大，所带来的心理问题也非常严重。丧偶使多年的夫妻生活所形成的互相关爱、互相支持的平衡状态突然被打破，使夫妻中的一方失去了关爱和照顾，常会使丧偶老年人感到生活无望、乏味，甚至积郁成疾。据世界卫生组织报告，丧偶老年人的孤独感和心理问题发生率均高于有配偶者，这种现象对老年人的健康是有害的，尤其是近期丧偶者，常导致原有疾病的复发。

4. 患病老年人

老年人患病后，身体状况差，生活自理能力下降，需要经过全面系统的治疗，因而加重了老年人的经济负担。部分老年人为缓解经济压力而自行购药、服药或不遵医嘱服药，最终延误诊断和治疗。护理人员应对患慢性病的老年人进行定期的健康检查、健康教育、保健咨询，从而维护和促进老年人的身心健康。

5. 近期出院的老年人

近期出院的老年人因疾病未完全康复，身体状况较差，常需要继续治疗和及时调整治疗、护理及康复方案。如遇到经济困难等不利因素，疾病极易复发甚至导致死亡。因此，从事社区医疗保健的人员，应根据老年患者的情况，定期随访。

6. 精神障碍的老年人

老年人中的精神障碍者主要是老年期痴呆患者，痴呆使老年人生活失去规律，并且不能自理，常伴有营养障碍，从而加重原有的躯体疾病。因此，患有老年期痴呆的老年人需要的医疗和护理服务明显高于其他人群，应引起全社会的重视。

二、老年保健的原则

（一）全面性原则

老年人的健康包括躯体、心理和社会多方面的因素，所以老年保健也应该是全方位和多层面的。全面性原则包括老年人的躯体、心理及社会适应能力和生活质量等方面的问题，对疾病和功能障碍的治疗、预防、康复及健康促进。因此，建立一个统一、全面的老年保健计划是非常有益的。

（二）区域化原则

老年保健的区域化就是要以社区为中心来组织实施老年保健服务。主要体现在通过家庭、邻里与社区建立医疗保健和生活照料服务，便于帮助老年人克服困难，更好地生活。社区老年保健的工作重点是针对老年人独特的需要，确保在要求的时间、地点，为真正需要服务的老年人提供社会援助。

（三）费用分担原则

由于日益增长的老年保健需求和紧缺的财政支持，老年保健的费用应采取多渠道筹集社会保障基金的办法，即政府承担一部分、保险公司的保险金补偿一部分、老年人自付一部分。这种“风险共担”的原则越来越为大多数人所接受。

（四）功能分化原则

老年保健的功能分化是指在对老年保健的全面性有充分认识的基础上，对老年保健的各个层面有足够的重视，具体体现在老年保健计划、组织、实施和评价等方面。如老年人可能存在特殊的生理、心理和社会问题，不仅需要从事老年医学研究的医护人员，还应该有精神病学家和社会工作者参与老年保健，这就要在老年保健的人力配备上体现明确的功能分化。

（五）防止过分依赖原则

由于传统文化的影响，社会中大多数人包括老年人本身，认为老年人即弱者，生活中理应得到家人周到、细致的照顾，而忽视了老年人的主观能动性。因而老年人容易处在病人角色，容易对医护人员或家人产生依赖。生活中过分的照顾和保护，影响了老年人机体正常功能和能力的开发，最终导致功能废用。因此，对老年人的保健护理，必须防止其过分依赖，要充分调动老年人自身的主观能动性，依靠其自身力量，维护健康，促进康复。

（六）联合国老年政策原则

1. 独立性原则

（1）老年人应当借助收入、家庭和社区支持及自我储备去获得足够的食物、住宅及庇护场所。

(2) 老年人应当有机会继续参加工作或从事其他有收入的事业。

(3) 老年人应当能够参与决定何时及采取何种方式从劳动力队伍中退休。

(4) 老年人应当有机会获得适宜的教育和培训。

(5) 老年人应当能够生活在安全和适合于个人爱好和能力变化相适应以及丰富多彩的环境中。

(6) 老年人应当能够尽可能长地生活在家中。

2. 参与性原则

(1) 老年人应当融入社会,积极参与制定和实施与其健康直接相关的政策,并与年轻人分享他们的知识和技能。

(2) 老年人应当能够寻找和创造为社区服务的机会,在适合他们兴趣和能力的位置上做志愿者服务。

(3) 老年人应当能够形成自己的协会或组织。

3. 保健与照顾原则

(1) 老年人应当得到与其社会文化背景相适应的家庭和社区的照顾保护。

(2) 老年人应当能够获得卫生保健护理服务,以维持或重新获得最佳的生理、心理与情绪健康水平,预防或推迟疾病的发生。

(3) 老年人应当能够获得社会和法律的服务,以加强其自治性、权益保障和照顾。

(4) 老年人应当能够利用适宜的服务机构,在一个有人情味和安全的环境中获得政府提供的保障服务、康复服务、心理和社会服务和精神支持。

(5) 老年人在其所归属的任何一种庇护场所、保健和治疗机构中都能享受人权和基本自由,包括充分尊重他们的尊严、信仰、利益、需求、隐私,以及对其自身保健和生活质量的决定权。

4. 自我实现或自我成就原则

(1) 老年人应当能够追求充分发展他们潜力的机会。

(2) 老年人应当能够享受社会中的教育、文化、精神和娱乐资源。

5. 尊严性原则

(1) 老年人应当能够生活在尊严和安全中,避免受到剥削和身心虐待。

(2) 老年人无论处于什么年龄、性别、种族背景、能力丧失或其他状态,都应当能够被公正对待,并应独立评价他们对社会的贡献。

三、老年保健的内容

(一) 运动

1. 生理意义

"生命在于运动",经常运动可以保持体力不衰,适当用脑可以保持脑力不衰。"流水不腐,户枢不蠹",运动(体力的和脑力的)是延缓衰老、防病抗病、延年益寿的重要手段。运动对改善心功能有好处。体育锻炼可以加强心肌收缩,改善心肌供氧,减少患冠心病的概率。锻炼也有助于心脏病患者的身体康复,通过有计划地进行锻炼,循序渐进,就会慢慢恢复到原先那种健全而活跃的生活。

运动可预防血管硬化。有位病理学家通过对数千具尸体解剖的研究，发现脑力劳动者的各种动脉硬化发生率是14.5%，而体力劳动者只有1.3%。运动可防止胆固醇在血管中沉淀，扩张动脉，减少血块完全堵塞动脉的可能性。

运动能提高大脑功能。大脑支配肢体，肢体活动可兴奋大脑，经常锻炼可提高动脑的效力，提高回忆的效率，从而增强记忆力。此外，锻炼还是消除焦虑、缓和紧张情绪的灵丹妙药。

2. 运动方式和劳动方式选择原则

(1) 选择运动速度和运动量易于自我控制的运动，如散步、慢跑、做操、游泳、练气功、打太极拳或八段锦、自我按摩操等。不宜选择速度快、强度大的运动，如短跑、跳跃、滚翻、举重、篮球、足球等对抗性强、技巧性强的运动。

(2) 不要选择引体向上、俯卧撑、举杠铃等有憋气动作的运动。要避免手倒立、头倒立等运动。

(3) 要选择好锻炼的环境。锻炼宜选择在公园、绿化地带或林间。一般情况下不要在马路上、石板地上跑步或步行锻炼。

(4) 要选择适宜的锻炼时间。在温暖的季节，以清晨为好，这时环境中尘埃较少。在寒冷的季节，则在太阳出来后，空气稍为暖和后锻炼较好，一般以9:00—10:00点为宜。一方面可避免太冷的空气对呼吸道的刺激，另一方面空气稍稍暖和后，凝滞在地面的有害气体就升腾散去使空气较为洁净。

3. 几种适合老年人的运动项目

(1) 散步。这是一种最简单最适合老年人的活动方式，运动量适中。通过散步，可以对下肢肌肉、关节进行锻炼、防止肌肉萎缩、保持关节灵活；散步时下肢肌肉一舒一缩，有助于血液循环，脉络畅通。散步宜在公园、道路、田野间进行，一般速度的散步每小时消耗能量200千卡，如快步走每小时可消耗300～360千卡，而每消耗能量3500千卡，可使人体内的脂肪减少1磅。这种活动对体质较弱，有高血压、心脏病及肥胖症，又不宜进行大运动量锻炼的老人比较合适。

(2) 慢跑。较散步活动量大，锻炼效果更好。坚持长跑锻炼的老人，肺活量比一般人大10%～20%。因消耗的能量多于散步，因此也是防止身体超重和治疗肥胖的有效方法。慢跑速度开始要慢，最大负荷不超过最大心率的60%～80%。

(3) 倒行步。又称“逆步术”，能减轻腰酸背痛、降低血压，使平时不动的肌肉得到锻炼。

(4) 保健按摩。用双手在身体不同的部位按摩，能促进血液循环，对神经和穴位起到良好的刺激作用，较适合体弱老人。但有下列疾病者不适宜做按摩：恶性肿瘤、毒血症、肺结核、精神病、有出血倾向的患者，皮肤病患者，孕妇，月经期妇女的腰、腹、髂部位。

(5) 体育锻炼和日常生活结合。每天应规定一定的运动量。如最大限度地活动全身关节；每天站立2小时，使骨骼承受纵的压力，防止骨质疏松；每天爬二层楼梯或提几下重物。活动时心率应增至120次/分，表示有一定的运动负荷，持续时间至少3分钟。

(6) 其他适合老人的锻炼项目，如各种拳操——八段锦、太极拳、练功十八法、木兰拳、气功拳等。

4. 老年人运动的自我监控

运动虽对身体好处多，但参加体育锻炼则要考虑到老年的特点。运动量太少固然达不到锻炼的目的,而运动量太大或太剧烈,也对身体健康有害。因为老年人各系统的器官功能毕竟有一定程度的衰退。所以,老年人进行锻炼要讲究科学性,要学会判断运动量对自己是否适宜,防止发生危险。

(1) 锻炼的科学性。锻炼前要作全面的体检,了解健康状况,以便合理选择运动项目,确定适宜的运动量。要循序渐进,运动量要由小到大,每增加一级负荷,都要有适应阶段,但也不能无限制地增加,应根据自己的体质和原来的基础量力而行。在锻炼中要增加速度,更应慎重。开始时,宁慢勿快,宁小勿大,宁缓勿急。经过一定时期的适应后,再适当加大运动量。要持之以恒,不能"一曝十寒","三天打鱼,两天晒网",要有毅力和决心。选择的运动项目不宜过多,锻炼前要做准备活动,锻炼时要认真,全神贯注,锻炼后要做整理活动,切忌过急、过猛、过劳,以防关节损伤、腰扭伤或骨折。

(2) 判断运动量是否合适。老年人自我监督的方法有:① 以自我感觉判断运动量合适的反应,如锻炼后心胸舒畅,精神愉快,略有疲劳感而无气喘、心跳难受等感觉,饮食有所增加,睡眠有所改善。运动过量的反应,如锻炼后头痛、恶心、胸部不适,或有勉强参加的感觉,食欲下降、睡眠变差,第二天清晨脉搏加快,疲劳感长期不消除,体重下降等。② 用测定心率的方法判断。

运动强度适宜的心率:170-年龄=运动时心率数(次/分)

运动量适宜的心率:运动后最高心率数(次/分)-安静时心率数(次/分)<60 次/分

例如一位 60 岁男性,运动前心率为 75(次/分),运动时最高心率为 150(次/分)。170-60=110(次/分),150>110,表示运动强度过大。150-75>60(次/分),表示运动量也过大。

(二) 饮食营养

见子情境四任务三

(三) 精神和心理调养

见子情境五

(四) 生活方式

1. 饮酒与健康

酒的主要成分是乙醇。饮少量低度酒可兴奋神经,消除疲劳,扩张血管,促进血液循环和消化液的分泌,增进食欲,对人体有益;饮中等量的烈性酒刺激血液循环系统,皮肤发红,心跳加快,增加心对氧的消耗,使原有冠心病患者引起心绞痛、心肌梗死、心律失常和血压波动等,诱发脑血管意外;过量饮酒会引起急性酒精中毒,甚至循环功能衰竭、呼吸受抑;长期饮酒会引起慢性胃炎,加重溃疡病,诱发胰腺炎,损伤肝细胞,引起肝硬化;长期酗酒还可干扰营养物质的吸收,造成营养不良。酗酒还能增加口腔癌、食道癌、肝癌及其他癌症的危险性。老年人原则上应不饮酒和少饮酒,饮酒宜选低浓度酒,少喝白酒。有心脑血管病、高血压、肝肾病者不宜饮酒。

2. 吸烟与健康

(1) 烟草中含有许多有毒物质,吸烟害己又害人。烟草的烟雾中可分离出 3000 多种有毒物质。一支香烟燃烧时所发出的烟雾中,92%为气体,其中一氧化碳量比工业的最大允许浓度高 840 倍;8%为颗粒物,统称为烟焦油,含有尼古丁、醛类、亚硝基类、氯乙烯等致畸、致癌物质,从而造成空气污染。由于被动吸烟所造成的危害有时并不低于吸烟者本人。

(2) 吸烟是导致心血管病、慢性支气管炎、多种癌症(肺、喉、咽、口腔等)和溃疡病等多种疾病的主要危险因素。烟雾中含有10种致癌物质,如环芳烃、亚硝胺、酚等。吸烟者肺癌发病率是不吸烟者的10～15倍,喉癌发病率是不吸烟者的3～15倍,口腔癌发病率是不吸烟者的3～10倍,膀胱癌发病率是不吸烟者的7～10倍。烟中的尼古丁刺激循环系统,可导致血压升高,心率加快,心肌耗氧增加,诱发心绞痛与心肌梗死。吸烟者冠心病的发病率为不吸烟者的3.5倍,其死亡率为不吸烟者的6倍。世界卫生组织最近一项报告指出,全世界10亿吸烟者,由于吸烟引起的肺癌、慢性阻塞性肺部疾患、肺气肿、心脏病和脑卒中等疾病,每年至少使250万人早逝。专家认为吸烟导致减寿20年。

(3) 戒烟的方法有以下几种。① 回避法。尽量避开刺激抽烟的场合,不备烟,不受烟。② 转移法。遇到"烟瘾"来时,分散精力,如听音乐、做操等。③ 拖延法。实在想抽烟时,先拖延几分钟,然后再决定是否要抽。④ 饮茶戒烟。需要用烟来"提神"时,以茶代烟。戒烟茶以乌龙茶为好,一般绿茶也可以。戒烟初期可喝得浓一些。也可服一种含鱼腥草的戒烟茶。⑤ 针灸戒烟。与烟瘾有关的穴位在耳根周围可以找到,针刺该区穴位可使人产生对烟的异味厌倦感。⑥ 萝卜解烟瘾。将白萝卜洗净切成丝,挤去汁液,加入糖,晨起食用1小碟,可使人厌吸烟等。

3. 生活节律

有规律有节奏的生活对维护健康非常重要。

(1) 睡眠问题。睡眠是一种生理现象,是大脑主动进入休息的一种功能。

需要睡眠的时间各人随年龄和工作情况的不同而异。一般来说,睡眠时间随年龄的增长而逐渐减少,老年人的睡眠时间为6～8小时。睡眠时间分配一般夜间为5～6小时,早睡早起;中午为1～1.5小时最佳。现在许多老年人退离休后仍受聘工作,就更要注意有充足的睡眠。不妨每逢周日比平时多睡2个小时,做适当的调整。但是贪睡眠,放弃运动,对老年人健康也是不利的。过多的睡眠会加速身体各器官的功能退化,降低适应能力,使抵抗力下降,易引发各种疾病。

老年人还要讲究睡眠姿势。不要俯睡,因为俯睡时胸部、心受压迫,会使呼吸困难,吸氧量相对减少。向左侧睡也不可取,因为向左侧睡时会压迫心和胃部,使胃内食物不易进入小肠,不利于食物消化和吸收,特别是在饱餐后。睡时身子稍微弯曲并向右侧较为适宜。这样既能使全身肌肉得到放松,又不压迫心,使心、肺、肝、胃肠都处于自然状态。睡眠时枕头要高低适中。因老年人常有颈椎肥大症,枕头过高,会使颈部过分向前,压迫输往大脑的血管血流,引起头晕、头胀等不适,所以高枕未必无忧。枕头过低会使颈后屈过大,同样也会引起不适,因此要摸索出最适合自己的枕头高度。

老年人晚饭后不要多喝水。因老年人肾功能减退,尿浓缩功能差。男性老人还常伴有前列腺肥大。尿短、次数多是常见现象,这样不但影响睡眠,而且夜间下床时睡眼惺忪、精神恍惚、光线暗淡而容易跌倒,造成意外伤害。此外,睡前更不宜喝会使人兴奋的浓茶、咖啡之类的饮料。

老年人晚饭不要吃得太饱。常言道:"早吃好,午吃饱,晚吃少。"因为晚餐过饱容易使人发胖,诱发糖尿病和引起动脉硬化。充盈饱满的胃及十二指肠使横膈膜抬高,会影响心肺功能,这些都会影响睡眠。

临睡前要用温水洗脚10～20分钟,这样既可以清洁皮肤、预防皮肤感染,又可使双脚浸泡在温热水里足部血管慢慢扩张，促使末梢血液循环，有助于大脑的抑制扩散，起到催眠作用。在寒冷的冬天，冰凉的床褥最好先用热水袋等暖和一下，使全身感到暖和、舒服，可睡得安稳。老年人夜生活要适度。另外要慎用镇静剂、安眠药，此类药物有依赖性而不易解脱，长期服用对肝、脑均有不良作用。

(2) 服饰问题。俗话说："佛要金装，人要衣装。"一件合身的衣服，不仅穿着美观，而且有振奋精神的作用。因此不要以为人老了，就可以穿着随便、邋遢。

老年人服装造型要符合身份。要显出老年人的端庄大方、谦逊含蓄，这样有助于发挥老年人的气质和风度，体现一种成熟美。服装要宽松、合体，线形简练，不紧不松，即上下左右比例对称，以直线结构为主，不附加装饰物，以充分体现老年人的庄重、稳健。衣领设计宜宽松，衬料宜柔软。为适应老年人腹大等特征，老年人裤腰不宜过小，后裆不宜过宽。

老年人服装色彩宜丰富多彩而不过分艳丽，既庄重素雅又带些活泼。颜色以单色偏深为宜。除了常用的黑、灰、白单色调外，淡紫、淡红、淡墨绿、奶黄、淡咖啡之类的颜色都是可以选择的。凡是选料较为高档的，还是以基本色为好，中国人穿着深藏青、绛红、深中灰、黑色等色调的服装，显得较为神气，构成了中国服装的基本色。

老年人衣服色彩要适当变换，不要一个时期老穿一种颜色，面料要柔软，以棉质为佳。化纤类的布料由于静电作用以及易脏因素，不宜做直接接触皮肤的内衣使用。内衣、内裤一般应选择纯棉布料，穿着感到柔软、舒适，行动也方便。

老年人选择鞋、帽不仅要注意美观，更要注意是否有助于健康。最适合老年人穿的是我国传统的布底、布帮的布鞋，具有保温、透气、防滑、舒适 4 个特点。

(3) 居室问题。居室是人们最主要的栖息地，也是人们自由支配和享受闲暇时间的场所。对老年人来说，居室环境尤为重要，老年人的居室环境要强调实用、方便、安全、简洁、柔和，同时要因地制宜地对自己的居室加以改造，使之更有利于老年人的健康。

老年人的居室的朝向，以朝南的房间为佳，冬暖夏凉，如"天然空调"。而朝北房间"冬冷夏热"，由于老年人全身血液循环和体温调节机制较差，因此对健康不利。

老年人居室要防寒防暑。由于老年人特别是高龄老年人血液循环差，新陈代谢过程慢，既不耐热又不挡寒，因此居室的温度不能太冷，也不能太热。一般来说，21℃是人体最适宜的温度。冬天室内温度最好在 15℃以上，夏天在 30℃以下。

老年人居室要避免或减轻噪声、空气污染。它对健康不利，使人烦躁。老年人居室要选择合宜的色彩。鲜明色彩的墙壁、地面和明快色彩的家具环境，使人心情愉快。反之，处在色调沉闷的居室环境中，就可能心情抑郁。在居室的色彩中，墙壁颜色是一个主要方面，对老年人来说，采用以中性色调为主，稍偏暖色，不搞大红大绿等强烈对比的颜色，以创造一个恬静、淡泊、柔和的环境。也可选择一些花卉进行装饰。

(4) 老年人的晚恋问题。几乎所有的人心中都充满了爱，并有着各种各样的表示爱的方式。老年人对爱的感受也并未发生多大变化，他们仍像年轻的时候有着强烈、激昂而温柔的爱。在旁人看来，白发老人的恩爱缠绵似乎显得古怪，但在夫妻间看来，却与年轻人并没有区别。

老年人有正常的性功能，也要有正常的性生活。有人认为老年人性腺功能减退了，不会有性的要求。其实，男女性激素的分泌量与实际性行为之间没有必然的联系。而大脑的功能、彼此爱恋的感情在性活动中起着重要的作用。众多研究表明，性生活的满足在任何年龄阶段都是可能的。虽然男性在60岁后性唤起较慢，勃起需要较长时间，射精出现较慢，但甚至到80岁后仍可进行充分的性活动。同样，女性在60岁后对性刺激反应降低，但女性达到性高潮的能力却并无下降。生理学家指出，人到百岁仍有性功能。在恩爱夫妻之间，性生活远远超出一时的欢乐，数十年的给予爱和接受爱增强了这一时刻的欢娱。

人类学家、人口学家的研究都发现，长寿者往往家庭美满，夫妇健在。相反，未婚、鳏寡者，各种疾病的发病率及自杀的发生率都高于夫妇相伴的老年人。由此可见，老年人过好晚恋生活十分重要。

（五）补益药和延寿药

1. 补益药的含义和作用

在中西药物中，有一类药物除了具有治病效能外，还具有调节整个机体内环境的平衡，改善细胞代谢和营养，激发和增强细胞和脏器功能，提高机体免疫能力和解毒功能，增强机体的抗病能力和延缓衰老的作用，被称为补益药。补益药在动物实验中还显示出有延长寿命的效果，故又称延寿药。例如，实验表明黄芪、人参、蜂蜜、当归、丹参、川芎和淫羊藿、苍术、金樱子、刺梨都能延长细胞在体外的存活时间。

总的来说，以天然食物、植物为主要来源的补益药，具有多器官的调节作用且低毒或无毒，作用温和、持久，进量适当，中短期服用对老年人较为合适。

但是，补益药使用不当也可产生副作用。① 植物神经功能失调。如滥服人参，可导致血压升高、晕眩、烦躁不安、口干便结、夜寝不安等不适。长期过量服用时会出现腹部胀痛、食欲减退、头痛、心悸、失眠等。② 过敏反应。如服用某些复合型补剂后，引起皮疹、腹部不适等症状，停服后则可消失。③ 脏器功能损伤。如长期服用某些补益复方药物，而引起药物性肝炎等。④ 营养失衡。如儿童滥服某些补药出现早熟、早发育现象。

此外，由于药物贮存不当而发生变质、霉变，或药物采集时已被农药污染，都会影响药品质量，对机体产生不良作用。

2. 补益药的种类和选择

（1）维生素类。如脂溶性维生素A、维生素C、维生素D、维生素E，水溶性维生素B族类。老年人消化功能低下，进食减少，常易缺乏维生素，可间断服用补充。

（2）矿物质类。① 钙：我国的老年人，由于服用奶制品少，一般进钙量均显不足，应经常补充。目前已有许多钙离解程度较高的钙化合物，如碳酸钙类。而枸橼酸钙、乳酸钙、葡萄糖酸钙离解度较低，补量时要多服些。② 镁：不但有助于钙的吸收，而且对心律、骨肉神经的兴奋性也有调节作用，海产食品中含量较丰。③ 锌：在肉类、肝、蛋、牡蛎、鲱鱼中含量丰富。在芝麻、胡桃、花生、黄豆、大白菜中含量亦多。④ 硒：长期处于低硒状态，易患冠心病和粥样动脉硬化。硒与癌症发病相关，流行病调查表明人群中血硒水平越低，肝癌发病率越高。与其他癌症，如食道癌、胃癌亦有类似的关系。普通面粉、黄豆、蘑菇、蒜头、胡萝卜、香蕉、橙子富含硒。牛、鸡、猪的肝、肾，海藻类水产品中含硒类较高。此外，富含硒的保健品，如酵母硒、硒化卡拉胶等，都可短期适量服用。

3. 成药

对于成药，应先作辨证，再有针对性地投以“补虚”药物。

（1）补气药：人参、党参、太子参、黄芪、白术、山药、黄精、刺五茄、大枣等。常用成药有补中益气丸、十全大补丸（膏）、刺五茄片等。

(2) 补血药：熟地、当归、首乌、枸杞子、阿胶、紫河车等。常用成药有当归补血汤、四物汤、首乌片、归脾丸、十全大补膏(丸)等。

(3) 补阳药：人参、鹿茸、鹿角、狗肾、杜仲、菟丝子、肉苁蓉、补骨脂、仙灵脾、冬虫夏草、牛鞭子等。常用成药有全鹿丸、参鹿补膏、参茸补膏等。

(4) 补阴药：生地、熟地、沙参、麦冬、石斛、女贞子、龟板、白木耳、百合、知母等。常用成药有左归丸、六味地黄丸、杞菊地黄丸、二至丸等。

(六) 慢性病保健

老年人是慢性病的高危人群。目前我国慢性病发病率呈上升趋势,以高血压、中风、冠心病、肿瘤为甚。60 岁以上老年人中,1/4 的老人都有一种或几种慢性病。据上海地区对 60 岁以上老年人的调查,由于高血压、冠心病、中风引起而丧失生活自理能力的老人占 57.52%。慢性病对生命和生活质量造成了严重损害,慢性病的防治是减少发病、降低病死率、提高老年人健康质量有效的途径。

老年慢性病的自我保健要注意以下几点：

(1) 未病防治。应积极消除各种对人体有害的因素,提高人体对外界环境的适应能力,掌握一些常见病的预防方法。例如妇女要学会如何检查自己的乳房,以早期发现肿块;及时纠正可能引起疾病的不健康习惯;不要接受来路不正、无正规医师指导或尚有争议的药物;要保留好有关自己的健康记录;懂得一些重要生命体征的正常值,如血压、体温、脉搏等。

(2) 有病即治。有了病要及时诊治,慢性病要坚持治疗,防止其发展和恶化。

(3) 减轻疾病带来的残疾程度。例如脑中风后偏瘫,要早期进行康复治疗。

(4) 终极防治。老年人得了绝症,也要积极采取措施,减轻痛苦,防止新的残疾,避免在痛苦上再增加痛苦。

(5) 加强自我健康监测和评估。人的健康不单是体格的健康,还要有心理的健康和社会交往能力状况的健康,生理、心理、社会诸方面都处于良好状态才可算是一个健康老年人。

思考题

1. 如何帮助老年人提高自理能力?
2. 老年人常见疾病的预防方法有哪些?
3. 怎样保证老年人的安全?
4. 适宜老年人的运动方式有哪些? 老年人在运动时要注意些什么?

内容小结

在任务一中,首先明确了老年生理健康的标准;其次介绍了老年人健康史采集特点,根据这些特点,制定了老年生理健康评估的原则和技巧;最后介绍了老年生理健康评估的内容。

在任务二中,首先分析了对老年人进行生活照料可以满足老年人的生理、安全、爱与归属、尊重以及自我价值实现的需求;然后分别介绍了环境照料、饮食照料、排泄照料、睡眠照料、清洁照料、压疮预防与照料的内容及要求。

在任务三中,主要介绍了老年人在营养膳食方面的需求,编制老年人健康营养食谱的原则，如何在日常的生活中养成良好的饮食习惯，注重卫生保健，从而达到健康的目的。

在任务四中，首先介绍了老年病的分类；其次分析了老年人患病存在起病隐匿、发展缓慢、症状体征不典型、多种疾病同时存在、病情复杂、容易出现危象、病程长、康复慢和并发症多等特点；再次介绍了常见的老年病，最后明确了老年常见疾病预防的原则与方法。

在任务五中，首先从健康老龄化、疾病、生活自理能力、认知功能改变和临终关怀的角度分析了老年人对护理的需求；然后提出对老年人主动性的关注、安全的保护、个别性的保护等护理的原则和方法；最后介绍了老年人基础护理、疾病护理、康复护理和临终护理的内容及要求。

在任务六中，首先介绍了老年保健的概念、保健的对象、老年保健的原则；然后从运动、生活方式、药物等方面介绍了老年保健的内容。

推荐阅读

[1] 宋岳涛. 老年综合评估[M]. 北京：中国协和医科大学出版社，2012.
[2] 郭闽. 老年照护[M]. 北京：中国劳动社会保障出版社，2012.
[3] 贾殿和，由能力. 老年人爱得什么病[M]. 北京：人民军医出版社，2012.
[4] 白建乐. 中老年日常生活保健细节全书[M]. 石家庄：河北科技出版社，2012.

子情境五　老年心理健康维护

能力目标

本部分知识内容可采用案例讨论、小组讨论、角色扮演、情景模拟、社会调查等多种教学方法，组织学生进行学习，旨在培养学生：

1. 与人沟通的能力，特别是与老年人沟通的能力；
2. 自主学习的能力、对专业知识灵活运用的能力；
3. 团队合作的能力、自我表达的能力、全面看待问题与解决问题的能力。

知识目标

通过本部分知识内容的学习，你应能够：

1. 了解老年心理健康的概念与标准；
2. 了解老年心理评估的原则、方法和技巧，了解老年心理评估的内容；
3. 了解影响老年人心理健康的因素，初步判断老年心理疾病引发的原因，了解老年心理疾病预防的方法；
4. 认识和了解老年心理疾病的类型、主要症状，了解老年心理疾病干预及治疗的方法。

任务一　老年心理健康评估

情境导入

张大妈今年65岁，往日精神头儿不错、爱锻炼、爱串门聊家常的她近3个月变得不爱运动，而且动作缓慢，平常做熟的家务劳动也要很长时间才能完成。还不爱主动讲话，每次都以简短、低弱的话答复家人的问话，总是说身体哪里不舒服，面部表情变化少，有时双眼呆呆的，对身边的事常常无动于衷。只有在提及她故去的老伴时，她才眼含泪花，讲许多事情自己都做不了，想不起怎么做，头脑一片空白。家人带她到医院看了几次也诊断不出什么毛病，最后家人在朋友建议下来到杭州第七人民医院精神科就诊，经医生诊断，张大妈得的不是痴呆症，而是老年抑郁症。

（资料来源：http://www.haodf.com/zhuanjiaguandian/cbhua_101318347.htm）

任务描述

1. 上述情境中，张大妈经医生诊断患上的是老年抑郁症，请问你对"老年抑郁症"的了解有多少？

2. 小组讨论：在你生活的周围，有没有遇到过老年抑郁症患者？他们有哪些症状表现？

3. 思考并讨论：我们如何去界定"老年抑郁症"？老年抑郁症对老年人的心理健康会造成怎样的影响？老年心理疾病除了抑郁症外，还有其他哪些病症？其表现如何？

任务实施

1. 分小组讨论，并汇报讨论结果；

2. 学习知识链接的内容，并解答任务三所提出的问题。

任务总结

通过知识的学习，你对老年抑郁症有了怎样的认识和理解？是否与你以前的认识有所不同？

知识链接

老年期是人一生的转折点。人进入老年后，机体衰老加快、疾病增多，面临着死亡的挑战。这些变化对他们的感觉、知觉、注意力、记忆力、思维及情绪、意志、性格等不同层次的心理都会产生影响。进入老年以后，衣、食、住、行等低层次的需求都基本得到了保障，而高层次的需求，如精神和心理需求，变得更为迫切。我国老年人文化水平总体较低，对当前社会的快速发展和不断变革的适应能力较差。此外，老年人的生理机能衰退、社会参与能力下降、经济来源不足等现实情况，使老年人的心理健康受到了很多的影响与威胁。特别是近年来随着我国工业化的发展，社会和家庭结构发生了明显的变化，我国老年群体中增加了新的特殊群体，如留守老人和空巢老人。这些老年人独自在家，如果长期不与外界接触，容易产生孤独、焦躁不安、与外人交流困难等症状，并难以适应社会的发展变化。长此以往，将逐渐引发老年痴呆症、抑郁症、精神分裂症、情绪障碍、滥用药物及酗酒等老年心理问题，从而由影响身心健康扩展到威胁生命。

随着老年心理疾病的日益增多，老年人心理健康问题也得到了社会的广泛关注，特别是在医疗卫生方面，从以前主要强调生理健康，到现在提倡从生理、心理和社会三方面维护和促进人类健康。由此，人们对心理健康问题的认识，从过去的一无所知，到今日有所认识并越来越重视，这是社会发展进步的标志。

在上述情境中，张大妈经医生诊断患上了心理疾病，那对于从事老年服务与管理工作的我们，如何在日常工作中，通过对老年人行为的观察、语言的交流及其他方式去判断老年人心理健康状况？这就需要我们了解老年心理健康的概念与内涵，老年心理健康评估的内容，老年心理健康的评估原则、方法与技巧等相关知识。

一、老年心理健康的概念与标准

（一）心理健康的概念

1. 健康

在不同历史时期，人类对健康的理解不尽相同。“健康就是没病”，这是人们最初对健康的认识，但这种认识并不全面。实际上，健康和疾病是人体生命过程中两种不同的状态，从健康到疾病是一个过程中两种不同的状态，是一个由量变到质变的过程，而且健康水平也有不同的状态。

随着第二次世界大战的结束，人类的疾病与死亡谱发生了重大的变化，许多心身疾病，成为人类健康的主要杀手。人们的不良的生活方式、行为、心理、社会和环境因素成为影响健康的不可忽视的因素。因此，世界卫生组织在1948年成立时，向全世界发出了有关应该重新认识健康的倡议，这就是“健康（health），不仅仅是没有疾病和身体的虚弱现象，而是一种在身体上、心理上和社会上的完满状态”。

因此，世界卫生组织向全世界的医务工作者提出了一个神圣的任务：在医治人的躯体健康问题的同时，还要注意从社会、心理等多方面去干预。只有这样，人类的健康才能得到真正的维护。

2. 心理健康

心理健康，也称心理卫生，目前包括3层含义。一是指一门学科，即心理卫生学；二是指心理健康状态，如一个人具有积极稳定的情绪，健全的个性和良好的社会适应能力；三是指专业或实践，即心理卫生工作，如采取积极有益的教育和措施，维护和改进人们的心理状态以适应当前和发展的社会环境。

心理健康的工作目标有狭义与广义之分。狭义地讲，心理健康的工作目标是指预防和矫治各种心理障碍与心理疾病。广义地讲，心理健康的工作目标是指维护和促进心理健康，提高人类对社会生活的适应与改造能力。

随着心理健康运动的推广和深入，心理健康的“三级预防”功能被提出。初级预防是向人们提供心理健康知识，以防止和减少心理疾病的发生；二级预防是尽早发现心理疾患并提供心理与医学的干预；三级预防是设法减轻慢性精神病人的残疾程度，提高其社会适应能力。因此，心理健康也具有三级功能，即初级功能——防治心理疾病；中级功能——完善心理调节；高级功能——发展健康的个体与社会。

心理健康运动已在全世界范围开展，这具有十分重大的意义。首先，心理健康运动有助于心理疾病的防治。随着社会的变革，心理疾病的发病呈上升趋势，心理健康运动的开展，将有助于人们更好地适应社会，从而减少心理疾病的发生。其次，它有助于人的心理健康的发展。一般来说，心理健康的人，其工作效率高于心理不健康者，更为重要的是，心理健康的人更耐受挫折和逆境。最后，它有助于推动精神文明的建设。心理健康事业是精神文明建设的重要组成部分，是建设精神文明的基石。

（二）心理健康的标准

关于心理健康的标准，许多学者提出了不同的看法，其中影响比较大的是马斯洛与米特尔曼提出的10条标准。

（1）有充分的适应力；

（2）充分了解自己，并对自己的能力作恰当的估计；

（3）生活目标能切合实际；

（4）与现实环境保持接触；

（5）能保持人格的完整与和谐；

（6）具有从经验中学习的能力；

（7）能保持良好的人际关系；

（8）适度的情绪发泄与控制；

（9）在不违背集体意志的前提下，能作有限度的个性发挥；

（10）在不违背社会规范的情况下，个人的基本需求能恰当满足。

我国的一些学者提出的心理健康的标准包括以下几个方面。

（1）智力正常：包括分布在智力正态分布曲线之内者，以及能对日常生活作出正常反应的智力超常者。

（2）情绪良好：包括能够经常保持愉快、开朗、自信的心情，善于从生活中寻求乐趣，对生活充满希望。一旦有了负性情绪，能够并善于调整过来，具有情绪的稳定性。

（3）人际和谐：包括乐于与人交结，既有稳定而广泛的人际关系，又有知己、朋友；在交往中保持独立而完整的人格，有自知之明，不卑不亢；能客观评价别人，取人之长，补己之短，宽以待人，乐于助人等。

（4）适应环境：包括有积极的处世态度，与社会广泛接触、对社会现状有比较清晰正确的认识，其心理行为能适应社会改革变化的进步趋势，勇于改造现实环境，达到自我实现与社会奉献的协调统一。

（5）人格完整：心理健康的最终目标是培养健全的人格和保持人格的完整，包括人格的各个结构要素不存在明显的缺陷与偏差；具有清醒的自我意识，不产生自我同一性混乱；以积极进取的人生观作为人格的核心，有相对完整的心理特征等。

（三）老年心理健康的标准

人到老年，随着生理老化和社会角色的变化，心理也将产生一系列的变化。因此老年心理健康有其特点，要关注认知功能和适应能力。综合国内外心理学专家对老年心理健康标准的研究，结合我国老年人的实际情况，老年人心理健康的标准基本可以从5个方面评定：

1. 有正常的感觉和知觉，有正常的思维，有良好的记忆

在判断事物时，基本准确，不发生错觉；在回忆往事时，记忆清晰，不发生大的遗忘；在分析问题时，条理清晰，不出现逻辑混乱；在回答问题时，能对答自如，不答非所问；在平时生活中，有比较丰富的想象力，并善于用想象力为自己设计一个愉快的奋斗目标。

2. 有健全的人格，情绪稳定，意志坚强

积极的情绪多于消极的情绪，能够正确评价自己和外界的事物，能够控制自己的行为，办事具有较少的盲目性和冲动性。意志力非常坚强，能经得起外界事物的强烈刺激。在悲痛时，能找到发泄的方法而不至于被悲痛所压倒。在欢乐时，能有节制地欢欣鼓舞，而不是得意忘形和过分激动。遇到困难时，能沉着地运用自己的意志和经验去加以克服，而不是一味地唉声叹气或怨天尤人。

3. 有良好的人际关系

乐于帮助他人,也乐于接受他人的帮助。在家中与老伴、子女、儿媳、女婿、孙子、孙女、外甥等都能保持情感上的融洽,能得到家人发自内心的理解和尊重。在外面,与过去的朋友和现在结识的朋友都能保持良好的关系。对人不求全责备,不过分要求于人,对别人无敌视态度,而从来都是以与人为善的态度出现。无论是在正式群体内,还是在非正式群体内,都有集体荣誉感和社会责任感。

4. 能正确地认知社会,与大多数人的心理活动相一致

如对社会的看法,对改革的态度,对国内外形势的分析,对社会道德伦理的认识,等等,都能与社会上大多数人的态度基本上保持一致。如果不是这样,那就是不接纳社会,与时代前进的步伐不能同向、同步。

5. 能保持正常的行为

能坚持正常的生活、工作、学习、娱乐等活动。一切行为符合自己在各种场合的身份和角色。

二、老年心理健康评估的原则、方法和技巧

心理评估是运用心理学的方法和技术,对评估对象的心理特质(如认知、情绪、个性、能力、行为方式等)及存在的心理障碍进行检查和评定,从而确定其正常或异常的原因、性质和程度,以帮助临床作出判断的一种综合诊断的方法,它是开启心理咨询、心理治疗的必要前提和重要基础。

心理评估在心理学、医学、教育、人力资源、军事司法等部门有多种用途。其中,为临床医学目的所用时,便称为临床心理评估。我国临床心理评估在心理或医学诊断、心理障碍防治措施的制定、疗效判断等方面广泛应用,也是医学和心理学研究的常用方法。

由于心理现象相对复杂,受主观因素影响较大,要做好心理评估,对心理评估者的技术和心理素质要求都比较高。在技术方面,要求对心理学、病理心理学及其与健康和疾病关系的知识有系统的了解。对心理评估理论和操作有较好的掌握,要有与各种年龄、教育水平、职业性质、社会地位及各种疾病的人交往的经验。在心理素质方面,要求评估者具备健康的人格,乐于并善于与人交往,愿意助人,尊重人,有接纳性和共情。如果不具备这些心理素质,就很难与被试者建立和睦关系,从而影响心理评估的进行,或者得到错误的评估结果。

(一) 老年心理健康评估的原则

在进行老年心理健康评估过程中,评估人员应遵循以下几条原则。

(1) 认真客观的态度。心理评估工作既涉及人们切身利益(如健康问题和法律规定的某些权利),又涉及执法问题(如司法鉴定、计划生育鉴定等),要持严肃认真、客观慎重的态度。

(2) 保护被试者利益。心理评估工作会接触被试者的个人隐私,要尊重他们的人格,保守他们的秘密(对他人或自身有危害的,要用适当方式引起他们注意并让他们知道其行为的后果),以免增加他们的痛苦和损失。

(3) 管理好心理评估工具。标准化心理测验(如智商测验)是受管制的测量工具,只有具有资格者才能独立使用和保存,不允许向无关人员泄露测验内容。

(4) 老年心理健康评估同时还要注意问卷的客观性、有效性和常模的代表性等，还要针对老年人特点注意可操作性。因为老年人一般文化程度不高，文字要简明、易懂，避免产生歧义、理解困难或内容不合适。此外，问卷题目不宜过多，因为老年人容易疲劳，注意力不易集中，在心理评估的同时要注意观察其行为表现，如是否认真合作等，并了解其一般情况和近期生活中有无特殊事件等。

(二) 老年心理健康评估的方法

临床上常用的评估方法有观察法、会谈法、个案法、心理测验和评定量表法。

1. 观察法

观察法是在自然条件下，借助感官对病人的言语、表情、动作、姿态等心理行为表现进行有目的、有计划、有系统的观察，并在所得资料基础上分析研究病人的心理活动及其规律性的方法。其优点是使用方便，所得资料来自日常生活，比较真实可靠。缺点是观察者比较被动，要消极等待所观察的心理活动自然出现。同时由于被观察者的心理行为易出现随意性、偶然性，不能作精确的重复观察及定量分析，如果观察时间较短易造成主观臆断，为此，观察者必须结合其他方法以弥补其不足。

2. 会谈法

会谈法是最基本的心理诊断方法之一，在临床上兼有诊断与治疗两种功能。通过会谈，了解和掌握病人的心理问题或心理异常表现的性质及产生的原因，病前的生活经历和遭遇，病人的性格特点、行为习惯等，以达到诊断目的。

会谈有两种方式——结构式会谈和非结构式会谈，前者编制出提纲，依次提出问题，让病人按序回答；后者则以自由的方式，不按固定的提纲进行提问和回答，可根据病人心理特点，灵活运用。

3. 个案法

个案法主要是依靠广泛收集与病人有关的个案资料，通过系统的综合分析，查清病人心理障碍的表现及其产生的原因和机制，从而对疾病作出判断的方法。它也是心理学研究的基本方法之一。其优点是在于对病人的心理行为特征能作出全面、深入、系统的观察分析。

4. 心理测验与评定量表法

心理测验与评定量表法都是用来量化个体的心理行为特征的一种工具，是心理诊断中最常用的且较科学的检查评估方法。心理测验和评定量表在性质上接近，二者之间无绝对界限。有些评定量表(如人格测验中的自陈量表、心理发展量表等)既可作为测验又可作为评定量表。

但从狭义上来理解，评定量表与心理测验量表是有区别的。心理测验更接近实验室方法，是用标准的测验手段，在严格控制的条件下，从横断面对受测者的行为进行取样，其标准化程度严格，信度、效度高。而评定量表偏向临床观察、会谈的方法，是纵向地对受测者的行为进行取样。量表各项目描述精细，内容全面，信息量大，操作简便而且可以团体实施。但有些评定量表标准化程度相对较差，其信度、效度也不像心理测验那样经过了严格的考验，故临床应用中应注意量表的选择，以保证测量结果的科学性。

(三) 老年心理健康评估的技巧——量表的使用

在心理学理论研究和临床实践中，需要对社会中的群体或个人的心理进行观察，并使用一定的工具使其数量化并对其进行评价和解释，这一过程中所使用的工具就是评估量表。评估量表是从心理计量学中衍生出来，是进行心理评估和研究的常用工具，具有数量化、客观、可比较和简便易用等特点。它主要以实用为目的，无须严格的理论背景，可直接使用原始分进行评定，不需转换成标准分数，因此大多时候它是作为筛查工具使用，而不是诊断工具。量表的类型有很多，可以分为他评量表和自评量表。

1. 他评量表

其填表人为评定者，一般由专业人员担任，如心理评估工作者、医师或护士等。评定者既可根据自己的观察，也可询问知情者的意见，或者综合这两方面情况对受评者加以评定。评定者必须具有与所有使用量表内容有关的专业知识，并需要接受严格的训练。

2. 自评量表

其填表人为受评者自己，受评者对照量表的各项目陈述，选择符合自己情况的答案并作出程度判断。量表实施方面，可用于团体测量，但要求受评者有一定的阅读理解能力。

例如，90项症状自评量表(SCL-90)，该量表包含较广泛的精神症状学内容，涉及感觉、思维、意识、情绪、行为及生活习惯、人际关系、饮食睡眠等多个方面。能较准确地评估患者的自觉症状，反映患者的病情及其严重程度，所以可以作为评估心理问题的一种手段，以了解躯体疾病患者的精神症状。它具有容量大、反映症状丰富、更能准确刻画受评者的自觉症状等特点。适用对象包括从初中生至成人，不适合于躁狂症和精神分裂症患者。

它的每一个项目均采取1～5级评分，具体说明如下：

没有：自觉并无该项问题(症状)；

很轻：自觉有该问题，但发生得并不频繁、严重；

中等：自觉有该项症状，其严重程度为轻到中度；

偏重：自觉常有该项症状，其程度为中到严重；

严重：自觉该症状的频度和强度都十分严重。

作为自评量表，这里的“轻、中、重”的具体含义应该由自评者自己去体会，不必作硬性规定。

该量表包括90个条目，共9个分量表，即躯体化、强迫症状、人际关系敏感、抑郁、焦虑、敌对、恐怖、偏执和精神病性。

(1) 躯体化：包括1,4,12,27,40,42,48,49,52,53,56和58，共12项，该因子主要反映主观的身体不适感。

(2) 强迫症状：3,9,10,28,38,45,46,51,55和65，共10项，反映临床上的强迫症状群。

(3) 人际关系敏感：包括6,21,34,36,37,41,61,69和73，共9项，主要指某些个人不自在感和自卑感，尤其是在与其他人相比较时更突出。

(4) 抑郁：包括5,14,15,20,22,26,29,30,31,32,54,71和79，共13项，反映与临床上抑郁症状群相联系的广泛的概念。

(5) 焦虑：包括2,17,23,33,39,57,72,78,80和86，共10个项目，指在临床上明显与焦虑症状群相联系的精神症状及体验。

(6) 敌对：包括11,24,63,67,74和81，共6项，主要从思维、情感及行为3个方面来反映病人的敌对表现。

(7) 恐怖：包括13,25,47,50,70,75和82，共7项，它与传统的恐怖状态或广场恐怖所反映的内容基本一致。

(8) 偏执：包括8,18,43,68,76和83,共6项,主要是指猜疑和关系妄想等。

(9) 精神病性：包括7,16,35,62,77,84,85,87,88和90,共10项,其中幻听、思维播散、被洞悉感等反映精神分裂样症状项目。

19,44,59,60,64,66及89共7个项目,未能归入上述因子,它们主要反映睡眠及饮食情况。我们在有些资料分析中,将之归为因子10"其他"。

注：具体量表参见附表3。

三、老年心理健康评估的内容

(一) 智力与智商的评估

智力主要指获得知识的能力;保持知识的能力;理解和推理能力;应付新情境和解决问题的能力。

在智力测验中,根据被测者正确回答项目的多少,可以得到被测者分数,但这个原始分仍不能表示被测者智力水平的高低,只能把原始分数转换成智力分数才能说明被测者的智力水平,以下是几个用来表示智力水平的参数。

(1) 项目数：是指根据被测者通过智力测验项目的多少来表示智力水平。

(2) 智力年龄：简称智龄,是指智力达到某一年龄水平。比奈(Binet)认为智力随年龄增长而系统地增长。每一年龄的智力可用该年龄大部分儿童能够完成的智力作业题来表示。如一个人的智龄是10岁,即表示他的智力与1岁儿童的平均智力相等。

(3) 比率智商：1916年,美国斯坦福大学特尔曼教授首次提出以"智商"为智力单位,即指智力年龄(MA)与实足年龄(CA)两者的比率,以此表示智力的相对水平。其计算公式为：

$$IQ=MA/CA\times 100$$

常用的智力测验方法有《比奈量表系列》《韦氏量表》。

(二) 人格(个性)

人格(个性)是指一个人的精神面貌,即一个人在一定社会条件下形成的、具有一定倾向性的、稳定的心理特征的总和。这一定义认为人的许多心理特征不是孤立存在的,而是在需要、动机、兴趣、信念和世界观等心理倾向性制约下构成的稳定的有机整体。

常用的人格测验方法有问卷法和投射法。问卷法也称自测量表,常用的自测量表有《明尼苏达多相人格调查表》《艾森克人格问卷》《加利福尼亚心理调查表》《卡特尔人格测验》等;常用的投射测验有洛夏墨迹测验和主题统觉测验等。

1. 明尼苏达多相人格量表

由美国明尼苏达大学教授哈萨威和麦克金里所编制,内容包括健康状态、情绪反映、社会态度、心身性症状、家庭婚姻问题等26类问题,可鉴别强迫症、偏执狂、精神分裂症、抑郁性精神病等,常用的临床量表有如下一些。

(1) 疑病量表

测量被试者疑病倾向及对身体健康的不正常关心。高分表示被试者有许多身体上的不适、不愉快、自我中心、敌意、需求、寻求注意等。

条目举例：我常会恶心、呕吐。

(2) 抑郁量表

测量情绪低落、焦虑问题。高分表示情绪低落，缺乏自信，有自杀观念，有轻度焦虑和激动。

条目举例：我常有很多心事。

(3) 癔症量表

测量被试者对心身症状的关注和敏感、以自我为中心等特点。高分反映被试者以自我为中心、自大、自私、期待别人给予更多的注意和爱抚，对人的关系是肤浅、幼稚的。

条目举例：每星期至少有一两次，我会无缘无故地觉得周身发热。

(4) 精神病态性偏倚量表

测量被试者的社会行为偏离特点。高分反映被试者脱离一般社会道德规范，无视社会习俗，社会适应差，冲动，有敌意，具有攻击性倾向。

条目举例：我童年时期中，有一段时间偷过人家的东西。

(5) 男子气或女子气量表

测量男子女性化、女子男性化倾向。男性高分反映敏感、爱美、被动等女性倾向，女性高分反映粗鲁、好攻击、自信、缺乏情感、不敏感等男性化倾向。

条目举例：和我性别相同的人最容易喜欢我。

(6) 妄想量表

测量被试者是否具有病理性思维。高分提示被试者常表现多疑、过分敏感，甚至有妄想存在，平时的思维方式容易指责别人而很少内疚，有时可表现强词夺理、敌意、愤怒，甚至侵犯他人。

条目举例：有人想害我。

(7) 精神衰弱量表

测量精神衰弱、强迫、恐怖或焦虑等神经症特点。高分提示有强迫观念、严重焦虑、高度紧张、恐怖等反应。

条目举例：我似乎比别人更难于集中注意力。

(8) 精神分裂症量表

测量思维异常和古怪行为等精神分裂症的一些临床特点。高分提示被试者行为退缩，思维古怪，可能存在幻觉妄想，情感不稳。

条目举例：有时我会哭一阵笑一阵，连自己也不能控制。

(9) 躁狂量表

测量情绪紧张、过度兴奋、夸大、易激惹等轻度躁狂症的特点。高分反映被试者联想过多、过快，夸大而情绪高昂，易激惹，活动过多，精力过分充沛、乐观、无拘束等特点。

条目举例：我是个重要人物。

(10) 社会内向量表

测量社会化倾向。高分提示被试者性格内向，胆小退缩，不善社交活动，过分自我控制等；低分反映外向。

条目举例：但愿我不要太害羞。

2. 艾森克人格问卷(EPQ)

艾森克人格问卷是英国学者 Eysenck 根据其人格 3 个维度的理论，于 1975 年在其 1952

年和 1964 年 2 个版本基础上增加而成，在国际上被广为应用。EPQ 成人问卷适用于测查 16 岁以上的成人，儿童问卷适用于 7～15 岁儿童。国外 EPQ 儿童版有 97 项，成人版有 101 项。我国龚耀光的成人和儿童修订版均为 88 项，陈仲庚成人修订版有 85 项。

EPQ 由 3 个人格维度和 1 个效度量表组成。

(1) 神经质(N)维度

测查情绪稳定性。高分反映易焦虑、抑郁和较强烈的情绪反应倾向等特征。

条目举例：你容易激动吗？

(2) 内外向(E)维度

测查内向和外向人格特征。高分反映个性外向，具有好交际、热情、冲动等特征；低分则反映个性内向，具有好静、稳重、不善言谈等特征。

条目举例：你是否健谈？

(3) 精神质(P)维度

测查一些与精神病理有关的人格特征。高分可能具有孤独、缺乏同情心、不关心他人、难以适应外部环境、好攻击、与别人不友好等特征；也可能具有极其与众不同的人格特征。

条目举例：你是否在晚上小心翼翼地关好门窗？

(4) 掩饰(L)量表

测查朴实、遵从社会习俗及道德规范等特征。在国外，高分表明掩饰、隐瞒，但在我国，高分的意义仍未明了。

条目举例：你曾拿过别人的东西(哪怕一针一线)吗？

EPQ 结果采用标准 T 分表示，根据各维度 T 分高低判断人格倾向和特征。还将 N 维度和 E 维度组合，进一步分出外向稳定(多血质)、外向不稳定(胆汁质)、内向稳定(黏液质)、内向不稳定(抑郁质)4 种人格特征，各型之间还有移行型。

EPQ 为自评量表，实施方便，有时也可作团体测验，在我国是临床应用最为广泛的人格测验。但其条目较少，反映的信息量也相对较少，故反映的人格特征类型有限。

除此以外，还有卡特尔 16 项人格因素问卷可以测量人格特征。洛夏测验(投射测验的一种)通过观察个体对一些模糊的或者无结构的材料所作出的反应，来测验被试者的想象而将其心理活动从内心深处暴露或投射出来，从而使检查者得以了解被试者的人格特征和心理冲突。主要是用于鉴别精神分裂症与其他精神病。洛夏测验在临床上是一个很有价值的测验，但其记分和解释方法复杂，经验性成分多。主试者需要具有长期的训练和经验才能逐渐正确掌握。

随着年龄的慢慢增长，老年人自身的生理状况会发生变化，所处的社会环境也会发生变化，从而影响老年人的心理状况。如何维护老年人的心理健康，需要综合考虑各方面因素，全面分析影响老年人心理健康的原因，从而掌握老年人心理变化状况，才能有效地提出维护老年人心理健康的措施和方法。因此，老年工作者可以参考和借鉴临床心理评估的方法，对老年人进行初步的心理诊断，从而了解老年人的心理健康状况，以便更好地开展工作。

四、老年心理学相关知识介绍

(一) 老年心理学的定义

老年心理学是研究老年期个体的心理活动变化、特点及其变化规律的一个发展心理学分支，又称老化心理学。它也是新兴的老年学，是老年医学的重要组成部分之一。

老年心理学研究的是“老年”这一特定时期的医学与心理学相交叉的问题，因此，是心理学的分支，也是医学的分支。从总的医学的研究范围来看，老年心理学仅研究医学中的心理行为问题，包括各种老年病人的心理行为特点、各种老年疾病的心理行为变化等；从整个心理学的研究范围分析，老年心理学研究的重点是如何把心理学的系统知识和技术应用于老年医学领域，包括临床应用。实际上，老年心理学更偏重于对正常老年人的行为的研究，而对于严重变态行为的医学研究，则主要属于老年精神病学的研究范围。

(二) 老年心理学的学科性质

老年心理学是涉及多学科知识的一门交叉学科。从基础和应用的角度来看，它既是医学基础学科，又是临床应用学科。

医学心理学是医学与心理行为科学的交叉学科。就医学来说，医学心理学涉及基础医学(如神经生物学、病理生理学)、临床医学(含内、外、妇、儿、耳鼻喉、眼、皮肤、神经精神等各科)、预防医学和康复医学等许多医学课程中的有关基础知识。就心理行为科学来说，老年心理学涉及普通、实验、发展、教育、社会心理学以及人类学、社会学等学科及领域的相关知识。

老年心理学中，有关行为神经学基础的内容涉及生物学和神经科学等基础学科的知识；而语言、交际、婚姻、家庭、社区等方面的心理行为问题，则与人类学、社会学、生态学等社会科学知识有关。因此，老年心理学的许多基本概念来自普通心理学，甚至来自医学心理学。

由于老年心理学具有多学科的性质，所以在学习过程中必须特别强调老年心理学与有关知识之间的联系。老年心理学只有与这些学科密切联系才会得到深入的发展。近几年来，心理学与临床医学的结合已取得了一些成绩，一些临床医生已经成功地转型为侧重于心理的临床心理专家。

老年心理学揭示老年行为的生物学和社会学本质。心理活动和生物活动的相互作用，它们对健康和疾病的发生、发展、转归的作用规律，以及寻求战胜疾病、延年益寿的基本心理途径，为整个医学事业提出心身相关的辩证观点和科学方法。

老年心理学属于应用学科。其应用范围是老年心理学的知识、理论与技术，可以结合应用于医学的各个工作领域。例如，与心身相关的知识和技术有助于拓宽传统生理学的研究领域，也能够为临床提供更符合现代医疗模式的诊疗思路和方法。实际上，老年心理学可以在医院、疗养院、康复中心、防疫机构、健康服务中心、企事业和学校的保健部门，以及某些特殊群体等医学的各个部门工作中得到应用。此外，老年心理学的知识与技术，可以独立应用于社会人群，以帮助人们解决与健康有关的心理问题。目前在我国各大、中医院已逐步开展的医学心理学咨询门诊，就是医学心理学的重要应用场所之一。国内正在逐步探索和展开的心理咨询、心理治疗职业工作，也需要医学心理学的专门知识和技术，以解决人民群众日益增多的心身问题需求。

作为今后从事老年服务与管理方面工作的人员，需要多方位地了解老年人的行为方式和思维特点，才能更好地与老年人进行沟通与交流，所以学习老年心理学相关知识，了解老年人心理特点十分必要。如果我们能够及时了解老年人的心理变化过程，一旦其心理活动出现衰退、偏差、异常、障碍，便可采取相关措施来指导他们进行自我调节，并通过提供各种相关服务，协助他们过好晚年生活，增强老年人心理健康的素质和信心，使其正确处理家庭生活关系，增进生活情趣，防止心身疾病，从而让更多的老年人延年益寿，延缓衰老。

思考题

1. 请结合老年心理健康标准，简单分析张大妈的心理健康状况如何。

2. 请运用相关评估量表，对张大妈的心理健康状况进行初步评估，并写出简单的评估报告。

3. 在本节知识的学习中，你认为还需要补充哪些相关知识？

任务二 老年心理疾病预防

情境导入

退休10多年，72岁的罗威每天还是很忙，他是南湖街老年大学的校长。虽然这个“大学校长”没有级别，也没有待遇，甚至还要贴钱，但老人干得很高兴，他们自编文艺节目，不仅在国内获过奖，还到韩国表演过。目前，学员不仅有南湖地区的老人，还有汉口、汉阳、东西湖的老人来赶场子。罗威说，不为别的，就为找个乐子，也让大家觉得自己不是废人，活出老年人的精彩。已经111岁高龄、家住汉阳、武汉最长寿的黄木美老人仍旧能打拳。60多岁，在老家种地的老人，搬到武汉与儿子同住，70多岁时，还瞒着家人去工地干活，108岁时，还在超市门口摆摊子。老人家的经验是，每天早上五六点起床后，就在平台上打个把小时拳，打完再过早，坚持了十几年。除了打拳，他最喜欢在小区遛弯，他称这是另一种锻炼。

但是，家住江汉北路的老人张开国今年70岁，城中村改造后跟着儿子“进了城”，他却经常一个人感到无聊，因为儿子媳妇每天下班后看电视、玩电脑，现在跟自己说话最多的是菜场卖菜的师傅。二七路的老马也说，儿子除了安排自己接送孙子，平时基本不打电话。倒是女儿常陪自己逛逛公园，看看大武汉的变化，贴心得很。

有记者曾在武汉青山区新沟桥街光明社区和百步亭社区做过随机采访，很多年轻人表示大概清楚父母的健康状况，但对平素吃药和饮食禁忌知晓不多，至于对父母喜欢的运动、最向往的旅游胜地、喜欢看什么类型的电视剧这类问题，一无所知的不在少数。尤其在部分中年市民中，可能由于家庭负担较大，既要兼顾工作又要照顾家庭和孩子，容易忽略对父母的关爱。

（资料来源：http://hb.qq.com/a/20121018/001034.htm）

任务描述

1. 查找相关资料了解目前我国老年人心理健康状况。

2. 小组讨论：随着我国社会人口老龄化速度的加快，如果老年人问题日益增多，特别是老年心理健康问题，它对我国经济社会的发展会带来哪些影响？

3. 思考：为什么现代社会中，越来越多的老年人患上心理疾病？

任务实施

1. 把搜集到的相关资料整理成调研分析报告；

2. 分小组汇报讨论结果。

任务总结

社会是一个复杂的系统，我们该如何全面、系统地认识很多社会问题的存在。

知识链接

人到老年，生理、心理、生活环境和人际关系等都会发生许多变化，会带来许多新的问题，往往使老年人心理状态失去平衡，影响身心健康。老年心理健康维护的首要任务就是通过心理疾病的预防来促进老年心理健康，培养健全人格，提高适应能力和心理素质。

通过上一任务的完成，我们已初步了解老年人的心理健康状况，对于健康老年人，在维护心理健康方面，我们主要以预防为主。预防即防患于未然，“预防医学”是这么阐述其过程与目标的：以人群为研究对象，应用宏观与微观的技术手段，研究健康影响因素及其作用规律，阐明外界环境因素与人群健康的相互关系，制定公共卫生策略与措施，以达到预防疾病、增进健康、延长寿命、提高生命质量为目标的一门医学科学。这借用于老年心理疾病预防，可如此描述：以老年人为研究对象，运用医学、心理学、社会学等相关知识，通过各种方式与手段，研究老年人心理健康影响因素、作用规律及其相互作用，从而制定相关预防策略和措施，达到预防心理疾病、增进心理健康、延长寿命、提高生命质量的目的。

所以老年心理疾病预防可分两个步骤，一是研究老年人心理健康影响因素；二是根据影响因素作用的规律制定预防的策略和措施。首先让我们来看看影响老年人心理健康的因素。

一、影响老年人心理健康的因素

老年人的心理健康会受到个人、家庭、经济、社会等多方面因素影响，概括起来主要包括以下几个方面。

（一）个人因素

在个人因素方面主要有以下几点。

1. 生理功能衰退

老年人随着年龄的增长，各种生理功能减退，并出现一些老化现象，如神经组织，尤其是脑细胞逐渐发生萎缩并减少，导致精神活动减弱，记忆力减退，感官系统功能退化，视力及听力下降，反应迟钝；同时由于骨骼和肌肉系统功能减退，运动能力也随之降低。由此可导致各种心理问题，如隔绝感、焦虑、抑郁的产生。

2. 消极心理的自我暗示

老年人的生理功能逐渐减退，一处功能异常往往引起其他器官发生障碍，因此，老年人身上有多种疾病同时并存的特点。据调查，60岁以上老年人中有70%以上患有各种慢性疾病，因慢性疾病而影响活动能力的比例随年龄增长而增加。疾病的痛苦及活动能力的受限，使许多老年人有消极情绪，心理健康水平降低。

3. 离退休综合征

离退休综合征是指老年人从工作岗位离、退休后，不能适应社会角色的转换，在心理或躯体方面出现异常和障碍的现象。很多老年人离、退休后不适应，出现孤独、寂寞、失落、焦虑、抑郁和烦躁等负性情绪。

（二）家庭因素

家庭环境包括伴侣与子女。有研究指出伴侣的支持是影响老年人心理健康的重要因素。家庭完整的老人有较高的生活满意度，在心理方面也没有严重的问题，总体生活充满乐趣，感觉比较幸福。无偶老人的心理不健康可能性比有偶老人的大，尤其是大多数女性老人面临重大打击时，丧偶老人从原来配偶那里得到的支持、安慰、体贴和照料突然消失，心理的创伤和痛苦是很严重的。如有研究显示，有偶与无偶间在躯体化、抑郁、焦虑、人际关系、偏执、精神病性方面有差异。如果无偶老人有子女的照顾还能缓解痛苦；若无子女照顾者，则通常都存在明显的心理问题。

（三）社区因素

社区支持对老年人的心理健康也存在很大影响。绝大多数老年人觉得整个社会对老年人的关心程度很高，整个社会比较关心老年人，也比较公平。但社区活动的参与性却值得商榷。大多数活动无法主动地贴近老年人，自然对老年人的状况无从了解，也谈不到支持。很大一部分老年人反映，社区没有专门的活动设备，有些活动室也是有名无实。

而社区所谓的卫生服务站，没有配备相当素质的医生，给老年人带来极大的不便。长此以往，缺乏社区的支持，老年人与社会的接触将越来越少，人际交往也越来越少，孤独、寂寞、失落、焦虑、抑郁和烦躁等负性情绪将充斥老年人的内心，从而导致心理疾病的产生。

（四）社会因素

老年人因离退休后由紧张、忙碌转变为自由散漫的生活状态，人际交往也大大减少，与外界接触也越来越少，随之对外界社会的了解也逐渐减少，从而渐渐地脱离社会；另一方面，一些老年人因身体和疾病原因长期待在家中而与社会脱离。由此引起老年人一系列的心理变化，变得孤独、自卑、消极等。若此时老年人缺乏有效的医疗保障，生活条件又差，社会风气不够良好，没有建立社会对老年人关心的框架，则会更加影响老年人的心理健康，让老年人缺乏社会安全感，从而引发严重的心理问题等。

二、老年心理疾病预防的原则、方法和措施

通过分析影响老年人心理健康的各种因素，可以针对影响因素采取以下应对措施。

（一）应对个人方面的影响因素，可以加强老年人自身心理保健

1. 树立正确的健康观

指导老人树立正确的健康观，正确认识衰老和对待疾病，积极采取适当的求医行为与疾病抗争，有利于病情的稳定和康复。同时保持乐观、豁达的心态，养成良好的生活方式，从而达到健康老龄化的目的。

2. 坚持学习，勤用脑

指导老人进行适量的脑力劳动，使脑细胞不断接受信息刺激，对于延缓脑的衰老和脑功能的

退化非常重要。同时老人在学习过程中可以了解信息，获得新知识，从而得到心理上的满足。

3. 培养兴趣爱好

老年人要根据自己的特点和特长，注意培养自己的兴趣爱好，如书法、绘画、阅读、资料积累，文体特长、科技特长等，以便离退休后仍能在社会生活中发挥积极的作用，使自己的生活过得愉快而充实，消除失落感。

4. 亲近大自然

常去公园晨练，或去郊游、爬山、旅游等，不仅能锻炼身体、放松精神、结交朋友、增长知识，而且还能开阔心胸，对老年人的心理健康十分有利。

5. 生活规律有序

建立良好的生活习惯，生活起居有规律，坚持适量的运动，增强体质，预防过早衰老。同时，鼓励老年人在产生各种心理问题时进行自我心理调节，保持良好的心态。

（二）应对家庭方面的影响因素，主要以维持和睦欢乐的家庭为主

1. 妥善处理家庭关系

家庭是老年人晚年生活的主要场所。处理好与家人的关系，尤其是处理好与两代或几代人的关系显得十分重要。因为家庭关系和睦，家庭成员互敬互爱，则有利于老年人的健康长寿；相反，家庭不和，家庭成员之间关系恶劣，则对老年人的身心健康极其有害。因此，要处理好家庭关系，如面对“代沟”，求同存异，相互包容，促进老年人与家庭成员的情感沟通。

2. 为老年人的衣、食、住、行、学、乐等创造一定的条件

子女在完成应尽的养老义务的同时，还应积极为老人创造良好的环境，鼓励老人参与社会活动，使老人的生活丰富多彩。

3. 支持丧偶老年人再婚

加拿大心理学家塞奥考曾对4489名55岁以上丧妻者进行长达9年的调查，发现约5%的人在丧妻后半年内去世，其死亡率是同龄有妇之夫死亡率的26倍。可见老年丧偶对人的身心健康是很大的摧残。老年人丧偶以后，如有合适的对象，则一方面老年人自身要冲破世俗观念，大胆追求；另一方面子女要体谅、支持老年人再婚，使老年人晚年不再孤寂。

（三）应对社区方面的影响因素，主要做好支持工作

1. 建立良好的社区支持机构

提供较充裕的设备支持，如老年人活动中心、健身中心、交流中心等，让老年人能够根据自己的时间参与社区活动，同时辅以定期的开放时间，社区应当宣传鼓励老年人自觉参加活动。

2. 社区心理支持

现在社区基本上都有卫生服务中心，然而对心理帮助方面却做得不够，社区可以定期邀请专家，主动联系需要关注的老年人。据研究，众多老年人在睡眠方面有障碍，或因早年的习惯，或受心理影响，所以针对睡眠状况可以开设专家讲座、专题访谈等活动。

3. 社区支持小组

针对丧偶或者子女不在身边的老年人，若能主动上门给予关怀，将会起到很好的效果。孤寡老人平时忧虑很多，无从释放，社区支持小组定期上门关怀，能够逐渐地将老年人从孤独的环境中带出来，从而减少心理疾病的发生。

（四）应对社会环境的影响，可以加大社会关怀

（1）营造良好的社会支持系统。对于老年人的心理健康，社会应给予更多关注，积极采

取有效措施，如加强宣传教育，倡导养老、敬老。同时，应尽快完善《老年人权益保障法》，为增强老年人安全感，解除后顾之忧，为安度晚年提供社会保障。

（2）宣传心理健康保健知识，使老年人、家属、社会共同关注老年人的心理健康问题，引导老年人及家属正视老年心理障碍问题，及时求助心理咨询，解决和疏导心理问题，使老年人保持良好的心态。

（3）建设老年人的各种福利机构，如养老院、老年活动中心、老年大学等，解决老年人的生活问题，丰富其生活内容，让老年人度过一个愉快而充实的晚年。

（4）积极组织各种老年活动，如书法绘画比赛、老年健身操锻炼、老年歌唱比赛等活动，丰富老年人的娱乐生活。

思考题

作为子女，我们该如何对待自己的父母？

任务三　老年心理疾病干预

情境导入

林先生68岁，在别人看来，他是一位非常健康的老人，出门时总是干净利落、头脑清楚，精神状态也非常好。他也确实非常重视自己的身体健康，每天按照从杂志、电视上学到的养生知识做营养粥，按时服用保健品，早晚进行适当运动……可是，最近他却发现自己越是注意身体，越是爱出毛病。有时候会突然头晕，量血压却不高；有时候会觉得自己肚子胀痛，什么也吃不下去，去检查又没有什么问题；有时候突然间腰像扭了一样，就动不了了；有时候心脏跳得特别厉害，觉得自己喘不上气……老林不舒服的时候就特别希望儿女们陪着自己去医院，两个孩子总会被“急召”回家，可在孩子们看来，老爸身体没什么问题。老林每天都要自己“找药吃”，吃一点药，就认为自己的身体好一些了。而且，只要有一点儿不舒服，老林就害怕得要命，比如有一点便血，就浑身发冷，觉也睡不好了。他买了很多医学的书，可是越学习，他越觉得自己的身体出了问题，身体不适的感觉越明显。

（资料来源：http://health.enorth.com.cn/system/2012/06/21/009494986.shtml）

任务描述

1. 根据任务一所学习到的知识，评估林先生的心理健康状况；
2. 根据任务二所学习到的知识，分析林先生患病的原因；
3. 学习本任务中的知识链接内容，寻找治疗林先生心理疾病的方法。

任务实施

1. 分小组完成任务并制作简报；

2. 在老师的指导下完成知识链接的学习。

任务总结

1. 在任务完成的过程中，你遇到了哪些问题？如何解决？

2. 在任务完成的过程中，你认为还欠缺哪方面的知识？如何完善？

知识链接

健康不仅仅是指人的各器官、各系统健全，无重大躯体疾病，也包含了心理健康。也就是说，不但不出现心理或精神方面的问题，而且能较好地适应社会环境。老年人不仅易发生各种躯体疾病，而且容易发生心理障碍。老年人的精神障碍常比其他系统的疾病出现得早，而且比较普遍，有时还是某些躯体疾病的前驱症状。此外，许多躯体疾病与精神障碍之间的关系错综复杂，有时可以互为因果，有时又相互制约。

本节主要探讨当老年人患上心理疾病后，我们该采取怎样的方法对其进行干预。首先我们来看看什么是心理干预。

一、心理干预的基本概念

心理干预是在心理学理论指导下有计划、按步骤地对一定对象的心理活动、个性特征或心理问题施加影响，使之发生指向预期目标变化的过程。

心理治疗是心理干预中最常用的方法。它是以医学心理学的各种理论体系为指导，以良好的医患关系为桥梁，应用各种心理学技术，包括通过医护人员的言语、表情、行动或通过某些仪器以及一定的训练程序，改善病人的心理状况，增强抗病能力，从而消除心身症状，重新保持个体与环境之间的平衡，达到治疗的目的。

但是在开展心理治疗工作时，一定要切记5个基本要素：

(1) 治疗者必须具备一定的心理学知识和技能；

(2) 治疗要按一定的程序进行；

(3) 使用各种相关的心理学理论和技术；

(4) 治疗的对象是具有一定精神、躯体或行为问题的人；

(5) 治疗的目的是通过改善病人的心理机能，最终消除或缓解其可能存在的各种心身症状，恢复健全的心理、生理和社会功能。

非专业人员通过其良好的态度对病人进行安慰和劝告，虽然也可使病人的症状有所减轻，但实际上并不是心理治疗。

二、心理治疗的适用范围

提到“治疗”，人们就很容易想到“疾病”，实际上心理治疗的对象不仅仅是有心理疾病的人，它可以服务于所有人。心理治疗，即采用心理学的方法和技术，协助人们解决心理上的困扰，通过与来访者建立良好的关系，治疗者可以帮助他们认识和改善心理状况与适应方式，调整人际关系，适应环境，疏泄情感的困扰，解除症状与痛苦，促进人格的完善。

因此，心理治疗的适用范围是很广的。对于很多职业的工作人员来说，了解和掌握有关心理治疗的理论和技术，将有助于他们工作的开展。除专业的心理卫生工作者外，医护工作者、老年服务与管理工作者、教育工作者、组织管理人员及一般大众也都需要结合心理治疗技术，更好地开展工作或改善调整自身。

然而，目前公众对心理治疗的认识尚有许多欠缺和偏差。在遇到心理问题时，许多人没有想到寻求心理治疗，或不愿、不敢寻求心理治疗。有人认为，寻求心理治疗，意味着自己的问题非常严重，自己缺乏能力去解决。实际上，能够勇敢地面对问题并积极寻找各种帮助，本身就是勇气和能力的体现。有的人抱着试试看的心理去看心理门诊，谈了一次之后，觉得治疗者没有为他提供解决问题的办法，因而就感到心理治疗没用或这个治疗者不行。实际上，心理治疗常常不是一次就结束的，需要建立一个稳定的治疗关系，来访者与治疗者约定固定的时间，每周一次或几次按计划进行治疗。治疗时间长短根据不同疗法及来访者存在问题的不同而不同，如认知疗法一般在10次以内，精神分析法则可能长达数年。

心理治疗者很少是简单地为来访者指出该选择何种治疗方法。因为每一个人都是特殊的，对别人适用的方法，对来访者可能无用。因此，治疗者常常要具体了解每一个来访者，帮助他选择最适合自己的方法。

现代心理治疗的范围越来越广。从医学心理学角度考虑，心理治疗在医学临床实践中目前主要应用于以下几个方面。

（一）综合性医院有关的病人

（1）急性病人

此类病人起病较急，病情较重，往往存在严重的焦虑、抑郁等心理反应。在给予临床医疗紧急处置的同时，需要进行一定的心理治疗，例如给予精神支持疗法、松弛疗法等，以帮助病人认识疾病的性质，降低心理应激反应水平，增强治疗疾病的信心。

（2）慢性病人

这类病人病程一般较长，由于无法全面康复以及长期的病人角色的作用，往往存在较多的心理问题，可导致病状复杂化，进一步影响康复。心理支持治疗和行为治疗等手段对治疗往往有很大的帮助，例如慢性疼痛病人的行为矫正治疗、康复疗养病人的集体支持治疗等。

（3）有心身疾病的人

由于发病过程中有明显的心理社会因素参与，心理治疗是必不可少的。

（二）精神科及相关的病人

精神科及相关的病人包括各类神经症、焦虑症、抑郁症、强迫症、恐惧症、癔症、疑病性神经症等，以及其他精神科疾病，如恢复期精神分裂症的病人等。

（三）各类行为问题

各种不良行为的矫正，包括性行为障碍、人格障碍、过食与肥胖、烟瘾、酒瘾、口吃、遗尿、儿童行为障碍等，可选择使用认知行为矫正疗法、正强化法等各种行为疗法。

（四）社会适应不良

正常人在生活中有时也会遭到难以应对的心理社会压力，从而导致适应困难，出现自卑、自责、自伤、攻击、退缩、失眠。此时可使用支持疗法、应对技巧训练、环境控制、松弛训练、认知改变及危机干预等方法。

三、心理治疗的基本原则

在进行心理治疗时，我们应遵循以下原则：

(1) 关系的和谐性；

(2) 适当的治疗环境；

(3) 合适的治疗对象；

(4) 现实的治疗目标；

(5) 治疗的计划性；

(6) 综合治疗的原则；

(7) 患者现实的社会文化背景；

(8) 严格保密；

(9) 立场中立性；

(10) 亲友的回避性。

四、心理治疗的基本过程

心理治疗过程主要包括以下几个步骤，可以作为我们日常工作的参考。

(一) 问题探索阶段

探索心理行为问题的成因，是心理治疗的开始阶段，但心理行为往往涉及生理、心理、社会各方面的多种因素。

1. 问题行为的表现

问题行为的表现包括问题行为出现的频率、程度和持续时间，如慢性疼痛是否对日常行为有影响，是否存在服用止痛药的依赖，是否一出现疼痛就上床休息等。有些行为反应可能因发生频繁，病人难以准确表达，需要深入细致地进行分析和判别。

2. 问题行为的病因

认真询问问题行为的过去史、发展过程和变化，收集各种相关的资料，发现问题行为发生、发展的某些重要的心理、社会因素，如亲人亡故、离婚等重大的生活事件。

3. 问题行为的相关因素

许多环境刺激有增强或减轻行为症状的作用，了解这些因素对行为治疗具有重要的意义。

此外，还要了解病人对行为治疗的愿望，巩固其求助动机，树立其对心理治疗的信心。通过对心理治疗的目的、意义、方法及效果等进行适当的解释和劝告，促使其积极参与治疗。

(二) 分析认识阶段

对有关问题行为进行治疗前的详细测量和分析。

1. 测量和记录

病人在医生的指导下，采用行为日记的方式，对问题行为进行自我观察或自我监督。如要求吸烟者坚持每天将自己吸烟的数量记录到自制的图表上，或要求因过分进食而肥胖者推算并记录每天所摄取的热量等。必要时，还可记录每天的生理状态，如定时测量并记录血压值。

2. 功能分析

与此同时，医生对记录结果进行分析，寻找问题行为与环境刺激之间的联系。

（1）是否有引起行为反应的特定的环境刺激因素，如病人的焦虑反应是否总是出现在某一特定的场合；

（2）是否存在行为结果对问题行为本身的强化作用，如慢性疼痛的行为反应是否因家庭成员的关注而被增强。

通过测量和分析，医生不但可以掌握病人治疗前的行为水平，为疗效的评价提供参照性指标，还可以对病人问题行为的各种影响因素进行较深入的了解，为选择具体的治疗方案提供客观的依据。

（三）治疗行动阶段

1. 选择治疗方法

问题行为及其影响因素的个体差异很大，使用的方法应与病人的问题相匹配。选择治疗方案时，要考虑以下几个方面。

（1）该治疗方法已被证明对这一类问题行为是有效的；

（2）已考虑测量中发现的各种相关因素；

（3）病人有要求治疗的动机；

（4）病人具备配合治疗的能力和条件。

2. 指导和实施治疗

在治疗开始前，医生应对病人进行有关治疗原理和目的等方面的指导。在治疗过程中，医患之间要不断进行交流，注意收集病人对治疗信息的反馈，允许他们提出问题并及时作进一步解释，提高病人对问题的认识和参与感。

（四）疗效评价阶段

在治疗期间，要随时对病人的情况进行分析，了解问题行为改变的情况，判断治疗的进展。经过一段时间的治疗后，对治疗的效果进行总的分析和评价，确定是否达到了预期的目标。如果病人情况无明显的改善，首先应分析病人是否认真执行了治疗指令，其次还要考虑病人是否正确地执行了指令。如果排除了上述两种因素，确信某一行为疗法对其无效，通常可另选一种疗法。

（五）结束巩固阶段

心理行为问题容易复发，取得疗效后应继续巩固。要确定继续训练的目标，保持定期复诊，实施维持期的治疗，指导病人今后的生活，鼓励将所学的方法不断付诸实践。巩固疗效的治疗计划必须事先与病人共同制订，耐心解释其必要性，并要求病人严格按计划执行。

五、老年心理疾病的判定和分类

通常我们把老年心理疾病称为老年心理异常，因为对心理疾病的判断存在较大的主观因素，对于正常心理与异常心理之间如何确定一个判定标准，至今学术界都没有一个绝对的说法，因此，我们只能借助统计的方法，来对正常心理和异常心理来做一个划分，所以正常心理和异常心理之间的差别只是一个相对的概念。

（一）异常心理的判定

目前，通常按以下几种标准对异常心理从原则上和方法上进行判断，分别介绍如下。

1. 经验标准

经验标准是以经验为基准的判断标准。以经验作为判断标准时主要根据两个方面，一是个体的主观体验，即自我评价。二是观察者根据自己的经验对被观察者的心理与行为状态的判断。显然，这种判断标准具有很大的主观性和局限性。其经验标准也因观察者的不同而不同。但是目前精神科医生仍广泛使用这种标准，这是因为经过专业训练可以形成基本相近的判断标准。因此，一般来讲，根据这个经验标准得出的评定结果基本一致。

值得注意的是在个别情况下依据这种标准得到的结果可能会产生很大的分歧，甚至完全相反。

2. 异常心理的统计学标准

异常心理的统计学标准来源于对正常心理特征的心理测量。对普通人群的心理特征进行测量的结果常常呈正态分布，也就是说，位居中间的大多数人属于心理正常范围，而远离中间的两端则被看作异常心理。因此，判断一个人的心理正常与否，就以其偏离平均值的程度而定，偏离平均值的程度越大，不正常的可能性就越大。

3. 医学标准

异常心理的医学标准又称症状学和病因学标准。从医学角度出发，用判断躯体疾病的方法来判断心理是否处于异常状态，即根据是否有症状和病因来判断其心理是否异常，比如某种心理现象或行为可以找到病理解剖或病理生理的异常指标，则心理异常成立，其心理和行为表现即为症状，而其病因就是相应的异常化验结果。

因为在心理异常者身上往往有病理改变，所以，生物医学模式的临床医生广泛采用这种直接因果关系的标准。如对感知觉、思维联想、情感、意志行为、人格、智力等障碍，通过躯体检查，特别是中枢神经系统的物理诊断或实验室诊断，如果找到了相应的生物学改变，就可以确定心理异常的结论。

4. 社会适应标准

该标准是以社会常模为标准来衡量的。社会常模是指正常人符合社会准则的心理与行为。如果个体的心理与行为表现与社会不相适应，就被认为异常的存在。

用社会适应标准判断心理是否异常，要注意考虑国家、地区、民族、时间、风俗和文化等方面的影响，不能一概而论。因为，同一种心理与行为，所处环境不同，其评价结论也有所不同。

（二）老年心理疾病的分类

从现象学角度分类，老年心理疾病主要可以分为以下类型。

1. 认知过程障碍

（1）感觉障碍：如感觉过敏、减退、倒错或异常等；

（2）知觉障碍：如错觉、幻觉、感知综合障碍等；

（3）思维障碍：如思维过程障碍的联想障碍、思维内容障碍的妄想、思维活动障碍的强迫症等；

（4）注意障碍：如注意力增强、注意力减弱、注意力涣散、注意力狭窄、注意力固定等；

(5) 记忆障碍：如记忆力增强、记忆力减退、遗忘症、错构症、虚构症、潜隐记忆、似曾相识、旧事如新等；

(6) 智能障碍：如智能低下、痴呆；

(7) 自知力障碍：如对自己的精神症状丧失了判断力，否认它们是不正常的，甚至拒绝治疗；

(8) 定向力障碍：如周围定向障碍、自我定向障碍。

2. 情感过程障碍

情感过程障碍如情感高涨、欢快、情感低落、焦虑、情感脆弱、情感爆发、易激惹、情感迟钝、情感淡漠、情感倒错、表情倒错、恐惧、病理性激情、矛盾性情感、病理性心境恶劣等。

3. 意志行为障碍

(1) 意志障碍：如意志增强、意志减退、意志缺乏、意向倒错、矛盾意向等；

(2) 行为障碍：如兴奋状态、木僵状态、违拗症、被动性服从、刻板动作、模仿症、矫饰症、离奇行为、持续动作、强制性动作、强迫性动作。

4. 意识障碍

意识障碍包括意识的内容改变和意识障碍的程度改变。

(1) 周围环境的意识障碍：

① 以意识清晰度降低为主的意识障碍——嗜睡状态、昏睡状态、昏迷状态；

② 以意识范围改变为主的意识障碍——意识朦胧、神游症；

③ 以意识内容改变为主的意识障碍——妄想、精神错乱状态、梦幻状态。

(2) 自我意识障碍：如人格解体、交替人格、双重人格、人格转换等。

六、老年心理疾病的主要症状及干预

(一) 老年期心理异常的主要症状

1. 脑功能区趋向衰退表现

大脑的抑制过程减退，灵活性下降，惰性增大。智力逐步下降，近事记忆明显减退，远事记忆相对保持较好。思维缺乏创造性，但是综合分析能力不太受影响。心理灵活性差，偏向保守，迷恋往事，过分重视传统。

2. 性格变化

人格弹性明显减退，变得固执己见，自信已往的经验，不易接受新鲜事物。以自我为中心，难以正确认识生活现状。沉溺于往事回忆之中，常悔恨无法挽回过去的美好情景，特别是对取得过的成就喋喋不休，少数有成就者变得傲慢，难以倾听逆耳良言。

3. 情绪变化

一方面对外界事物、对他人情感日渐淡漠，缺乏兴趣，不易被环境激发热情；另一方面情绪变得不稳定，易激惹，难自制，负性情绪占优势，经常产生孤独感、空虚感和对死亡的恐惧心理。“日薄黄昏”是他们心理的写照。面临种种心理矛盾及精神刺激，常有消极言行，并且自杀率较高。

4. 其他心理变化

猜疑和偏执心理亦较常见，遇事归咎别人，对他人不信任，嫉妒、猜测、偏见，由于行动不便，不爱活动，兴趣索然，易离群索居。

5. 躯体衰老对心理的影响

各器官功能衰退是人到老年的必然生物学规律，尽管因人而异，衰老程度有所不同，但是，长生不老是不存在的。这些生理变化会加强老年人的情绪不稳定，心里烦恼，为忧郁、偏执心理提供基础。肌力减退，疲乏无耐力，体质下降使老年人缺乏兴趣和活力，不爱活动，安于现状和过刻板的生活。躯体功能下降，多种衰老病症丛生，容易产生继发性情绪障碍和心理疾病。

（二）对一般性老年心理疾病的干预

1. 老年期焦虑性障碍

焦虑性障碍是老年期的一种常见心理障碍，是指因受不能达到目的或不能克服障碍的威胁，使个体的自尊心与自信心受挫或失败感增加，预感到不祥，形成一种紧张不安及带有恐惧和不愉快的情绪。

（1）具体表现

① 主观感受：患者感到恐惧，害怕危险或灾难的降临，甚至怕失去控制或濒临死亡的威胁，有失去支持和帮助感。

② 认识障碍：在急性焦虑发作，即惊恐时，可出现模糊感，担心即将晕倒，思考较为简单。

③ 行为方面问题：因注意涣散而出现小动作增多，东张西望，坐立不安，甚至搓手顿足，惶惶不可终日，容易激惹，对外界缺乏兴趣，因此造成工作和社交中断。

④ 躯体症状：躯体不适常是焦虑患者最初出现的症状，可涉及任何内脏器官和自主神经系统。常有心悸、脉快、胸闷、透不过气、口干、腹痛、便稀、尿频和大汗淋漓等。

（2）干预及治疗

焦虑性障碍的心理干预，可体现在预防和治疗的各个环节，应在社会的各个方面大力开展心理健康工作，使每个人从小就培养健全的人格，具有健康的心理。这样才能很好地适应社会。另外，在综合性医院和精神卫生专科医院都应当设立心理咨询门诊，并积极开展健康教育和健康促进工作，大力宣传和普及心理健康知识，最好能在心理障碍或心理疾病的萌芽时期，就进行有效的心理干预，防止其发展。

情绪与动机的自我控制是焦虑性障碍心理健康教育的主要内容。要学会对紧张的抵抗，提高挫折的耐受性和把握焦虑的能力。由于个体焦虑的原因不同和焦虑水平有差异，医学心理工作者必须结合实际情况，具体问题具体分析。

焦虑性心理障碍的心理治疗应当遵循依病情的轻重按阶段实施治疗的原则。对严重的焦虑、恐慌或恐惧，应适当地使用抗焦虑剂等药物治疗，待症状减轻后再进行心理治疗。

首先，对那些因在现实生活中遭遇挫折或碰到困难而发生焦虑的，应根据实际情况提出适宜的解决方案后再行处理。现实中认知行为治疗是很有实际意义的疗法。其次，对那些与现实无直接关系，源于内心的幻想或知觉的焦虑，应当依内心状况，用精神分析与分析性心理治疗较为合适。以“精神分析”的理论及基本治疗技术要领为取向的“分析性心理治疗”是现代心理治疗最广泛运用的疗法之一，在焦虑性障碍的心理治疗中颇为有效。

老年期焦虑性障碍的药物治疗，目前比较有效的是药物治疗和非药物治疗，即心理与环境治疗相结合原则。由于老年人代谢能力差，对药物的清除能力降低，注意药物的剂量应当酌减。

2. 老年期抑郁性障碍

抑郁性障碍是一种持久的心境低落状态，多伴有焦虑、躯体不适感和睡眠障碍，属于情感性障碍的一个方面。通常具有较强的隐蔽性，如有的患者虽然面露笑容，其实却有严重的抑郁。因此，这是最常见，但也是不易察觉的心理障碍。

抑郁性障碍在精神与躯体方面有多种形式和不同深度的表现，可由轻度的忧愁到严重的痛苦乃至自杀。除了突出表现为持久性情绪低落外，还表现出心境不好、思维迟缓、行为减少、睡眠障碍、身体不适感、焦虑、紧张及愁眉苦脸、悲伤和爱哭；对生活失去兴趣，认为前途悲观、活着没有意义；什么也做不下去，不能工作，连家务也不爱做。典型的抑郁性障碍的核心征象是心境低落，愉快感丧失，从而导致活动效能受损。

老年期抑郁症是指首次发病在老年期，以持久的抑郁心境为基础。其高发年龄大都在50至65岁之间，多数人发病前有社会心理诱因，比如退休后与同事间的交往中断、子女婚后分家单过等。同时，老年人特殊的年龄阶段，生活负性事件会不断出现，如丧偶、亲朋好友死亡、家庭矛盾及意外事件等，都容易使老年人产生悲观情绪。

（1）具体表现

① 长期存在抑郁心境，无精打采，郁郁寡欢，兴趣下降。自觉孤独、悲观、绝望，还有70％以上的患者有突出的焦虑、烦躁症状。

② 感到思维迟钝，注意力下降，思考问题困难，主动性言语减少，常回忆不愉快的往事，无端丑化和否定自己，甚至有厌世观念。80％左右的患者有记忆力减退。

③ 许多患者在早期有明显的躯体不适症状，以食欲减退、腹胀、便秘或上腹不适感等消化道症状最多见。另外乏力、头部不适、心悸和胸闷等也较为常见。有些病人表现为焦虑恐惧，终日担心自己和家庭将遭遇不幸。而有些病人则表现为闷闷不乐，对提问常不立即答复；病人大部分时间处于缄默状态，行为迟缓，重则对外界动向无动于衷。此外，与贫穷和躯体疾病有关的抑郁妄想也十分常见。少数精神迟钝的病人可表现出假性痴呆的症状，即注意力集中和回忆方面存在困难，但临床测验不存在记忆能力的丧失。最危险的病理意向活动是有自杀企图和行为，老年患者一旦决心自杀，常比青壮年患者更为坚决，行动更隐蔽。

（2）干预及治疗

对抑郁性障碍的心理干预应依照抑郁反应的程度而定，切忌不分症状轻重，不做具体分析一概而论。一般来说，抑郁情况严重，尤其是有自杀意念或企图时，应当积极采取预防自杀措施，立即住院治疗。对中等程度抑郁的情况，可进行心理治疗。一般是首先采用支持性心理治疗。提供基本的安全感，最大限度地弥补经受过创伤的自尊心和自信心，耐心地培养信心和激发生活的动机，并且要尽量地帮助其实现自我能力的恢复，以便有充沛的精力去面对困难。

经过认真而具体的分析后，如果确认引起抑郁反应的根源属于外在性质，则应当首先予以排除，为此动员和取得社会支持，也是十分必要的。

当心理干预使抑郁反应减轻和心情稳定后，心理治疗的范围和内容应及时深入并推进到较高的层次，如帮助分析心理状态和造成抑郁的心理因素，培养对“现实我”与“理想我”的协调能力，消除自卑等。

认知疗法不失为抑郁性障碍心理干预的有效方法。尤其对消除自杀意念特别有效，其要点主要是在搞清产生绝望的症结后，矫正认知曲解，度过自杀危机。当然，有些抑郁性障碍比较单纯，只需要进行支持性心理治疗，就能取得满意的治疗效果。

由于重性抑郁性障碍常常导致自杀，所以对自杀行为的心理干预非常重要。除了及时采取有效的治疗措施，选用抗抑郁药物以外，还应当依具体情况，不失时机地采用电休克(ECT)治疗，能收到立竿见影的疗效。若自杀行为继发于精神病的幻想或妄想者，应当使用抗精神病药物并结合电休克治疗。对由现实生活应激事件引起的自杀危机，可采用疏泄法、支持治疗等心理干预方法，帮助度过危机。总之，对有自杀危机者，应耐心倾听，努力找到绝望的原因，在理解其孤独无助、愤怒的情感基础上，创造一个安全、接纳的环境，帮助解决心理问题。同时也要采取有效的监督防范措施，防止意外的发生。

老年期抑郁症的药物治疗原则与其他各年龄组成人相同。目前临床上一般采用三环类抗抑郁药，如阿米替林、丙咪嗪、氯丙咪嗪和马普替林，五羟色胺(5－HT)再摄取抑制剂(SSRI)以及抗抑郁的草药提取物。选择性五羟色胺再摄取抑制剂能有效治疗老年期抑郁症，其中的氟伏沙明副作用少，耐受性好，对认知和心血管功能无影响，故对伴有其他躯体疾病的老年人可能较易耐受。相对而言，其安全性更高。对于重性抑郁者，有激越症状、威胁生命的木僵症状及对药物没有有效反应的，通常可用无抽搐电休克(MECT)治疗。病情稳定后，抗抑郁药应缓慢减量，用小剂量维持治疗几个月，少数病人维持治疗时间可能还要长。

3. 老年期性心理障碍

性心理障碍又称性变态或性欲倒错，指在两性行为方面的心理和行为明显偏离正常，并以这类偏离为性兴奋、性满足的主要或唯一方式的心理障碍，从而不同程度地影响、干扰和破坏了正常的性活动。

(1) 判定准则

对性心理和性行为正常与否的判别，只能使用相对的标准，以生物学属性和社会文化特征为基础，结合变态心理的一般规律和性变态的特殊性进行评价。具体内容包括以下几个方面：

① 以现实的社会性道德规范为准则；

② 以生物学特点为准则；

③ 以对他人或社会的影响为准则；

④ 以对本人的影响为准则。

值得注意的是，对有心理、生理障碍的性功能障碍、由境遇造成的暂时的性生活替代行为、继发于某些精神病和神经系统疾病的性变态行为统称为继发性性变态，不应诊断为性心理障碍。

(2) 具体表现

性心理障碍包括性身份障碍、性偏好障碍及与性发育和性取向有关的心理与行为障碍。如：

① 性指向障碍：同性恋、恋物癖、恋兽癖、恋尸癖、恋童癖；

② 性偏好障碍：异装癖、露阴癖、窥淫癖、摩擦癖、施虐癖、受虐癖；

③ 性身份障碍：易性癖；

④ 其他：口淫癖、恋污秽癖、恋尿癖、恋粪癖、恋灌肠癖、乱伦、电话淫语癖、淫书淫画癖等。

(3) 干预及治疗

因为性心理障碍与性行为异常者多不主动就医，很少有强烈和持久的矫治愿望，所以其心理干预工作比较困难，心理治疗只能对部分性心理障碍有所帮助。近年来，应用行为疗法中的厌恶疗法对很多性变态患者的治疗取得了一定成功。一般来说，性变态很难改变，但是随着年龄的增长，强迫性的变态性冲动可望得到缓和。此外，性心理咨询也是对性心理障碍进行心理干预的重要手段。但性心理咨询范围相当广泛，除一般的性问题外，还有病理的性问题，如性功能障碍、性心理障碍、性疾病等。

4. 贪食症和厌食症

贪食是食欲过于旺盛或超量进食的行为。厌食是食欲缺乏或进食量显著减少的行为。神经性厌食是由心理因素引起的厌食，以自愿的饥饿和明显的体重下降为特征。

贪食可引起肥胖，这不仅对身体健康有很大影响，而且给生活和工作带来很多不便。临床证明，肥胖除增加机体的额外负担外，尚可引起一系列疾病，特别是对于老年人。

厌食是儿童、青少年，特别是在少女当中常见的心理障碍，据报道，在心理咨询门诊中，90%厌食的儿童属于"神经性厌食"。这些出现厌食或拒食现象的儿童，并非因身体疾病所致，他们的身体器官发育正常，大部分是由家长在对待和处理儿童进食方面的不妥所造成。老年人中也有因为种种原因而出现厌食的。

引起厌食的原因主要有自己认为过胖或为了身材苗条和漂亮，离开亲人对新环境适应不良，限制自由引起食欲减低和过分关注或强迫进食等。厌食可引起消瘦，与贪食一样，也可导致机体的不适和疾病。

(1) 对贪食的矫治

对贪食的矫治主要采用饮食行为疗法、体力劳动、体育锻炼和药物等疗法。有报道称，采用行为矫正疗法，配合小剂量的氟哌啶醇治疗效果更好。

(2) 厌食的矫治与心理干预

对住院者首先要建立良好的医患关系，共同确定目标体重。对重症患者可强制进行支持疗法，以维持水与电解质的平衡。此外，在做心理治疗时，可从人体的生长发育规律、营养在发育中的作用、正确的审美观等方面的教育入手。

心理治疗包括认知疗法、支持疗法、行为疗法、暗示疗法等，而行为疗法中，操作性条件反射法与系统脱敏疗法是常用的有效方法。

行为矫正若能结合家庭治疗，则效果更好。对在家庭进行治疗者主要依靠父母或亲人进行矫正，家长不应逼迫孩子多吃，强迫进食容易导致厌食。当孩子食欲欠佳，短时期少吃或不吃时，家长不要看得过分严重或心急如焚，因这种心理容易导致孩子厌食，而应顺其自然，让孩子从生理与心理上自然调节，使其迅速恢复食欲，达到正常进食的目的。对于老年人同样如此，家人应该放宽心态，逐渐地引导。

综上所述，对贪食者与厌食者皆可采用饮食行为疗法、劳动与体育疗法，并可配合药物进行治疗，会取得令人满意的效果。

其他老年心理疾病还包括人格障碍、酒精依赖、烟草依赖、药物依赖等，都可以通过心理干预的方式进行改善，如采用精神分析疗法、阿德勒学派疗法、存在主义疗法、个人中心疗法、完形疗法、现实疗法、行为疗法、认知行为疗法、沟通分析疗法等。各种心理治疗方法的理论基础、治疗原则、治疗过程、适应证及评价我们在此就不一一介绍，欲知详细内容，请学习相关课程，如《老年心理学》等。

思考题

作为从事老年服务与管理工作的我们，该如何通过专业知识的学习来解决日益增多的老年心理健康问题？

内容小结

本部分内容主要学习如何维护老年人心理健康。通过老年心理学相关理论知识的学习，让学生了解为什么要学习老年心理学，什么是老年心理学，如何运用老年心理学知识为老年人服务并达到维护其心理健康的目的。

1. 老年心理健康维护可以从以下几个方面进行：

首先，对老年人进行心理评估，了解老年人心理健康状况；

其次，针对心理健康老人，综合分析影响老年心理健康的因素，可以采取预防的方法来维护老年人心理健康；

最后，对于心理状况出现问题的老年人，可以通过心理干预的方式来进行治疗，从而达到维护心理健康的目的。

2. 老年心理健康的标准包括有正常的感觉和知觉，有正常的思维，有良好的记忆；有健全的人格，情绪稳定，意志坚强；有良好的人际关系；能正确地认知社会，与大多数人的心理活动相一致；能保持正常的行为。

3. 在为老年人进行服务的过程中，可以通过各种方法评估老年人心理状况，最常用的方法就是各种临床量表的使用。通过心理评估的方式，及时、准确、全面地掌握老年人心理健康状况，做到早预防、早治疗，从而有效维护老年人心理健康。

4. 老年心理疾病预防是通过运用医学、心理学、社会学等相关知识，假以各种方式与手段，研究老年心理健康影响因素、作用规律及其相互作用，从而制定相关预防策略和措施，达到预防心理疾病、增进心理健康、延长寿命、提高生命质量的目的。

5. 当老年人患上心理疾病后，我们应该在心理学理论指导下有计划、按步骤地对其心理活动、个性特征或心理问题施加影响，使之发生指向预期目标变化的过程。

6. 老年心理学是研究老年期个体的心理活动变化、特点及其变化规律的一个发展心理学分支，它是新兴的老年学，并涉及多学科知识，是一门交叉学科。

推荐阅读

[1] 高焕民，刘耀泉，吕辉. 老年心理学[M]. 北京：科学出版社，2007.
[2] 彭聃龄. 普通心理学[M]. 北京：北京师范大学出版社，2004.
[3] 时蓉华. 现代社会心理学[M]. 上海：华东师范大学出版社，2006.
[4] 邬沧梅，姜向群. 老年学概论[M]. 北京：中国人民大学出版社，2006.

子情境六　老年幸福生活营造

能力目标

本部分知识内容的学习可以根据实际情况采用阅读、自学或讨论的形式进行，旨在培养学生：

1. 与老年人沟通的能力；
2. 自我学习的能力；
3. 团队合作的能力；
4. 自我表达的能力；
5. 全面看待问题与解决问题的能力。

知识目标

通过本部分知识内容的学习，你应能够了解和掌握以下知识：

1. 老年幸福指数的内容及老年生活质量的评估方法；
2. 老年婚姻关系的重要性；
3. 老年人的精神文化需求以及适合老年人的文化娱乐项目；
4. 老年活动策划的原则及方法；
5. 老年旅游服务的具体要求；老年旅游产业的发展改革方向及措施。

任务一　老年人生活质量评估

什么是生活质量？生活质量是一个复杂而多层面的概念，不同学科对生活质量的定义提出了不同的解释。生活质量这一概念最早由美国经济学家加尔布雷思于1958年提出。但截至目前，对于生活质量的概念，仍然未能形成统一的共识。国内外有关生活质量的定义有100多个，表达生活质量的指标体系和指标也是各不相同，但基本上都认为，生活质量是全面评价生活优劣并从社会发展的结果来考察人口的生活状况，都认为生活质量比生活水平更全面，具有多方面、多层次和多学科的特点。它是经济发展、社会全面进步及社会民主和法制建设的结果，是可持续发展中"以人为本"的具体体现。

从我国的实际情况出发，生活质量在我国至少应当包含物质生活、精神文化生活、生命质量（身心健康和社会功能）、自身素质、享有的权益和权利（人权、自由、机会等）、生活环境

(社会、自然环境),共 6 个方面的内容。以上 6 个方面对于一个人的生活质量的好坏是必不可少的。生命质量是生存和发展的自然基础,物质生活是生存和发展的物质基础,精神文化生活是生存和发展的精神支柱、思想境界和需求层次。前 3 个方面是生活质量的前提或必要条件,后 3 个方面是生活质量的充分条件。

老年人的生活质量是在一定的社会条件下,老年人在物质生活、精神生活、身体状况、社会环境中所处的状态及老年人自我感受的总和。因此,老年人的生活质量,首先是一个动态的、不断变化的过程,它随着社会经济的发展而提高,随着社会经济的衰退而降低,但一般滞后于社会经济的发展。其次,老年人的生活质量是一个系统工程,涉及人们社会、经济、生活的各个方面,而且对生活质量的心理要求会不断提高,这是由人类生活需求的多样性和不断增长的心理预期所决定的。再次,老年人生活质量的提高既有主观因素,又有客观因素;既有内因,又有外因;是主观和客观、内因和外因共同作用的结果。最后,老年人生活质量的高低,有一个科学、客观、公正的社会评价标准,同时也有一个自我评价标准,有时候自我评价结果和社会评价结果会有一定的差异。

1991 年,联合国在《老龄问题国际行动计划》中,把“独立、参与、照顾、自我实现、尊严”作为联合国老年人问题的原则。这是世界公认的原则,它涵盖了老年人生活的全部,也包含了老年人生活质量的本质。

情境导入

家住南充市金鱼岭路的刘全利老人和往常一样,锻炼后吃过早饭,便来到市场买菜,然后拿回家和老伴一起做午饭。“现在生活好了,想吃啥就买啥。”今年 73 岁的刘全利给记者算了一笔账:他和老伴的退休金加起来有 4000 余元,用在衣食住行和就医等方面完全没问题,一年到头还有节余,现在他们俩最大的心愿就是身体健康,生活快乐。

随着老年社会保障面不断扩大,越来越多的老人像刘全利一样,退休或是年老后,最急需的“养”和“医”问题得到了解决。根据统计,如今在南充,享受农村新型养老保险等各类社会保障的老年人达到 111.28 万,占老年人总数的 85.6%。困难老年人社会救助覆盖面也不断扩大,享受城乡低保的老年人达 29 万,城市医疗救助老年人 10.16 万。另外,养老服务体系建设去年开始启动,目前全市已建起养老福利机构床位 2.9 万张。

为了让老年人晚年生活越来越幸福,南充市采取各种措施,处处关心关爱老年人,使他们的合法权益得到保障。如今,在南充的大街小巷,随处可以看到老年人在休闲娱乐,唱歌、跳舞、打太极,他们乐在其中。

市老龄办相关负责人说,近年来,南充老年文体活动出现了规模大、水平高的特点,去年共举行大型老年文体活动 352 次,参加人员达 48.2 万人次,老年文体节目获得市级以上奖项 62 个,同时我市还承办了四川省第七届老年运动会开幕式。

(资料来源:http://sannong.newssc.org/system/2012/10/23/013652855_01.shtml)

任务描述

1. 根据上述情境，讨论分析下述问题：

(1) 你认为对老年人而言，幸福生活应该包含哪些方面？

(2) 老年人幸福生活所包含的各个方面当中哪一部分是他们最看重的？

2. 调查并评估你所在地区的老年人的生活质量情况。

任务实施

1. 分小组就各个主题展开讨论，并分享讨论结果；

2. 分小组编制调查问卷，并开展社会调查，形成调查报告，课堂分享调查结果。

任务总结

1. 通过讨论，你对老年人的幸福生活有什么新的认识？

2. 在社会调查过程中，你遇到了哪些问题？有怎样的收获？

知识链接

一、老年幸福指数

随着我国老年人口数量的不断增加，老龄化的状况不断加剧，老年人这个日益庞大的群体也越来越值得关注。我们都希望老年人能安享晚年，有一个幸福的老年生活。然而幸福的老年生活应当如何界定？现实中哪些潜在因素会影响老年人的生活品质？要解答这些问题，首先我们要弄清楚什么是幸福，什么是幸福指数。

关于幸福的理解，马克思认为，幸福就是指人之所以为人的真理与自己同在时的心理状态，包括一切真实的事物、人性的道理、他人的生命甚至动物的生命与自己同在等，是一种心理欲望得到满足时的状态，是一种持续时间较长的、对生活的满足和感到生活有巨大乐趣并自然而然地希望持续久远的愉快心情。因此，老年人追求的幸福，实际上就是拥有感受外部事物带给内心的愉悦、安详、平和、满足的心理状态。

关于幸福指数，学者们指出，幸福指数应是一个包括政治自由、经济机会、社会机会、安全保障、文化价值观、环境保护 6 类构成要素在内的国民幸福核算指标体系，其测量的是人们的幸福观，反映了民众主观生活质量的核心指标。因此，对于老年人而言，老年的幸福指数，应当是测量老年人的幸福观，反映老年人主观生活质量的核心指标。

一般人认为，人生最美好的时光是青春时期，少年不知愁滋味。一过不惑之年便光景已逝，年华不再。其实，大部分人在十几、二十几岁时只是感觉到一般幸福。年少时学业的压力，成家后来自家庭的压力和社会的压力，随着年龄的逐步增加，其幸福感也会一直下滑，直至中年前期。一般只有人到中老年后，才会越来越知足常乐、乐天知命，让早年的岁月相形见绌。步入老年，如果身体健康，收入稳定，家庭和睦，幸福感就会逐渐上升。

那么究竟什么才是老年人安享晚年，提升幸福指数的重要指标呢？我们总结了如下几点。

(一) 健康的体魄是老年人晚年幸福生活的基本前提

身体健康是晚年幸福生活的基本前提。身体健康、病痛较少、生活能够自理,生活质量就较高,幸福度也较高。反之,病痛多,甚至生活不能自理,生活质量就低,幸福度也低。

健康的老年生活包含了老年人的生理和心理都应当处于健康状态,只有保持一个健康的身体和平衡的心理,才能提高生活质量,才能老有所乐,老有所为。

(二) 持续稳定的生活来源是老年人晚年幸福生活的基础

老年人想要安度晚年,拥有稳定的生活来源是其重要的基础。如果没有经济上的独立,失去经济保障和依托,生活上的独立和精神上的独立就无从谈起,那么,幸福感也会大打折扣。

老年人的生活来源可大体分为 5 类。一是离退休金收入,主要取决于离退休前的职务、职称和所在单位的经济效益。单位内部的差异较小,单位之间的差异较大;二是劳务和经营收入,有这部分收入的主要是低龄老年人,尚有体力、精力从事劳务或经营;三是资产收入,主要是炒股、购买证券、购买理财产品以及银行存款利息等收入,此类收入的多少主要取决于其家底;四是子女和亲友资助收入,这部分收入常不稳定,取决于子女的经济状况及亲子关系;五是抚恤、低保收入,这部分老年人主要是没有工作的职工遗属、破产企业的退休职工和城市居民。

根据老年人的收入多少,可以划分为低收入(月收入 500 元以下/人)、中等收入(月收入 500～1000 元/人)、高收入(月收入 1000 元以上/人)3 个档次。老年人个人的基本支出至少为每月 400～500 元,只有月收入达到和超过 500 元的老年人才能基本安享晚年生活。

很多老年人赞同家有老底,这样就有经济自主权,不必看子女的脸色过日子。在当今人们的自主意识日益增强、家庭日益小型化的情况下,家庭养老要从中年抓起,变养儿防老为储蓄养老、投资养老,增强老年人自我养老的机制。

(三) 基本的居住条件是老年人晚年幸福生活的重要保障

居住条件是老年人幸福生活的重要保障,是老年人赖以生存的基础。随着改革开放与城市住宅建设的发展,老年人的居住条件得到了很大改善。特别是城镇老年人有房户逐年增多,因无房而与子女同住的老年人逐年减少。

把老年人居住面积以户为单位,分为大(80 平方米以上)、中(60～80 平方米)、小(不足 60 平方米)3 类。居住面积在 60 平方米以下的老年人要求改善居住条件的呼声较高,幸福度较低,居住面积在 60 平方米以上的老年人对居住条件较满意,幸福度较高。

一般与子女同住的老年人,一是因无房而与子女同住,这部分老年人常常感到多有不便,幸福度不高;二是因体弱多病、生活不能自理而与子女住在一起,这部分老年人需要人照顾,无法独立生活;三是与子女同住一个城市,各有各的住房,经常走动,相互小住一段,既能在生活上相互照顾,又有一定的独立性,老年人和子女各有各的生活。普遍认为第三种情况较好。

(四) 儿女孝顺是老年人晚年幸福生活的重要支柱

子女是老年人晚年生活的重要支柱,老年人把子女看作是自己生命的延续,倾注心血,悉心培养,希望子女有出息、有作为,也希望当自己在年迈之时能够儿女在前,子孙绕膝,得到他们的供养照料,安享天伦之乐。子女孝敬老年人,老年人晚年生活便充满了阳光,幸福度就高，反之幸福度低，甚至谈不上幸福。

家庭养老目前仍然是我国养老的基本方式。子女照顾老年人，孝敬老年人既是中华民族传统的美德，又是法律规定子女应尽的义务。

子女的供养责任，一是经济上的供养，分为3种情况。第一种情况是完全靠子女供养，每个子女每年出资；第二种情况是部分靠子女供养，子女出资，但资金量上较第一种情况更少；第三种情况是象征性供养，逢年过节为老年人购买食品和衣物，子女出资的数量，一般不超过其年收入的10%，是完全可以承受的。二是生活上的照料，包括为老年人做家务、身体健康上的照料等。三是精神上的慰藉，包括与老年人谈心、拉家常、打电话问候等。

老年人与子女的资助、照料其实是双向的。有半数以上的老年人资助过成年子女，资助的项目包括上学读书、购房购车、治病求医，绝大多数的老年人带过孙子女。可以说老年人为子女付出了全部心血。因此当老年人需要关心、照料和供养的时候，做子女的应当义不容辞地承担起自己的义务。

（五）和睦的家庭关系是老年人晚年幸福生活的重要条件

家庭是老年人生活的主要场所，也是老年人晚年生活的主要精神寄托，良好的家庭环境与和睦的家庭关系是老年人晚年幸福生活的重要条件。

在一个大家庭中，有子女、儿媳、女婿、孙子女，人口多，关系也复杂。但是在各种关系中，对于老年人而言，最重要的是夫妻关系。夫妻是家庭的核心基础，夫妻关系的好坏，在很大程度上决定家庭中的其他关系。夫妻关系好，生活质量就高，幸福度也高；相反，夫妻关系不好，生活质量就低，幸福度也不高。

老年人的婚姻关系受很多因素的制约，既有社会的、经济的、环境的因素影响，也有进入老年期后，老年人生理、心理变化的原因，处理不当，将会使老年人的感情产生危机，甚至导致老年婚姻破裂。因此老年人应当充分认识这些生理和心理的变化，主动调整自己，调整夫妻关系，培养共同的兴趣爱好，给夫妻关系注入新的内容。此外，对老年人离婚，社会应予以宽容和理解，离婚也是老年人的合法权利。

（六）良好的生活习惯和健康的生活态度是老年人晚年幸福生活的重要保证

生活习惯的良好，生活态度的健康是老年人幸福生活的重要保证。老年人从工作岗位上退下来，没了工作压力，少了约束，多了自由，以前有规律的生活节奏突然被打乱，生活节奏放缓，此时，自我约束就很重要，如果思想上不加以重视，也容易养成不良的生活习惯。比如，某些老年人在退休后，养成晚上熬夜看电视、打麻将，日晒三竿才起床的习惯，生物钟被打乱，对于自身的健康造成不良影响，同时还影响到家人特别是老伴的生活与休息，甚至诱发家庭矛盾。

此外，培养老年人健康向上的生活态度也至关重要。一是老年人应当正确对待生活中的困难。人老了，往往心理会变得敏感、脆弱。随着年龄的增长，病痛越来越多，遇到的困难也会不少，有的老年人便会产生悲观情绪。只有学会用乐观的精神和积极的态度去克服生活中的病痛和困难，才能感受生活的幸福与美好。二是老年人要更新观念，紧跟时代的步伐。个别老年人思想跟不上形势，喜欢用老眼光看新问题，拒绝接受新观点、新事物，这也看不惯，那也看不惯，必然影响自己的晚年生活，自己不幸福，与他人也格格不入。

通过以上分析，我们认为（一）～（三）项是老年人生活质量的硬环境、硬指标，属于物质生活条件,(四)~(六)项是软环境、软指标,属于精神生活条件。硬环境是老年人生活的基础,硬环境达不到一定指标,老年人的生活质量肯定不高,幸福度也就不高。但当硬指标达到一定水平时,再增加硬指标,老年人的生活质量和幸福度并不与增加值成正比。这个转折点或叫临界点。临界点以上,提高老年人的生活质量和幸福度,就有赖于优化软环境,提高软指标。

硬环境与软环境相互依赖,相互促进,共同决定了老年人的生活质量和幸福度。提高老年人生活质量的软指标、软环境,重在对老年人的关怀、照料和精神慰藉。这既有赖于家庭成员的帮助、子女的孝敬,更有赖于提高老年人的自身素质,培养健康向上的生活态度,良好的生活习惯,和谐的为人处世方式,丰富多彩的兴趣爱好。在老有所养、老有所医的基础上,实现老有所为、老有所学、老有所乐和老有所教。

二、老年生活质量评估方法

老年生活质量的评估,可以采用生活满意度指数、幸福度量表以及生活质量综合评定问卷,通过调查分析进行。

(一) 生活满意度的评估

生活满意度是指个人对生活总的观点,以及现实情况与希望之间、与他人之间的差距。生活满意度指数是老年研究中的一个重要指标,用来测量老年人心情、兴趣、心理、生理主观完美状态评估的一致性。常用的量表是生活满意度指数(LSI),它从对生活的兴趣、决心和毅力、知足感、自我概念、情绪等方面进行评估,通过 20 个问题反映生活的满意程度(参见:附表 1 量表 1)。

(二) 主观幸福感的评估

主观幸福感是反映某一社会中个体生活质量的重要心理学参数,包括认知和情感两个基本成分。1980 年制定的纽芬兰纪念大学幸福度量表(MUNSH),作为老年人精神卫生状况的恒定的间接指标,已经成为老年人精神卫生测定和研究的有效工具之一(参见:附表 2 量表 2)。

(三) 生活质量的综合评估

生活质量是一个带有个性的和易变的概念,老年人的生活质量不能单纯从躯体、心理、社会功能等方面获得,评估时最好以老年人的体验为基础进行评价,即不仅要评定受试者生活的客观状态,同时还要注意其主观评价。常用的适合老年人群生活质量评估的量表有生活质量综合评定问卷和老年人生活质量评定表。

任务二 老年婚姻与家庭

爱情、婚姻、家庭,永远是人类生活的主题。在一般人看来,爱情与婚姻是年轻人的专利,跟老年人的生活似乎没有关系,其实,这是很片面的认识。老年人同样有自己的情感世界,除了与子女和亲友的亲情之外,也有自己的婚姻与爱情,而且在老年人的生活中占有很重要的地位。大部分人在进入老年期后,婚姻继续存在,但是这个时候的婚姻和年轻时相比有很大的不同。年轻的时候，人们更注重婚姻对事业的支持作用，以及它对子女教育产生的种种影响。当老年人退出了劳动领域，子女们也陆续长大成人，独立成家，这时候，婚姻的重要性更多地体现在了对老两口晚年生活的支撑作用上。老年夫妻恩爱，家庭和谐，和睦相处，无疑是安享晚年、健康长寿的重要因素。

情境导入

绍兴市越城区民政局婚姻登记处在刚刚过去的一个月里，接待了 8 对 52 岁以上的离婚夫妻，其中有 4 对夫妻年龄在 65 岁以上。工作人员印象最深的就是这对 70 岁出头的老夫妻。老先生气质儒雅，一看就是个知识分子，一手字写得尤其漂亮。在他和老伴的离婚协议上，老先生认真地写道："各自人生观、价值观不同。"办手续时，一旁的老伴一直没怎么说话，自始至终表情平静。

工作人员说，近年来老年人离婚的明显多起来了，曾有老年人离婚时表示"要为自己活一场"。

与之相伴随的，是老年人的再婚问题。很多事例表明，再婚夫妻往往遭遇财产、子女等障碍。原来，两人都是离异的，再婚也有十多年了。再婚前，两人也同居过一段时间，彼此觉得相处得不错才决定正式领证的。可没想到，结婚后很多问题还是暴露出来了。"双方子女也都大了，对财产看得重。"女方的这句话指出了问题的症结。

（资料来源：http://www.fabao365.com/hunyin/2807）

任务描述

阅读上述内容，思考并讨论下述问题：

1. 影响老年人婚姻质量的因素有哪些？

2. 如何避免老年婚姻危机的出现？

3. 辩论：以"老年人再婚是否应当婚前财产公证"为题，以班级为单位，组织一场课堂辩论赛。

任务实施

1. 分小组就各个主题展开讨论；并派代表汇报分析讨论结果；

2. 选举辩论主持人；每小组推举一到两名代表参加辩论，组成两支辩论队，通过抽签决定两队各自立场；辩论主持人介绍辩论规则及要求；正反双方展开辩论；老师及同学提问并讨论；主持人宣布辩论结果。

任务总结

1. 通过任务实施，你是怎样理解婚姻对于老年人的重要性的？

2. 开展辩论赛对学习有何帮助？

3. 在辩论赛的准备过程中，查阅了哪些资料？通过资料的查阅，你对老年人再婚有怎样的看法?

知识链接

一、老年婚姻与家庭的重要性

(一)老年婚姻是老年人家庭关系的基础

对于老年夫妇而言,老年婚姻关系经历了结婚、生育和抚养后代的过程,已经进入家庭生命周期的最后阶段。这时由于老年家庭的社会功能变化较大,如人口再生产功能已经不复存在,教育功能相应减退,社会交往功能也随着年老退休而大为削弱,但家庭的感情功能却由于老年夫妇逐渐或相继退出社会工作圈,子女也已另立家庭,从而变得较为突出。老年婚姻关系,作为老年夫妇感情的重要维系,必然成为老年家庭的基础。

(二)老年婚姻是老年人生命过程中的重要支柱

就人的生命周期而言,老年是人的生命周期的最后阶段。从退休到死亡,一般约有20年的时间,这一时期的老年人,社会角色变迁较大,将面临一系列心理和生理的不平衡问题需要调适。而老年婚姻关系,特别是居于核心地位的老年爱情维系,是调整老年人心理失衡的可靠良药。老年婚姻中自然和社会的内容,会逐渐转变为以相互调适生理和心理状态为主,以适应老年阶段的需要。这种历经人生的磨难和考验,互谅互信而获得的爱情硕果,对老年夫妇来说,是异常珍贵的,有了它,就可以得到相濡以沫、共度老年期的力量;有了它,就可以克服老化过程中出现的衰老病现象,减少各种困扰,使功能得到调适,焕发生命活力。所以说,老年人美满的婚姻是老年人生命过程中极为重要的支柱。

(三)老年婚姻有利于老年人身体健康和情感满足

据调查,许多长寿老人,除了生活上有良好的习惯以外,绝大多数是由于夫妻和睦而白头偕老。家庭和睦,夫妻互敬互爱,共享高龄,这在古今中外都是屡见不鲜的。现代医学认为,人在精神愉快时,可以分泌出对身体健康有益的激素,使血液的流量、神经细胞的兴奋调节到最佳状态。相反,当人孤独悲伤时,则会使各种有益的激素分泌紊乱,内脏器官失调,以致发生胃痉挛、血压升高、冠状动脉闭塞等病症。美国的调查资料表明,中年丧偶者的发病率比较高,他们的住院时间为同类患者的2倍,死亡率也明显偏高。老年人丧偶后再婚,不仅在生活上可以互相关照,而且在心灵上也是一种安慰,有利于健康。老年婚姻可以促使老年人在精神上互相支持。子女、亲友及社会的爱护、帮助,都无法取代配偶的感情及照顾。可以说,正常的老年婚姻是保持老年人健康、愉快的一个基础。

总之,老年婚姻之于老年人而言,在某种意义上比中青年时期更为重要。当今社会,尤其是在城市中,有很多中青年并不重视婚姻,即使是重视者,其对配偶的依赖性较老年人来说也弱得多,那份恩爱毕竟没有经历太多的岁月积累,没有经历生离死别之时的痛楚,也没有那么刻骨铭心。几十年的相濡以沫会积淀一种巨大的力量,这种力量平时淹没在琐碎的生活中,只是在失去时才爆发出来,给人以致命的打击。对老年人来说,一旦失去配偶,疾病衰老都将会接踵而至。因此,老年人的婚姻问题,不仅关系到老年人的生活质量与欢乐,而且也是影响老年人健康长寿的重要因素。

二、老年婚姻关系的处理

(一) 老年婚姻状况

老年人的婚姻关系状况包括未婚、有配偶、分居、离婚、丧偶等。老年人口的婚姻状况受多种因素的制约和影响,一方面老年婚姻受老年人口自身的年龄变动、性别差异、生命过程等影响;另一方面,社会的文化传统、风俗习惯、道德观念,甚至不同的文化程度和不同的经济收入水平也将影响老年人口婚姻结构的变动方向和变动规模。我国老年人口婚姻状况呈现如下特点。

1. 老年人中未婚率低,离婚率低

第六次人口普查显示,我国60岁及60岁以上人口有1.78亿,而其中未婚者仅313万人,约占1.8%;老年离婚者所占比例更低,只有138万人,占老年人口的0.8%,婚姻关系相对稳定。

2. 老年人中初婚有配偶的比例高,再婚有配偶的比例低

从老年人口婚姻的现状看,超过老年人口总数2/3的老年人有配偶,约8615万。在有配偶的老年人口中,属于初婚的,约8106万人,再婚有配偶的约509万人。初婚有配偶的高比例是与我国家庭关系的总体和睦与稳定相吻合的,而再婚有配偶的低比例则从一个侧面反映老年人口中再婚者面临的各方面阻力还是不少。

3. 高龄老年人中,女性老年人丧偶率高

老年人中,丧偶者约占老年人口总数的30.6%,而其中女性老人的丧偶率高出男性老年人的2倍以上。由于传统文化、社会风尚等多种因素的作用,我国人口婚姻关系从总体上看是稳定的,家庭健全程度较高。我国老年人口的婚姻状况,与我国人口婚姻总体稳定状况是相吻合的。但值得关注的是老年婚姻的发展趋势,因为随着年龄的增长,老年人口(尤其是女性老年人口)的丧偶率增高,将给老年人的晚年生活带来一系列影响。因而社会应该更加关注丧偶后的老年人,尤其是丧偶后的老年女性和没有社会保障的老年人。

(二) 老年婚姻关系的影响因素

不同的婚姻关系对于老年人口的生存质量显然是不同的,探讨影响老年人婚姻关系的因素的主要目的是促进老年人良好婚姻关系的形成,以度过温馨的晚年。

老年人口的婚姻关系受很多因素的制约,既有社会的、经济的、环境的因素影响,更有进入老年期后,老年人生理、心理变化的原因。处理不当,将会使老年人的感情产生危机,甚至导致老年婚姻破裂。一般认为,影响老年婚姻关系的因素如下。

1. 健康因素

俗话说,“老来百病摧”。到了老年期,人的机体开始衰老,抵御疾病能力减弱,容易生病。一般来说,老年夫妇共同经历了人生的风风雨雨,应当更加互相体贴。但是许多久病在床的老年人会变得脆弱、敏感,容易发火,老伴也觉得非常委屈,认为自己好心没好报,于是发生争执,产生矛盾,从而影响夫妻感情。

2. 婚姻建立时留下的问题

“父母之命,媒妁之言”的婚姻在老年人中仍有不少,还有的因年龄大了或政治原因等凑合着结婚,导致相互间没有多少感情,甚至彼此怨恨。年轻时为了孩子,各自都有自己的工

作，也由于当时的社会道德要求，日子在得过且过中度过，退休后则各种矛盾和问题都显露了出来。

3. 对性生活的不满意

性生活不仅是肉体的满足，也是感情的表现。老年人因生理功能的衰退，构成性活动能力的生理、心理因素也大为削弱，婚姻生活中性生活的地位可能较中青年人有所区别，但其对老年婚姻的重要性仍然是不容置疑的。可以肯定，性生活和谐程度与老年夫妻关系存在一定的相关性。性生活和谐的夫妻大多感情较好，而性生活不和谐的则夫妻关系很难好起来。

4. 老年期心理的变化

人到老年，由于更年期的干扰，心理上不可避免地要发生一系列的变化，如忧虑、多疑、情绪烦躁、容易发火等，特别是女性表现得更加异常，有的甚至产生精神性疾病，这是导致老年婚姻危机的重要因素之一。只要老年人懂得自身生理、心理的特点，学会自我调适，同时对配偶宽容大度、体贴关心，就会相安无事。如果不懂得上述特点，以为配偶有意“像换了个人似的”，采取火上加油的行动，对方的反应就会越来越大，双方的感情裂缝也会越来越深，最终酿成悲剧。

5. 老年夫妻兴趣、爱好的差异

由于人到老年，生理上、心理上发生的变化，使得老年夫妻之间在兴趣、爱好上产生差异，且这种差异感会比年轻时表现得更为突出。同时环境的变化也会使这种差异更加明显，反差太大必然影响到双方的关系。退休前，夫妻俩白天都在各自的工作岗位上忙于业务，献身事业，晚上才回到家里来，相对来说，互相磕碰的机会少，互相交流的话题多。退休后，从庞杂的社会回到狭小的家庭，空余时间多了，接触频繁了，可能会发现配偶做事这也不顺心，那也不称意，于是引起争吵，使感情产生裂痕。一般感情好的老年夫妻往往兴趣爱好相同，有共同语言；而关系不好的老年夫妻，则很少有共同的兴趣爱好。对于老年夫妻双方来说，经过几十年的共同生活，感情大多已经融洽，只是人到老年，才又使这些差异凸现出来，因而加强沟通、相互理解、弥合差异，同样是处理老年婚姻关系的重要原则。

6. 经济矛盾

经济基础决定上层建筑，婚姻关系的牢固与否，很大程度上受家庭经济基础的制约。在某种意义上，家庭经济生活中的矛盾更能破坏夫妻关系。比如，夫妻双方的消费不平衡问题，如果一方消费太多，必然会引起另一方的不满。经济支配的对象、方式与数量的意见不统一，往往也会使夫妻之间产生分歧。有的家庭还会因为储蓄与开支的安排问题而产生矛盾，或由于兴趣爱好不同，以致花钱方式的不同而闹意见。这些因素看似小事，但对老年夫妻关系有很大影响。

（三）老年婚姻关系的处理原则

老夫老妻恩爱和睦、互敬互谅，不仅使家庭幸福生活有保证，也有利于老年人健康长寿。老年夫妻关系的处理应当遵循以下基本原则。

1. 思想上相互尊重、相互理解、相互信任

在家庭中，夫妻关系是平等的，要尊重对方的人格，理解对方的爱好，不要强求对方。老伴的爱好要重视，多加支持，如果加以挑剔，甚至嘲讽，会损伤对方的感情。对对方要有足够的信任，不要妄加猜疑，引起对方反感。

2. 生活上要相互照顾、相互关心、相互体谅

人到老年，子女独立，远离家庭，分居他处，此时的老年人往往容易产生空虚感。朝夕相处的只有自己的配偶，因此，老年夫妻相互照顾、相互关心、相互体谅，不仅能增进夫妻间的感情，更是老年精神生活所必需的。人到老年，体弱多病，动作迟缓，记忆力衰退，因此，特别需要相互之间的扶持和帮助，健康一方应当为多病一方鼓舞打气，提供医疗条件的支持和心理的安慰，使其安度晚年。对于配偶进入老年期由于心理的变化而发生的行为转变，比如讲话啰嗦、任性固执、喜欢责备别人等，要予以体谅，不要动辄就加以指责。

3. 经济上相互商量、相互公开

经济问题是家庭的基础，对于老年人尤为如此。若经济问题不解决好，就可能影响夫妻感情。要处理好家庭经济问题，一方面老年夫妻在经济上要多商量，合理安排，民主解决；另一方面，财务要公开，家庭收入的使用要合理、平等、透明，不要私设"小金库"造成误会，给夫妻生活蒙上阴影。

(四) 老年婚姻关系处理技巧

夫妻关系的协调在家庭生命周期的不同阶段有不同的要求。夫妻应当根据不同阶段的变化特点，对相互之间的关系进行协调。老年夫妻也应掌握一些婚姻关系的处理方法，巧妙地化解夫妻之间的矛盾。

1. 善于以情动人

感情是婚姻关系的基础，老年婚姻更需要感情的交流。如果老伴与自己产生隔阂，应以情动人，以真情去改变对方的态度。比如送上一束玫瑰，给对方一些意外之喜，讲些对方喜欢听的话，打消对方的成见。如果认为老夫老妻，平淡生活不需要像年轻时那样用心思讲感情，对老伴不理不睬，甚至在发生矛盾时一走了之，只会使矛盾越来越大。

2. 要把矛盾冷处理

夫妻在生活之间的矛盾是不可避免的，关键是有了矛盾之后的处理方式。采取"冷处理"方法不失为一种有效的方式。一方发火，另一方应避其锋芒，做些让步，待到对方冷静后，再动之以情，晓之以理，问题不难得到解决。如果不是冷处理，以热对热，针尖对麦芒，谁也不肯让步，或得理不饶人，其结果只会激化矛盾，酿成悲剧。

3. 巧用幽默

幽默可以给人欢乐，可以消除人的烦恼，也可以产生良好的心理效果。在老年夫妻关系中，幽默可以使金刚怒目的紧张气氛化为轻松愉快的气氛，是夫妻关系的稳定剂和兴奋剂。家庭中有了矛盾，一个幽默的笑话，一个幽默的动作，往往使矛盾化险为夷，化凶为吉。

4. 琐碎小事装糊涂

"难得糊涂"在老年夫妻关系中，也应有所运用。老年夫妻朝夕相处，难免会有摩擦，对于那些日常小事，诸如一杯茶、一盘菜、穿什么衣服、抽什么烟等尽可能糊涂些，不必斤斤计较。吃些小亏，受些小气，尽量装糊涂，把矛盾的锋芒躲开，夫妻间不需要睚眦必报。

5. 换位思考

老年夫妻之间出现矛盾，应学会换位思考，多从对方的角度想一想，多替对方考虑。彼此间就更容易相互理解。

(五) 老年人再婚问题

老年人再婚，指老年人丧偶或离异后，再择偶婚配，继续婚姻关系。在我国，绝大多数老

年人都结过婚，终身未婚或有不同婚史、离婚和分居的比例都很少，多数老年人都处在夫妻家庭构成之中。但作为自然规律，随着年龄的增长，死亡率的不断升高，老年人尤其是女性老年人丧偶率高，婚姻结构开始发生变化，这将给老年人的生活带来一系列的影响。家庭空巢化，年龄高龄化，再加上丧偶，老年人的生活将更加孤独无助，雪上加霜。如何从丧偶的悲伤中走出来，重新找到生活的支点，这是摆在部分老年人面前的现实问题。与中青年群体相比，再婚成为老年人群相对敏感的现实话题，日渐为社会所重视。

1. 老年人再婚的原因

老年人再婚一般是出于以下需要。

（1）心理需要。丧偶或离异以后，心理上会产生强烈的失落感、孤寂感，需要找一个人在生活上相互支持，感情上相互宽慰，以填补心理上的空白。

（2）生理需要。老年人一般身体情况都不佳，都需要一个能相互照顾的伴侣。当然也有一些人再婚是要求过正常的性生活。

（3）其他需要。包括物质需要、精神需要等。

2. 老年人再婚的阻力

对于单身老人的结婚，往往会得到支持和帮助，而老人的再婚，却会遇到阻力。

（1）封建传统道德观念的禁锢。众多老年人受到“好女不嫁二夫”“从一而终”等封建礼教的束缚，丧偶多年，晚景孤凄，虽渴望能有个老伴相扶走完人生旅程，但屈服于社会、家庭、邻居的非议，打消再婚企望，甘受压抑煎熬。

（2）子女的反对。老年人再婚往往易引起子女的干涉，原因可能有如下几个方面。一是感情隔膜。子女对失偶的父母不关心，缺乏心理交流，或者不了解再婚是老年丧偶者的内心需求。二是“难堪”心理。子女觉得父母再婚“丢面子”。三是自私心理。当丧偶的父母手中有一定财产时，子女唯恐父母再婚后会失去财产支配权和继承权。四是戒备心理。一般来说，单亲子女有着深重的心灵创伤，有的对逝去的父亲或母亲怀有深厚的感情，有的因过去不良的家庭影响而对生活态度冷淡。所以对父母再婚心理上有抵触和反抗。在没有了解继父母之前往往有戒备心理，因为“继父母总不如生父母”的传统观念必然会影响他们。

（3）功利主义的绊索。婚姻一旦与个人的名誉、地位挂起钩来，爱情就会黯然失色，甚至夭折。现实中，部分老年人择偶的条件颇为苛刻。有的男性老年人择偶的条件要求女方的年龄要比自己小，最好小七八岁，甚至更多，以便于对方照顾自己；而一些女性老年人对男方社会地位要求甚高。老年人的择偶条件在许多方面比青年人的更现实、更具体。有些老年人的择偶条件不仅在年龄、相貌、胖瘦、高矮、文化、职业、收入、住房、风度、健康、情趣、嗜好等方面有明确要求，甚至还标明无车、无房、无上百万资产不见。如此要求，往往也是令自己作茧自缚。

3. 老年人再婚问题的处理

人到老年之后，无论是生活习惯还是身体状况，都很难再适应新的改变。而再婚将打乱原有的生活，两个习惯完全不同的人突然生活在一起，如果是年轻人，磨合一段时间可能就习惯了，但对于老年人或许就很难了。因而，对待老年人再婚，一定要慎而又慎，老年人应当掌握一些处理再婚问题的技巧。

（1）正确对待再婚。老年人再婚是合情、合理、合法的，所以老年人对自己的再婚要抱正确的态度。不仅自我观念要更新，而且要勇于向世俗挑战。

(2) 要端正老年婚姻的动机。婚姻应以爱情为基础，不能功利目的太强，把再婚当作寻找经济来源、寻找生活保姆、寻找性伙伴、寻找生活依靠、寻找住房的机会。在这样的动机下，婚姻的基础肯定不牢固，一旦在生活中发生碰撞或相互之间难以融洽，这样的婚姻基础就会土崩瓦解。因此，老年婚姻的动机一定要端正，双方都要抛弃功利目的，首先应以思想共鸣、感情融洽为前提，其次要慎重考虑对方的实际情况，最好能有相同的文化背景、相似的生活阅历、相同的兴趣爱好、相互弥补的性格，这样才能缩短相互了解的时间和距离，才能在婚后的心理、生活上更方便、更容易地互相调适。

(3) 注重婚前的充分了解。对于再婚老年人来说，婚姻同样是终身大事，关系到老年人晚年的幸福生活，因而应该采取慎重态度。双方在婚前要充分了解，获悉诸如性格、脾气、兴趣爱好、身体健康状况、子女及亲戚对婚姻的态度、经济条件、住房情况、文化水平、职业及过去的经历等情况。只有全面详尽地了解对方的情况，才能作出正确的选择与决策。要做到"日久见人心"，避免"一见钟情"。否则，与合适的人失之交臂或结婚后又闹离婚，这些都会带来烦恼，在人生暮年留下无尽的遗憾。

(4) 做好子女的思想工作。子女对老年人再婚是否支持，是关系到再婚是否幸福美满的重要因素。子女对父母有着天然的感情，父(母)亲的亡故给他们带来了巨大的痛苦。他们因觉得未尽到责任而愧对故去的亲人，产生一种罪责感。有一些子女期望父(母)亲对已故的配偶"守节"。再婚父母要理解子女，要用自己更多的关怀来抚慰他们受伤的心灵，使子女分享到父(母)亲再婚后的幸福。同时，也要向子女解释，寻求理解和支持。

(5) 处理好与家庭成员的关系。老年婚姻较之青年婚姻，关系更为复杂，它牵涉到几代人的关系，既有老年人自身的相互适应、协调，也有老年人与子女之间的关系协调，还有第三代人以及各自原有亲友之间的关系协调，所以老年婚姻实际是两个家庭，甚至是两个家族之间的融合，一定要十分注意协调好方方面面的关系。首先，要设身处地替对方着想，换位思考，尊重对方的感情和习惯；其次，要有宽阔的胸襟和器量对待晚辈，对己出和非己出的子女都要一视同仁，不可厚此薄彼；再次，对其他家庭成员应主动接触，热情招呼，要有高姿态，但不要有架子，通过渐渐熟悉和了解，慢慢融入到新的亲情生活氛围中去，自然而然地成为令人尊敬的长辈。

(6) 要处理好财产关系。经济情况要公开，应把双方的收入视为家庭共同的收入。在支出上，要民主协商，取得一致意见。这样夫妻两人心中有数，可避免争吵。

老年人的再婚，意味着两个单身老年人作为夫妇一起生活直到终老。美满的婚姻会给老年人带来幸福与快乐，不理想的婚姻则会使双方备感痛苦和不安。所以，切不可轻率从事。

三、老年和谐家庭的营造

拥有一个幸福的家庭，安享晚年，是众多老年人的心愿。生活当中，老年夫妻应当积极遵循互敬、互爱、互信、互勉、互帮、互让、互谅、互慰的原则，努力做到以下 5 点，营造和谐美满的家庭。

(一) 把生活建立在现实基础上

老年夫妻应把生活建立在现实基础之上，摒弃对家庭生活、配偶角色的不切实际的期望。有的老年人希望自己的配偶既是知己又是保姆,是不现实的。夫妻还应对家庭生活中可能产生的变化,对配偶可能出现的变化有充分的思想准备,如配偶突然生病,出现更年期的变化等。此时,应该接受这些变化,并主动地适应。

(二) 互谅互让,相互体贴

老年人退休后,夫妻朝夕相处,繁杂的日常生活和事务,会使各自的优缺点、性格、为人和脾气都更清楚地呈现出来。特别是当身体不佳或心情不愉快的时候,生气、发脾气的情况就会增多。在这种情况下,就特别需要夫妻之间的谅解、帮助和体贴。经历人世沧桑、饱尝世事磨难的老年人是最能够体验和享受夫妻间的深切情意的。在日常生活中,要以关心体贴的方式传达爱恋,要揣摩对方的需要,主动给予关心和帮助,在互敬、互爱、互帮、互谅的情意交流中,使爱情长存。

(三) 夫妻之间应坦率、真诚、平等

夫妻,尤其是老年夫妻,在共同经历了人生的风风雨雨后,他们之间应存在一种最亲密的人际关系。如果彼此能够互相了解和信任,那么,即使发生小摩擦也会很快解决,否则,芝麻小事也可能导致感情破裂。夫妻间虽然存在角色行为上的差异,但夫妻在保持自己的个性、独立性等方面享有同等权利。老年夫妻更应互相照顾,而不是一方伺候另一方。夫妻之间如果认识到这一点,努力建立并遵循这一平等关系,就会使关系和谐、融洽。

(四) 有一张共同的家庭生活日程表

老年人在退休后,硬性规定的劳动、工作或学习时间没有了,那么就面临着如何安排和支配时间的问题了。日常生活中第一类是"生命必需时间",包括一日三餐、睡眠时间,这种时间在某种意义上带有一定的强制性,老年夫妻花费在这上面的时间也比较多;第二类是自由支配时间,这可以根据不同的兴趣、爱好自由安排;第三类是修复时间,这是治疗、恢复疾病或应付生活中其他意外而支付的时间。作为社会人,是不能不受这种时间支配的限制的。退休后的老年人虽然空闲时间多了,但也必然受其影响。老年夫妻间要调适好夫妻关系,就要使夫妻两人的家庭生活日程表协同起来,增加共同活动时间。这是因为家庭是一个互助关系十分密切的团体。特别是退休后的老年夫妻关系就更加紧密,共同的家庭生活日程表,可以促进夫妻间积极的互助,增强夫妻间的和谐与融洽。

(五) 珍视家庭特有的价值

老年夫妻要在沟通、活动之中,使人际关系深层的关怀显现出来,并加以发展,使之升华,而不能消极被动地应付生活。在人生不同阶段应创造出不同的价值。老年人退休以后,往往对价值评价有所改变,特别是生活平凡的日常家庭,往往使人感到好像没有什么特别的价值。忽视在日常平凡生活中夫妻之间亲密情意的价值,家庭生活就不会幸福,夫妻之间深层的感情联系就不易加深。其实共同生活几十年的老年人,家庭中值得怀念、留恋、珍视的和有价值的事物很多,只要做个有心人,都会从中找到无限的情趣。家庭中特有的价值包括家庭共同创造的社会业绩,把孩子养大成人,经受了人生考验的爱情等。共同生活了一生的夫妻,更能享受到超乎肉体的爱情的特有价值。因此,我们要珍视这种特有的家庭价值,并在日常生活中纪念它,发掘它,议论它,这不仅可以增加家庭日常生活的情趣,也会增强夫妻之爱。对互敬互爱地走过生命大半历程的夫妻来说,家庭的价值就像他们的生命一样宝贵。

任务三　老年文化娱乐

老年文化娱乐，是以老年人为主要对象，其内容包括适合老年人参与的各种娱乐项目和与体育锻炼相结合的健身项目等。根据老年人的生理和心理特点，组织和引导老年人开展各种各样的文化娱乐活动，能丰富老年人生活，使其老有所乐。

情境导入

组建社区老年乒乓球队、开展京剧票友会、参加老年民乐团二胡演奏……今年72岁的周英田老先生虽然已经退休12年了，但在这12年里，老先生的生活却一直忙碌而充实。周英田老先生用实际行动告诉大家，老年人的文体生活同样重要，老年人不比年轻人差，老年人也要有自己独立的精神世界与娱乐生活。

还未踏进黄河小区的老年活动室，就听见里面传来“好！好球！”的叫好声。记者循声而去，在乒乓球室见到了正在挥汗打球的周英田老先生。身为老年乒乓球队队长的周英田告诉记者：“我今年72岁了，身子骨还算硬朗。自从社区建了这个活动室，我们就成立了老年乒乓球队，让我来担任队长，带领大家打球强身健体。我们的口号在墙上贴着呢：‘我参与，我运动。我健康。我快乐！’我每天上午都坚持来打一两个小时的球，和老伙计们切磋技艺，直到大汗淋漓，非常畅快啊！”

周老先生还告诉记者，老年乒乓球队已经成立了七八年，从最初的四五个人已经壮大到现在的三四十人的队伍。“我带着老年球队一年参加两次大型的乒乓球比赛，一次全市的，一次驻滨单位的，每次都能取得好成绩。我们拿了8个团体二等奖、三等奖。我还打了3次老年A组第一名呢！”周老先生一边给记者展示着大大小小的团队奖杯，一边骄傲地说。

周老先生兴趣广泛，不仅打得一手好球，还擅长拉奏二胡和京胡。周老先生告诉记者，社区里有很多热爱国粹的京剧发烧友，却苦于没有场地来施展自己的特长。周老先生便腾出自己的储藏室，为社区的京剧发烧友提供了一个可以吹拉弹唱的“练音房”，组建了一个小小的“京剧票友会”。

周老先生告诉记者：“我们票友会里有唱青衣的，有唱老旦的，还有两个老生。一般我上午去打乒乓球，他们下午来找我唱戏。他们唱我就拉京胡伴奏。大家自娱自乐，特别开心。心情好了，生活充实了，身体自然也就好了。老年人嘛，就要老有所乐。”

（资料来源：http://news.xinmin.cn/rollnews/2012/11/22/17280686.html）

任务描述

1. 试分析：如果老年人精神生活贫乏，将对老年人产生哪些影响？

2. 辩论：以“老年人是否应该以麻将作为日常主要娱乐方式”为题，以班级为单位组织一场课堂辩论赛。

任务实施

1. 分小组就各个主题展开讨论，并派代表汇报分析讨论结果；

2. 选举辩论主持人；每小组推举一到两名代表参加辩论，组成两支辩论队，通过抽签决定两队各自立场；辩论主持人介绍辩论规则及要求；正反双方展开辩论；老师及同学提问并讨论；主持人宣布辩论结果。

任务总结

1. 辩论赛前你做了哪些准备？

2. 通过实施任务，查阅资料，你认为哪些娱乐项目是适合老年人积极开展的，而哪些是不适合老年人的？

知识链接

一、老年精神文化需求

（一）人的需求层次理论

根据马斯洛理论，把人的需求分成5个层次，即生理需求、安全需求、爱与归属需求、尊重需求、自我实现需求。这5种需求，依次由较低层次到较高层次排列。马斯洛指出了人的需要是由低级向高级不断发展的，任何一种需求的出现都以较低层次需求的满足为前提。

（二）老年人精神文化需求的特点

随着我国政府对老年群体的重视，社会保障资金投入力度的逐年增大，老年人的物质生活条件得到了有效的改善。当老年人的物质需求基本得到满足时，对于精神文化的需求就由隐性转向了显性。

步入老年，人的体力和精力都会日渐衰退。告别几十年的工作岗位，子女成家离去，亲友、配偶亡故，社会交往的冷落等诸多因素，都会使老年人或多或少地产生失落感。这些不良心态皆会对老年人的身心健康产生危害。因此，全社会不仅要重视和满足老年人的物质生活需求及物质生活方式的建设，更要重视老年人精神文化的需求。如果社会无法为老年人提供满足其精神文化需求的服务和条件，就无法实现“老有所养、老有所教、老有所学、老有所为、老有所乐”的目标。

（三）老年精神文化需求的内涵

老年人的精神文化需求是指老年人在亲情伦理和情感生活方面的感情需求。精神文化需求是与个体自身的素质、教育程度、修养等密切相关的。文化程度直接影响人的精神消费能力和闲暇生活技能，进而影响闲暇生活内容。每个人不论年龄大小，都有自己的需求。就老年人而言，有的人退休不退志，奉献终身，刻苦自学，不断进取，以丰富自己的晚年生活；有的人锻炼身体，休闲旅游；有的人上老年大学，补上年轻时因工作繁忙而耽误的文化知识；有的人探亲访友，重新找回亲情，找回同学、战友时期的友谊……

老年人精神文化需求存在一定的个体差异，一般需求包括情感、文化娱乐、人际交往、教育、自我实现5个方面。

1. 情感需求

情感需求是老年人心中普遍强烈的精神需求。当老年人遇到紧急危难情况时，得到的安慰和关心主要还是来自于配偶、子女。在老年人对子女的期待中，对于亲情、情感的需要程度远远大于对金钱、物质回馈的需求。老年人如果长期得不到来自家人的关心、照顾，就会感到失落而孤独，从而产生消极情绪，甚至影响到老年人的身心健康。子女日常的嘘寒问暖和沟通交流，配偶的不离不弃、相伴左右都能使老年人得到精神慰藉，心情舒畅，精神愉快，幸福度大大提升。

2. 文化娱乐需求

工作时期精神依托主要在岗位上，退休之后有了大量闲暇时间，文化娱乐活动便成了老年人精神文化需求的一个重要内容。如果没有健康多样的文化娱乐活动来充实这些空闲时间，老年人生活将会变得单调乏味、空虚无聊。通过参加健康有益的活动，享受欢快活泼的文体生活，在活动中陶冶情操，享受人生乐趣。如秧歌、腰鼓、太极拳等老年人喜闻乐见的活动，简单易学，适合老年人的特点，使老年人的晚年生活充实丰富、老有所乐，有利于身心健康。

老年人如果有着丰富的文化娱乐生活，对其增强体质、减少疾病、提高健康水平十分有益。首先，它使老年人心理上感觉自己还年轻，生命力旺盛，从而对生活充满信心。其次，它调剂和丰富了老年人的生活内容，使老年人感受到生活的无穷乐趣，认识到自己对社会仍有价值，从而不断产生新的追求和寄托。再者，通过群体活动，可以增进老年人之间的思想与感情的交流，改善老年人的精神状态，增进老年人对社会的认识与接触，获取更多的社会信息，从而跟上时代发展的步伐。

3. 人际交往需求

除了亲情和爱情，老年人也需要友情，希望有朋友陪伴、沟通，渴望有相同年龄阶段的朋友圈子。大多数老年人乐于开展社会人际交往，进行社会互动。通过与他人沟通，老年人排解心中的苦闷，感情得到宣泄释怀；通过社会人际交往，老年人得到了尊重、关注和社会地位；通过与他人开展多种活动，展示自身才能，继续完成自我实现和自我发展，弥补了因退休、空巢等原因而产生的寂寞、空虚、失落等负面情绪和不良心理。

4. 教育需求

俗话说"学无止境""活到老，学到老"。当今形势发展迅猛，新知识层出不穷，老年人虽已离退休，仍然希望与时俱进，不被发展的形势淘汰。他们渴望老有所学，获得继续学习的机会，包括就读老年大学系统学习、自学等形式。有的老年人喜欢读书看报，博览群书，谈古论今，增长知识；有的老年人学习服装裁剪、缝纫、编织、学习舞蹈、走 T 型台，甚至参加各类表演，展示自己的老年风采，在晚年时实现了人生价值。

5. 自我实现需求

自我实现是老年人精神需求的最高层次，也就是美国著名心理学家马斯洛所说的"高峰体验"。老年人希望能够"老有所为、老有所用、老有所成"的需求即是老年人对人生境界、自我价值的追求的体现。老年人通常拥有了娴熟的技术，积累了丰富的阅历和经验，对社会问题的理解更加有深度，退休后依然希望参与社会活动，为社会做些力所能及的事情，充分发挥自己的潜能和余热，实现自身价值或未竟心愿，即实现老有所为、老有所用、老有所成。

以“传播知识、陶冶情操、活跃生活、延年益寿”为宗旨，积极开展老年精神文化活动，丰富老年精神文化娱乐项目，为广大老年人提供精神原动力和道德凝聚力，对提高老年生活质量，增加老年人幸福生活指数具有十分重要的意义。

二、老年文化娱乐项目

（一）学习型文化娱乐项目

教育需求是老年人精神文化需求中重要的部分，根据老年人学习目的的不同可将老年人的学习分为消遣型和学用结合型两种。老年人可根据自己的切身需要和学习目标选择不同的内容学习。

1. 上老年大学

老年大学的课程内容十分广泛，老年人可根据自己的兴趣爱好与需要来选修相关课程。老年人通过上老年大学，除了增长知识，获得了心理满足之外，还可认识一批拥有相同兴趣爱好的老年同学，大家聚在一起交流沟通，改善了老年人孤独失落的情绪。

2. 读书看报

读书看报无疑是老年人最简便易行的学习方式，也是最主要的学习方式。读书可使老年人享受知识积累的乐趣，保持浓厚的生活情趣，涵养老年人的性情，使人心有所寄，志有所存。看报可以使老年人及时了解国内外新闻，与时俱进，和社会保持同步。

3. 学习书法绘画

书法和绘画是一门艺术，书法绘画使人宁心静气，有助于养心。通过书法和绘画的学习和练习，可以使老年人在艺术的境界中寄托情感、陶冶性情、养神健脑，在艺术的创作过程中产生愉快、舒适的心理。此外，书画创作时要求姿势端正、悬腕提肘、运力全身，其本身就是一种良好的运动方式。可见书法与绘画是老年人进行脑力活动与体力活动的最佳组合。

4. 学习养生、保健知识

通过阅读保健养生书籍、收听健康知识讲座，可以关注自身的健康保健，学习养生之道，学习医学知识和急救常识。对于老年人而言，通过养生、保健知识的学习，使老年人拥有更为健康的生活方式，有利于老年疾病的预防，调谐身心，有助于老年人的健康长寿。

5. 学习上网

随着电子技术的发展，老年人逐渐学习运用电脑查阅资料、阅读新闻、聊天交友，部分老年人通过网上聊天工具与子女沟通交流，通过网上博客抒发情感，紧跟时代步伐。但是应当杜绝老年人上网成瘾，影响健康和正常的生活。

总之，坚持学习可使老年人开阔心胸，有助于提高生活乐趣，并以学习所得的知识经验，参与社会活动，置身集体之中。坚持学习可锻炼脑力，增进老年人心理功能，有助于消除紧张心理，特别是可以提高记忆力。坚持学习可以推迟和延缓衰老，保持心智处于积极状态，有利于提高老年人精神生活的质量。但是老年人在学习生活中应注意避免两个误区。一是妄自菲薄，不愿学习。认为自己年老体衰，大脑退化，什么都学不来。二是学习目的不正确，过于追求功利。老年人的学习生活应以怡情养性、益寿延年为主要目的，不必追求什么名利或达到什么标准。如果废寝忘食、不顾自身健康状况孜孜以求，不达目的誓不罢休，则与老年学习生活的正确目标相悖，使自己身心健康受到损害。

（二）趣味型文化娱乐项目

1. 种植花草

种植花草，既可以美化环境、净化空气，又可以陶冶情操、美化心灵，对老年人的身心健康具有良好的调节作用。鲜花美丽芬芳，色彩缤纷，赏心悦目，充满生机，能增添生活乐趣，引人积极向上，提升文化艺术修养，平和性情。侍弄花草，需要付出一定的劳动，对于平素运动较少的老年人来说，这恰好是一种非常适宜的、经常性的运动锻炼。在花草的养护管理过程中，能增加身体活动量，运动四肢筋骨关节，使人体各部位得到锻炼，从而增强体质，增加防病抗病能力。在与花草接触的过程中，由于空气中富含负氧离子，大脑和肌肉都会获得充足的氧气，对人体新陈代谢非常有益。另外，许多花草树木本身也有保健治病作用，如气虚体弱、患有慢性疾病的老年人，可种人参，能强壮身体，调理功能；患有肺结核的老年人，可种百合花；患有高血压、小便不利的老年人，可种植金银花、小菊花。养花可愉悦心境，达到忘忧、忘我的境地，心静则益康。

2. 饲养宠物

饲养宠物，可以给人带来好心情，老年人可以与宠物为伴，一起散步，一起坐在沙发上看电视，甚至对着宠物讲自己的心事。对于老年人来说，这种相互间的交流可弥补由于家人和朋友来访次数的减少而造成的孤独感。伴侣动物为老年人的日常生活平添一个关注的焦点。

老年人在宠物的选择上，应该根据其个人的经济情况、身体条件，尽量选择体型小巧、性格温顺、生活料理方便的宠物。

在宠物的饲养中，以养鸟为推荐。养鸟、赏鸟对老年人身心健康十分有益，既可锻炼身体，又可健脑养心，给老年生活带来无穷乐趣。养鸟需要学习相关知识，阅读、查询图书资料，有助于老年人积极用脑。养鸟还要每天遛鸟，有助于老年人更多接触自然，同时收到锻炼身体、吐故纳新之效。鸟儿斑斓的色彩、婉转的啼鸣、优美的姿态、可人的性情，都会使老年人心情舒畅，乐趣无穷，祛除烦恼，远离喧嚣，进入鸟语花香的幽雅境界，享受一份自然天趣。研究证明，养鸟的确有助于身心健康，延年益寿。但是，进入暮年的老年人，往往容易把全部精力和情感放在宠物的身上，减少人际间的正常交往，陷入"宠物依赖情结"。因此，老年人不宜过分溺爱宠物，应该正确处理好人与动物之间的关系。

3. 下棋对弈

下棋对于老年人而言是一种很好的益智休闲娱乐活动，寓脑力锻炼于娱乐当中，是一种很好的记忆训练。下棋可以锻炼思维，保持老年人的智力，提高思维能力和判断力，延缓脑细胞的衰老。棋盘之上，需凝神静思，全神贯注，心平气和；棋局瞬息万变，要经过反复谋略，方能投子。以棋会友，切磋技艺，还可增进友谊。通过对弈之乐，可消除孤独之感，保持乐观心态，有助于延年益寿。但老年人下棋应注意勿时间过长，忌情绪的波动，应当劳逸结合。

4. 垂钓休闲

钓鱼也是一项非常适合老年人的活动，特别是其小活动量的优点，尤其适合肢体活动功能受限，不能大运动量活动的老年人。外出垂钓，远离市区的喧闹和污染，青山绿水，环境宜人，给人以心旷神怡的感受。郊外富含负氧离子的空气，对于调节中枢神经系统，加快新陈代谢，提高免疫力都有非常好的效果，对老年人有很好的保健作用。垂钓可以养神，在垂钓过程中，全身心得到放松，对治疗失眠、神经衰弱、心情紧张、焦虑或抑郁等疾病都有良好的作用。垂钓时，又需要眼、脑、手相配合，动、静、意相协调，因此，经常垂钓能增强体力，提高大脑、手、眼及肢体动作的灵活性、灵敏性和协调性。钓鱼还能磨炼意志，陶冶性情，使人安定、心绪平静，有助于克服焦虑、浮躁等不良心理，增加乐趣，活跃情绪，减缓或避免某些不良情绪导致的身心疾病的发生及加重的可能。

5. 收藏、集邮

著名生物学家巴甫洛夫说："一个脑力劳动者应该培养一种爱好收集的习惯，借以转移注意力，从而使神经系统得到休息。"收藏或集邮是丰富多彩的老年文化生活当中重要的组成部分。老年人可利用自己充裕的闲暇时间进行收藏，不仅可以排解孤独与空虚之感，而且能大大丰富自己的文化生活，扩展知识，提高审美，并因收得新藏品而获得成就感，心理和精神生活都得到极大的满足和享受。在收藏过程中，老年人应按照自己的兴趣爱好、自身条件和环境，有计划、有系统地进行收藏、研究、整理和欣赏，其目的应是丰富精神生活，提高文化修养，促进身心健康。如果为渔利而收藏，或不顾自身条件而东奔西忙，或千方百计必欲收得某藏品而后快，以满足强烈的占有欲，则与老年人收藏活动的正确目的相悖，反而会严重影响老年人的身心健康。

在众多的收藏活动中，集邮是比较适宜老年人的一项收藏活动。通过集邮，老年人可以在"方寸天地中"学习古今中外、社会自然诸多知识，获取丰富的精神食粮，更好地认识世界，了解社会。同时，邮票画面设计精巧，色彩美观，千姿百态，具有很高的艺术价值与品位。欣赏邮票，可使老年人获得审美享受，提高艺术修养，消除不良心境和精神压力。通过整理、鉴赏多年收集的邮品，还可活跃思维，增强记忆力，促使老年人更加热爱生活，从而达到延年益寿之目的。

6. 戏曲、音乐

戏曲、音乐对于陶冶性情，促进身心健康都有着不可言喻的作用。优美的音乐能使人精神焕发，心情舒畅。老年人欣赏适宜的音乐（或戏曲），可以丰富情感，享受美的乐趣，促进身心健康。美妙的音乐使人体产生和谐的共振，通过中枢神经系统，促进血液循环，增强心脑肝肾功能，增加胃肠蠕动和消化腺体分泌，有利于新陈代谢。此外，音乐的节奏、旋律、和声、配器可使欣赏者产生丰富的联想，调节老年人情绪，使之精神焕发，保持良好心境，忘却生活中的孤寂与烦恼。通过听音乐、戏曲来陶冶性情、治病健身已经日益为医学界所重视和应用。

7. 外出旅游

游历名山大川，尽享旅游之乐，已经成为当今老年人休闲活动的一种重要的选择。外出旅游已经成为老年人所追求的一种时尚，特别是发达地区更为明显。很多老年人年轻的时候忙于工作和家庭的事务，无暇外出，直至退休终于有了闲暇时间，为了弥补年轻时的遗憾，将出游作为生活当中十分重要的休闲方式。老年旅游，可以使老年人心胸开阔，增长知识，锻炼身体，给单调的退休生活增添一抹色彩，还可以让老年人在优美的自然环境中得到愉悦，更可以增强老年人的体质。但是在出行线路的选择上应当根据自身的实际情况而定。

（三）保健型文化娱乐项目

1. 跳舞健身

舞蹈是融音乐、运动和娱乐为一体的一项文体活动，老年人经常跳舞既可活跃老年生活，促进老年人际交往，又可锻炼身体，陶冶性情，有益于身心健康。在欢快、悠扬的音乐旋律中翩翩起舞，会使人觉得精神愉快，心旷神怡。在欢乐的气氛中，还可以消除大脑的疲劳和心理的紧张，使全身感到轻松和协调，增强机体新陈代谢，使心跳、呼吸加快，输出更多的血液到全身，达到强身健体、延年益寿之目的。

当然，老年舞蹈不宜是动作强烈的摇滚或青少年喜爱的迪斯科等，而应选择节奏缓慢、曲调优雅、竞争性小、群体性强的、适合老年人的舞蹈，如交际舞、老年迪斯科，健身舞等。

2. 太极健身

太极拳是中华民族的传统体育项目之一，它汇集了我国古代保健体操之精华，具有健身祛病的功效，是我国宝贵的非物质文化遗产，对防治慢性疾病有较好的效果，是非常适合于老年人的一种锻炼项目。练太极拳能改善神经系统的功能，因为它要求人们做动作时精神高度集中，从而增强神经对各器官系统的影响和作用。经常练太极拳对心血管系统也有良好的作用，是改善血液循环，消除肝瘀血，改善肝功能的有效方法。此外，它还有提高呼吸系统的功能，改善消化系统，增强肌肉、骨骼、关节、韧带的活动能力。所以说，练太极拳是特别适宜高龄老年人的一种健身运动。老年人可根据个人的体力来调节练拳时间、次数、动作的快慢等。最好是早晚各练一次，每次 10～15 分钟。

3. 散步健身

“饭后百步走，活到九十九。”散步是老年人最简便易行的健身运动。散步可以祛病强身、延年益寿，对老年人的身心健康是十分有益的。通过散步，可以锻炼下肢肌肉和关节，促进身体的新陈代谢和血液循环，活筋骨，助消化，减脂肪，强心肌，预防心脑血管疾病。到户外散步锻炼，漫步在田野、公园、林间、水畔，沐浴阳光，呼吸新鲜空气，可使人身心放松，神情爽快，怡情养性，有利于老年人的心理健康。目前社会上还流行一种倒退步行，即倒退走，调整了平时不大用的肌肉，使血液循环得到改善，可有效减轻腰背酸痛。

4. 球类运动健身

适合于老年人锻炼的球类运动包括健身球、乒乓球、羽毛球、门球、高尔夫球等。老年人可根据自己的兴趣和爱好加以选择锻炼。

5. 保健操健身

老年人长期坚持做保健操，如足部保健操、背部保健操等，可以消除疲劳，宣通经脉，运动内脏，调节六腑，保养精神。

适合老年人文化娱乐的项目还有许多。但应当指出，无论选择哪一项活动，都必须是以颐养性情、充实生活、有益身心为主要目的。如果带有强烈的功利意识，反而身为心役，有损老年人的身心健康。即便是态度端正、目的正确，在从事自己的兴趣爱好活动时，也应讲究“张弛有度”，不可夜以继日、乐此不疲，使身心过于劳累，从而容易导致意外发生。

任务四　老年活动策划和组织

老年活动是针对老年人的心理、生理特点，在老年工作者的协助下，在社区、团体组织开展的语言交流活动、肢体活动、兴趣活动、文娱活动、公益活动、大型组织活动等，以增进老年人的身心健康，满足其发展需要，提高晚年生活质量。掌握老年活动策划的原则及方法，对老年活动的成功开展具有重要意义。本部分内容将从老年活动策划的意义、原则、方法技巧和老年活动组织 4 个方面展开介绍。

情境导入

淄博市淄川区胡永艳女士说，2004 年秋季她的父亲作为该区老龄办代表队成员，参加了淄博市第三届老年人运动会，老人在 1500 米比赛中突然摔倒，经医院抢救无效后去世。老人的亲属多次向代表队主管单位讨说法，但一直未果。据了解，近年来，在各类群众性运动会和体育比赛中，老年运动员受伤甚至死亡的事例屡见不鲜。老年体育运动安全成为组织者、老年人及其亲属面临的棘手问题。

国家体育总局体育运动医学研究所主任医师黄光民对此忧虑地说：老年人由于自身生理功能的老化，往往身患多种疾病，在剧烈体育运动中容易出现不测。老年人一旦出现安全问题，则不仅给家庭带来灾难，同时也使活动的组织单位陷入尴尬境地。在一些大型群众体育活动中，如何保障老年队员不出问题，成为组织单位考虑的重点之一。

青岛市“全民健身登山日”活动组织单位的负责人说，许多老年人电话咨询个人报名参加全民健身登山日活动，但考虑到安全问题，组委会没有同意，只让几个老年体育团体参加。因为“这些经常参加体育锻炼的老年人出现意外的可能相对较小”。

如何避免老年人在大型活动中的安全隐患，成为组织者、参赛者和其亲属关注的话题。

（资料来源：http://www.qingdaonews.com/content/2005-04/25/content_4608703.htm）

任务描述

阅读上述内容，思考并讨论：

1. 你认为在老年活动当中组织方应采取哪些措施，从而避免案例中胡女士父亲此类悲剧事件的发生？

2. 老年人是比较特殊的群体，为了规避在老年群体活动中发生老年安全的风险，我们应当在进行活动策划时，从哪些方面着手进行活动设计？

3. 假设时值重阳节，请为你所在社区老年人拟订一则符合其主题的老年活动的策划方案。

任务实施

1. 分小组就各个主题展开讨论，各小组选派代表汇报并分享讨论结果；

2. 老师介绍设计方案的方法及要求，分小组对主题进行讨论并查阅相关资料，拟订方案并修改，各小组提交方案并选派代表进行方案汇报。

任务总结

1. 通过任务实施，你认为对于老年活动的策划，需要从哪些方面着手考虑？

2. 你的策划方案是否有不完善的地方？忽略了哪些内容？

3. 方案策划任务的实施过程中，你做了哪些工作？你收获了什么？

知识链接

一、老年活动策划的意义

老年活动可分为体育、文娱、艺术、旅游、会议、展销、节庆、公益、宗教、社交等。如养老机构经常开展的长寿老年人生日会、老照片回忆展览、老年棋牌活动、老年人健康教育等活动；结合重大节日开展的中秋赏月活动、重阳登高活动、春节包饺子比赛等；在社区举办老年人集体金婚仪式、老年人夕阳红之旅、老年歌舞比赛、老年模特比赛、老年趣味运动会、老年门球赛以及大型联欢歌舞会等大型主题老年活动。

安排好老年活动，能使老年人享有乐趣，身心得以松弛，情绪得以舒张。通过各种活动的参与，老年人得到许多与他人交流、与外界接触的机会，有助于排遣其寂寞、无用和抑郁的感觉，提升自身的形象及自我价值观。

（一）老年活动的开展有利于调适老年人情绪

随着年龄的增长，老年人情绪波动增大，变得敏感小气，自我封闭意识增强，容易出现失落感、忧郁感、遗弃感、孤独、多疑、烦躁易怒、固执、刻板、保守，甚至产生性格变异。这些不良的情绪，容易诱发老年人的多种疾病，对老年人造成身心的负面影响。通过老年活动的参与，可以使老年人排除焦虑，宣泄不满情绪，促使其勇敢、乐观地面对现实的一切，并释放内在隐蔽感受，增加对社会的适应能力。

（二）老年活动的开展有利于改善老年人人际关系

老年人在退出主流社会后仍然需要社会交往，需要新的、良好的信息和情感交流渠道，需要形成一定的社交网络。网络构建包括伴侣、家庭成员、邻居、同质人群和通过其他渠道认识的朋友在内的社会支持网络，可以对老年人及其家庭提供经济上的支持、生活上的照顾、精神上的交流，从而为老年人解决问题、克服冲突开辟新的路径。通过活动的参与，能增加老年人之间的互动，促进沟通与了解，培养合作精神，促进语言及非语言沟通能力，增进老年人人际关系的和谐发展，帮助构建除家属子女以外的新的社交网络。

（三）老年活动的开展有利于老年人身体健康

人到老年，生理特点表现为脏腑气血精神的自然衰退，生理功能和形态方面出现退行性变化，机体调控阴阳的稳定性降低。如动脉弹性减低，血压升高，消化道的蠕动和分泌功能减弱，尿道括约肌萎缩，免疫能力减弱等，容易导致冠心病、高血压、糖尿病、关节炎等疾病。适当的体力活动可以提高机体新陈代谢的能力，使机体器官功能和肌力增强。适度的体力活动，可加大肺活量，促使心肌加强收缩，增加血液供应，促进血液循环；能改善神经系统功能，消除体力活动所造成的轻度疲劳；能解除神经紧张，促进睡眠。适度的体力劳动，能增强肠胃道分泌和蠕动，增进消化，促进食欲。据调查统计，坚持适当体力活动的人，比久坐不动的人心脏肌肉发达，心脑血管功能健全，高血压、心脑血管、肥胖等发病率也较低。实验证明，适当的体力活动是预防疾病、延年益寿的重要条件。同时，在参与脑力活动的过程中，老年人不断阅读，进行反复思考、想象、记忆等思维活动，能使大脑得到锻炼，加强思维能力，延缓脑细胞的衰老。

（四）老年活动的开展能使老年人在参与的过程中得到自我实现的满足

老年人参加团体活动，可从中感到自己有用、有归属感，在活动中发挥自己的所长，受人尊重，消除老年人的自卑心理，在活动中体现老年人的优势和价值。

生命在于运动。老年人更应保持身体的运动，即参加各种老年活动来延缓衰老，促进身心健康，更好地适应社会，获取归属感与责任感。老年人害怕孤独，害怕得病，而参加老年活动是此类问题得以解决的最好途径。因此，老年活动的组织和开展，能有效消除老年人的孤独感，增加老年人的成就感。老年活动的开展可以使老年人晚年生活丰富多彩。

二、老年活动策划的原则

根据老年人的身心特点，老年活动的策划要遵守下列基本原则。

（一）动静相宜

以动中取静、修身养性为主，尽量避免剧烈的运动和激烈的竞技。例如在进行文体型活动策划时，要考虑到老年人的平衡力、肌力、敏捷性、协调性、柔软度、心肺能力、爆发力、速度等特点，有针对性和适应性地进行活动的开展。动静结合，既适合老年人，不会给老年人带来身体上的压力，又能使老年人得到锻炼，从而改善老年人的身体状况。

（二）娱乐为主

活动应当以娱乐、消遣为目的，不要设竞技性很强的游戏，以免由于成败输赢而使老年人产生心理压力和精神刺激。

（三）注重传统

偏重传统的内容和形式，以发掘和珍惜他们积累多年的宝贵经验、技能、专长等民族文化财富，不要标新立异。

（四）精简易玩

活动应当简单、容易、快速上手，避免程序、命令太多，规则过于复杂，使老年人难于掌握，反而会令其产生“我记忆力不行”的感叹而伤其自信心。

（五）安全至上

对于老年人而言，在活动策划上，应当顾忌老年人的身体状况，在活动的选择上避免危险、刺激的活动，活动过程中的场地、着装、交通等安全问题，也应当作好充分考虑。

（六）量力而行

当我们掌握了老年人的基本生理及心理状况时，设计活动应衡量老年人的能力是否应付得来，把握现有的人力、物力、财力资源，视老年人的多寡而决定举行活动的规模大小与参与人数等。

三、老年活动的策划方法与技巧

（一）调查了解活动对象的实际情况，有针对性地设计活动

在设计活动前，策划者需对老年人的背景、性别、年龄、人数及兴趣有一定的了解，从而设计合适的活动，让老年人在不同程度上都能参与。

1. 活动策划应当考虑老年人的年龄

老年人年龄的不同，在体能及心智衰退程度上不同，因此在指导老年人开展活动时要注

意老年人体能上的差异。我们将老年人分为高龄、中高龄和低龄3个不同的阶段，根据每个阶段老年人的特点，有针对性地开展适宜的活动项目。

(1) 高龄老年人康乐活动：一般针对75周岁以上、年老体迈的老年人，以活动量较少的游戏、交谈、静养、文化创作等形式为佳，也包括带领有障碍的老年人进行功能补偿的康复运动。

(2) 中高龄老年人康乐活动：一般针对65至75周岁、活动能力尚可、无肢体功能障碍的老年人。这类活动的活动量稍大，范围也更广，大多为户外或室内的安全系数高的综合性活动。

(3) 低龄老年人康乐活动：主要针对65周岁以下的，体力、精力仍然很充沛的老年人，除强体力活动之外的一般活动都可以开展。

2. 活动策划应当考虑老年人的性格特点及兴趣爱好

老年人之中既有男性也有女性，他们来自不同的民族、省份，他们在乡村或城市度过他们的青年或中年期。他们的文化背景、教育背景差异和经历了不同年代的社会重大事件，导致他们的经验会不同，对事物的兴趣也会有很大的差异。对某些老年人有意义的娱乐活动，可能丝毫不能引起另一些老年人的兴趣，甚至可能有不愉快的感觉。因此在活动设计之前，一定要做好参与群体的活动兴趣调查，让活动对象能最大程度地参与进来。

3. 活动策划应当考虑老年人的身体状况

老年活动的设计必须以老年参与者的身体状况为基础。在参加体育活动前，应当对参与的老年人通过身体检查进行筛选，同时，在活动过程中配备专业的医护团队全程跟随。针对身体或智能有障碍的老年人、病人，应当组织一些只需要用身体上肢便能进行的娱乐活动，尽量通过活动维持其现存的生理功能，并争取恢复一些已丧失的功能。还可以借助器具开展活动，特别适用于有肢体残疾、功能障碍的老年人。

4. 不适宜参加活动的老年人

有些老年人的认知水平欠佳，如患晚期痴呆症或者有其他器质性疾病的老年人，因为思维混乱或者不能正常与人交流，有严重行为问题，如果参加活动，活动组织者可能无法掌控这些老年人在活动过程中的行为举止，或者如果老年人离开活动现场游荡到其他地方时，无法保证老年人的安全。如果老年人有严重的抑郁症，极度退缩，或者正处于精神疾病发作期，思维或行为活跃，也不适宜参加活动。他们的行为举止对他人会形成干扰或威胁。如果老年人正处于紧急的危机状况中，比如被诊断出患致命的疾病或者经历了创伤性事件，在这些情况下都不适宜参加集体活动。老年人需要等创伤性事件带来的混乱情绪平复之后，才能摆脱痛苦，参与集体活动。

(二) 活动策划流程

(1) 商讨并确定主题；

(2) 拟写策划书，商讨并修改(确定活动时间、地点、活动项目等)；

(3) 活动经费预算；

(4) 落实活动经费或确定活动赞助；

(5) 活动的主要参与人员；

(6) 布置场地；

(7) 宣传推广；

(8) 活动进行。

四、老年活动的组织

(一)活动前的准备

活动前应做好各种准备工作,并向老年人清楚、简明地进行介绍,增强老年人参与的信心。

1. 场地准备

为老年人举办活动,尤其是大型活动,活动的地址选择至关重要。如果经费允许,可以选择饭店、会议室、老年活动中心、幼儿园、学校等,开展怀旧主题活动;租用私人会所,组织老年人体验现代生活;租用时髦的老年服饰用品店,举行一场老年人自己制作时装、秀时装的活动;租用艺术剧院、历史遗址、当地风景名胜区,让老年人感受自然之美和历史气息。当然,在经费不允许、条件有限等情况下,可选择相对开阔的、无障碍的室内外空间,但场所也不宜过于宽广,老年人不像青少年那样有很强的活跃性,要避免产生空荡荡的感觉。当然,场所也不能太小,因为老年人可能坐着轮椅或者使用步行器、拐杖等,在足够大的空间内才能活动自如。

老年人活动的地方一定要能方便如厕,并备有残疾人卫生间,要有休息区域。开展室内活动时,一定要事先检查每个地方,如座椅是否牢固,光线是否明亮,设备、电线电缆等是否阻碍通行,尽量消除安全隐患。要确保消防出口、残疾人专用通道安全通畅。如果老年人视力和听力方面有损伤,那么宣传材料要尽可能色彩鲜艳、饱和度高、文字突出,条件允许的话,可为有需要的老年人配备视听辅助器材,安排讲解人员。

2. 时间准备

尽量避开酷暑和严寒的天气,同时要考虑到老年人的生活安排和日常作息时间,尽量不打乱老年人的常规生活。一般活动时间不宜过长,应控制在 1 小时以内,如果超过 1 小时,应安排中间休息,避免让老年人感觉劳累。

(二)活动过程控制

在活动的过程中,组织者要经常以鼓励的言语与行动来关心、支持每一位参与者,让老年人时刻有一种被尊重和被重视的感觉,从而以更高的热情投入到活动中去。时刻注意调节气氛,让活动保持一种欢乐、愉快的气氛。在活动中,全面投入或为队友打气而带来的欢乐对于老年人们来说是非常重要的。对于内向、过分自恃的老年人,我们应主动、热心地与他们一起参与活动,让他们渐渐感受到享乐与游戏在生活中的重要性和必要性。

在某些活动中,可通过一些道具来刺激老年人,尤其是缅怀往事等活动,可在活动中展出一些与过去生活有关的物件,比如一件衣服、一段音乐、一张旧报纸、一些与特定历史阶段联系在一起的收藏品、公共事件的照片等,任何能刺激感官的物品都可能比语言更能激发老年人的回忆。活动可以组织老年人写家庭成员的传记、整理照片送给家庭成员、建族谱或者汇编家庭烹饪手册;也可以组织老年人运用布衣拼贴、雕塑、绘画和其他的艺术形式来装扮老年人的房间;还可以组织老年人品尝花茶,为成员养气解郁、舒畅心胸,或选用节奏鲜明、优美动听的背景音乐,可使人产生愉悦感,起到调节情绪的作用。

(三)活动结束及评估

1. 精心设计离别活动

组织者可以拍一些活动现场的照片或与活动嘉宾的合影,把照片冲洗出来,放在镜框里,在活动结束时及时送给参与活动的老年人。如果时间不够,可以在活动结束一周内制成活动纪念册，邮寄或亲自登门拜访送给老年人，这样会给老年人留下最温馨充实的活动回忆。

2. 做好活动评估

活动评估的具体内容包括：活动的内容是否依据老年人的兴趣及需要；活动的安排有否考虑老年人的年龄、性别、文化、背景及经济差异等因素；活动的意义是否具有一定的弹性范围以满足各种成员的兴趣与需要，是否容许最大限度的参与机会。

带领老年人活动，要时刻注意"老年人"这个角色的特点，订立目标，使老年人情绪轻松、愉快。活动遵循个别化、平等自愿、循序渐进等原则，使活动收效明显。从每一次活动中吸取经验教训，为下一次活动作必要的指导。

任务五 老年旅游

情境导入

"大众观光游越来越少，而老年人对旅游团的依赖性比较强，所以老年游是我们很重要的一块内容。"北京春秋国旅总经理杨洋介绍，"从这几年老年游的变化来看，七八年前国内游的比重较大，近年来出境游开始增加。"

这不仅是一家旅行社对市场的认识，老年人出境游是整个行业的新亮点。

以中老年旅游为核心的金色福旅游从2011年开始不断开发国际游产品，推出的目的地包括俄罗斯、欧洲3～5国连线深度游，印度一地11天，尼泊尔深度11天等等。其中俄罗斯报名情况最好，行程安排上，宫殿和博物馆的参观都在3个小时以上，一些大的博物馆参观不安排在同一天。

凯撒旅游北京分公司常务副总经理郑丹认为，世界各地都成为"老年游"的目的地，只要做到安全、舒适，无论是豪华精品团，还是普通团队，老年人的参与性都很高。在目的地的选择上，老年游的产品兼顾自然风光与历史文化的融合；在行程安排上，内容丰富而节奏舒缓；在交通工具的选择上，老年游的产品则尽量减少舟车劳顿。

出境游中的邮轮旅游因其安全舒缓成为向老年人重点推广的旅游方式，如凯撒旅游推出的歌诗达邮轮"维多利亚号"新马6日之旅、皇家加勒比游轮"海洋绿洲号"东加勒比海十美国经典15日之旅；金色福旅游安排从莫斯科坐6晚邮轮到圣彼得堡的行程，都颇受老年人欢迎。金色福旅游产品负责人胡先生介绍，"2001年开始做老年游只有七八个产品，到现在已经有180多个线路产品，光云南就有十多个产品，时间充裕，12～15天，包括昆明、大理、丽江、西双版纳加香格里拉、泸沽湖等。2006年还推出疗养游，以三亚为切入点，找一个适合常住的疗养公寓。"

但杨洋认为，由于国内毕竟市场规模不大，还不能像国外那样对老年游产品做非常细致的规划。尽管旅行社产品的服务对老年人越来越有针对性，但是景区等旅游相关的配套却并不尽如人意。杨洋认为，国内一些景区的配套相当差，一味求大求规模，怎么对待老年人、残疾人和儿童的细节做得不够。

旅游休闲专家魏翔也认为，目前国内的景区设计规划对于老年游客的照顾还差得很远，还是一个卖方市场，没有对老年人的行为需求进行分析和调查，包括道路怎么走省劲，看景观的视角，走多少步要有个休息点等等，而在国外的公园设计中这些是一定要分析的。

（资料来源：http://travel.21cn.com/collect/2012/11/21/13732022.shtml）

任务描述

1. 拟订一份12月出行的夕阳红旅游计划方案，要求做好详细的行程安排。

2. 编排情景剧——《“如此”夕阳红》。

情境假设：一群重庆老年人参加了某旅行社组织的“夕阳红北京游”，结果却让老人们失望而归。

要求：要充分体现导致老年游客“失望而归”的原因，即尽可能地表现出老年人在旅游过程中与旅行组织方会出现的各种矛盾。

任务实施

1. 老师介绍设计方案的方法及要求，分小组对主题进行讨论并查阅相关资料，拟订方案并修改，各小组提交方案并选派代表进行方案汇报；

2. 编排情景剧的任务分配与团队合作，汇报演出。

任务总结

1. 情境演练的任务方式对专业学习有何帮助？

2. 在情景剧编排过程中，你是否遇到了困难？怎么解决的？

3. 通过情景剧编排，你收获了什么？

知识链接

随着我国步入老龄化社会，旅游业也迎来一股“老年浪潮”。越来越多的老年人开始走出家门，走进自然，老年旅游开始成为大众消费者的强流。

一、老年旅游项目开展的意义

（一）开展老年旅游，促进老年人的身心健康

老年旅游的开发，可以促进老年人的身心健康，置身于名山胜水，能使人呼吸到空气中大量的负氧离子，调节其神经系统和增加血蛋白，加速其肌肉内代谢产物的输送，消除疲劳。同时，还能增强呼吸系统的功能，改善机体对氧气的吸入量和二氧化碳的排出量，促进机体的新陈代谢。此外，行走既是一种活动方式，同时也是一种使人健康长寿的手段。因为行走实际上是进行了足底穴位按摩，也加强了骨骼与肌肉的力量，改善了关节的灵活性和柔软性，提高了身体的抗病能力和对外界环境的适应能力。游览之时，精神振奋，烦恼、郁闷烟消云散。休息之时，肌肉由紧张转为松弛，睡眠好，吃饭香，对身体健康有很好的促进作用。对

于身体肥胖者，旅游还可减轻体重。在游览过程中，还能受到阳光的沐浴，从而增强体质，健康长寿。

（二）开展老年旅游，丰富老年人的闲暇生活，提高老年生活质量

通过大力开发银发旅游，尤其是老年人的保健游、养生游，组织老年人到气候宜人的地方休憩疗养，会让他们真切感受到人生的美好。有的老年人感慨置身于名山大川、鸟语花香的大自然中，常常忘记自己的年龄，旅游是花钱买来快乐和健康。旅游可以使老年人开阔心胸，增长知识，锻炼身体，给单调的退休生活增添一抹色彩，可以让老年人在优美的自然环境中得到愉悦，更可以增强老年人的体质。在愉悦身心的同时提高健康水平，有效地提高老年人的生活质量。

老年旅游的开发可以弥补老年人晚年生活的失落感，充实精神生活。老年人因为角色转换，活动范围相对缩小，一般只局限于家庭。同时，随着生活水平的提高及空巢家庭的增多，越来越多的子女与老年人分居，这些就更增加了老年人晚年生活的孤寂和失落。而现在我国为老年人提供的娱乐场所依旧是公园、社区、老干部活动中心之类的相对比较滞后的产品和服务，不能全面体贴地满足老年人更多融入社会的需求，银发旅游市场的开发能吸引老年人外出旅游，大大提高了老年人与外界接触交流的机会，能更多地参与到群体活动中，与其他社会成员一起分享社会发展成果，弥补心理上的失落，变“安度”晚年为“欢度”晚年，改善老年人的精神面貌，减轻老年人的心理压力，缓解衰老。

（三）开展老年旅游，发展异地养老，开辟养老新渠道

通过老年旅游项目的开展，在老年旅游消费者与全国旅游景区景点、宾馆饭店、老年院舍之间架起一座直接联系和沟通的桥梁，使更多的老年人更快捷、更直接地了解适合自己的旅游产品和目的地，为他们的旅游出行带来实惠、便利、愉快和欢乐，也为众多老年人的旅游式养老开辟了通道。

组织开展老年旅游，可以进一步催生或发展老年人的异地养老。广大老年人通过旅游的观察、认知和比较，选择自己希望去和能够去、并认为最适合自己安度晚年的目的地，或在那里的住养机构作短暂停留，愉快地享受养老服务，度过一段晚年生活中的美好时光。开展老年旅游，包括实施带有浓厚旅游色彩和特点的旅游式养老，或是有计划地选择一些中意城市的养老机构作规律性的短期停留；实施动态式养老，或是结合自己身体状况及患病、医疗和保健等方面的需求情况，到旅游时看中的异地老年医疗、康复机构接受医疗卫生服务；实施医疗康复式养老，或是根据气候变化和身体条件选择在南北方的中意城乡轮候修养身心；实施候鸟式养老，或是采纳儿女与亲朋的建议，安营扎寨移居异地，实施长期移居式养老，等等。由此可见，旅游在其中的媒介作用和催化作用是不可低估的。

异地养老打破了传统养老的时空界限，为全社会老年人安度晚年提供更大、更广泛的时空选择，也为更好地缓解和解决亿万老年人的养老问题开辟了新的途径。异地养老可以使养老资源的配置更加适合市场经济发展的客观要求，有利于缩小和消除地区间养老事业发展的不平衡性；异地养老有利于使现有的养老资源充分利用起来，最大限度地发挥出其应有的作用，可以更好地避免有限养老资源的闲置和浪费；异地养老可以通过养老对象的流动迁移和对照比较，通过各地养老机构的观摩、交流、学习、竞争和优化，大幅度提升全国老年服务机构和设施的软、硬件质量，提升老年服务人员的素质和服务技能；异地养老可以开辟和

培育出一批新兴的养老产业发展基地，造就并形成规模宏大的养老产业链，催生专业化、规范化、标准化的新兴养老服务业，为整个国民经济发展注入新的生机和活力，为下岗再就业工程的实施作出更大贡献。

二、老年旅游服务与管理

(一) 老年旅游服务人员的要求

由于老年旅游者与其他旅游者的差异，老年旅游的服务人员除了应当具备旅游业服务者的基本素质要求、知识要求、能力要求，以及其服务时的仪容仪表的总体要求外，还应当具备更多专业素养，包括：

(1) 尊敬老年人，对老年人满怀爱心；

(2) 对老年人因年龄因素出现的某些思维欠敏、动作减缓有着深切的理解；

(3) 从内心深处愿意关怀老年人，帮助老年人；

(4) 办事周到，思维细密，既善于整体工作的安排，又善于具体实务的操作；

(5) 有耐心，不怕麻烦；

(6) 积极学习并熟悉老年旅游的诸多环节的服务，能够掌握本岗位的老年旅游服务技能；

(7) 接受老年旅游服务技能的专业培训。

(二) 老年旅游服务的具体要求

1. 为老年人打造有针对性的旅游景点，抓好旅游关键环节

(1) 打造旅游线路和景点。根据老年人的特点，打造符合老年人特点的旅游线路和景点。要根据老年人的承受能力和爱好，设计旅游线路，规划行程及时间，让老年人既玩得高兴又不致劳累过度。

(2) 做好咨询和解释工作。要耐心细致地做好老年人的咨询和解释工作，给他们当好参谋，为他们推荐适合他们的旅游地点。并将旅游景点的游玩安排表发到每个人的手中，提前告知出发时间及集合位置，让老年人及家人提前知道行程安排，做到心中有数。

2. 维护老年人的合法权益，完善各项旅游协议

做好协议签订工作及意外伤害保险等工作。此外，还要做好协议以外的相关问题的协调工作。如有老年优待证的人员的处理，随团就餐、景点门票和自费旅游线路的安排，许诺景点没有去成等问题，旅行社应当签一份协议外的补充协议，以此来保证服务质量，避免旅途中出现协议以外的纠纷而导致不愉快，确保老年人的利益不受损失，出现的问题也能有章可循。

3. 随团带队工作人员要做好老年人的各项服务工作

根据报名人数的比例安排随团工作人员带队，随团工作人员要自始至终和旅行社的工作人员一起为老年人做好服务工作。

(1) 做好出发前的查体工作，组织好安全知识教育。首先，要让参加旅游的老年人填写游客健康状况调查表，了解其既往病史(疾病情况、药物过敏情况等)，以确定老年游客自身身体条件是否适合参加本次旅游；如旅游行程线路中有特殊气候(如高温天气)或特殊地域(如高原地区)，则需要对游客进行说明，并要求游客做游前身体检查，做到心中有数，确保老

年人旅行中的身体健康。其次，要制作老年游客的个人信息卡，将游客的姓名、年龄、紧急联系人姓名和联系方式、病史、过敏药物等情况登记在卡上，要求游客旅游期间随身携带。另外，应当组织行前说明会，对老年游客进行安全知识和出现意外的自救和互救的基本常识教育，并注意提醒有慢性病的老年游客随身携带必备药品。

（2）做好旅行前信息提示工作。出发前应当及时了解旅游途经区域、旅游目的地的天气变化、洪涝汛情、地质灾害、交通路况、治安形势、流行疫情等信息，并将这些信息和游览安全提示及时告知老年游客。

（3）安排好旅游的交通工具，保证出行安全。无论是选择公路、铁路、水路、航空的哪种旅游交通方式，承运人及老年旅游的经营和组织单位都要按照有关法律法规的规定，选择状况良好的交通工具，保障老年游客的人身、财产安全。候机、候船、候车等必须有统一明确的位置，领队、导游或其他服务人员须先期到达等候。出发前应当清点人数，安排老年人有序地登机、登船、上车，并在必要时予以恰当的搀扶。不论车船，均须保证老年游客每人都有合适的座位，做好产生晕机、晕车、晕船时的相应预案。在乘坐旅游大巴、飞机时，要提醒或协助老年游客系好安全带；摆渡或乘船游览时，要提醒或协助老年游客穿好救生衣。注意老年游客（尤其是高龄老人）的座位安排；司机行车时不要开得过快，路况不好或急转弯时须小心慢行（必要时老年旅游的陪同人员应该对司机予以及时的提醒）。车船的驾驶人员应尽量将车船开到方便游客上下的地方停靠，老年游客上下车船时，车船服务人员和陪同人员应提醒游客带好随身物品，注意上下的安全，并在老年游客上下车船的地方进行引导、搀扶，必要时帮助提放行李。

（4）安排好食宿问题。要安排好老年人的吃饭和住宿问题，保证住得卫生、吃得安全。要及早了解老年游客的饮食禁忌，并对餐饮供应单位事先说明。尽量选择集体用餐，做既富有当地特色，又要适合老年人胃口的饭菜。旅途中饮食以清淡为主，多吃蔬菜，尽量避免喝饮料和酒。同时注意饭菜要多样化，保证提供热菜热饭和容易咀嚼、较软、易消化的食物。

老年人睡眠质量差，住宿条件不求奢华，但必须保证安静和安全。住宿区内须具有无障碍通道，房内用具、卧具的配置应符合老年人的需要。接待老年游客的住房如无电梯，最好不要超过三层。老年游客活动区域的地面宜铺设防滑地砖、地板等防滑措施处理。卫生间内尤须注意防滑安排，淋浴器、澡盆等卫浴设备旁均安装有相应的扶手并配备紧急求助按钮。

应当提醒老年游客妥善保管好自己的财物，为了防止游客走错、走失，应每晚查房，晨起点名，并做好当天的工作安排。

（5）安排好旅游行程和时间。依据老年人的特点，与导游协商安排旅游行程和时间。注意节奏不能过快，活动内容不宜太多，尽量不要打破老年人的生活规律，适当休息，按时进餐。每天1～2个景点，下车后一定要交代游玩时间、集合时间及地点。出行的时间应尽量避开节假日出行高峰期及夏天炎热的季节和冬天寒冷的季节。

（6）做好保健工作。做好老年人的保健工作，随团的医护人员要对身体欠佳和有病的老年人多加照顾和叮嘱，保障老年游客在旅游中的安全，解除老年人及其家属的后顾之忧。

三、老年旅游产业的发展

近年来，我国人口老龄化的趋势加深了全社会对老年旅游的重视。随着老年人生活水平的提高、社会医疗保障体系的逐步完善，老年人口的健康状况有了很大的改善，这为老年旅游企业提供了充足的客源，也为老年旅游产业的发展创造了有利条件。

(一) 老年旅游市场存在的问题

1. 老年旅游产品开发不足

目前，我国老年旅游市场中的旅游企业在提供旅游服务等方面远不能满足市场的需要，项目开发不足，而且缺乏科学安排，适合老年人的旅游产品不多。很多旅游景点和娱乐设施都是为中青年或儿童规划设计的，根本不适合老年人群体。总的来说，随着经济的发展，社会的进步，目前的许多旅游产品无法满足老年人日益增长的旅游需求。

2. 老年旅游市场服务人员专业性不强

就当前而言，老年旅游市场服务水平相对低端，缺少针对老年旅游专业化的导游。我国为老年旅游提供的导游多为青年人，与老年人有着年龄的代沟，在知识水平、对事物的认知和态度上，都存在着很大的差异，交流起来有较多的不便，这是造成老年旅游市场服务质量不高的一个原因。

3. 老年旅游市场安全保障力度不够

老年人是个特殊的群体，因为年龄的原因，导致身体功能减弱，所以在旅行时应配备保健、安全等配套设施，还应该配备专业随团医生。然而，部分旅行社对一些国内常规老年旅游团却不配备随团医生。即使配备了随团医生，也仅仅是处理一些常见的疾病，遇到突发性的病症仍然束手无策。

4. 老年旅游市场规范性缺乏

老年旅游市场是我国一个起步较晚的市场，目前，在管理方面存在较多漏洞与不足，政府和社会对老年旅游市场的关注也不多，加之老年人消费习惯的特点和警惕性较差，导致老年旅游市场秩序较为混乱。

(二) 老年旅游的需求

1. 安全第一

在旅行中，老年人最关心的问题是安全，旅行社最担心的问题也是安全。因此，老年人对旅行中对交通工具的要求比较高，在短途旅游中，或者是目的地乘车旅游时，他们希望旅行社所提供的是豪华一点、安全一点的大巴；在景点的选择上，他们希望旅行社能够选择相对安全的旅游项目；在整个旅程之中，他们希望旅行社能够配备专业随团医生，避免突发疾病带来的麻烦。同时，他们还希望旅行社能够按照规定，为游客投保旅行社责任险。

2. 旅行社应该有品牌、有信誉

根据市场调查显示，影响老年人出游的第二大问题是没有一个信得过的旅行社品牌，老年人比较担心旅行社的服务。老年人在体力上无法与年轻人相比，接受信息的渠道也比较简单，他们出行对旅行社的依赖性很大，而且他们的消费具有多元性、个性化的突出特点。因此他们希望旅行社能够站在老年人的角度考虑一下，设计出适合老年人的旅游产品。所以，他们对旅行社服务质量和诚信都比较关注，品牌信誉较好的旅行社比较吸引老年游客。

3. 行程应当放缓，节奏放慢

老年人由于体力较弱，他们不能接受常规行程的速度。他们希望轻轻松松观看各地景色，体会旅游乐趣。因此，他们需要的旅游线路行程松、节奏慢，比较节省脚力。在选择旅行交通工具上，他们比较喜欢安全、经济、舒适的火车。当然线路较长时，为了节省体力和时间，他们也愿意乘坐飞机。他们不喜欢爬山或长距离行走等消耗体力的旅游项目，比较喜欢“海南游”“水乡游”等轻松的旅游项目。

4. 住得静，吃得软

老年人牙齿不够坚固，肠胃比较弱，特别是旅行之中，更应该注意饮食，否则很容易发生水土不服和肠胃疾病，影响行程。因此，他们希望带队者从老年人的角度出发，为他们选择细软清淡的饮食。

同时，老年人对住宿环境要求也特殊，他们不要求住宿环境有多豪华，但是必须是干净、舒适、安静。老年人本身少眠怕吵，而且要保证每天6～8小时的睡眠时间，如果休息不好很难有体力完成整个行程，因此旅行社必须为老年游客寻找适合条件的住宿环境。

5. 目的地要温暖舒适

老年人出行虽不受时间约束，但是他们既怕冷又怕热，所以他们对出行目的地的气候要求比较高。因此，老年人在观光旅游中，一般愿意选择3、4月份南方春暖花开的季节，或者是9、10月份气候宜人的时节，但是要避开黄金周。

现在部分有条件的老年人，在冬季最冷的一个月，喜欢到温暖的地方过冬。过冬的时候他们首选是海南，但是也有少部分的老年人选择出境游，如东南亚、澳洲。而南方城市的老年人在“桑拿”天气时，则喜欢清凉山水游。

6. 出境游也可接纳

由于出境游价格较高，以前老年人选择出境游的人数少。随着老年人经济条件的提升，现在有很多老年人都有了出国看看的愿望，也有了这样的经济实力。现在，出境游中老年游客的身影也逐渐增加，银发族有越玩越远的趋势。

从港澳游到东南亚新马泰游、文莱沙巴游乃至欧洲游、澳洲游等，每个出境旅游团都可以看到不少老年人的身影。因为有些新增旅游目的地国家的首发团时间排在非节假日，游客中一半是老年人。

（三）老年旅游的发展改革方向

1. 老年旅游产品要“特、专、新、敬”

“特”就是要把握老年人的特点，要创出“老年之旅”的特色。考虑到老年人的生理、心理特点，线路安排上，要“少走多看”；游览节拍上，要“缓行安全”；价格定位上，要“实在价廉”；活动组织上，则要注意老年人之间的沟通与交流，使老年旅游真正成为一种休闲娱乐、健康养性的有益活动。

所谓“专”，就是要建设老年旅游的专业旅行社，做好细分市场，真正打响“老年之旅”品牌；要不断丰富“老年之旅”的形式和内涵，以风光游、瞻仰游、生态游、科普游、都市游、农家游、度假游、金婚银婚游等内容，逐步提升“老年之旅”的专业水准；同时要树立老年之旅“长短线结合，以短线为主；实惠游和豪华游结合，以实惠游为主；传统游和特色游结合，以特色游为主”的独特风格。

所谓“新”，就是要使“老年之旅”不断创新，敢为人先，从而使“老年之旅”成为老年游客所钟爱的旅游品牌。

所谓“敬”，就是要强化“敬老爱老”意识，使旅行社成为老年人温馨的“家”。倡导两代人一同旅游，提供子女孝敬父母，与父母加强沟通的机会；开展“寿宴”系列活动，让老年人的生日过得特别舒心、快乐；定期举办老年人旅游、摄影沙龙茶座等丰富多彩的活动，让老年人“老有所靠，老有所乐”，从而大力弘扬中华民族“老吾老以及人之老”的优良传统。

2. 构建多元化、网络化的老年旅游服务体系

旅游机构应建立完善的培训系统，使导游人员具备高水平的业务素质。针对老年旅游团的特点，可选择年龄较大、阅历丰富、有耐心的中年导游，这样可以拉近导游与老年旅游者的心理距离。另外，老年旅游团的领队和导游，最好具备一定的医学专业知识。

为了拓展老年旅游市场，提高旅游服务水平，应积极展开合作，在短时间内，构建起一个相对健全的老年旅游服务网络。

内容小结

1. 提高老年幸福生活指数，应当包括以下内容：

(1) 健康的体魄是老年人晚年幸福生活的基本前提；

(2) 持续稳定的生活来源是老年人晚年幸福生活的基础；

(3) 基本的居住条件是老年人晚年幸福生活的重要保障；

(4) 儿女孝顺是老年人晚年幸福生活的重要支柱；

(5) 和睦的家庭关系是老年人晚年幸福生活的重要条件；

(6) 良好的生活习惯和健康的生活态度是老年人晚年幸福生活的重要保证。

2. 老年生活质量的评估，可以采用生活满意度量表、幸福度量表以及生活质量综合评定问卷调查进行。

3. 老年婚姻关系的重要性在于，老年婚姻是老年人家庭关系的基础，是老年人生命过程中的重要支柱，有利于老年人身体健康和情感满足。人到老年随着生理、心理的变化，老年夫妻在性格、兴趣、爱好上容易产生较大差异，加上家庭中的经济矛盾以及性生活的和谐程度的下降，必定会使老年家庭生活的和谐大打折扣。老年夫妻间学会换位思考，小事装糊涂，学会冷处理，正确地解决好老年婚姻的矛盾，处理好丧偶或者离异老年人的再婚问题，是构建老年和谐家庭的关键。

4. 老年人的文化娱乐活动包括老年人的学习活动，老年人的文体活动以及老年人的兴趣爱好；无论是哪一种文化娱乐活动，对老年人增强体质、减少疾病、提高健康水平都十分有益。我们应当重视老年人精神文化的需求和文化娱乐生活方式的建设。

5. 老年活动的开展有利于促进老年人身体健康，促进老年人的积极情绪，促进老年人的自我实现，建立老年人的社会支持网络。策划好老年活动应当充分考虑到老年人的年龄特点、兴趣爱好和身体健康状况，在场地的选择、时间的安排及活动的内容上应当富有针对性，符合老年人活动的要求。

6. 老年旅游的开展丰富了老年人的闲暇生活，提高了老年生活质量。由于老年游客群体的特殊性，在旅游线路的安排、服务人员的安排、交通工具的选择、住宿以及饮食安排等多方面有别于普通游客。应当根据老年人的特点，提高老年旅游的服务质量。

子情境七　老龄化社会的管理

能力目标

本部分知识内容可采用案例讨论、小组讨论、角色扮演、情景模拟、社会调查等多种教学方法组织学生进行学习，旨在培养学生：

1. 借助网络平台查阅、了解相关信息的能力；
2. 对养老机构、老年社区的管理能力；
3. 老年社会工作能力；
4. 对相关问题展开分析并提出解决问题的思路的能力。

知识目标

通过本部分内容的学习，你应能够：

1. 掌握老年人合法权益的内容，老年人权益保障的意义和内容；
2. 掌握养老机构的性质、特点、类型、功能；
3. 了解养老机构的质量控制及管理要求；
4. 掌握老年社区的管理要求及其办法；
5. 了解老年人力资源开发的意义、原则、方法及具体内容；
6. 了解老龄产业开发的意义；
7. 掌握老龄产业开发管理的原则、方法内容。

任务一　老年人权益保障

情境导入

某公司68岁的退休高工卢老，多年前老伴去世，两个子女早已成家单过。孤身一人的卢老既不会烧饭做菜，也不善料理家务，晚年生活十分不便。某事业单位的61岁退休干部梁女士，丈夫病故，子女不在身边，生活十分寂寞。2005年年末，两位老人经人介绍相识。经过一段时间的接触，两位老人的关系越来越亲密。又过了一段时间，两位老人商议着办理结婚登记，并把二人准备结婚的事分别告诉了自己的子女。想不到此言一出立即引起了轩然大波。双方子女对此事坚决反对。卢老的子女更是多次回到家里大肆吵闹，说梁女士居心不良，窥视他父亲名下的财产。面对子女们的这般态度，两位老人实在没有招架之力，最终打消了登记结婚的念头。

（资料来源：http://www.doc88.com/p-095209200557.html）

现年80岁的王老太太在20世纪40年代初嫁给蔡某，婚后与蔡某及其前妻留下的两个年幼的孩子共同生活，王老太太像照顾自己的亲生孩子般养育两个孩子，供他们上学，帮助他们成家立业，后又帮助他们照顾孩子，把一生的心血和积蓄都用在子女身上。然而，蔡某在1993年去世后，小儿子蔡龙（化名）便背地里将蔡某和王老太太共有的房改房的产权变更到自己名下，蔡龙的妻子也常常因家庭琐事与王老太太争执，骂之语不堪入耳。2007年春节，王老太太忍无可忍，一气之下离家出走，先后在河南、吴忠等地流浪。2008年7月，王老太太在好心人的指点下到市法律援助中心，申请法律援助。因王老太太与被告蔡龙具有抚养关系的继母子关系，纠纷属于家庭矛盾，法律援助中心的工作人员考虑调解赡养纠纷，但蔡龙拒不履行赡养义务，解决问题的唯一途径只能是对簿公堂。最终，通过法律援助中心律师的多方努力，调查取证进展较快，法院如期开庭审理，判决由被告蔡龙每月支付原告王老太太400元生活费。

（资料来源：http://china.findlaw.cn/info/hy/hunyinjiatingjiufen/sanyangjiufen/414582.html）

任务描述

1. 阅读上述两个情境，思考并讨论子女侵犯了老年人的哪些合法权益。
2. 请运用各种工具查阅相关资料，了解老年人合法权益还包含哪些方面。
3. 思考并讨论老年人应采取哪些手段来维护自己的合法权益。

任务实施

1. 按每7人为一组对全班同学进行分组；
2. 以小组为单位，根据案例展开主题讨论；
3. 各小组选派代表汇报，分享讨论结果。

任务总结

1. 教师结合案例进行分析。
2. 教师结合小组的讨论结果进行点评和总结。

知识链接

一、老年人权益保障的意义

（一）老年人权益概述

老年人权益是指老年人依照国家法律法规所享有的各种权力和利益的总称，它包括广大老年人与其他年龄群体共同享有的政治、经济、文化等方面的普遍的权力和利益，也包括老年人作为社会弱势群体所享有的特殊权利。

根据老年人的特点和需求，按照1996年第八届全国人民代表大会常务委员会第21次会议审议通过的《老年人权益保障法》应享有的特殊权力和利益。并于2009年8月27日和2012年12月28日进行了修改，现在使用的2012年12月28日第十一届全国人民代表大会常务委员会第三十次会议修订的版本。主要内容有：

1. 从国家社会获得物质帮助的权利

《老年人权益保障法》第一章总则中第三条明确规定："老年人有从国家和社会获得物质帮助的权利，有享受社会发展成果的权利。"离退休老年人的养老金领取、孤寡老人的社会福利救济、交不起医药费时可减免、请求法律援助、减免诉讼费等内容是国家、社会提供给老年人具体的物质帮助。

2. 受赡养的权利

老年人养老主要依靠家庭，家庭成员应当关心和照顾老年人。赡养人应当履行对老年人经济上的供养、生活上的照料和精神上慰藉的义务，照料老年人的特殊需求。赡养人的配偶应当协助赡养人履行赡养义务。

赡养人对患病的老年人应当提供医疗费用和护理。赡养人应当妥善安排老年人住房，不得强迫老年人迁居条件低劣的房屋。老年人自有的或者承租的住房，子女或者其他家属不得侵占，不得擅自改变产权关心或者租赁关系。老年人自由的住房，赡养人不履行赡养义务，老年人有要求赡养人付给赡养费的权力。

3. 享受婚姻自由的权利

老年人的婚姻自由受法律保护。子女或者其他亲属不得干涉老年人离婚、再婚婚后的生活。赡养人的赡养义务不因老年人的婚姻关系变化而消除。老年人有权依法处理个人的财产，子女或者其他亲属不得干涉，不得强行索取老年人的财产。老年人有依法继承父母、配偶、子女或者其他亲属财产的权利，有接受赠予的权利。老年人与配偶有相互扶养的义务。赡养人之间可以就履行赡养义务签订协议，并争得老年人同意。居民委员会、村民委员会或者赡养人所在组织监督协议的履行。

4. 老年人的养老金

老年人依法享有养老金和其他待遇应当得到保障。有关组织必须按时足额支付养老金，不得无故拖欠、不得挪用。国家根据经济发展、人民生活水平提高和职工工资增长的情况增加养老金。城市的老年人，无劳动能力、无生活来源、无赡养人和扶养人的，或者其赡养人和扶养人确实无赡养能力和扶养能力的，由当地人民政府给予救济；农村由集体经济组织负担保吃、保穿、保住、保医、保葬的"五保"供养，乡、民族乡、镇人民政府负责组织实施。

5. 老年人的医疗权利

老年人依法享有的医疗待遇必须得到保障。老年人患病，本人和赡养人确实无力支付医疗费用的，当地人民政府根据情况可以给予适当帮助，并可以提倡社会救助。医疗机构应当为老人就医提供方便，对70周岁以上的老年人就医，予以优先。有条件的地方，可以为老年病人设立家庭病床，开展巡回医疗等服务。提倡为老年人义诊。国家采取措施，加强老年人医学的研究和人才培养，提高老年人病的预防、治疗、科研水平。开展各种形式的健康教育，普及老年保健知识，增强老年人自我保健意识。

6. 老年人的住房

老年人所在组织分配、调整或者出售住房，应当根据实际情况和有关标准照顾老年人的需要。新建或者改造城镇公共设施、有居民区和住宅，应当考虑老年人的特殊需求，建设适合老年人生活或活动的配套设施.

7. 老年人的教育与福利

老年人有继续受教育的权利。国家和社会采取措施，开展适合老年人的群众性文化、体育、娱乐活动，丰富老年人的精神文化生活。国家鼓励、扶持社会组织或者个人兴办老年福利院、敬老院、老年公寓、老年医疗康复中心和老年文化体育活动场所等设施。地方各级人民政府应当根据当地经济发展水平，逐步增加对老年福利事业的投入，兴办老年福利设施。各级人民政府应当引导企业开发、生产、经营老年生活用品，适应老年人的需求。鼓励和支持社会志愿者为老年人服务。地方各级人民政府根据当地条件，可以在参观、游览、乘坐公共交通工具等方面，对老年人给予优待和照顾。广播、电影、电视、报刊等应当反映老年人的生活，开展维护老年人合法权益的宣传，为老年人服务。

8. 老年人宜居环境

国家采取措施，推进宜居环境建设，为老年人提供安全、便利和舒适的环境，国家推动老年宜居社区建设，引导、支持老年宜居住宅的开发，推动和扶持老年人家庭无障碍设施的改造，为老年人创造无障碍居住环境。

9. 老年人权益受侵害的处理

老年人因其合法权益受侵害提起诉讼，缴纳诉讼费确有困难的，可以缓交、减交或者免交；需要获得律师帮助，但无力支付律师费用的，可以获得法律援助。老人合法权益受到侵害的，被侵害人或者其代理人有权要求有关部门处理，或者依法向人民法院提起诉讼。老人与家庭成员因赡养、抚养或者住房、财产发生纠纷，可以要求家庭成员所在组织或者居民委员会、村民委员会调解，也可以直接向人民法院提起诉讼。暴力或者其他方法公然侮辱老年人、捏造事实诽谤老年人或者虐待老年人，情节较轻的，依照治安管理处罚条例的有关规定处罚；构成犯罪的，依法追究刑事责任。暴力干涉老年人婚姻自由或者对老年人负有赡养义务、扶养义务而拒绝赡养、扶养，情节严重构成犯罪的，依法追究刑事责任。家庭成员有盗窃、诈骗、抢夺、勒索、故意毁坏老年人财物，情节较轻的，依照治安管理处罚条例的有关规定处罚；构成犯罪的，依法追究刑事责任。

（二）老年人权益保障的意义

保障老年人合法权益是提高老年人生活质量和生命质量的重要手段。只有全面保障老年人的合法权益，才能有力地促进其生活质量和生命质量的提高。保障老年人合法权益，是指利用法律的、行政的等各种方法和手段，为符合老年这一法定年龄条件的群体和个人，提供全部合法权益的保障，维护其应当享有的权利和利益。

老年人的合法权益涉及政治的、经济的、文化的广泛领域，主要有政治权利、人身自由权利、社会经济权利、受赡养扶助的权利、财产所有权、婚姻自由权利、住房权、继承权、知识产权、文化教育权利等。可以看出，老年人的合法权益，既包括保障其基本生活的经济和物质方面的内容，也包括更高境界的政治和精神文化生活方面的内容；既包括基本的人身权利，也包括享受社会发展成果的更高层次的要求。

老年人的生活质量是指按照科学标准来衡量的老年人物质需求的满足程度、生活条件的优劣状态和生活环境的适宜状况，其具体内容包括在吃、穿、住、医、行、用等物质生活方面和精神文化生活方面能够满足老年人必要需求的程度。生活质量的基础是物质和精神文化条件。老年人的生命质量是指老年人生理和心理的健康程度。生命质量的基础是生理和心理健康。老年人的生活、生命质量是指老年人物质与精神文化生活的满足状态、身体与心理的健康状况及生活环境的适宜程度等。

要提高老年人的生活、生命质量，就要加强法律法规和政策工作，完善家庭养老、社会保障的各种法规制度。增大投入，改善居家养老、院所养老、医疗保健、文化学习、文体娱乐等物质和文化条件，创造舒适的环境条件，实现老有所养、老有所医、老有所教、老有所学、老有所为、老有所乐的“六个老有”的目标。

二、老年人权益保障体系

老年权益保障体系在我国主要包括社会保障和家庭保障。社会保障是以国家为主体，通过国民收入的分配与再分配，依法对全社会老年人的基本生活权利予以保障的社会安全制度。它包括老年人社会保险（养老保险、医疗保险）、老年福利、老年社会救助。家庭保障是指传统的家庭养老，即以家庭为主体。

（一）社会保障

1．老年人社会保险

（1）养老保险

养老保险是社会保障制度的重要组成部分，是社会保险与5大险种中最重要的险种之一。所谓养老保险（或养老保险制度），是国家和社会根据一定的法律和法规，为解决劳动者在达到国家规定的解除劳动义务的劳动年龄界限，或因年老丧失劳动能力退出劳动岗位后的基本生活而建立的一种社会保障制度。养老保险是世界各国较普遍实行的一种社会保障制度。

一般来讲，养老保险具有以下主要特征。

① 强制性。国家通过立法，强制用人单位和劳动者个人必须依法参加养老保险，履行法律所赋予的权利和义务，缴纳养老保险费，待劳动者到达法定退休年龄时，可向社会保险部门领取基本养老金，享受基本养老保险待遇，保障退休以后的基本生活。

② 互济性。养老保险费用来源一般由国家、企业或单位、个人3方共同负担，并在较高的层次上和较大的范围内实现养老保险费用的社会统筹和互济。

③ 普遍性。每个人都有老年岁月，这是人生的必经阶段。养老问题不仅是社会问题，而且是一个全球性问题，关系到一个国家或社会的经济、文化发展，需要我们予以足够的重视。由于养老保险的实施范围很广，被保险人享受待遇的时间较长，费用收支规模庞大，因此，必须由政府设立专门机构，在全社会统一立法、统一规则、统一管理和统一组织实施。

世界各国实行养老保险制度有3种模式。

① 传统型养老保险制度。传统型的养老保险制度又称雇佣相关性模式（Employment-related Programs）或自保公助模式，最早为德意志帝国俾斯麦政府于1889年颁布养老保险法所创设，后被美国、日本等国家所采纳。该制度的特点是个人领取养老金的权利与缴费义务联系

在一起，即个人缴费是领取养老金的前提，养老金水平与个人收入挂钩，基本养老金按退休前雇员历年指数化月平均工资和不同档次的替代率来计算，并定期自动调整。除基本养老金外，国家还通过税收、利息等方面的优惠政策，鼓励企业实行补充养老保险，基本上也实行多层次的养老保险制度。

② 国家统筹保险制度。国家统筹型(Universal Programs)分为两种类型。第一种是福利型养老保险，最早为英国创设，目前适用该类型的国家还包括瑞典、挪威、澳大利亚、加拿大等。该制度的特点是实行完全的"现收现付"制度，并按"支付确定"的方式来确定养老金水平。养老保险费全部来源于政府税收，个人不需缴费。享受养老金的对象不仅为劳动者，还包括社会全体成员。养老金保障水平相对较低，通常只能保障最低生活水平而不是基本生活，对老年人提供基本生活保障。另一种是前苏联创设的，其理论基础为列宁的国家保险理论，后为东欧各国、蒙古、朝鲜及我国改革开放以前所在地采用。该类型与福利国家的养老保险制度一样，都是由国家来包揽养老保险活动和筹集资金，实行统一的保险待遇水平，劳动者个人无须缴费，退休后可享受退休金。该制度适用的对象并非全体社会成员，而是在职劳动者，养老金也只有一个层次，未建立多层次的养老保险，一般也不定期调整养老金水平。

③ 强制储蓄型。强制储蓄型主要有新加坡模式和智利模式两种。新加坡模式是一种公积金模式。该模式的主要特点是强调自我保障，建立个人公积金账户，由劳动者于在职期间与其雇主共同缴纳养老保险费，劳动者在退休后完全从个人账户领取养老金，国家不再以任何形式支付养老金。除新加坡外，东南亚、非洲等一些发展中国家也采取了该模式。智利模式作为另一种强制储蓄类型，也强调自我保障，也采取了个人账户的模式，但与新加坡模式不同的是，个人账户的管理完全实行私有化，即将个人账户交由自负盈亏的私营养老保险公司规定了最大化回报率，同时实行养老金最低保险制度。该模式于20世纪80年代在智利推出后，也被拉美一些国家所效仿。

(2) 医疗保险

医疗保险是社会保障的主要内容之一。它是指以社会保险形式建立的，为居民提供因疾病所需医疗费用资助的一种保险制度。具体来说，医疗保险是通过国家立法，强制性由国家、单位、个人共同凑集资金而建立医疗保险基金，在个人遭遇疾病需要必需的医疗服务时，由社会医疗保险机构提供医疗费用补偿的一种社会医疗保险制度。老年医疗保险指的是国家和有关部门必须建立多种形式的医疗保险制度和制定医疗保险办法，保障老年人的基本医疗需要、医疗照顾和医疗待遇。

一般来讲，医疗保险有以下特点。

① 普遍性。疾病风险是每个人都难以回避的，对于老年人来说更是如此，由于疾病风险的特点，医疗保险是社会保险各个项目中保障对象最广泛的一个项目。

② 复杂性。首先，医疗保险涉及医、患、保，还有用人单位等多方之间复杂的权利与义务关系；其次，为了确保医疗保险资源的合理利用，医疗保险还存在着对医疗服务的接受者和提供者的行为进行合理引导和控制的问题；再次，医疗保险不仅与国家的经济发展有关，还涉及医疗服务的需求和供给。这些都是其他社会保险项目所不具备的。

③ 短期性和经常性。由于疾病的发生是随机的、突发的，医疗保险提供的补偿也只能是短期的、经常的，不像其他社会保险项目。

④ 医疗费用的难控制性。每个人都会遇到疾病风险，有的人甚至会多次遇到这种风险。每个人每次医疗开支的费用都不会相同，发生的数额差额较大，低时不会影响生活，高时又足以使患者陷入困境。同时由于医疗保险的费用支付涉及医疗保险机构、患者和医院三方，而不同的支付模式将会产生不同费用控制效果，加之医疗在世界各国都存在道德风险。因此，医疗保险费用的控制是一个重要问题。

世界各国老年医疗保险的模式如下。

① 美国。美国的老年医疗保障系统是由政府主导，企业参与合作，主要通过医疗照顾制度(Medicare)、医疗补助制度(Medicaid)以及医疗保险制度(Medicap)为美国65岁以上老年人提供医疗卫生和健康保健服务。近年来，随着人口老龄化的加剧，美国还开展了长期护理保险。

② 日本。20世纪70年代日本步入老龄化社会。面对老龄化带来的问题，日本采取护理保险制度及覆盖全民的医疗保险体系的有机结合，取得了很大成效。日本的老年医疗保障系统由老年医疗保险体系和老年医疗服务体系2个部分组成。其中，老年医疗保险体系包括高龄者医疗保险制度、退休者医疗制度和老年护理保险制度3种。高龄者医疗保险制度规定70岁以上的高龄者及65岁以上的瘫痪老人无论以前加入何种医疗保险，其医疗费用最终通过高龄者医疗保险制度予以给付。日本老年医疗服务体系制度完善，设施种类齐全，为老年人提供了全面的生活护理和医疗服务护理。服务设施应有尽有，服务种类多样化、人性化，提高了老年人的生活质量。

③ 澳大利亚。澳大利亚实行全民健康保险制度，全体国民均可享受医疗服务保障，获得公立医院的免费服务。此外，澳大利亚有健全的社会保障系统，可以为老年人提供失业救济、医疗保障、贫困人口的住房照顾和老年福利等，法律还规定必须保证老年人获得所需的老年服务，而不论其是否有支付能力，养老机构必须拿出一定比例的床位为虚弱老人提供服务，而且不需要缴纳住宿费，联邦政府为此提供更高的补贴。澳大利亚老年服务体系是以区域为基础，以社会为依托的紧密结合的多层次医疗服务体系，较好地满足了老年人的医疗服务需求。为合理利用卫生资源，节约卫生费用，澳大利亚建立了独具特色的“老年保健评估制度”，即评估老年人的护理需求，确定是否需要进入护理院及护理等级等。通过评估有效地防止了老年护理医院的过度利用，鼓励老年人留在社区或家庭接受护理服务，促进卫生资源的有效利用。

④ 加拿大。加拿大实行全民免费医疗保险体制，加入医疗保险的公民和永久居民持“健康卡”，可以免费获得健康保险所覆盖的看病、诊疗、化验、透视、手术、住院等服务。医疗保险是国家从税收中直接支付给医院和医生的。除了健康保险覆盖的服务项目之外，各省和地方政府还为老年人、儿童和低收入者等提供额外的公费医疗保险项目，老年人在加拿大看病基本免费。除了医院、社区等为老年人提供医疗护理服务外，加拿大政府还推行新的养老政策，提供了方便、快捷和价格相对低廉的新型家庭服务模式。

⑤ 新加坡。新加坡医疗保险制度可分为强制医疗储蓄、社会医疗保险、社会医疗救助3个部分，各部分均由政府机构管理实施。第一部分“保健储蓄计划”是强制性中央公积金制度的组成部分。第二部分是“健保双全计划”和“增值健保双全计划”，用于解决参保者大病或慢性病的医疗费用，采取自愿参加原则。第三部分“保健基金计划”，由政府出资设立基金，对无力支付医疗费的穷人给予医疗补助。新加坡老年保健服务机构种类繁多，包括社区

医院、慢性病院、护理院及社区保健服务机构等。

2. 老年福利

老年人福利是以老年人为对象的社会福利项目，是国家和社会为了安定老年人生活，维护老年人健康，充实老年人精神文化生活而采取的政策、措施和社会公益服务。老年人福利是养老保险的延续和提高，在防止和减少老年贫困、保障老年人基本物质生活的基础上，进一步保证老年人分享社会进步的成果，满足老年人精神文化生活的需要，努力实现"老有所养、老有所医、老有所乐、老有所学、老有所为、老有所助"。在社会福利方面，《老年人权益保障法》规定国家建立和完善老年人福利制度，并吸收地方的实际做法，规定了高龄津贴制度。

(1) 老年人福利的内容

① 老年人福利津贴。老年人福利津贴是一种普遍养老金计划，这些计划为所有超过规定年龄的社会成员提供养老金，而不管他们的收入、就业状况或者经济来源如何。

② 社会养老。养老方式主要有两种，即家庭养老和社会养老。随着人口老龄化的加剧，再加上家庭的日益小型化和核心化，传统的家庭养老方式越来越不足以承担起养老的重任，因此，家庭养老必然向社会养老过渡。而社会养老则是由国家和社会为所有老年人提供生活保障及必要的福利设施和服务，承担起养老的主要责任。

③ 老年人保健。老年人保健是一个系统工程，涉及多个方面的内容，例如：建立医疗机构，为老年人提供医疗服务；建立老年公寓、疗养院、日间护理中心等，改善老年人的生活环境；建立适合老年人活动的体育设施，组织老年人体育活动，增强老年人的体质。

④ 老年福利机构。国家鼓励和扶持社会组织或者个人兴办各种老年福利设施，如老年福利院、敬老院、老年公寓、老年医疗康复中心、老年俱乐部、老年人文化活动中心等。

⑤ 老年人再就业。老年人再就业是解决老年人的贫困，丰富晚年生活，实现"发展性需求"和"价值性需求"的重要途径。一些经济分析人士认为，从长远看，社会老龄化是全球趋势，重视老年劳动力的就业问题，可以为未来经济和社会发展提供有益经验。

(2) 老年人福利的形式

① 收养性福利。收养性福利的主要职责是收养无家可归、无依无靠、无生活来源的孤寡老人。收养性的福利设施包括养老院、托老院、老年公寓和福利院等。

② 娱乐学习性福利。娱乐学习性福利的主要职责是为老年人提供各种文化娱乐性服务，面向所有老年人开放。娱乐学习性福利设施主要包括老年人大学、老年人活动中心等。

③ 保健服务性福利。保健服务性福利主要是为老年人提供一些生活和健康方面的服务，面向全社会的老年人。这类设施主要包括老年人康复中心、老年医院、老年人咨询中心、老年人交友中心等。

④ 津贴性福利。对老年人以现金的形式提供的福利。

⑤ 社区福利服务。社区福利服务主要体现在以下两个方面。一是社区老人福利服务体系。具体包括为老年人提供生活照料服务，为老年人提供医疗服务、康复保健服务，为老

年人提供文化娱乐和再学习条件，保护老年人的合法权益，组织老年人投身社区服务。二是推进社区老年人福利服务的行业化进程。社区老年人福利服务是一项新兴的社会服务行业，为促进这项事业的发展，在14个部委局联合颁布的《关于加快发展社区服务业的意见》中对发展社区服务包括发展社区老年人服务制定了一些优惠政策，极大地促进了老年人社区福利服务业的发展，使其朝着行业化、规范化的方向迈进。

3. 老年社会救助

社会救助是社会成员因有自然灾害、意外事故、个人生理和心理等原因而导致陷入生存困难不能维持最低限度生活水平时，由国家或社会有关部门依法给予一定的物质或资金的救助和扶助，以使其基本生活得到保证的一种社会保障措施。社会救助既然是国家和社会依法对不能维持最低限度生活水平的公民，提供满足其最低生活需求的社会保障制度，因而有其特定的救助范围。一般来说，各国的社会救助范围包括灾害救助、贫困地区和贫困户救助、孤寡病残救助3类。孤寡病残救助是国家和社会对无法定抚养人、无维持正常生活的劳动能力、无保障正常生活的经济来源的老年人、残疾人和未成年孤儿提供保障最低或基本生活需求的社会救助项目。老年人社会救助就属于这一类。在老年社会救助方面，《老年人权益保障法》规定对经济困难的老年人，应当给予生活、医疗、居住等多方面的救助和照顾，还对流浪乞讨、遭受遗弃等生活无着的老年人救助作了专门规定。

（二）家庭保障

敬老养老是中华民族的传统美德，家庭养老也是我国老年人权益保障的传统方式。《老年人权益保障法》对此也作出了明确的规定，如"老年人养老主要依靠家庭"，即以家庭养老为主，是指老年人主要生活和居住在家庭中，由赡养人和扶养人承担着赡养和扶养义务；赡养人应当履行对老年人经济上供养、生活上照料和精神上慰藉的义务；赡养人应当为患病的老年人提供医疗费用和护理等。家庭中的所有成员不论是否有赡养和扶养义务，都应当关心和照料老年人，使老年人能够在温馨、祥和、团结互助的家庭环境中颐养天年，幸福、愉快地生活。可见我国法律明确了家庭养老是主要的养老方式。

思考题

1. 老年人依法享有的权益有哪些？当受到侵犯的时候应怎么办？
2. 老年人的权益保障体系有哪些？
3. 结合国外老年医疗保障体系谈谈对我国的启发。

任务二　养老机构管理

情境导入

2011 年 5 月 28 日，河南省郑州市淮河路与西环道李江沟村畅乐园老年公寓护工郑某，被当地派出所依法拘留，公寓被郑州市公安机关依法取缔。原因何在？盖因这个年已 62 岁，同样属于老年人的郑姓护工虐待园内老人。他不仅对师姓老人用极其下流的语言辱骂、呵斥，还将其捆绑在床，逼其喝尿……看来，若让住进畅乐园之类养老机构老人们真正舒畅和欢乐，强化养老机构管理势在必行。近年来，各地媒体曝光的养老机构虐待老人事件已发生多起：黑龙江省五常市山河镇敬老院黄敬之老人，走着进来的，却被抬着送进医院，身上已经生蛆；辽宁省大连市沙河口区某养老院王寿山老人，被护工马某用拖鞋抽打，至脑出血死亡；安徽省太和县某老年公寓女护工周某，与 82 岁的刘姓老人发生争执，她不仅辱骂、殴打老人，还硬生生地将老人的耳朵撕下半只，随手扔进垃圾桶……这些事件令人发指，足以说明在养老机构管理上，还存在着明显漏洞。

（资料来源：http://opinion.hexun.com/2011-06-03/130242388.html）

任务描述

1. 阅读上述材料，谈谈你的感受。
2. 针对材料中所出现的养老机构中虐待老人的事件，思考并讨论问题出在哪里。
3. 讨论应从哪些方面加强养老机构的管理。
4. 课外社会调查：

(1) 请调研你所在的地区的养老机构的服务情况、管理情况；

(2) 撰写调查分析报告，并就所调查养老机构存在的不足提出建议和对策。

任务实施

1. 分小组就各个主题展开讨论，并分享讨论结果；
2. 分小组进行社会调查，形成调查报告，课堂分享调查结果。

任务总结

1. 老师就小组讨论结果进行分析总结；
2. 在社会调查过程中你遇到了哪些问题？怎么解决的？

知识链接

一、养老机构概述

养老机构是社会养老专有名词，是指为老年人提供饮食起居、清洁卫生、生活护理、健康管理和文体娱乐活动等综合性服务的机构。它可以是独立的法人机构，也可以是附属于医疗机构、企事业单位、社会团体或组织、综合性社会福利机构的一个部门或者分支机构，通过为入住老年人提供住养服务，进行健康管理，提高老年人的生活质量，以达到老有所养、老有所医、老有所为、老有所教、老有所学、老有所乐、增进健康、延缓衰老的目的。

（一）养老机构的接收对象、性质与特点

1. 养老机构的接收对象

养老机构是老年人养老或修养的场所，其服务对象主要是老年人，即养老机构接收的对象是60周岁及以上、要求入住养老机构、符合入住条件的老年人。不接纳患有不适宜入住的传染性疾病、精神疾病患者。但是某些养老机构（如农村敬老院）也接收辖区内的孤残儿童和残疾人。

2. 养老机构的性质

目前我国养老机构的投资主体包括国家、集体（城市街道、农村乡镇）和民间（个体、民营、外资企业），大致可划分为福利性、营利性和非营利性3种类型。

（1）社会福利事业机构

由政府投资兴建的养老机构主要接收城市“三无”（无劳动能力，无生活来源，无法定赡养人、扶养人或法定赡养人、扶养人无赡养、扶养能力）老人和农村“五保”（保吃、保穿、保住、保医、保葬）老人。

（2）营利性养老机构

由民间资本投资兴建的，以营利为目的的养老机构属于营利性养老机构，应当在当地工商、税务部门注册登记，一般不享受国家有关优惠政策，在完成税收征缴后，其利润可以分红，属于老龄产业。

（3）非营利性养老机构

由民间资本投资兴建的，不以营利为目的的养老机构属于非营利性养老机构，应当在当地民政部门以民办非企业单位注册登记，享受国家相关的优惠政策，并且不需要缴纳税收，但盈利部分不能分红，只能用于养老机构滚动式发展，属于老年社会福利事业。

3. 养老机构的服务特点

养老机构是现代服务业的重要组成部分，也是国家社会福利的具体体现。服务对象的特殊性，决定了养老机构服务具有以下特点。

（1）公益性

公益，即“公众利益”之意。公益性事业是指直接或间接地为经济活动、社会活动和居民生活服务的部门、企业及其设施。公益性企业是指直接涉及社会公共利益领域服务的企业。我国绝大多数养老机构是以帮扶、救助城市“三无”老人，日常生活疏于照料的老年人，以及农村“五保”老人为主，且多不以营利为主要目的，所以其公益性特征尤为明显。

（2）全人、全员、全程服务性

与其他服务不同的是，养老服务是一种全人、全员、全程服务。所谓“全人”服务，是指养老机构不仅要满足老年人的衣、食、住、行等基本生活照料需求，还要满足老年人医疗保健、疾病预防、护理与康复及精神文化、心理与社会等需求。要满足入住老年人上述需求，需要养老机构全体工作人员共同努力，这就是所谓的“全员”服务。绝大多数入住老年人是把养老机构作为其人生最后的归宿，从老年人入住那天开始，养老机构工作人员就要做好陪伴着

老年人走完人生最后里程的准备，这就是所谓的“全程”服务。

(3) 高风险性

入住养老机构的老年人平均年龄多在 75 岁以上。增龄衰老，自然使老年人成为意外事件、伤害、疾病突发死亡的高危人群。此外，养老服务业又是一个投资大、回报周期长、市场竞争激烈的高风险行业。如果没有市场意识、经营意识，没有严格的管理和风险防范机制，必然增加养老机构投资与经营风险。

(二) 养老机构的类型与功能

1. 养老机构的类型

根据民政部 2001 年颁布的《老年人社会福利机构基本规范》，我国一般将养老机构划分为以下几种类型。

(1) 老年社会福利院(Socid Welfare Insfitwtion for the Aged)

这种类型的养老机构多由国家出资兴建与管理，主要接纳“三无”老人、自理老人、介助老人、介护老人安度晚年。机构通常设有生活起居、文化娱乐、康复训练、医疗保健等服务设施。

(2) 养老院或者老人院(Homes for the Aged)

专为接待自理老人或综合接待自理老人、介助老人、介护老人安度晚年而设置的社会养老服务机构，设有生活起居、文化娱乐、康复训练、医疗保健等服务设施。

(3) 老年公寓(Hostels for the Elderly)

专供生活能够自理的老年人集中居住、符合老年体能心态特征的公寓式老年住宅，具备餐饮、清洁卫生、文化娱乐、医疗保健等多项服务设施。

(4) 护老院(Homes for the Device aided Elderly)

专为接待介助老人安度晚年而设置的社会养老服务机构，设有生活起居、文化娱乐、康复训练、医疗保健等服务设施。

(5) 护养院(Nursing Homes)

护养院又称“护理养老机构”或“护理院”，是专为接收生活完全不能自理的介护老人安度晚年的社会养老服务机构，设有生活起居、文化娱乐、康复训练、医疗保健等服务设施。

(6) 敬老院(Homes for the Elderly in the Rural Areas)

敬老院是在城市街道、农村乡镇、村组设置的供养“三无”“五保”老人，残疾人员和接待社会寄养老人安度晚年的养老服务机构，设有生活起居、文化娱乐、康复训练、医疗保健等服务设施。

2. 养老机构的功能分类

养老机构的功能分类是根据养老机构的老年人所需要帮助和照顾的程度，对其照料功能所进行的科学分类。在美国，通常分为 3 类，第一类为“技术护理照顾型养老机构”，主要收养需要 24 小时精心医疗照顾，但又不需要养老机构所提供的经常性医疗服务的老年人；第二类为“中级护理照顾型养老机构”，主要收养没有严重疾病、需要 24 小时监护和护理，但不需要技术护理照顾的老年人；第三类为“一般照顾型养老机构”，主要收养需要提供食宿和个人帮助，但不需要医疗服务及 24 小时生活护理服务的老年人。

在香港，根据《安老院规例》(1994)，将养老机构的功能分为 3 类。第一类为“高度照顾安老院”，主要收养“体弱而且身体机能消失或减退，以至于在日常起居方面需要专人照顾，但不需要高度专业的医疗或护理"的老年人；第二类为"中度照顾安老院"，主要收养"有能力保持个人卫生，但在处理有关清洁、烹饪、洗衣、购物的家居工作及其他家务方面，有一定程度的困难"的老年人；第三类为"低度照顾安老院"，主要收养"有能力保持个人卫生，也有能力处理有关清洁、烹饪、洗衣、购物的家居工作及其他事务"的老年人。

在我国，除了护理院外，其他养老机构都没有进行功能分类，一般的养老机构收养的老年人涵盖从生活基本能自理的老年人一直到长期卧床不起的老年人，甚至需要"临终关怀"的老年人，是一种混合型管理模式。但随着养老服务业的发展，这种混合型的模式也暴露出不少的弊端，所以近年来，国内有学者提出不论养老机构名称有何不同，所有制性质有何差别，均可以按照老年人需求照料的级别不同分为重度护理养老院、中度护理养老院和轻度护理养老院 3 种类型。

（三）养老机构内部组织机构设置

养老机构内部组织机构设置主要指养老机构内部行政、业务和后勤职能部门的设置和人员配置。

1. 养老机构内部组织机构设置

养老机构内部实行分级管理。较大型的养老机构，特别是国办养老机构，多实行"三层五级"管理模式，即分为决策层、管理层、操作层和院长级、科级、区主任级、班组级、员工级，由此形成了阶梯形的领导与被领导关系。中小型养老机构可以不拘泥于上述复杂的分级管理模式，其内部组织管理部门和人员配置应根据实际工作需要，本着精简、高效的原则灵活设置和配置。在中小型养老机构更强调部门综合，管理人员一专多能，管理人员即是机构的管理者，也是具体任务的操作者和执行者，这一点在农村敬老院和民办小型养老机构表现得尤为突出。

2. 养老机构人员配置

养老机构人员配置应与养老机构功能定位、服务模式与实际工作需要相适应。

对于行政管理人员配置比例，在《老年人社会福利机构基本规范》(2001)中没有作出规定，仅在《国家二级福利院评定标准实施细则》(1994)中规定"行政管理人员配置合理，不超过全院职工总数的 10%"。《上海市养老机构管理和服务基本标准(暂行)》(2001)也作出了同样的规定。2004 年北京市颁布的《养老服务机构服务质量星级划分与评定》标准中对管理人员的配置提出了具体的指导性意见，参见表 7-1。

表 7-1 北京市不同星级养老机构管理人员配置要求

养老机构星级	总床位数(张)	工作人员总数(人)	管理人员配置(人)
一星级	>50	10～14	7～9
二星级	>100	25～27	15～18
三星级	>150	39～53	25～35
四星级	>200	77～93	50～55
五星级	>200	77～105	50～67

(资料来源：2004 年北京市颁布的《养老服务机构服务质量星级划分与评定》)

对于护理人员的配置，目前我国城市养老机构尚无统一的规定，只有原则性、指导性意见，例如，在《老年人社会福利机构基本规范》(2001)中只指出了“护理人员及其他人员的数量以能满足服务对象需要并能提供本规范所规定的服务项目为原则”的要求，没有具体的人员配置比例，仅在《国家二级福利院评定标准实施细则》(1994)中提出了“工作人员与正常老人的比例为 1∶4；与生活不能自理老人的比例为 1∶1.5”的要求，但这些仅仅适用于国家二级福利院。2001 年上海市颁布了《上海市养老机构管理和服务基本标准(暂行)》，明确规定了养老护理员与入住老人配置比例，即“护理员与三级(自理)老人比例 1∶(5～10)；护理员与二级(半自理)老人比例 1∶(3.5～5)；护理员与一级(不能自理)老人比例 1∶(2.5～3.5)；护理员与专护(完全不能自理和瘫痪老人)老人比例 1∶(1.5～2.5)”。2004 年北京市颁布的《养老服务机构服务质量星级划分与评定》标准中，也对养老护理员配置提出了要求，参见表 7-2。

表 7-2　北京市不同星级养老机构养老护理员配置要求

养老机构星级	总床位数(张)	工作人员总数(人)	养老护理员人数(人)	养老护理员与老人比例(%)	备　注
一星级	＞50	10～14	7～9	1/(6～7)	专门照护 1 名老人的人员不计其内，生活完全不能自理老人超过 20%，则养老护理员总数上浮 10%
二星级	＞100	25～27	15～18	1/(6～7)	(1) 同上 (2) 完全自理老人超过 80%，则养老护理员总数下调 10%
三星级	＞150	39～53	25～35	1/(4～6)	
四星级	＞200	77～93	50～55	1/4	
五星级	＞200	77～105	50～67	1/(3～4)	

(资料来源：2004 年北京市颁布的《养老服务机构服务质量星级划分与评定》)

二、养老机构管理要求

养老机构的管理同其他企业一样应当遵循管理学的基本原理与方法，按照养老服务行业建设、经营与发展规律，构建自己的组织管理体系，制定自己的管理方针、目标与方法，进而对养老机构的服务与经营实施有效的管理。养老机构管理应包括两个层面，即政府对养老机构的管理和养老机构内部的管理。二者相辅相成，缺一不可。

(一) 政府对养老机构的管理

政府对养老机构的管理主要通过政府职能部门的服务与行政监督来强化对养老机构业务的指导与管理。政府的管理多是从宏观层面，即从政策法规层面对养老机构建设、服务与经营进行管理，这种管理多为指导和监督。实践证明，凡是主动接受政府职能部门的指导与管理的养老机构，其管理规范，发展速度快，运行质量高，能够取得较好的社会经济效益。

1. 管理原则

(1) 依法管理的原则

政府职能部门依据国家、行业和地方相关政策法规和管理规范，代表着一级政府对养老机构的工作进行业务指导和管理。例如，民政部门出台的政策法规主要是对养老机构进行全面监督和管理；卫生部门出台的政策法规主要是对养老机构内的医疗服务卫生、卫生防疫等工作进行监督和管理；消防部门出台的政策法规主要是对养老机构消防安全工作进行监督和管理；建设部门出台的政策法规主要是对养老机构的建筑设计、装修实施进行管理；劳动部门主要依据《劳动法》和《劳动合同法》等政策法规实施进行管理。所以，养老机构的管理者应当熟悉并掌握相关的政策法规，以适应政府职能部门依法管理的需要，保证养老机构在国家政策法规允许的范围内开展建设、服务与经营管理。

（2）以服务为中心的原则

政府对养老机构的管理本质上属于一种服务行为。政府职能部门要以服务为中心，经常深入养老机构进行调查、指导，切实帮助养老机构解决在建设、经营、服务与发展过程中存在的问题。养老机构的管理者要正确认识政府职能部门对养老机构管理的作用，主动接受他们的指导与管理，切不可把政府对机构的管理当成一种负担，疲于应付，更不能有抵触情绪。

（3）科学管理的原则

政府对养老机构的管理应当建立在科学管理基础之上，要根据现实的国情、省情和地区实际情况，用科学发展观统筹规划本区域老年社会福利事业的建设与发展，不可盲目追求养老机构的数量，忽视养老机构运行质量。

2. 管理内容

不同的政府部门有着各自的分工，具有不同的管理职能。熟悉这些分工和职能，将有助于养老机构开展工作。

（1）民政部门

作为养老服务行业的主管部门，民政部门管理的内容相当广泛，几乎涉及养老机构工作的方方面面，其中主要包括：

① 养老机构的筹建、审批、验收、民办非企业单位注册登记和发证；

② 养老机构日常经营业务的指导、监督与管理；

③ 公办养老机构和乡镇敬老院的机构设置、院长任命与领导班子考核；

④ 公办养老机构的财务计划、专项建设资金的审核与运行监督；

⑤ 农村乡镇敬老院“五保”供养资金和运行经费审核、拨付、运行监督；

⑥ 养老机构的建设方针、发展目标和发展规划的审批；

⑦ 养老机构的年审、考核、评级和总结表彰；

⑧ 养老机构的纠纷调解、意外事故调查与处理。

（2）卫生部门

卫生部门主要针对养老机构的医疗服务行为进行管理，包括：

① 养老机构内设医疗服务部门（医务室、附设医院）的审批、年审；

② 医务人员执业资格认证、注册、职称晋升和继续教育；

③ 医疗服务过程中，医德医风、服务质量的监督；

④ 卫生防疫和食品卫生监督；

⑤ 医疗事故纠纷的调解、仲裁等。

（3）消防部门

消防部门主要针对养老机构存在或潜在的消防安全问题进行技术指导和监督管理，并颁发消防安全许可证。

(4) 国土部门

国土部门主要负责养老机构新、改、扩建设项目的土地审批、划拨的管理。

(5) 建设部门

建设部门主要负责新、改、扩建项目的建筑设计、审批、施工、竣工验收的管理。

(6) 工商部门

工商部门主要负责营利性养老机构的工商注册登记和经营监督管理。

(7) 税务部门

税务部门主要负责财务监管与税务监督,营利性养老机构税务注册登记和征缴,非营利性养老机构的税收减免等工作。

(8) 劳动部门

劳动部门主要对养老机构劳动用工进行执法监督。

(9) 其他部门

其他部门养老机构经营过程中,如果涉及污染排放、治理问题,则由环保部门负责;如果涉及社会治安、刑事犯罪问题,则由公安部门负责;如果涉及老年文体活动开展问题,则由体育和文化部门负责。

3. 管理方法

(1) 依法管理方法

政府职能部门应当帮助养老机构学法、懂法、依法经营,同时,政府职能部门应加强执法监督。为此,要求政府职能部门经常深入养老机构调研、检查指导,并制定出符合本地区实际的相关政策法规、管理办法,帮助养老机构规范经营。

① 分级管理方法

国家按照属地化管理原则,实行一级政府主管部门对应管理一级养老机构。此外,为激励养老机构服务水平、管理上层次,国家和地方也制定了相应带有荣誉性质的分级管理办法。例如,民政部 1999 年制定了《国家级福利院评定标准》,将公办社会福利机构划分为国家一级社会福利院和国家二级社会福利院。北京市 2002 年制定了《北京市养老机构星级评定标准》,对养老机构实行星级管理。

② 目标管理方法

政府主管部门应根据实际情况制定养老机构(主要指公办社会福利院和农村敬老院)的年度管理目标,包括经济目标、服务目标、质量目标和安全目标等,并与养老机构法人或分责人签署目标责任状,督促养老机构做好自身服务、经营与管理工作。

③ 行业协会管理方法

所谓行业协会,是指同业及其组织自愿组成,完成行业服务和自律管理的非营利性社会团体。随着我国市场经济体制的建立和政府机构改革的不断深化,“小政府,大社会”和服务型政府的格局已成为现代社会发展的必然趋势。在这种格局下,仅仅靠“小政府”是很难服务与管理好一个庞大的行业,于是行业协会便应运而生。政府将部分职能转移或委托行业协会,充分发挥行业协会在行业内的服务与自律管理的作用。

(二) 养老机构内部的管理

养老机构的管理者必须明确管理内容、管理原则、管理方法、管理目标与要求等问题。

1. 管理内容

(1) 按照生产服务要素进行分类

养老机构管理主要包括人、财、物的管理。

① "人"的管理

养老机构一切活动都是服务于人,并且靠人来完成,因此,对人的管理极为重要。养老机构人的管理包括员工管理和入住老人的管理。

员工管理应从三方面入手。第一,做好员工的选拔、岗前培训、聘用和继续教育,把握好员工"入口"关和继续教育关,不断提升员工素质和服务技能;第二,加强员工的职业道德教育;第三,加强员工考核管理,实现奖惩分明。

入住老人的管理具体包括老人入院与出院管理、生活照料与护理管理、医疗服务管理、营养与膳食管理、精神文化生活与入住安全等管理。有条件的养老机构应采取"养老机构信息化综合管理系统软件",实行信息化管理。

② "财"的管理

"财"的管理是指养老机构的财务和资金的管理。养老机构财务管理包括财务计划、财务进度、资金分配、周转、成本核算和财务监督等管理。

③ "物"的管理

养老机构对"物"的管理包括对机构内硬件设施的建设、改造、维修,设备、物品的采购、使用、维护和保管以及财务的管理。

(2) 按照子系统类型进行分类

按照子系统类型可分为行政管理、业务管理和后勤服务管理。

① 行政管理

养老机构行政管理包括组织机构管理、大政方针管理以及规章制度建设与管理。其中组织机构管理包括科室设置、岗位设置、人员配置、部门职能、岗位责任、人事聘用和档案管理等工作。科室设置和人员配置应当根据养老机构的实际工作需要,按照能级对应的原则进行统筹规划、合理设置和配置。大政方针包括办院宗旨、服务定位、发展方向、发展目标与发展规划等。大政方针管理指的是养老机构的领导者首先要研究、确定好这些问题,然后通过加强领导、深化改革、监督实施,使养老机构按照既定方针、目标向前发展。规章制度是员工的行为规范、工作准则,领导者应当亲自主持制定并颁发本机构各部门与岗位职责、服务标准、操作规程与流程以及管理工作制度。

② 业务管理

业务管理是主要针对养老机构所开展的各项业务活动而进行的有效管理。主要包括出入院管理、护理管理和医疗服务管理。出入院管理是养老机构管理正常运行的重要保障。入院管理包括接待咨询、登记预约、健康体检、家庭调访、入住审批、协议签订、试住等工作。出院管理包括出院手续办理等工作。护理管理是养老机构管理工作的中心和核心内容,包括健康评估、护理等级评定或变更、生活护理、心理护理、疾病护理、康复护理、老人安全和文娱体育活动组织以及入住老人健康和个人档案等管理。为了规避一些风险,养老机构必须强化医疗服务管理,如发生重大、突发性疾病,应在进行现场急救的同时,及时通知其亲属。医疗服务管理还应做好医务人员执业资格管理,药品、处方管理和病历档案管理等工作。

③ 后勤管理

养老机构后勤保障管理涉及养老机构环境绿化、美化和卫生，房屋、水、电、煤气、采暖等设施的维修，食品采购、加工制作与服务，车辆的使用和维护，消防安全与保卫等工作的管理。

(3) 按照服务对象进行分类

按照服务对象进行分类，养老机构管理包括自理老人与非自理老人管理、健康老人与患病或临终老人管理以及国家供养对象与社会老人的管理。多数情况下，服务对象的管理是按照老年人的生活自理能力、健康状况、年龄、经济承受能力实施分级、分类管理。多数国办机构将“三无”“五保”老人与托养、寄养老人实行分开管理。

(4) 按照建设与经营过程进行分类

按照建设与经营过程进行分类，养老机构管理包括养老机构的筹建申报、审批、注册登记和年度审核等管理。

2. 管理原则

养老机构管理应遵循以下原则。

(1) 以人为本的原则

养老机构管理中的“以人为本”主要体现在3个方面：第一，在规划设计、装修或改造过程中体现“以人为本”，充分考虑老年人的体能心态的变化，一切为了方便老年人居住与生活，为老年人营造一个舒适的居住环境；第二，在服务理念上体现“以人为本”，充分了解老年人的需求，理解老年人的心理与期望，对每一位老年人提供体贴入微的个性化服务；第三，在员工的管理上体现“以人为本”。

(2) 安全第一的原则

养老服务业是一个高风险的行业，因此在养老机构管理中，安全管理是头等大事。应从制度上进行设防，意识上加以强化，把不安全因素消除在萌芽状态。

(3) 质量第一的原则

质量是任何一个企业发展的生命线，养老机构也不例外。没有可靠的服务质量，难以吸引和留住老年人，养老机构的经营将面临困境，甚至无法生存。

(4) 依法管理的原则

养老服务是一个政策性、管理严格、社会关注度高、十分敏感的工作，稍有偏离，将会遭到政府行政部门的批评、处罚和社会舆论的谴责，使养老机构处于十分被动，甚至难堪的局面。只有依法管理才能使养老机构健康发展，才能赢得政府的扶持和社会的支持。

3. 管理方法

(1) 系统化管理

系统化管理是建立在系统论和控制论的基础之上的一种管理方法。强调把组织机构各部门、各环节的生产、经营、服务活动严密地组织起来，规定它们在质量管理方面的职责、任务和权限，并建立统一协调这些活动的组织机构，在组织机构内形成一个完整的质量管理工作体系。这个体系就是国际标准化组织(International Standardization Organization，ISO)提出的“质量管理体系”。目前，许多地区都推广了ISO 9000族质量管理体系标准认证，通过认证，帮助养老机构建立一套完整、被国际认可的质量管理体系。使其部门与岗位职责更加清晰，经营管理更加规范，服务质量得到全面提升。

（2）制度化管理

制度化管理指机构制定切实可行的规章制度，大家共同遵守该规章制度，才能使组织管理规范有序，工作井井有条，更容易实现组织共同奋斗的目标。此外，大家共同遵守规章制度，容易形成良好的习惯，由此逐渐形成组织机构文化，使制度化管理演化为文化管理。

（3）标准化管理

标准化管理是在企业管理中，针对企业生产、经营、服务过程中的每一个环节、每一个部门、每一个岗位，以人本为核心，制定细而又细的科学化、量化的标准，并按标准进行管理。特别适用于老年社会福利机构。

（4）目标化管理

目标化管理是强调根据既定的目标进行管理，即围绕目标，以实现目标为中心所开展的一系列管理活动。这种管理的主要特点是强调活动的目的性，重视未来发展研究和目标体系的设置；强调用目标来统一和指导全体员工的思想和行动，保证组织的整体性和行动的一致性；强调根据目标进行系统整体管理，使管理过程、员工、方法和工作安排都围绕目标运行；强调发挥人的积极性、主动性和创造性；强调根据目标来考核绩效。

（5）信息化管理

信息化管理是计算机技术、通信技术和管理科学在机构管理中的应用。目前，国内越来越多的养老机构采用“养老机构信息化管理系统”，既节约了时间、降低了成本，又提高了效力，而且还规范了养老机构经营、服务与管理行为，使养老机构服务水平和管理进一步提升。

（6）其他管理

其他管理包括思想政治管理方法等。思想政治工作体现的是企业文化。养老机构不仅要重视员工的思想政治工作，还得重视入住老年人的思想政治工作，只有这样，才能实现共同的奋斗目标。

三、养老机构服务质量控制

质量是企业的生命线，没有产品质量就等于失去了生存、发展的空间。养老机构虽然不是生产物质产品的企业，但是服务也是一种产品，如果服务质量低劣，达不到老年人和社会的期望或跟不上时代发展的步伐，那么这样的养老机构迟早会在激烈的竞争中被淘汰。

（一）养老机构老年护理服务

1. 老年人生活照料服务

（1）服务内容

老年人生活照料服务内容有个人清洁卫生、穿衣、修饰、饮食、如厕、口腔清洁、皮肤清洁护理、压疮预防、便溺护理等。

① 个人清洁卫生包括洗脸、洗手、洗头（包括床上洗头）、洗脚、按摩、拍背、协助整理个人物品、清洁平整床铺、更换床单位等。

② 穿衣包括协助穿衣、帮助扣扣子、更换衣物、整理衣物等。

③ 修饰包括理发、梳头、化妆、协助化妆、剪指甲、修面等。

④ 饮食起居包括协助用膳、饮水或喂饭、鼻管喂食等。

⑤ 如厕包括定时提醒如厕、使用便盆和尿壶、协助入厕排便和排尿等。

⑥ 口腔清洁包括刷牙、漱口、协助清洁口腔、假牙的处理等。

⑦ 皮肤清洁护理包括清洗会阴、擦洗胸背部和腿部、沐浴(包括人工和使用工具协助洗澡)等。

⑧ 压疮预防包括保持床单的干燥,定时更换卧位、翻身,减轻皮肤受压状况,清洁皮肤、会阴部,清洁平整床铺,更换床单位。

⑨ 便溺护理包括协助大小便失禁、尿潴留、便秘、腹泻的老人排便和排尿,实施人工排便、清洗、更换尿布等。

(2) 质量控制

① 养老机构提出个人生活照料建议,老年人或相关第三方提出服务需求,按需服务。

② 对老年人做到:

A. 四无:无压疮、无坠床、无烫伤、无跌伤;

B. 五关心:关心老年人的饮食、卫生、安全、睡眠、排泄;

C. 六洁:皮肤、口腔、头发、手足、指(趾)甲、会阴部清洁;

D. 七知道:知道每位老年人的姓名、个人生活照料的重点、个人爱好、所患疾病情况、家庭情况、使用药品治疗情况、精神心理情况;

E. 老年人居室做到室内清洁、整齐,空气新鲜、无异味。

提供服务完成率100%,Ⅱ°压疮发生率0,老年人和家属满意率≥90%。

③ 做到每日自查、每周重点检查、每月进行效果评估。

2. 老年人护理服务

(1) 服务内容

服务范围包括老年社区护理、基础护理、老年专科疾病护理、老年心理护理、老年康复指导、老年期健康教育、健康咨询、护理技术操作、机构内感染控制等工作。

① 老年社区护理包括老年人健康管理、老年健康生活方式指导、老年人自我防护、老年人慢性病的防治。

② 基础护理包括老年人的清洁护理、饮食护理、排泄护理。

③ 老年专科疾病护理包括老年专科疾病护理及技术操作。

④ 老年心理护理包括老年人心理卫生教育、老年人心理问题评估、老年心理护理干预措施实施。

⑤ 老年康复指导包括传授老年期自我护理技术、老年病并发症康复预防和康复治疗技术。

⑥ 老年期健康教育包括传播老年期健康知识、矫正不良健康行为。

⑦ 健康咨询包括老年病的预防、康复,老年期的营养、心理卫生和社会活动等咨询服务。

⑧ 护理技术操作包括基础护理技术操作、老年专科护理技术操作、急救技术操作。

⑨ 机构内感染控制包括采取预防性措施、监测及控制传染病的暴发流行。

(2) 质量控制

① 养老机构应根据需求配置必要的护理设备。

② 机构提出老年护理服务建议，老年人或相关第三方提出服务需求，按需服务。

③ 护士对老年人异常生命体征、病情变化、特殊心理变化、重要的社会家庭变化、服务范围调整应根据服务对象特点，客观如实地记录。记录时间应当具体到分钟。

④ 应正确执行医嘱，对各种治疗严格执行查对制度和无菌技术要求。

⑤ 应达到8项护理服务基础质量目标：落实护理措施100%、基础护理合格率≥90%、Ⅱ°压疮发生率0(入院前发生严重低蛋白血症，全身高度水肿、癌症晚期、恶液质等患者除外)、机构内感染发生率≤15%、常规物品消毒合格率100%、记录合格率≥90%、护士技术操作合格率≥90%、严重护理缺陷0。

⑥ 护士应检查指导养老护理员工作，每周检查并记录。

3. 老年人安全保护服务

(1) 服务内容

服务范围包括提供安全设施，使用约束物品，采取安全预防措施。

① 提供安全设施包括提供床挡、防护垫、安全标识、安全扶手、紧急呼救系统。

② 使用约束物品包括使用约束带、约束衣、约束手套。

③ 采取安全预防措施包括评估老人不安全因素，制定意外灾害、常见意外的预防方案，定期检查安全程序落实情况。

(2) 质量控制

① 应依据《老年人建筑设计规范》(JGJ 122—99)的规定，提供安全保护服务设施、设备。

② 应在防止老人自伤、伤害他人、跌倒、坠床、自行除去尿袋或鼻饲管、尿布、衣服等，以及其他危险因素时使用约束物品。使用约束物品前应得到医师、护士和相关第三方的书面认可。

③ 应确保服务及时、准确、有效和无医源性损伤。

4. 老年人心理支持服务

(1) 服务内容

服务范围包括访视、访谈、危机处理、咨询、公益、送温暖和社会交往。

① 根据老年人特长、身体健康状况、社会参与意愿，为老年人提供中介服务或给予劳动机会。

② 制订有针对性的"入住适应计划"，帮助新入住老年人顺利度过入住初期。

③ 经常与相关第三方联系和沟通，寻求相关第三方的支持。

④ 及时掌握每个老年人的情绪变化，对普遍性问题和极端的个人问题集体研究解决，保持老年人的自信状态。

(2) 质量控制

① 有提供心理/精神支持服务的场地和设备。

② 相关第三方对老年人的知情率达到90%以上。

③ 应注意保护老年人的隐私权。

④ 提供服务完成率100%。

5. 老年人休闲娱乐服务

(1) 服务内容

服务范围包括开展各种休闲娱乐活动，如棋、牌、器械、书法、绘画、唱歌、戏曲、趣味活动、参观游览等。

(2) 质量控制

① 有必要的设施设备和场地并确保安全使用。

② 提供的服务项目应符合老年人的生理、心理特点。

③ 提供服务完成率100%,老年人满意率≥90%。

(二) 养老机构医疗服务

1. 协助医疗服务

(1) 服务内容

服务范围包括:观察老年人日常生活情况变化;协助老年人服药;协助生活不能自理的老年人进行肢体活动;搬运、协助老年人使用助行器具;完成标本的收集送检;协助进行并发症的预防;完成物品的清洁、消毒,协助做好院内感染的预防工作。

① 观察老年人的日常生活情况变化包括观察老年人生命体征、常见老年疾病症状变化、一般心理反应和社会家庭变化情况。

② 协助老年人服药包括协助生活不能自理的老年人在医护人员的指导下,正确服用药品。

③ 协助生活不能自理的老年人进行肢体活动包括协助老年人采取适当舒适的体位、协助其进行肢体被动运动。

④ 协助老年人使用助行器具包括协助老年人使用拐杖、步行器、支架、轮椅。

⑤ 标本的收集送检包括协助采集、留取送检标本。

⑥ 搬运、协助老年人使用助行器具包括协助老年人转移至床头、床边,协助老年人下床,协助老年人坐轮椅,利用移位板,徒手搬运,器具搬运。

⑦ 协助进行并发症的预防包括协助预防各系统的并发症。

⑧ 协助做好院内感染的预防工作包括老年人个人物品和环境的清洁、消毒及污物的处理。

(2) 质量控制

① 有必要的服务设备,如助行器、轮椅、平车、大小便器、标本收集器皿、其他辅助器具。

② 协助老年人服药应注意药品正确、剂量准确、给药时间准确、给药途径正确,不应擅自给老人服用任何药品。

③ 机构内感染的预防工作应符合《消毒技术规范》《医院消毒卫生标准》的规定。

④ 应做到及时、准确、技术操作合格。

2. 医疗保健服务

(1) 服务内容

服务范围包括为入住的老年人提供健康管理、社区保健、健康咨询、康复指导、预防保健工作。

健康管理包括为老年人建立健康档案,提供老年专科医疗保健,维持或改善老年人身心状态,减轻病痛,做好老年人常见病、多发病、慢性非传染性疾病的诊断、治疗、预防、院前急救工作和转院工作,为临终老人提供医疗服务。

(2) 质量控制

① 医疗保健服务应由取得执业许可证的内设医疗机构或委托其他医疗机构开展。

② 配置医疗设备应符合医疗机构执业许可范围。

③ 为老年人服务前应得到老年人或相关第三方确认，并定期与老年人或相关第三方沟通。

④ 及时完成本机构内老年人慢性病、常见病的管理和院前抢救。

⑤ 每年至少为入住老年人体检 1 次，体检项目可根据老年人的身体状况确定，并有记录。

⑥ 应在老年人入住后 48 小时内为其建立健康档案，并定期记录。记录应及时、准确，签章完整，合格率≥80％。

⑦ 根据老年人情况，定时巡视并有记录，及时处理老年人的健康问题，落实率≥90％。

⑧ 药品的安全使用、验收、储存等管理工作由药剂师或医师负责，并符合《医院药剂管理办法》的规定。

⑨ 医疗用物定人保管、定时核对消毒、定点放置、定量供应。毒麻药品、贵重仪器专人管理，定期检查。药品做到内用药和外用药分类放置、标签清楚、账卡物相符、定时清点登记，处方合格率≥90％。

⑩ 健康档案保留 30 年，处方保留 15 年，老年人满意率≥90％。

（三）养老机构膳食服务

1. 服务内容

服务范围包括食物的采购、处理、储存、烹饪、供应，以及提供适宜的就餐环境和为老年人提供膳食及食品的卫生监控管理。建立老年人膳食管理委员会，定期召开管理委员会会议，征求管理委员会对食品的意见和建议。

2. 质量控制

（1）从业人员应每年体检 1 次，有记录，按 GB 14934—1994《食（饮）具消毒卫生标准》中个人卫生与健康要求的规定，注意个人卫生。

（2）传染病人不应从事膳食工作。

（3）设备数量应满足老年人基本生活需求，如冰箱、冰柜、保温设备、消毒设备、必要的炊事用具和餐桌椅等。

（4）服务应符合《社会福利机构管理暂行办法》规定。

（5）应搞好食品储存、运输、加工、制作的环节管理，做到“三不”“四隔离”“四过关”“五无”。①“三不”：采购员不买腐烂变质的原料，库房保管员不收腐烂变质的原料，厨师不用腐烂变质的原料加工成品。②“四隔离”：成品（食物）存放实行生与熟隔离，成品与半成品隔离，食品与杂物、药品隔离，食品与天然冰隔离。③“四过关”：餐具保持清洁，定期消毒，做到一洗、二刷、三冲、四消毒。④“五无”：提供的食品应做到无毒、无致病菌、无寄生虫、无腐败变质、无杂质。

（6）保持食堂内外环境卫生整洁，做到“四定”：定人、定物、定时间、定质量，划片分工、包干负责，消灭苍蝇、老鼠、蟑螂和其他害虫及其孳生条件。

（7）食物中毒率 0，老人满意率≥80％。

（四）养老机构其他后勤服务

应根据机构的人员情况、设施设备和服务对象的不同，选择提供服务项目。

思考题

1. 何谓“三无”“五保”老人？何谓拖养、寄养老人？
2. 何谓养老机构管理？
3. 养老机构管理应遵循哪些原则？
4. 养老机构管理者应该具备什么样的能力？
5. 简述养老机构管理、护理服务方面的内容和控制标准。

任务三　老年社区管理

情境导入

世界上较早进入“银发”时代的国家——英国，对老年人采取的是社区照顾的模式。英国的老年社区建筑规模大，有各种各样的俱乐部，开设的课程和组织的活动超过 80 种。具有完善的配套设施与功能区划分，是集合了居住、商业服务、度假疗养为一体的大型综合社区。现在，英国 65 岁以上的老年人超过 1000 万，约占全国总人口的 18%，75 岁以上的老年人亦有 370 万。英国人的平均寿命，男性已增至 71 岁，女性更是增至 77 岁。如今英国已出现了一些“老年人城市”，如贝克斯希尔、海斯汀、伊斯特邦等，这些度假城市风景如画，退休的老年人纷纷迁入安度晚年，城市中老年人口已占 20%～50%。

亚洲国家中，日本、新加坡等也逐步进入了老年型国家之列。因为有较雄厚的经济实力，这些国家一方面汲取了西方社会福利养老的特点，充分赋予老年人优厚的社保；另一方面，基于传统东方家庭观念的延续，它们还致力于开发家庭养老的功能，如提倡和鼓励“多代同居”（例如“两代居”集合住宅和“多代同堂组屋”等）。

日本的老年人的生活质量是在良好的社会保险保障体系的基础上实现的。提供无障碍设施的老年人住宅产品、具有看护性质的老年人住宅产品、能和家人共同生活（二代居）的住宅产品。代表楼盘有港北新城。老年人住宅产品与其他租售性质的住宅产品混合设计在一个生活社区内，突出自助自理。

新加坡的老年人住宅产品一般兴建在成熟的社区中。公寓户型一般分为 35 平方米和 45 平方米，为一位或两位老年人提供生活空间。住宅的户型设计及内部结构设计采用标准的特殊化考虑。

丹麦，目前最流行的是自助养老社区（DIY）。在那里，老人们可以做自己想做的事，可以约上老友或是志趣相同的伙伴住在一起，一块儿钓钓鱼、养养花，共同建设属于他们自己的家园。独享的公寓，共享的餐饮、花园，个性化的小手工艺车间、小农场等，老人们只要想到的，在这儿都能得到充分的满足。他们还可共同租用特别的照料服务，这种社区在哥本哈根郊区每月要 1000 欧元。

（资料来源：http://wenku.baidu.com/view/fb1e251e59eef8c75fbfb37a.html）

任务描述

1. 阅读上述情境，思考并讨论国外老年社区的特点。

2. 结合国外老年社区的特点，讨论我国老年社区的建设存在哪些问题。

3. 老年社区是为老年人这一特殊群体所建设的，那么在管理上面应有些什么特殊的需求？

4. 课外社会调查：

(1) 请调研你所在地区的老年社区的建设情况；

(2) 所调研的老年社区的管理情况；

(3) 通过调研的情况提出合理的解决措施。

任务实施

1. 分小组就各个主题展开讨论，并分享讨论结果；

2. 分小组进行社会调查，形成调查报告，课堂分享调查结果。

任务总结

1. 老师就小组讨论结果进行分析总结；

2. 在社会调查过程中，你遇到了哪些问题，怎么解决的？

知识链接

一、老年社区的特点

千百年孔子的儒家思想深深地影响着一代又一代人，根深于大千家庭。长期以来，“家庭养老”是我国传统的养老模式，但随着我国改革开放，经济的发展和社会观念的改变，“家庭养老”逐渐被“社区居家养老”和“养老院养老”所代替。随着国民经济的快速增长，全球老龄化问题的快速加剧，作为满足老年人基本生活需要的居住问题，它不仅关系到老年人的居所，更关系到老年人生活的环境、健康、教育、配套、服务及养老保障等各方面的社会问题。未来 20 年里，城市中步入老年群体的大部分人都接受过高等教育，退休后也有自己可独立支配的高额退休金，在这些人群中，家庭养老和社会养老将离他们远去，选择另一种方式来度过余生，是未来城市每个老年人的共同追求，而大型老年社区将成为他们的理想场所。

(一) 社区的含义

社区自古以来就被认为是人类生活的基本场所。随着“社区”一词的提出，对社区的定义出现了多种解释，综合起来，社区是指一定数量居民组成的、具有内在互动关系和文化维系力的地域性的生活共同体。这个定义具有下列 4 个特点。

(1) 强调了居住在社区的居民是社区人口的主体，这也使社区得以保持相对稳定的人力资源。

(2) 强调居民之间在居住环境、卫生、文化娱乐、教育、治安和社区参与等方面的互动关系。

(3) 强调了文化维系力的作用，即居民之间因相同的利益和社会分层而产生对社区的认同感和归属感。

(4) 强调了地域共同体和地缘关系的特征。

(二) 老年社区

老年社区是一种市场化与商业化的产物,它通常可以根据对所处位置、规模与产品的不同要求,划分为两种不同的产品形式,如表 7-3 所示:

表 7-3 老年社区的形式

序号	项目	公寓型	社区型
一	服务对象	家庭无法照料或自身意愿,同时具有一定支付能力的独居老人	身体健康、喜欢独立生活且具有较强支付能力的老人家庭或合居家庭
二	规模	一般较小	一般较大
三	位置	城市成熟生活区内	环境理想的城市郊区
四	设施要求	(1) 内部配置公寓+少量生活与服务设施 (2) 对外部生活设施(包括商场、医院、电影院等)依赖程度高	(1) 内部配置公寓+完整配套设施,包括基本的购物、医疗、文化娱乐等 (2) 对外部设施依赖较小

(资料来源:高佩钰.老年居住社区的设计研究[D].合肥工业大学,2010.)

(三) 老年社区的特点

1. 老年人的需求特点

老年人生活的要求和其他年龄的人不一样,他们需要物质保障基础之上更高的精神追求。多数老年人都童心未泯,喜欢安静的同时又喜欢热闹。老年人具有以下几个活动特征:群聚性、类聚性、时域性、地域性、交往性、私密性等。

(1) 老年人对居住环境的要求

① 空气清新。

② 采光充分。

③ 色彩要合理应用,应根据老年人的精神状态、个人喜好,选择适当的色彩搭配。比如:情绪抑郁、沮丧、伤心的人,可伴随一些温暖的颜色,如红色、黄色、橙色;情绪不稳、易怒、兴奋、焦虑的人,可伴随一些冷艳的颜色,如绿色和蓝色。同时还应根据实际情况调整颜色的饱和度。

④ 湿度适中。

⑤ 适当的室内温度。

(2) 老年人对户外环境的要求

老年人对户外环境有特殊的需求。老年人身体灵活程度降低,涉足范围在缩小、距离在缩短,最大活动范围不超过 300 米,所以老年人日常生活所需的基本商业设施、服务设施、保健服务、娱乐设施等要尽可能集中并易于前往。

2. 老年社区配置特点

老年社区是供老年人集中居住的,是居家养老与社区服务的结合,不仅需要在楼层、医院、交通、服务设施等方面符合老年人的身体特点,更要在娱乐、学习、交往、情感等方面照顾老年人的心理需要。

老年社区必须包含必要的医疗、娱乐、文教、社交等公共设施。其中老年医疗保健设施包括老年病医院、老年康复中心、保健站、老年诊所等；教育设施包括老年大学、图书阅览室、书画协会等；文娱设施包括老年活动中心、俱乐部、老年之家等；其他设施包括老年餐厅、日间服务站等。

3. 老年社区规划特点

老年社区的各种设施还必须按照老年人的特点进行规划设计。当然，老年社区规划及设计最重要的地方体现在细节上。例如，使用温暖、人性化、贴近自然的材料代替冷冰冰的白灰、平整光亮的石材，拉近老年人与自然的距离，减轻老年人长期处于室内而产生的烦躁感。在颜色的使用上，大胆地采用红、绿、蓝等原色，用米色、淡黄色等暖色调代替没有感情的白色，为老年人创造温馨、舒适的环境。

公共空间采用较大的开放空间，给人以宽敞、平等的感觉，并利于老年人交往和进行集体性活动。玻璃幕墙对着优美的风景，使老年人足不出户就能享受到自然景观。同时还可以充分利用自然采光。这些特殊的设计，充分考虑到了老年人的生理、心理和行为特点，达到安全、方便、舒适，使老年人感到亲切。

4. 老年社区的模式

(1) 纯老年社区

目前，纯老年社区典型的代表是美国的太阳城模式，国内的部分老年社区在按照这种模式进行开发。其特点是建筑类型包括 3 种类型的老年公寓和部分低密度的别墅。其中 3 类老年公寓分别是：适合单身老年人或老年夫妇的宿舍式公寓、一家一户的居家式公寓或住宅式公寓、配备专业护理人员的护理式公寓。而别墅有 250～300 平方米、400～500 平方米两种户型，还有 400～500 平方米的四合院，以满足老年人的不同需求。社区内配备专供老年人使用的生活、休闲设施。一般来说，纯老年社区的价格会比较高。

(2) 融入型老年社区

融入型老年社区的开发模式在国外较为普遍，而老年社区的这一开发模式从实践上看应该是更符合我国国情的。作为一个老年社区，是与其他的度假社区、国际社区、商务社区等共同组成的。选择此类社区的客户，可以是老年人在此养老，享受较好的环境和精神文化生活，还有必要的医疗设施。也可以是老年人住老年社区，后代住其他社区，两代人平日各取所需，周末相互照应。我国融入型老年社区多选择在离北京、上海等经济发达城市不远的近郊和周边。国内老年社区的主要消费群应该是一部分收入水平相对较高、对生活品质有一定要求的城市老年人，这些老年人多半不愿意到离常年生活的城市太远的地方养老。

二、老年社区服务管理的需要

(一) 老年社区服务

老年社区服务是老年社区建设与管理的龙头，它对于满足社区中老年人的生活需求、实现社会福利、完善老年社区管理、推动老年社区建设具有重要意义。

1. 老年社区服务的含义

老年社区服务指的是在政府的倡导下、在社区范围内主要面向老年群体实施的具有福利性和公益性的满足老年人需求的各种社会服务活动，一般为无偿或低偿提供。

2. 老年社区服务体系

老年人服务主要是针对老年人在衣、食、住、行、医、学、乐等方面为老年人提供的服务。

综合老年人服务的内容,老年社区服务体系包括以下4个方面。

(1) 日常生活照料体系

日常生活照料体系是老年人需求的最低层面,也是最基本的需求,主要包括以下几个方面。

① 建立包括家政服务、日托中心、养老院照顾等多种形式的社区生活照顾体系,使传统的家庭养老、机构养老与社区服务相衔接。

② 建立定点服务和上门服务相结合、有偿服务与低偿或无偿服务相结合、专业服务与志愿服务相结合的多种形式的服务体系。

③ 建立个性化的、针对高龄、空巢、独居、残疾及非自理老年人不同需求的多层次、多元化和多项目的服务体系,提供家务、送餐、购物、陪护和应急救助等服务。

(2) 医疗保健体系

社区卫生服务是一项比较复杂的社会工程,是供需双方互动的体系。

① 建立形式多样、内容丰富的医疗保健知识宣传、教育和交流的科普体系,提高老年人参与的积极性和主动性,强化对健康保健知识的掌握,增强保健意识。

② 建立全过程的医疗监测体系,把心理健康状况纳入健康档案管理并充分利用,进行日常疾病预防、健康管理、健康监测与疾病治疗,把疾病早期干预措施纳入到医疗工作范畴。

③ 建立一体化病床、家庭门诊等上门服务,同时建设正规大医院和社区卫生中心及家庭互动的连续性体系,为老年人提供预防、医疗、康复、保健、护理和临终关怀等一体化服务。

(3) 精神文化生活服务体系

精神文化生活服务体系是老年人生活的最高层面的需求,体现了老有所乐、老有所学、老有所为的思想。

① 建立包含社区老年活动中心、小区老年活动室、图书馆、健身室、健身点在内的社区老年文体设施,定期举办文体活动,帮助老年人参与社交、增强体质等。

② 建立健全老年教育体系,综合利用社区资源,满足老年人的学习需求。

③ 建立老年人社会参与体系,结合老年人特点,组织利用和开发老年人力资源,建立老年人志愿者和就业服务体系,使老年人参与到社会生活中,实现人生价值。

(4) 社区养老服务保障体系

加强社区老年人服务制度建设,包括社区养老服务设施用地、用房政策、兴办社区等老年人事业的税收政策、财政支持政策、城市公建配套法规、社区老年人服务与管理规章制度。加快城市社区养老服务设施建设步伐,要从适应老年人居家养老的居住条件,满足老年人对医疗保健和照料服务的需求,强化老年人文化教育、娱乐活动,改善老年人出行、活动、交往的安全、舒适、便捷的户外环境等方面着手,从而建设与完善社区老年人养老服务设施。

(二) 老年社区文化

老年社区文化是老年社区建设与管理的重要内容,它对于丰富社区老年居民的生活、提高社区老年居民的素质、促进社会进步具有重要意义。

1. 老年文化的含义

老年文化是文化的一个分支,指的是以老年人为主要内容所形成的文化体系。其中包含专门反映老年人生活的艺术形式和娱乐形式。老年文化中既包括以形象化的手段反映关于老年人现实生活的老年文艺,也包括以老年人为参与主体的娱乐和民俗活动,还包括与体育锻炼相结合的娱乐健身活动。

2. 老年社区文化工作的含义

老年社区文化工作是指根据老年人的生理和心理特点，组织和引导老年人开展各种各样的文化娱乐活动，丰富老年人生活，使其老有所乐。安排好老年人的活动，使老年人享有乐趣，身心得以松弛，情绪得以舒缓；通过娱乐爱好活动，老年人增加了与他人交往的经验，感受到为他人所接纳，加强了自我价值观。

3. 老年社区文化工作的特点

老年社区文化工作与其他群体文化工作相比有以下特点。

(1) 群众性。老年人的生活范围基本上是全天都在社区，人与人之间不再严格地以职业和阶层为界限，更多的是强调群体沟通与交往。老年人社区文化工作的主要内容属于人们喜闻乐见的项目，群体性十分明显。

(2) 历史性。老年社区文化工作必须考虑到老年人几十年的人生经历，许多兴趣和爱好是长年逐渐养成的，与其个人成长经历和社会历史都有很大的关系。因此，老年社区文化工作一定要照顾老年人的这些情况。

(3) 娱乐性。人到老年，淡泊名利。他们所进行的活动多是为了健身和开心，开展丰富多彩的老年文化活动，让老年人生活充实，让老年人真正从中感受到快乐和舒服是最重要的。

(三) 老年社区教育

教育是开启人们智慧之门的钥匙，是发展高科技的先导，是引导人类走向崇高理想社会的阶梯。教育不仅仅面向婴幼儿和青少年，或某一专业技能的人，而是面向社会全体成员，所有年龄阶段的人，当然也包括老年人。

1. 老年教育的含义

国内学术界对老年教育大体有以下几种定义。

(1) 老年教育是以提高老年人思想道德和科学文化素质，促进受教育者增长知识、丰富生活、陶冶情操、增进健康、服务社会为目的所实施的教育活动。

(2) 老年教育是终身教育的最后环节，是人生大教育系统中的一个子系统。它既是成人教育的一种形式，也是终身教育不可缺少的组成部分。

(3) 老年教育的内涵界定有广义和狭义之分。广义的老年教育指影响人们的知识、技能、身心健康、思想品德的形成和发展的各种有益活动；狭义的老年教育则是指以老年大学和各级各类老年学校为主体的，对老年人所实施的有目的、有计划、有组织的教育活动。

2. 老年社区教育的含义

老年人长期稳定地生活在社区，对社区最了解、最有感情，同时对社区的向心力也最强，老年人必须依赖社区为他们提供各种设施，使他们能够便捷、顺利地享受应有的教育权利。所以考虑老年人身体状况、居住范围以及情感依赖等因素，老年教育的举办范围也应该突出“小区域化”的特点。

3. 老年社区教育的特点

(1) 特殊性。社区老年教育从形式和内容上都有着自己的特殊性，而不能与现有教育分类简单地融为一体。社区老年教育也不可纳入某种特定的教育形态，如学校教育、成人教育、社会教育、非正规教育等。

(2) 社区性。社区老年教育的属性是社区性,它是社区教育这一概念的子概念,属于社区教育中针对老年人和老年服务工作相关者进行的一种具体活动,可以纳入多种形式和内容,是一个庞大的教育体系和概念,如社区老年学校教育、老年活动中心、社区中的图书馆、文化馆等公共设施,以及网络、报纸杂志等其他老年教育可用资源和途径等。

(3) 多样性。社区老年教育的方式是多样性的,可以分为集中式教育和分散式教育。所谓集中式教育,就是将老年人集中起来进行知识传授,以社区老年学校教育为代表;所谓分散式教育,就是让老年人分散学习,比较典型的有老年活动中心、社区中的图书馆、网络教学、家庭教学等。

五、老年社区管理的原则与方法

(一) 老年社区管理的原则

社区管理的特征决定了社区管理是一项有计划的实践活动,社区管理的复杂性要求我们在管理中必须遵循一定的原则。

1. 全体利益原则

全体利益原则强调,社区管理的目的是满足社区内全体居民、组织、团体、单位的共同需要和利益。一切手段、做法都必须紧紧围绕着这个根本目标,而不能偏离,它是衡量社区管理有效与否的最直接的标准。

2. 自治和自助原则

自治和自助原则强调,明确社区自我组织、自我管理的管理方式,充分调动社区成员参与社区管理的主动性、积极性和创造性,利用社区内的人力和物力资源,发挥社区居民的特长和潜能,以自动、自发、自助、自治的精神,来实现社区的管理和发展。

3. 组织和教育原则

组织和教育原则强调,实现社区管理目的的方法是通过社区教育,提高社区居民的综合素质;通过组织和管理,利用约束性要素来建立、健全并理顺社区居民之间的关系,统一大家的认识,培养社区意识。

4. 协调性原则

协调性原则强调,社区管理不能仅仅局限于社区这个小区域,要注重社区与整个外部大环境的协调,以及组织与功能之间的协调,以保证管理的及时、有效。

5. 前瞻性原则

前瞻性原则强调,在社区管理过程中,要重视预见性,要有长远的目标,要充分考虑社区管理的根本出路问题,将影响社区发展的不利因素化解在萌芽状态。

6. 法制管理原则

依法治理社区是现代社区管理的必然要求,社区的各项管理活动、管理行为要有法律依据,符合法律规定。

(二) 老年社区管理的方法

1. 老年个案工作在老年社区管理中的应用

(1) 老年个案工作的含义

老年个案工作就是老年社会工作者依托老年服务机构对老年人个人或者家庭提供物质

和情感支持与服务，旨在改善老年人生活环境与条件，增强其社会功能，提高老年人适应社会和应对困难的能力的活动过程。

（2）老年个案工作的程序与技巧

老年个案工作的过程就是老年个案工作的操作程序与具体步骤，并不是刻板地按部就班的操作，具体的展开过程是千差万别的，但仍有一个大致相同的程序，大致归纳为接案、收集资料、诊断、实施、结案与评估5个步骤。

① 接案

接案工作的主要目的是通过对案主问题的初步评估，根据机构的功能和目标，决定案主是否被接受为服务对象。在这个过程中，工作者要善于抓住求助者现实性的心理反应。具体包括3个方面的内容：一是了解求助者意愿并进行适当处理；二是澄清求助者的期望；三是初步评估问题和需要。

由于案主是老年人，在思考潜在影响因素时，要从老年人的心理特点、生理特点出发，比如案主的身体状况是否允许长谈，是否允许激动。有些老年人有心脏病等不允许激动的病，在会谈时一定要特别注意。与老年案主会谈时，一定要有足够的耐心和热情去倾听老年人的谈话，还要注意衣着打扮，避免过于新潮而让他们感到差距太大。对于会谈室内的布置也要注意老年人的特点，尽量使用柔软的椅子，甚至躺椅等设施。

② 收集资料

收集资料的主要目标是从各个方面了解案主及其问题，需收集的资料包括直接资料和间接资料。直接资料是指通过与案主的会谈直接获得的资料，与案主本人会谈是老年个案工作常用的获得资料的方法。通过与案主面对面的会谈，不仅可以直接地从案主口中获得案主的个人史、家庭史与案主的问题，以及案主对自己的问题和其他有关事物的看法，同时还能直接观察案主的态度和了解案主的心态。间接资料是指访谈案主家庭成员、同事、邻居或其他有关机构所获得的资料。对于一些与他人关系上有问题的老年人，如孤僻的老年人，只依靠老年人提供的资料是很少的，为了进一步了解案主的家庭生活和社会关系，工作者可通过访谈案主的家庭成员和其他关系人，从而对案主和他的问题有更多的了解，但是，原则上需要获得案主的同意。

③ 诊断

诊断的目的在于寻求“这个人如何才能获得有效的帮助”，尤其是处在老龄阶段的人们。在诊断的过程中，个案工作者企图通过对老年案主问题的性质和案主个人能力的评估，寻求解决问题的有效方法和途径。其诊断内容包括了解案主问题的真相、症结所在、起因及对案主的影响，确认问题的性质，详细认识案主的人格，发现解决问题的阻力和动力，以供处理问题时参考和实施解决方案4个方面的内容。

④ 实施

实施是个案工作程序中最重要的一个步骤，也是个案社会工作的最终目的，前阶段的问题诊断在这个阶段中付诸实施。对工作者来讲，主要有3个方面的任务：一是协助案主自我了解、探索自己的问题，在此基础上发展人格，发挥潜能，自主解决自身问题；二是协助案主调整社会关系；三是协助案主改善环境，消除环境阻力，给予适度的经济协助或其他社会资源，以便解决问题。

⑤ 结案与评估

结案与评估是整个个案工作程序的最后一个阶段。结案是指个案工作者与案主的专业关系结束前的处理工作。当案主的问题解决了或者案主已具备能力应付和解决他自己的问题时就可以结案。评估是指整个个案结束后,工作者应该有一个评估或评价的机会,反思整个个案进行的过程,总结自己的成败得失,以作为日后工作的参考。评估是对工作者总结工作经验、自我提升的过程,也是一个必要的工作步骤。在评估的过程中,要坚持案主参与、为案主保密的原则。最后,工作者以书面的形式把评估结果记录下来。至此,整个个案工作才算完成。

2. 老年小组工作在老年社区管理中的应用

(1) 老年小组工作的含义

老年小组工作即通过组织老年人参与小组活动,提高老年人的社会生活功能,协助老年人更好地处理个人、家庭、团体及社区的问题。

(2) 老年小组工作的方法与技巧

① 老年小组活动方案设计

小组活动方案的设计、使用是小组工作的重要内容,好的活动方案不仅可以活跃小组气氛,增加成员的互动,也可以产生治疗功能。因此小组活动方案设计在小组工作中十分重要,在设计老年小组活动方案时应考虑以下因素。

A. 小组的目标

工作者在设计小组活动方案时应先检视小组的目标。在小组活动进行中应紧扣小组目标,对于老年小组而言,不同性质的小组,应根据不同的目标,设计不同的活动方案。

B. 小组的发展阶段

小组工作是持续性的,不同的发展阶段有不同的需求,在老年小组的发展阶段,要考虑老年人自身的特性及互动。

C. 小组的大小

每个小组活动有人数限制,为达到最佳效果,老年小组活动一般为 8～12 人。

D. 聚会时间

每一次小组活动时间要把握好,不能过长或过短,一般为 1～2 小时。在设计老年小组活动时,要考虑老年人的生理、心理特征。

E. 工具准备

把每次活动所需的器材列成清单提前准备好。

F. 环境安排

环境包括场地空间、屋内格局、室外排场、座位、灯光等,安排应根据老年人的身体特点,不能太复杂。

G. 过程导向

注意每一个过程的衔接,如何开场,如何转折,如何持续,如何回馈等,均应步骤化。

H. 弹性应用

工作要在活动的设计中灵活应用。

I. 工作契约

确立工作者在带领小组活动中的角色与职责。

J. 活动评价

工作者要先制定出小组活动的评价标准，通过评价来改进活动和发展小组。

② 老年小组工作技巧

A. 有效处理老年人参加小组的心理障碍

参加小组活动前，工作者采用直接面谈的形式消除老年人的参会顾虑，如当面介绍小组活动的内容，参加小组给自己带来的好处，以及介绍以前举办类似小组活动的成功经验、图片等，以吸引老年人的兴趣。工作者还可以把准备开展小组的信息做成展板，放在社区显眼处，并设立咨询台，由工作者给来咨询的老年人介绍具体情况，由于老年人都有一种合群的心理，这种方式可以把其他的老年人一起吸引进来。

B. 小组成员的选择

小组工作非常强调成员之间的互动、相互影响和支持，因此，成员的选择就尤为重要。应当注意以下几个方面：受教育程度大致相同，避免参差不齐；身体活动能力最好一致，在举办活动或游戏时便可一视同仁；对小组的期望和参加小组的兴趣最好均衡。

C. 聚会前的筹备工作

聚会场所的布置让小组成员都有认同感，房间里可以布置一些小组的象征物，表明对老年人的接纳，房间的大小和座位的安排要考虑老年人的特征，椅子要灵活而便于搬动。负责接待的工作者要有知识、有礼貌，并在聚会场所设立清楚的指引标识，对一些行动不便的老年人要搀扶进场。负责带领小组的工作者要提前进房间，做一些准备工作。

D. 在小组的初次聚会上工作者可采用的技巧

在小组的初次聚会上，小组是以工作者为中心的，成员们大部分时间是花在与工作者的沟通上，期待工作者为他们解决个别问题。因此，对工作者的要求很高。工作者的态度、行为对小组以后的发展很重要。首先，工作者要主动，最好能亲自示范，这样可以拉近与成员之间的关系，建立初步信任。其次，工作者要积极把握机会赞赏成员能力；在活动游戏的选择上，切忌过于抽象与复杂，要考虑老年人的身体状况、心理状况；在活动的过程中，工作者要留意组员的感受，要注意成员的面部表情、肢体语言、反应态度等，并及时地沟通和调节。最后，工作者要有耐心，不能操之过急。

E. 工作者在小组的后期阶段要处理的情况

处理组员面对小组结束的情绪，在小组的发展过程中，有些成员会与工作者产生感情，会对小组产生依赖，不愿意结束，因此工作者应在结束前三次会面时就应提醒成员，避免最后突然提出，让成员有种被抛弃的感觉，从而影响小组效果；协助成员回顾小组经历，总结个人的成长与转变；组织小组评估，以面谈方式或问卷方式，为下次开展此类的活动提供资料和经验。

3. 老年社区工作在老年社区管理中的应用

(1) 老年社区工作的含义

老年社区工作主要以社区中的老年人为工作对象，通过发动和组织社区内居民参与集体行动，确定老年人在社区中的问题和需求，动员社区资源来预防和解决老年人问题，培养老年人的自助、互助、自决精神，让老年人有愉快的晚年生活并维护社区的稳定。

(2) 老年社区工作的目标

老年社区工作的目标大致有以下几个方面。

① 减低老年人与社会的疏离，增进老年人的社区参与；

② 消除老年人自卑、无能及无助的心态，建立积极的人生观；

③ 改变社会人士对老年人抱有的负面形象；

④ 争取及巩固老年人权益，提升老年人生活素质；

⑤ 发挥老年人潜能，参与改善社区生活；

⑥ 提高老年人的政治意识，加强老年人的政治影响力。

(3) 老年社区工作的方法和技巧

① 加强老年人对社区的认识，鼓励老年人参与社区活动，实现老有所乐

要加强老年人与社区的联系，增进老年人的社区参与，首先要做的工作是让老年人对居住地有足够的认识，让他们多了解社区设施、社区的新发展、社区内政府部门的工作，掌握社区内所发生的事的最新资料等。在社区活动中心、"老年人之家"的活动中，可安排老年人进行社区探访活动。在老年福利机构中，工作人员应经常提醒老年人的家人及亲属常来探望老年人，借此把社区气氛带进机构内；应多举办各种富有社区气氛的活动，如在春节、元宵、端午、中秋等传统节日，举办各种富有传统气息的活动。还可以举办一些认识社区及搜集社区资料的比赛活动，让老年人多关注身边的事物。在社区或服务单位的宣传栏里，最好专门开辟一块"社区新闻栏"或"时事栏"，将社区发生的新闻张贴起来，让老年人定期阅读。工作人员应鼓励老年人参与到这些活动中来，发挥老年人各自的特长。

② 增强老年人的自助及互助能力，提升老年人自信心

社区工作经常推行自助及互助计划，以增强自助能力，并鼓舞居民间的守望相助精神。因此，在老年人服务机构内应多推行一些自助及互助服务。老年人有丰富的人生经验和工作经验，是一种十分宝贵的资源，因此我们可以鼓励老年人参与活动的策划及组织工作，如活动的宣传、制作游戏物品、布置场地、准备节目，甚至活动的主持等。还应鼓励老年人善用闲暇，根据老年人各自的特点，发动老年人的互助服务，如理发、读/写信、教唱歌、跳舞或弹奏乐器等。

③ 发展、培养老年志愿者，实现老有所为

协助老年人成立志愿者小组。志愿者可以参与社区内的一些义务工作，如协助维护社区的治安，参与社区内活动的策划和组织，争取社会资源等。志愿者还可成为老年人与工作者的沟通桥梁。通过志愿者，工作人员能更多地了解老年人的需要及对服务的意见，老年人能加深对社区或服务单位的归属感，并产生被尊重和有能力参与的感受。

④ 成立老年人组织，发动老年人关注社区事务

社区工作者可以引导社区的老年人成立老年人协会或小组，将老年人组织起来，动员他们去关心一些与老年人有切身利害关系的社区问题。实际上，老年人对与其有切身关系的问题有很多自己的看法，只是我们的社区工作者没有重视他(她)们的意见，甚至有的意见反映到社区以后，社区没有回应，这样就可能挫伤他们关心社区事务的积极性。

⑤ 向老年人灌输权益的意识，帮助老年人维护自身权益

我们不能只为老年人解决问题，而忽略了老年人对自己权益的认识及觉醒。老年人自身权益意识的提高是维护老年人权益的关键。很多时候，老年人的权益意识十分低下，不知

道自己拥有哪些权益，更不知道该怎样去维护自己的权益。因此，社区工作者要不断地向老年人讲解他们的权利，让他们明白争取更多话语权、参与权和决策权的重要性，帮助他们提升自身权益意识。同时，举办有关老年人权益的讲座、讨论、板报、活动，进行老年人权益的宣传，使社会大众了解老年人曾经对社会作出的贡献，使大家明白老年人应该得到社会的照顾，从而使全社会了解老年人的权益，自觉维护老年人权益。

⑥ 对社区老年人提供训练，培养社区老年领袖

不少老年学者提出，老年人是有条件去学习新事物的，老年人还有不少本领、才能有待发挥。我们可以为老年人举办一些短期或定期的本领训练计划。训练内容包括认识社会资源、解决问题方法、组织技巧，以及自信心训练、策分析等。社区中培养的老年人领袖往往更容易与社区中的其他老年人交流。

思考题

1. 老年社区的特点有哪些？
2. 老年人作为一类特殊的群体，我们在社区管理中应注意哪些问题？
3. 简述老年社区管理的原则。
4. 简述老年社区管理的方法。
5. 如果你是一位老年社区工作者，请为老年朋友们策划一次活动，并写出一份策划书。

任务四　老年人力资源管理与开发

情境导入

随着生活条件的改善和传统观念的改变，步入60岁的“银发大军”已经成为就业市场上一支不可小觑的队伍。在一些特殊领域，“银发族”甚至比年轻人更受欢迎。

目前，老年人再就业的形式大致可分为3类：

第一类，高薪聘请型。这一类老年人的特点是，在机关、企事业单位从事管理、技术类岗位多年，经验丰富或拥有一技之长。退休之后有完善的养老保障，出于“闲不下来”选择了“退而不休”。

第二类，自主创业型。子女成家立业后，老年人没有家庭生活负担，遂利用积蓄搞起了创业。

第三类，无奈打工型。这类老年人往往没有文化，缺乏一技之长，子女教育水平偏低，即使有一份工作，生活也不富足。

需要指出的是，在目前的老年人就业市场上，第一类占据了主要部分，而且“银发精英”供不应求。而没有一技之长的老年人想再就业，却面临着年龄歧视、缺乏就业保护和维权难的问题。

据了解，我国在退休人员再就业的劳动关系方面尚存在法律空白，用人单位和返聘人

员不能依据法律主张权利和承担义务。由于缺乏配套的老年人才市场引导机制，老年人再就业一般都是靠朋友或者熟人介绍，而通过这种“地下操作”的方式找工作，老年人十分容易吃“哑巴亏”，遭遇年龄歧视、随意解雇等问题。

对此，南京大学法律系博士李文军说：“我们可以借鉴日本、新加坡等国经验，制定具有针对性的法律法规，保护老年人再就业过程中的正当权益，并尽快建立弹性退休年龄和工作时间政策，实现社会发展与满足老年人‘有所为’愿望的双赢结局。”

（资料来源：http://www.sxgov.cn/黄河新闻网 2011-01-10）

任务描述

根据上述情境，讨论分析下列问题：

1. 老年人再就业有何社会意义？
2. 老年人再就业存在哪些问题？
3. 讨论老年人再就业的权益保障问题。

任务实施

1. 按实际情况对全班同学进行分组；
2. 以小组为单位根据情境展开主题讨论；
3. 各小组选派代表汇报、分享讨论结果。

任务总结

1. 教师结合情境对任务要求进行分析；
2. 教师对各小组讨论结果进行点评。

知识链接

一、人口老龄化与人力资源开发

（一）人口老龄化与人力资源的概念界定

人口老龄化是指总人口中因年轻人口数量减少、年长人口数量增加而导致的老年人口比例相应增长的动态。它包含两个含义，一是指老年人口相对增多，在总人口中所占比例不断上升的过程；二是指社会人口结构呈现老年状态，进入老龄化社会。国际上通常的看法是，当一个国家或地区60岁以上老年人口占人口总数的10%，或65岁以上老年人口占人口总数的7%，即意味着这个国家或地区的人口处于老龄化社会。

人力资源又称劳动力资源，是指一个国家或地区全部人口中具有劳动能力的那部分人口的总称。劳动年龄人口的数量及其在总人口中的比重，对一个国家或地区的经济发展至关重要。人口老龄化发展会导致劳动年龄人口比重相对下降，劳动力资源不足。由于劳动参与的能力减弱，导致劳动参与率的降低，老年抚养比的增加，从而影响到社会经济的发展。

(二) 人口老龄化形势下我国劳动力资源状况

我国自1999年步入老龄化社会以来,人口老龄化加速发展,并日益呈现老年人口基数大、增长快、高龄化的趋势。2010年第六次人口普查统计显示,全国总人口规模约13.7亿,60岁及以上人口为1.78亿人,占总人口的13.26%,比2000年人口普查上升了2.93个百分点;其中65岁及以上人口为1.19亿,占8.87%,比2000年人口普查上升了1.91个百分点。人口老龄化直接影响到劳动力供给。从生理状况角度讲,人口老龄化直接导致社会劳动能力水平下降。根据人的生命周期理论,随着人的生命延续,当步入老年以后,体力、智力等均会趋于衰退,劳动参与的能力也就随着减退。从制度层面上讲,人口老龄化使人口从劳动状态转移到退休状态,老年人口成为劳动力人口提供税收的享受者,成了单纯消费人口。随着我国老龄化程度的逐步加剧,我国总体的劳动能力呈下降趋势,但这种情况在当前呈复杂态势,一方面,劳动力供给总量过剩;另一方面,劳动力有效供给不足,呈结构性短缺。

自1980年计划生育政策实行以来,我国的生育水平在短时间内下降,少年儿童人口比例急剧降低,老年人口比例相应迅速提高。在一定时间内,少年儿童人口比例的下降幅度高于老年人口比例的上升幅度,带来了劳动年龄人口比例的相对上升。2010年国务院新闻办公室发表《中国的人力资源状况》白皮书显示,我国人力资源规模不断扩大。截至2009年年底,中国总人口达到133 474万人(不含香港、澳门特别行政区和台湾省),其中,劳动力资源106 969万人,比2000年增加11 267万人;就业人员77 995万人,其中,城镇就业人员31 120万人,分别比2000年增加5910万人和7969万人。也就是说,目前我国的劳动力资源还十分丰富,中国劳动人口的供求形势还没有发生根本改变,因为农村还有大批富余劳动力,但区域性相对短缺已经出现。2004年春天,从沿海地区特别是珠江三角洲地区开始,进而发展到劳动力流出地区的"民工荒""技工荒",是我国劳动力市场出现区域性短缺的信号。

我国劳动力市场的复杂态势还表现在劳务市场出现的结构性短缺上。所谓结构性短缺,是指低素质或未开发的人力资源大为过剩,而经过科学开发、具备现代文化素质和先进劳动技能的高质量人力资源又相对缺乏。反映在就业市场上,是既存在大量低质量的劳动力剩余,又无法填补许多要求较高的技术和技能的工作岗位。近年来,城市劳动力市场用工单位的需求人数开始大于求职人数,部分企业"招工难"和部分劳动者"就业难"并存现象,正是这种结构性短缺的体现,中国已经从劳动力"无限供给"转向劳动力"有限剩余"。

要指出的是,区域性短缺和结构性短缺是暂时的,随着老龄化程度的加深,我国将逐步走向真正意义上的劳动力短缺。

(三) 老年人力资源开发

目前,中国应对人口老龄化的思想、物质、制度等各种准备还不足。未来,要全方位地做好应对人口老龄化高峰的准备,不仅时间紧迫,而且压力巨大。为此,我们必须找出对策来应对这些挑战,其中一个一举两得的对策就是开发利用我国存在的一支不可忽视的巨大的劳动力储备——老年人力资源。

1. 老年人力资源开发的可行性分析

(1) 从人力资源的概念上分析,我国老年人力资源开发是可行的

所谓人力资源(又称劳动力资源或劳动力),是指能够推动整个社会和经济的发展,具有劳动能力的人口总和,它既包括劳动年龄内具有劳动能力的人口,也包括法定劳动年龄以外

具备实际参与社会性活动能力的人口。即人力资源的概念不应受年龄大小和在业与否的限制，健康的、具有一定劳动能力的老年人口也包括在内。

（2）从可开发的老年劳动力年龄上看，我国老年人力资源有开发空间

我国目前仍沿用20世纪50年代开始实行的退休年龄标准，即男职工60岁，女干部55岁，女工人50岁，当时我国人口平均寿命是男性39岁，女性42岁。而根据2010年第六次全国人口普查详细汇总资料计算，2010年我国人口平均预期寿命达到74.83岁，其中男性人口平均预期寿命为72.38岁，女性为77.37岁。据预测，2050年中国人口预期寿命男性将达到78.5岁，女性为82.9岁。寿命的大大提高，意味着人的体能条件在逐步提高，相应地，可劳动的能力也在延长，在退休年龄不变的情况下，很显然，我国老年人力资源存在可开发的空间。

（3）我国可供开发的老年劳动力数量也是非常巨大的

因为我国退休年龄的制定低于联合国老年人的划分年龄，再加上国内一些地区提前退休情况严重，如果这些退休后的人们无所事事，无意之中就加剧了我国老龄化的程度。如果我们将65岁以前退休的人口数加上65～74岁的低龄老年人口数，就会得到一个很大的劳动储备量。如果这些潜在的人力资源被充分利用，有许多经济问题就会被很好地解决。

（4）我国老年人的身体素质也符合开发利用的要求

在医疗条件和营养水平不断提高的情况下，老年人的身体素质在逐渐地提高，退休人群中还有很大一部分是身体健康、精力旺盛的低龄老年人，他们具备再就业的身体条件。而在农村，老年人的划分往往没有明显的界线，只要身体条件允许，他们就会劳动到自己不能劳动为止。

（5）老年人力资源有着其他人力资源群体所无法比拟的独特优势

一是老年人是成熟的生产力，有深厚的工作经验积累，大多不用培训就可上岗；二是老年人工作认真负责，容易管理；三是老年人待遇要求不高，他们一般不需要住房等福利待遇，大多数人有医疗保障；四是老年人社会关系广泛，专业信息通畅，常常能为用人单位创造很高的价值。

（6）老年人本身有继续为社会作贡献的意愿

尽管我国现在还没有形成一个老年人积极参与社会的氛围，但是有些调查已经表明，越来越多的老年人参与社会的意识强烈。

2. 老年人力资源开发的意义

（1）可以缓解人才结构性短缺，有效促进经济和科技发展

我国人力资源结构性短缺十分突出，低层次人力资源过剩，高层次人力资源严重短缺。而我国现有的离退休人员中，科技人才600多万人，占科技人才的1/5，其中，具有高级职称、身体健康、有能力继续发挥作用的有200多万人。这是一笔宝贵的财富，他们有几十年的知识积累，有扎实的知识功底，有丰富的实践经验，充分利用老年人力资源，不仅可以缓解我国劳动力资源短缺，还可以促进经济和科技的快速发展。

（2）可以提高老年人的自身供养能力，减轻社会供养压力

随着人口的老龄化，有储蓄能力的人口及储蓄额减少，家庭赡养功能弱化，老年人口的扶养系数大大提高，养老金、退休金和医疗保险费用激增，国家用于老年人的支出增多，预计到21世纪中叶，老年人口抚养比将达到48∶49，意味着将近2个劳动年龄人口就要扶养1

个老人，这将严重影响国民收入的分配，减少社会积累，影响投资和扩大再生产，给我国经济的发展带来许多不利的影响。与发达国家相比，我国经济发展水平低，社会保障制度还不完善，养老保险覆盖面很低，现在仅为老年人口的30%，低于低收入国家的47%、中等收入国家的75%和发达国家的90%。而且还有9000万农村老年人和城市无业老年人没有养老金收入，他们的养老问题主要靠家庭养老和自食其力来解决。因此，开发老年人力资源，既可以提供老年人的自身供养能力，也可以减轻社会供养的压力，造福社会。

(3) 可以变消费人口为生产人口，部分缓解人力资源市场的困境

老年人在长期的社会实践中积累了丰富的经验，老年群体中蕴藏着丰富的人才资源，是社会的一个巨大智慧宝库。开发老年人力资源，促使老年人口中的部分人再就业，让更多有知识、有智慧、有经验、有创造能力的老年人参与力所能及的工作，为经济建设和社会发展服务，变消费人口为生产人口，在减轻社会负担的同时，能有效弥补我国人力资源缺口，促进经济和技术的发展。

(4) 可以调整老年人的不良心态

老年人由于社会角色和社会地位的转变，过度空闲的时间使他们的心理负担加重，易产生空虚、孤独和被冷落、被遗弃的不良心态。一些老年人参与封建迷信活动的事实表明，老年人力资源如果没有得到有效的开发，将不利于经济发展和社会稳定。开发老年人力资源，使老年人在“老有所为”中赋予新的社会角色，使老年人与周围的环境、身边的世界产生更多、更积极的交流，从而使其自身价值得以体现，心理需求得以满足。

(5) 有利于老年人共享社会经济的发展成果

老年群体的生活状态从一定程度上反映并决定着一个国家社会进步的整体状况。老年人作为人生的一个阶段，仍然是社会的重要组成部分，仍然有参与社会、追求自身价值的需要和权利，不能因为一些客观的原因而剥夺老年人参与社会的权利。政府和社会更应该从政策和舆论上进行导向，保障老年人能够分享社会发展的成果。老年人共享社会经济发展的成果离不开社会参与，开发老年人力资源，促进老年人的再就业是提高他们在社会发展活动中的参与率的最好途径。开发老年人力资源可以使更多的老年人以比较稳定的工作形式参与社会生产，工作时间和工作地点比较固定，能保证老年人在较长的时间内持续地参与社会发展，在参与过程中一同感受社会发展的脉搏，分享社会经济发展的成果。

(6) 开发老年人力资源，具有示范作用

老年人口群体的生活状况如何，不仅对其自身是否能够安享晚年意义重大，同时也对当前的劳动力群体(即未来的老年人口群体)起着不可忽视的示范作用。如果当前老年人口的养老保障问题得不到妥善的解决，老年人口不能“老有所养”，就会令当前的劳动力群体降低对政府主导的养老保险制度所能提供的养老待遇水平的预期，直至彻底丧失信心，进而波及当前的社会管理体制和经济发展进程。

二、老年人力资源管理与开发的原则和方法

(一) 积极导向原则

政府应积极采取措施，引导老年人将养老观念由“单纯型养老”向“开发型养老”转变，鼓励有能力的离退休人员以各种形式继续为社会作贡献。条件许可的情况下，政府可考虑提

高工作年龄人口参与劳动力市场的程度，减少老年人在晚年被排除在社会之外或依赖他人的风险，消除那些迫使人们将工作时间延长到退休年龄以后的因素，以完善的政策和社会福利保障老年人的“老，有所不为”。同时，加大宣传力度，在全社会营造有利于老年人再就业的氛围，引导企业单位在用人机制上更加灵活，方便老年人再就业。

（二）平衡发展原则

老年人力资源开发要有全局观念，不应给其他人力资源开发造成损害或不良影响。因此，老年人力资源开发的顺序、力度和广度，要与国家整体人力资源开发目标保持平衡。我们提倡老年人发挥余热，但前提条件是不应对青壮年就业造成压力，即一方面要看到开发老年人力资源在满足老年人就业需求、弥补就业市场的空缺、减少人力资源浪费方面的意义；另一方面要把握平衡，引导老年人到“高、精、专”就业缺额比较大的岗位或就业环境差、就业报酬较低、年轻人根本就不愿去的岗位就业，使其起到“拾遗补缺”的作用，防止对青壮年就业产生冲击，有利于社会的和谐稳定。

（三）合理配置、分类管理原则

与青壮年人力资源相比，老年人力资源有其自身的特性，他们知识和经验丰富、阅历深、人脉广，但老年群体精力和体力不支的局限性及个体素质、能力的差异也很明显，因而对老年人再就业，我们应合理配置资源，分类管理，使其效能最大化。一是根据老年人整体特点和个体差异，在配置、使用和培训等环节上，合理、灵活地安排他们的工作岗位、工作时间、工作量，以及培训内容和方法。二是实行分类或分层次管理，对老年高级人才应重点保护、优先开发；对一般老年人力资源，应鼓励他们走向市场和社会；对收入较低、能力较弱者，应为他们自谋生计提供优惠条件。

（四）双向调节原则

目前我国的人才市场主要是为青壮年服务的，老年人再就业大多通过单位返聘、熟人介绍、自发寻找等渠道完成。老年人才市场发展不够完善，缺乏老年人才市场引导，致使很多有一技之长并有意愿发挥余热的老年人找不到就业单位，而这些老年人中的一部分又恰恰是社会紧缺人才。还有一种情况是那些体力、精力、能力都具备再就业条件的老年人对老年再就业市场状况缺乏必要的了解，再就业的意愿没有被调动起来。为避免由此造成的人力资源浪费，一方面应建立完善的老年人才市场，方便、快捷地向老年人传达市场供求信息，为他们进出劳动力市场创造优良的中介服务环境；另一方面应发挥各级老年管理组织的作用，引导和组织老年人参与各种有益的社会生产和公益活动，鼓励和引导老年人发挥余热，为社会作出应有的贡献。

（五）立法保护原则

老年人有就业的权利。老年劳动力使人力资源潜力得到了进一步发挥，大大减少了社会劳动力的浪费。特别是老年高级知识分子和老年专家是宝贵的人力资源，鼓励他们继续就业和参与多种形式的社会活动，有利于缓解我国人才资源结构性矛盾。然而由于老年人本身的弱势，传统就业模式还不能适应老年人就业的要求，加之社会上还有一些人对老年人再就业存在一些偏见或歧视等，往往会给老年人就业带来阻碍和不公正。

再就业是老年人的一项基本权利。《老年人权益保障法》明确规定：“老年人参加劳动的合法收入受法律保护”，但国家目前对老年人劳动权益保护的规定并不具体。根据《劳动合同法》，劳动者达到退休年龄条件后，原有的劳动关系终止。因此，退休人员与回聘单位之间的关系只是民事上的雇佣关系，因此老年人退休后再就业无法受到《劳动合同法》保护的，一旦出现工伤、企业拒付加班费、不让休年假等情况，返聘人员无法到劳动保障部门投诉，要想维护权益，只能打民事官司。因此，应该对老年人再就业出台制度化管理的法律规定，以规范返聘用工行为，从制度上保障老年人再就业的权益。同时，制定出台其他必要的法规，切实保护老年人的合法权益。

三、老年人力资源管理开发的内容

（一）加强观念引导，强化宣传力度，树立正确的人力资源观

人力资源指的是一个国家或地区所具有的能为社会创造物质的、精神的和文化的财富，从事智力劳动和体力劳动的人口群体的总称，它包括老年人力资源。1982 年维也纳老龄问题世界大会通过的《老龄问题国际行动计划》指出："老年只是每一个人的生命期、事业和经验自然的延续。而他的知识、能力和潜力，在整个生命周期都一直存在。"作为社会资深公民，老年人积累了一生的经验和技能，正是人生最成熟的阶段，从另一方面看，大多数老年人才也乐于在晚年力所能及地为社会创造财富，为家庭、为社会作出贡献。老年人力资源开发就是要让老年人广泛参与政治、经济、文化、教育、科技等社会活动，参与社会公益性管理，在参与中实现自身价值，避免退休后或丧失劳动力后产生空虚感、寂寞感等心理障碍，防止伪科学、封建迷信等思想对老年人产生不良影响，提升老年人的生活品质，让他们度过一个充实、幸福的晚年。

1999 年国际老人年，联合国提出了"建立不分年龄，人人共享社会"的主题。胡锦涛同志也提出："尊重老年人就是尊重人生和社会的发展规律。"（1999 年国际老人年，胡锦涛电视讲话，人民日报．1999-10-29）。"建立不分年龄，人人共享社会"的一个重要的方面就是要实现老年人的社会参与。通过开发老年人力资源，充分肯定老年人的社会价值，不仅仅把老年人当作社会的扶养对象看。然而社会上对开发老年人力资源、推进老年人口就业存在歧视。其中一个误区是认为老年人再就业会与青年人争夺就业岗位，影响了年轻人就业；另一个误区则表现为过低估计老年人的思维和工作能力，把他们视为社会的负担，由此导致比较严重的"老年歧视"现象。因此，我们要加强观念引导，强化宣传力度，树立正确的老年人力资源观。一方面促使老年人改变传统的"单纯养老型"的观念，提高他们重新参与社会的自信心，为社会继续作出可能的贡献；另一方面使年轻人了解、支持老年人再就业工作，在社会上形成重视老年人才开发的良好舆论氛围，为老年人力资源开发营造良好外部环境。

我国的老龄化进程与发达国家相比，具有老龄化速度快、老龄化人口多、地区之间不平衡、超前于经济发展等特点，老年人的医疗供养、医疗保健、生活照料和精神文化方面的需求日益增大，它给经济和社会发展带来了巨大的挑战，而开发老年人力资源，有利于激发人口老龄化的正面效应，促进社会的和谐发展。

（二）建立老年人力资源开发和管理系统

政府应建立老年人力资源信息网络，在政府、街道办事处、社区等组织，设置服务机构，负责处理老年人力资源的一切事宜，规范有序地进行老年人力资源的开发与管理活动。要指出的是，有效的老年人力资源管理系统是与开发系统相辅相成的，管理系统的建立是为了

更好地开发老年人力资源，所以，建立老年人力资源开发系统的同时，应建立老年人力资源管理系统。老年人力资源开发系统一般应包括目标体系、投资体系、内容体系和方法体系。老年人力资源管理系统和人力资源开发资源系统相似，也应包括人力资源规划、工作分析、选拔、培训、职业发展、绩效管理及福利等一系列管理过程和环节。

(三) 调整产业结构，发展适应老年人从事的产业

为充分利用老年人力资源，要适当发展一些适合老年人继续就业和再就业的行业、部门和经济领域，如教育业、咨询服务业、家政服务业、养殖业、种植业、饮食业等，为越来越多的低龄老年人口继续参与社会发展创造条件，帮助实现老年人潜在的"资源价值"。

(四) 实行弹性退休年龄制和弹性工作时间制

中国现行的法定退休年龄是男职工(不分工人和管理人员)60 岁、女干部 55 岁、女工人 50 岁。而在这个年龄段中，他们的大多数依然身体健康、精力充沛，但迫于现行退休制度在年龄上的硬性规定不得不离开工作岗位。对此，我们可以借鉴国外的弹性退休制度，实行柔性退休政策，提倡和鼓励离退休人员再度创业。在企业员工达到法定退休年龄后，可根据其自身意愿和企业的客观需求，在双方平等协商的基础上，决定是否可延迟退休和领取养老金。这种政策把刚性的规定柔化，以劳动者的意愿和健康水平为依据，使那些具有丰富劳动经验和较高技术水平的劳动者能够继续留在工作岗位上发挥他们的作用，实现他们的价值。

如果退休年限推迟 4～5 年，或部分行业推迟退休年限，使退休年限平均达到 60 岁左右，则养老时间会减少 4～5 年。若每个职工多工作而少消耗 5 年，就相当于为社会和家庭多作 10 年的贡献。此外，还可以考虑对老年人口就业实行弹性工作时间制，如以每天 8 小时工作制为上限，每周 20 小时为下限，使他们可以适时调节工作节奏，保证以充沛的精力投入工作。

(五) 要建立市场机制，实行双向选择

开发老年人力资源，不能靠政府硬性规定，而要遵循市场经济原则，通过市场机制调节老年人才供需关系。一是筹建老年人才市场，根据市场需求和老年人的愿望，搭建老年人才服务平台，拓宽老年人(特别是老年专业技术人员和老专家)参与社会建设的渠道。二是各类老年服务机构要积极配合有关部门，定期举办各种形式的老年人才交流活动，方便、快捷地向老年人传达市场信息，为他们就业创造服务环境。三是人才中介机构要建立健全老年人才档案，对老年人实行信息化管理，把老年人才纳入服务范围。四是企事业单位在设置岗位时，要多提供环境好、工作稳定的服务性岗位，为老年人就业提供便利。五是国家要加大对第三产业的开发力度，为我国老年人力资源的开发创造条件。

(六) 积极推进和发展老年教育事业

教育和培训是人力资源开发最重要的渠道。老年人要想参与社会建设，实现人生价值，就应该与时俱进，学习科技发展的新成果。但从现状上看，我国老年教育侧重"丰富生活、陶冶情操"的功能，其娱乐性有余而功能性不足。对此，我们应该革新老年教育体制，在关注老年人生活培训的同时，适当增加生产培训的课程，使老年人通过学习新知识、新技能适应经济社会的发展，使他们将原有的技术经验优势与时代发展需求有机结合起来。还要健全老年教育网络，完善老年教育内容，探索老年教育管理方法。教育部门要以终身学习的价值取向为指导，向社会开放学校教育资源，充分实现教育资源的社会共享，改变对社会成员接受

教育的年龄限制，改变传统的教育评价制度，形成不受特定年龄阶段限制的开放式入学制度，形成有助于人的可持续学习和发展的学习制度。同时，应重点发挥街道社区的作用，将更多的培训课程放到街道社区，以促进老年教育培训的普及。

（七）制定有利于开发老年人力资源的法律和政策体系

开发老年人力资源，消除社会成员对老年人参与社会的偏见和歧视，一方面要通过宣传，加强观念上的积极导向，另一方面要制定相关的保护政策，出台具体的办法措施，保护老年人参与社会的权益。目前我国仅在暂缓离休、退休，以及离休、退休高级专业技术人员返聘方面有明确的政策规定，而在涉及面更广的老年人参与社会发展的问题上缺乏有针对性的法律法规，致使部分老年人的劳动权益受到损害。为此，我们应在《老年人权益保障法》的基础上，制定专门的法律法规，以维护老年群体的合法权益，促进老年人力资源的开发。同时，还要在国家现行离退休政策及劳动合同法的框架下，适当放开对老年人就业的限制，在条件允许的情况下，鼓励老年人实现再就业。

任务五　老龄产业管理与开发

情境导入

中国老龄工作委员会办公室副主任朱勇18日在新闻发布会上说，2013年，中国60岁以上老年人口将突破2亿，迫切需要重视和加强老年文化建设。

此前有媒体报道，“十二五”时期，随着第一个老年人口增长高峰的到来，我国人口老龄化进程将进一步加快。从2011年到2015年，全国60岁以上老年人将由1.78亿增加到2.21亿，平均每年增加老年人860万；老年人口比重将由13.3%增加到16%，平均每年递增0.54个百分点。

随之而来的是对养老产业的巨大需求，在此背景下，不少上市公司已经有所行动。中兴通讯、TCL集团分别推出老年人专用的手机，大族激光、上海三毛也先后宣布试水养老产业。老龄产业“十二五”规划要求加大财政投入和社会筹资力度，给投身该产业的上市公司带来新的商机。

根据老龄产业“十二五”规划，推进供养型、养护型、医护型养老机构建设，促进老年用品、用具和服务产品开发，重视康复辅具、电子呼救等老年特需产品的研究开发，拓展适合老年人多样化需求的特色护理、家庭服务、健身休养、文化娱乐、金融理财等服务项目。

中投顾问的分析也认为，当前我国老年消费市场开发仍处于初级阶段，养老服务产品的供给不足、比重偏低、质量不高，这些都不能满足老年人日益增长的服务需求，从国内市场来看，养老产业尚处于“沉睡”阶段，很多商机有待开发。

（资料来源：http://www.cnstock.com/roll/201210/2321878.htm）

任务描述

根据上述情境，讨论分析下列问题：

1. 老龄产业的发展趋势怎样？
2. 如何规范老龄产业市场？
3. 老年人口的消费趋势有什么特点？

任务实施

1. 全班同学按实际情况进行分组；
2. 以小组为单位根据情境展开主题讨论；
3. 各小组选派代表汇报、分享讨论结果。

任务总结

1. 教师结合情境对任务要求进行分析；
2. 教师对各小组讨论结果进行点评。

知识链接

一、人口老龄化与老龄产业发展

随着我国老龄化趋势和程度的加深，老龄产业应运而生。老龄产业也称“银色产业”，在西方发达国家已有很长的发展历史。我国老龄产业起步较晚，在 1997 年 5 月 28 日中国首次老龄产业研讨会上才明确提出“老龄产业”的说法，它包括所有满足老年人特殊需求的生产、经营、服务的经济活动和设施，以及为发挥老年人才作用兴办的各种经济实体等，或指给老年人提供产品或劳务，满足老年人衣食住行等各方面需求的行业部门的通称。

老龄产业是人口老龄化发展的必然结果。随着人口老龄化趋势的加剧，家庭成员为老年人提供的支持越来越不能满足老年人的需求，传统家庭式养老模式或国家福利性集中养老模式已很难适应现代社会经济发展的需要，因此寻求社会支持成为趋势，老龄产业应运而生。

老龄产业是一门特殊产业，它不是传统意义上的一个独立的产业部门，也不同于经济学意义上有关“产业”的概念，其内涵实质与“老年人”密不可分，是以产品消费对象的指向性类群作为界定的依据和标准，是从第一、第二、第三产业派生出来的新兴的、综合性的特殊行业，是专门为老年人生产产品和提供服务，满足老年人衣食住行各方面需求的行业集合，其发展的最终目标是“五个老有”，即老有所养、老有所医、老有所为、老有所学、老有所乐。

（一）发展老龄产业的意义

发展老龄产业意义重大，它不仅对提高老年人晚年的生活质量十分重要，同时也有利于拉动内需，促进国民经济健康可持续的发展。

1. 有利于社会和谐与稳定

我国的老龄问题十分突出，老龄化带来的养老保障和老年服务问题日益凸显。把老年工作和老龄事业纳入经济社会发展的总体规划之中，统筹安排，妥善处理老年群体与其他社会群体的利益关系，满足老年人的物质文化需求，使经济社会发展成果惠及包括老年人在内的全体人民，既是统筹协调各方面利益关系的重要内容，也是实现和维护社会公平正义的重要方面，对于促进家庭和睦、社会和谐、社会稳定具有重要意义。

2. 有利于提高老年人生活生命质量

积极发展老龄产业，弘扬中华民族的传统美德，营造关爱老年人的良好社会风尚，给予老年人更多生活上的帮助和精神上的安慰，有利于提高老年人的生活生命质量，确保他们过上健康、充实、有保障的生活，提高他们的幸福感和满意度。

3. 有利于促进经济社会发展

老年群体的日益扩大，必然带来老年服务需求的日益增长和老年消费市场的不断拓展，这不仅为老龄产业的兴起开辟了广阔空间，也为扩大劳动就业开辟了新的渠道。

（二）老龄产业开发的可行性

我国老龄产业发展潜力巨大。目前，我国老龄产业局限在老年健康医疗用品产业、老年食品保健产业、老年生活用品产业、老年居住建筑产业、老年复健及辅助用品产业等方面，产品单一，功能泛化，文化、科技含量低，对老年人缺乏精神关怀和心理慰藉。在国内各个产业竞争日益白热化的市场条件下，老龄产业这个细分市场逐渐显现出其无限的商机。

1. 人口老龄化为老龄产业的形成和发展提供了客观需要和外在的基础条件

人口老龄化是指老年人口在总人口中所占比重越来越大的过程，目前我国老年人口已经达到1.78亿，“十二五”时期，我国将出现第一个老年人口增长高峰，60岁以上老年人将由1.78亿增加到2.21亿，老年人口比重将由13.3%增加到16%，在未来的半个世纪中，我国老年人口将一直呈迅速增长的发展趋势。随着老年群体的壮大，老年人对老年产品的需求相应地也会增长，这就为老龄产业的形成和发展提供了客观需求和外在的基础条件。

2. 我国老年人的需求市场已经发展充分

由于我国老年人口的数量大且增速快，在未来相当长的一段时期内，即使维持现有的、较低的消费水平，老年消费总需求也会不断扩大。老年人口消费需求的增长潜力巨大，将日益成为刺激老龄产业持续高速发展的外在推动力。随着社会保障制度的逐步完善，老年人口的消费水平会有进一步的提高，并会对消费质量有更高追求，进而导致老年人口需求总量的更快扩张。

3. 家庭结构功能的变化要求社会必须建立并发展老龄产业

随着社会的发展，家庭结构发生了很多变化，家庭规模日益小型化，空巢家庭逐渐增多，家庭的赡养功能弱化。家庭结构的变化，要求社会必须承担起照料老年人的责任，通过社会化、市场化、产业化的运行机制，不断满足老年人及其家庭日益增长的社会化服务需求，老年服务的社会化势在必行，老龄产业（如照料服务业、社区助老服务业）等应运而生。

4. 老年人收入的不断提高，为老龄产业的发展开辟了广阔的空间

伴随社会经济的发展，我国老年人收入总体稳步增长。中国老龄科学研究中心《2010年中国城乡老年人口状况追踪调查》数据显示，城镇老年人近75%是离退休职工，再就业（含返聘）的占7.2%，有近半的老年人拥有储蓄存款。扣除物价上涨因素，十年来城镇老年人年均收入增长了1.1倍；领取退休金的比例从69.1%上升到84.7%；国家连续提高企业退休职工养老金，城镇老年人得到基本养老保障。农村老年人年均总收入10年增长了1.5倍，其中，年均公共转移性收入由60元增加到784元，增长12.1倍。城镇和农村老年人认为收

入大致够用的比例分别由58.5%和46.7%上升到61.7%和52.8%。虽然农村老年人总体收入低于城镇老年人，但社会养老保障将逐渐惠及农村老年人，农村老年人的购买支出也将随之提高。老年人收入的不断提高，为老龄产业的发展开辟了广阔的空间。

5. 国家重视老龄产业发展

近年来，国家出台的一系列政策法规，进一步调整产业结构，重视第三产业特别是服务业发展，加大了对老龄产业的扶持和投入力度，为老龄产业发展创造了良好的大环境，这将直接推动老龄产业实现跨越式发展。

(三) 老龄产业的发展障碍

1. 缺少有力的政策支持，产业投资动力不足

老龄产业服务对象为弱势群体的产业特征决定了其公益性的一面，需要政府强有力的扶持，《中国老龄事业发展“十二五”规划》虽然提出“完善老龄产业政策，引导老龄产业健康发展”，但是由于政府文件中扶持老龄产业的政策很笼统，缺少操作层面的具体办法，针对老龄产业的优惠政策不落实、不兑现现象较为普遍，土地划拨、民办公助、水电优惠等在很多地方形同虚设，政府的政策支持难以在现实中起到实质性作用，最终导致老龄产业的投资动力不足，影响到老龄产业的发展。而从投资者角度来讲，相对于其他企业，老龄产业商业利润低，投资效率低，因而投资企业少，生产产品量少质差。

2. 消费支撑点不足

一是老年人消费观念保守。“重积累、轻消费，重子孙、轻自身，重物质生存、轻精神享受”的消费观念造成老年人口消费结构单一和消费需求不足，老年人应有的购买力变成了储蓄，难以成为老龄产业发展的动力。二是老年人用于消费的资金有限。首先，老年人大多已经退休或者丧失了劳动能力，老年人的劳动收入大幅度减少，老年人消费的资金有限；其次，由于社会保障体系不健全，养老保险金低、医疗保险范围窄、商业保险少，老年人时时处于风险中，社会安全感差，不敢把自己的闲钱用来消费。老年专用品和老年服务市场在这样的消费心理制约之下，市场供给难以有大的作为，造成了供需“两不旺”的局面。

3. 老年服务产品发展滞后，难以拉动老年消费

随着生活水平的日益提高，老年人闲暇时间充裕，可自由支配的收入高，老年人的精神追求和个人文化发展的需求也越来越高，老年人休闲娱乐市场的潜力巨大。但当前针对老年人的老年用品少、服务类别少，老年用品市场不能满足老年人的需求。表现在：① 厂家缺乏对老年人需求的市场调查，认为老年用品批量少、利润薄，导致老年产品的开发、研制、生产领域长期受到忽视，老年产品单一，数量少；② 由于针对老年人特殊需求的产品研发需要投入较高的经费，市场风险大，涉老企业不愿触及，因而老年服务市场缺乏适应老年人需求的高科技产品和高质量产品；③ 老年服务产品针对医疗、养生、保健品方面的产品较多，针对老年人文化娱乐和精神享受内容的比较少；④ 涉老企业规模小，缺乏有影响力的企业，缺少品牌，专业水平低，导致老年服务产品发展滞后，难以拉动内需。

二、老龄产业开发与管理的原则、方法

(一) 政府主导，社会兴办

老龄产业是一个关乎民生的基础性、福利性工作，在我国又属于起步阶段，因此，它需要

政府的大力扶持，发挥其主导作用。政府主导是指政府要做好老龄产业规划布局，确定老龄产业发展的重点，研究老龄产业扶持政策，为老龄产业发展创造良好的社会环境，引导老龄产业科学发展。社会兴办是指老龄产业发展要引入市场经济的竞争机制，要吸引社会力量广泛参与，要充分运用现代公司制度的运作机制，培育一批投资主体多元化的老年社会服务经济实体，实行谁投资谁受益的原则，为老年人提供多层次、多样化服务，推进老龄产业的发展。

开发与管理老龄产业，既需要政府宏观调控，也要遵循市场规律。政府主导不是搞计划经济，不是搞大包大揽，而是说政府要把握市场规律，紧跟市场动态，根据经济社会发展和老年人物质、精神需求，综合运用经济、法律和政策手段，动员、支持和鼓励社会各方面力量积极参与老龄产业开发，多渠道筹措产业发展资金，营造市场环境，推进老年用品产业加快发展。我国目前尚处于社会主义初级阶段，发展老龄事业不能仅仅依靠政府，而应在发挥政府主导作用的基础上，动员社会力量积极参与，两条腿走路，正确处理好政府、市场和老年群体的关系，发挥各自的优势，形成互补，形成合力。为此，要正确认识和着力解决好以下 3 个问题：一是老年群体“收”与“支”的问题。“收”即逐步完善社会保障制度，增加老年群体的经济收入；“支”即加强舆论宣传，积极引导老年群体消费。二是老龄产业市场“增”与“减”的问题。“增”即增加对老年群体真实消费需求的调查和研究，在老年产品研发、市场推广和后期服务等方面加大投入和提高质量；“减”即减少技术难度、过度包装和操作程序，方便老年人使用。三是政府“进”与“退”的问题。“进”就是政府要加大扶持老龄产业发展力度，“退”就是政府要减少直接参与市场性服务活动。

（二）统筹规划，突出重点

老龄产业涉及范围广泛，需要统筹规划，突出重点，稳步推进。但当前国家缺乏老龄产业可持续发展的总体规划和宏观指导。老龄产业管理滞后，缺少有力的行业监管机构，缺乏统一的市场规范和行业标准。尤其是在市场培育和开发方面，缺乏相关的产业发展指导，使老龄产业长期处于自主、无序、盲目发展的状况，加上职能部门条块分割，分兵把守，增加了从事养老服务的企业或个人兴办老龄产业的难度。因此，开发老龄产业，必须要统筹规划，根据老年人的普遍性需求，区分轻重缓急，兼顾当前与长远，突出重点，分阶段推进。

（三）规范老龄产业市场秩序

我国老龄产业发展还存在着一些困难和问题，一是产业产品和服务规模较小，结构失衡，不能满足老年人的基本需求。从供给看，中国老龄工作委员会办公室调查数据显示，当前国内市场每年为老年人提供的产品与服务总价值不足 1000 亿元，甚至形成“厂家不愿做，商家不愿卖，消费者无处买”的怪圈。与老年服务业密切关联的上游产业，包括老年健康医疗用品产业、老年食品保健产业、老年生活用品产业、老年居住建筑产业、老年复健及辅助用品产业、老年休闲娱乐用品产业等更是严重缺乏。此外，老年旅游、老年教育、老年保险、老年财务规划、老年后事规划等软性产业领域也处于空白或低水平开发阶段；二是大部分老龄产品和服务技术含量低、服务质量较差；三是市场秩序比较混乱，缺乏行业标准、行业规范、行业自律和行业管理，损害老年人权益等。

对此，我们一要制定老龄产业发展总体规划，确定老龄产业发展与扶持重点，着力开发适合老年人需要的产品，并逐步提高其产品质量；二要建立老龄产业市场准入制度，加强老龄产业市场管理，严格规范市场管理与运作，构建老龄产品和服务的诚信体系，严厉打击危害老年人权益和利益的行为；三要研究制定老年产品和服务质量标准，加强产品的检查与认证；四要加强养老服务行业监管，发挥老龄产业行业协会和中介组织的积极作用，加强信息服务和行业自律。

（四）坚持改革开放，借鉴有益经验

世界各国，特别是发达国家发展老龄产业取得的经验和教训，是人类社会共同的财富。要坚持改革开放，拓宽对外交流与合作，借鉴国际上应对人口老龄化的经验和做法，不断深化改革，创新老龄产业发展的体制机制，建立并发展具有我国特色的老龄产业。

三、加快老龄产业发展的主要思路

中国共产党第十七次全国代表大会提出“五个老有”，对老龄事业发展提出了高要求；十八大报告进一步明确指出，要“积极应对老龄化，大力发展老龄服务事业和产业”。近几年来，由于政府的重视，老龄产业有了较快的发展，其在满足老年人的物质、精神、文化生活需求方面，起到了积极作用。但是，总体看来，当前老龄产业发展还存在着一些困难和问题。老龄产业还处于起步阶段，尚未形成一定的产业规模和产业链，其发展严重滞后于人口老龄化和经济发展。老龄产业发展滞后的原因是多方面的，包括思想认识不足、政策扶持不得力、职能部门条块分割、政府和社会投入不足、产品与服务的研究开发不足、社会化程度较低、缺乏市场规范和行业标准、老龄产业整体经营粗放、社会保障制度不健全、老年人的消费理念和水平有待提高、老龄产业人才匮乏等诸多因素。为了加快老龄产业的发展步伐，推进和谐社会的建设，让老年人既享有和谐社会的成果，也能成为构建和谐社会的一个有利因素，就老龄产业发展建议如下。

（一）政府应加大对老龄产业的扶持力度

老龄产业与其他产业的不同在于其公共性、福利性，因而公共政策的推动不可缺少。政府应制定有利于发展老龄产业的政策，及时发布产业动态，加强信息沟通和中介服务，吸引资金、培育市场，为老龄产业发展创造一个良好的条件。一是加大对老龄产业发展的财政投入，增加政府对老龄产业发展的扶持力度，把老龄产业所需资金列入财政经常性预算项目，并根据物价的变化相应地增加对老年服务产业的资金投入比例，在财力允许的范围内尽力为老年服务机构和设施，以及为老年服务产业给予相应的资金支持，为老龄产业的发展提供资金保障。二是要制定产业扶持和优惠政策，支持和鼓励社会、集体、个人兴办老龄产业，简化老龄产业企业的审批、立项等准入手续和程序，在用地、用电、用水、信贷、税收、营销和流通等方面给予必要的优惠政策，或给予抵税、免税、财政补贴等优惠，引导社会各方面力量参与对老龄产业的投资，盘活存量，吸引增量，构筑多种经济成分并存和多种服务形式融合的新兴产业体系。

（二）老年企业针对老年人的需求开展市场调研

随着经济的发展、社会的进步及消费观念的转变，老年人的生活需求也已发生了变化，从基本的衣食需求到保健养生需求再到精神娱乐需求，老年群体需求呈多样化、深层次化趋势。与老年群体需求相对应，目前，我国的老龄产业整体上还处在一个“小而散”的发展状态。一方面，在传统老龄产业领域，产品及服务单一且层次低，主要在衣食、居住和医疗保健

方面提供低层次的服务，硬性产业跟不上，延伸产业滞后，老年人的真正需求得不到普遍关注。另一方面，在现代老龄产业领域，为老年人提供文化娱乐和精神享受的产品和服务没有得到很好的开发，与国外许多国家相比，我国的老龄产业发展还基本上是处在起步的阶段，单一、贫乏的老年产品已远远不能满足老年人的需求。

老年群体的需求不仅纵向上存在差异，横向上也存在差异。按照老年人的年龄结构和身体健康状况，可以将老年人划分为高龄老年人(80 岁以上的生活自理能力较差或不能自理的老人)、体弱多病老年人和低龄老年人(60 岁左右，身体基本健康)3 个群体。不同的群体其消费需求是不一样的，这些要求随地域、性别、文化、习俗、家庭、收入等背景的差异又有不同，这本身就构成了一个规模庞大、结构多元、丰富多彩的老年人需求市场。因此，老年用品生产企业要加强老龄产业的市场研究，搞好市场调查，研究老年消费者的消费习惯、消费心理和消费特点，针对老年人的消费需求，开发适合老年人的商品供应市场。

针对高龄老年人群，主要开发和提供包括护理服务、特别护理设施、特殊商品和服务；针对体弱多病的老年人群，主要研发和提供自助性生活辅助品，如电子呼救器、代步器，提供医疗、康复器械、场所、家政服务、心理咨询等服务。针对低龄老年人群，主要开发和提供更多的适合自身特点的消遣、休养、娱乐的设施和场所。

由于老年人受年龄、体力限制，活动区域较小，时间相对固定，建议以社区、街道为依托，开展便利消费、便民服务，特别是让适合老年人的服务性消费进社区、进街道，如美发、保健、休闲场所，修建便民商店、娱乐室、茶室和休闲吧等，在满足老年人日常生活需求的同时，进一步满足精神消费需求。

(三) 培养高水平的老龄产业从业人员

发展老龄产业，需要高水平的从业人员作支撑。然而在我国，老龄产业从业人员的总体水平不高，尤其是中高级养老服务人才培养渠道匮乏，且动力不足，不能满足老龄产业提质增效的用人要求。为此，一要加快培养老龄产业管理、服务人才。老年服务产业涉及多个专业，应该鼓励医学、心理学、社会学、公共管理学、管理学等相关专业的人才从事老龄产业的管理和研究。同时，有计划地在有条件的高等院校开设人口老龄学专业和老年工作与管理专业的本科学历、研究生学历，培养正规的老年服务、管理的专业人才。二是实现老年服务人员的职业化、专业化。一方面鼓励和支持有条件的高等院校、职业教育机构、医院和疗养院等部门，大力开展老年服务人员的培训工作；另一方面要通过提高从业人员工资水平、落实社会保障待遇、加强岗前技能培训和职业教育、规范技能资格评价鉴定等手段，鼓励和支持更多的社会就业人员从事老年服务产业，不断壮大老龄产业从业人员队伍。三是积极培育和发展老年服务中介组织和志愿者队伍，调动社会力量参与老年服务工作，弥补专职服务人员不足，提高老年人生活质量。

(四) 大力发展老年服务

在社会经济体制转轨的制度环境下，日益增长的老年群体需求与现行老年公共产品有限的供给能力形成的矛盾，已成为我国老龄化社会中不可回避的社会事实，而缓和、解决供需矛盾的关键就是要在体制改革和制度完善中，积极构建现代的社会养老服务体系，大力发展老年服务业。

社会养老服务体系是指政府、社会对养老服务有支持意义的各种制度、政策、机构等方面所构成的系统。其基本内容是以居家养老为基础，社区服务为依托，机构养老为补充，资金保障与服务提供相匹配，无偿、低偿和有偿服务相结合，政府主导，部门协同，社会参与，公众互助，着眼于老年人的实际需求，提供具有适宜技术的养老服务，优先保障孤老优抚对象、"三无""五保"及低收入的高龄、独居、失能等养老困难老年人的服务需求。社会养老服务体系筹划建立已经十多年了，但各地建设情况参差不齐。为此，要重点做好以下几方面的工作：一是加大政府投入力度，争取更多的财政支持，切实提高机构养老水平；二是整合社会资源，积极拓展养老服务的空间；三是确保养老机构的社会福利和公益性质；四是拓展养老服务内容；五是建立和完善社区居家养老服务网络；六是建立居家养老服务管理体制。

（五）建立和完善法律法规体系，规范行业标准

建立老龄产业法律法规体系是老龄产业政策的一项重要内容。一是尽快制定引导、鼓励、扶持老龄产业发展的法规和规章，为老龄产业的发展提供法律依据，使老龄产业的管理步入法制化的轨道。二是建立老龄产业鉴定、评估、管理机构，制定统一的行业标准和分级管理制度，强化服务质量监控，加快培育老年服务中介组织，逐步实现老年产品多样化、市场化和养老服务专业化、规范化。三是加强对老龄产业企业的监管，规范市场秩序，维护老年人合法权益。

（六）完善养老保障制度，提高老年人口的购买力

老龄产业的发展，取决于老年人的消费能力。只有切实提高老年人的收入和保障水平，才能增强老年人的消费能力。老年人口收入的增长有赖于老龄人口保障水平的提高和老年人口保障机制的健全。为切实提高老年人的收入和保障水平，增强老年人的消费能力，应做好以下几方面的工作。一是提高老年人收入水平。要加快老龄社会保障体系建设的进程，保证并提高老年人收入保障水平，在财政许可的条件下，可以适当提高退休金水平，扩大卫生、医疗保险范围，增加农村失去劳动能力老年人的转移支付。还可以通过支持兴办老年经济实体，挖掘和发挥老年人的潜力，利用他们丰富的阅历和工作经验开展有偿的信息咨询，鼓励合适老年人创办企业、兴办实业等。二是引导老年人转变消费观念，优化消费结构。要加大宣传力度，改变老年人传统陈旧的消费观念，引导老年人把钱花到为自己的身心保健以及提高自身生活质量上，在满足基本物质消费需求的前提下，适当兼顾精神文化和生态消费的投入，使晚年生活丰富多彩。可通过多种形式向老年人普及消费知识，帮助老年人科学消费，促使老年消费市场健康、平稳、适度、可持续发展。三是加强老年产品和老年服务的推广，激发和吸引老年人消费。

思考题

1. 为什么老年人容易被不法分子骗钱骗物？
2. 老年人的消费心理有什么特点？
3. 如何规范老龄产业市场？
4. 开发老年人力资源的意义有哪些？
5. 开发老年人力资源的原则有哪些？
6. 老年人力资源开发的具体内容有哪些？
7. 谈谈你对弹性退休制度的看法。

内容小结

本情境中的任务一主要介绍了我国目前老龄化的程度，老龄化给我国的发展带来了巨大的影响，因此对老年人的权益实行法律的保护是必然趋势。从社会保障和家庭保障两个方面阐述了老年权益保障体系。

任务二主要针对养老机构的特点、性质、类型和功能进行了详细的阐述，从政府对养老机构的管理和养老机构内部的管理两个方面出发就管理的原则、管理的内容、管理的方法作了详细的阐述，最后还从养老机构的老年护理服务、养老机构的医疗服务、膳食服务及其他的服务提出了质量控制标准。

任务三主要介绍了老年社区的定义和老年社区的特点，然后从老年社区服务、老年社区文化、老年社区教育3个方面阐述了老年社区作为一个特殊的社会群体在社区管理上的需要，最后分别阐述了老年社区管理的原则和方法，其中老年社区管理的方法介绍了老年个案工作、老年小组工作、老年社区工作3种不同的管理方法的应用。

任务四和任务五主要诠释了人力资源、老年人力资源、老龄产业等基本概念，论证了人口老龄化与开发老年人力资源、人口老龄化与开发老龄产业的关系，指出了开发老年人力资源、老龄产业的意义，提出了开发和管理老年人力资源、开发老龄产业的原则，多角度地描述了老年人力资源开发、老龄产业开发与管理的具体内容，探讨了诸如延缓退休年龄等一些社会敏感性话题。

学习情境三

老年服务与管理的发展与未来

子情境八　老年服务与管理教育的发展

能力目标

本部分知识内容的学习目的在于开阔学生的专业视野，可采用小组讨论、案例分析、课外调查等教学方式组织学习，旨在培养学生：

1. 自主学习的能力；
2. 分析问题和解决问题的能力。

知识目标

通过本情境的学习，你应能够：

1. 了解老龄化社会对老年服务与管理专业人才的需求；
2. 掌握老年服务队伍的建设情况；
3. 了解国内本科院校在老年学方面的研究和建设情况；
4. 掌握国内高职院校在老年服务与管理专业方面的建设，包括各个院校的办学理念、办学特色、教学条件、招生和就业情况等；
5. 了解老年学学科未来的走向。

任务一　老年服务与管理专业教育的现状

情境导入

2009年10月23日，江苏经贸职业技术学院举行了“江苏慈善爱老助学奖学金”捐赠仪式，主要是为帮助该学院养老服务专业贫困学生顺利完成学业、坚定他们从事养老事业的信心。江苏省慈善总会在江苏经贸职业技术学院设立“江苏慈善爱老助学奖学金”，将助学与敬老、爱老相结合，帮助和鼓励涉老专业的贫困学生、优秀学生。从2009年开始，每年捐赠30万元，连续3年，共计90万元。江苏省慈善总会希望通过此次奖优助困活动，倡导团结互助、关爱奉献的慈善精神，增强学生的社会责任感，培育学生“敬老、爱老、助老”的慈善理念，将来运用扎实的专业知识为社会养老事业作出贡献。

虽然有来自社会各界的大力支持，但老年服务与管理这一"朝阳专业"在招生、就业上却陷入尴尬境地。该专业全班45名学生，只有10人愿意选择与养老有关的职业，因为大部分招收来的学生都是"服从"来的，即从其他专业调剂过来的。

不仅江苏经贸职业技术学院面临这样尴尬的问题，其他开设了此专业的高校也都一样，主要原因在于：

一、社会认同度不高。"一说养老工作，大家马上就把它和伺候人联系在一起。"即将毕业的江苏经贸职业技术学院2010届老年服务与管理专业学生李娜说。"社会不认可"是他们同学纷纷转行的原因之一。

二、工作时间长，工作辛苦，但获得的报酬和工资却偏低。李娜同学说："这个行业的工资很低，即使在上海这样的大城市，养老院工作人员的最高薪水也就1500元左右。"

三、对专业技术人员缺乏重视。一位业内专家介绍，绝大多数养老院的现状是院长带着一群护工在工作，根本没有管理层和专业技术人员。

但令市场感到困惑的是，老年服务行业对专业技术人才的缺口其实相当大。

据江苏慈善总会提供的一份资料显示：2008年年底，全省60岁及以上老年人口共1218万人，占户籍总人口的16.5%。南京60岁以上户籍老年人口已达97.4万人，占户籍总人口的15.6%。整个社会老龄化程度严重。"2008年末，全省机构养老床位23.52万张，每千名老年人拥有床位18张。2012年，我省每千名老人在养老机构拥有30张床位。"江苏慈善总会的一位工作人员介绍，江苏出台了多项政策鼓励民间资本投资养老院，部分地区的养老机构每新增1张床位，政府给予的补贴能够达到1万元。这么短的时间新增这么多床位，需要大量的从业人员。

江苏省老龄委办公室副主任王虹森说，目前养老机构的工作人员多是文化水平不高的下岗职工，经过专业培训的人员很少，更别说是正规院校培养的科班学生。专业人员的短缺扯了服务质量的后腿，成为养老机构发展的瓶颈。

"院长和护工中间不应该没有管理层和专业技术人员。"一位不愿透露姓名的业内人士说，少数条件好的养老院也配备心理咨询师、营养师、康复训练师等，但都是兼职。"这个行业目前是微利，院长工资才2000元，下面的工作人员不可能有很高收入。"

如何解决老年服务与管理专业所面临的这个尴尬问题？相关人士给出的建议是：政府加大扶持，社会加大宣传。

据介绍，为了鼓励更多的学生报考养老相关专业，江苏慈善总会从今年起，每年出资30万，在江苏经贸职业技术学院设立"江苏慈善爱老助学奖学金"，以增强学生的社会责任感，培育他们"敬老、爱老、护老"的理念，鼓励他们将来用专业知识服务养老事业。

"这还远远不够。"王虹森建议，养老专业在招生时参照师范生"免费读大学"的政策，他认为，只有这样才能真正吸引一部分学生的目光。

据介绍，上海也出台了相关政策，养老机构应配齐心理、康复、护理、社会工作、老年服务与管理这5类人才，政府给予这5类人才每人每年2万元的补贴，从薪酬上入手，鼓励养老行业朝着专业方向发展。

“养老行业是个公益性事业，国外养老机构里的很多工作都是志愿者在做。政府在加大力度从资金上扶持这个行业的同时，社会各界人士也应积极参与到养老事业中来。”石晓燕说，首先就应该从小给孩子灌输这个理念，让整个社会形成“敬老、爱老、护老”的氛围。

（资料来源：http://www.longhoo.net/gb/longhoo/news/nanjing/tech/userobject1ai1025913.html）

任务描述

1. 小组讨论：你对老年服务与管理专业的理解与认识是什么？为什么选择老年服务与管理专业？

2. 对于老年服务与管理专业面临的尴尬问题，你是怎么看的？思考并讨论如何走出目前的困境。

3. 编制调查问卷，并进行课外调查：了解你所在的地区养老机构的人员配置情况、人才需求状况、从事老年服务与管理工作的人员的待遇水平。

任务实施

1. 分小组讨论，并汇报讨论结果；

2. 整理调查资料，形成调查报告。

任务总结

1. 调查过程中遇到哪些问题，如何解决？

2. 实地调查结果与我们书本学习的知识有哪些差别，为什么？

知识链接

一、老龄化社会发展对专业人才的需求

（一）老龄化社会的发展

我国是世界上老年人口最多的国家之一，基数大，增长速度快。据2011年8月17日全国老龄工作委员会办公室发布的数据显示，我国60岁以上老年人口已达1.78亿，占国家人口总数的13.3%。到2015年，全国60岁以上老年人将增加到2.21亿，平均每年增加老年人860万；老年人口比重将增加到16%，平均每年递增0.54个百分点。预计未来20年，我国人口老龄化日益加重，到2030年全国老年人口规模将会翻一番。其中，高龄老人（指80岁以上的老年人）达1899万，占我国老年人口的10.7%；失能老人数量达1036万，占我国老年人口的5.8%；半失能老人数量达2123万，占我国老年人口的11.9%。

（二）老年服务队伍的建设

人口老龄化一方面使得我国人口负担比加重，社会赡养率提高，养老资源日益紧张，社

会养老服务供求矛盾突出，社会保障压力空前。据有关部门统计，全国养老服务机构 3.97 万家，床位 279.6 万张，收养老人近 220 万人。机构内老年服务人员 27.9 万人，其中非福利类收养单位服务人员 3 万人，福利类收养单位服务人员 24.9 万人。社区老年服务设施 142 873个，其中县、区级社区老年服务中心 9873 个，街道级社区老年服务中心 1.1 万个，社区居委会为老服务设施 12.2 万个。社区老年服务人员约 7 万人，其中社区收养性机构服务人员 6000 人，不提供住宿类的社区服务设施服务人员 6.4 万人。老年社会服务志愿者组织 30.4 万个，志愿者服务人数 498.4 万人。

人口老龄化另一方面也为养老服务业的发展带来巨大商机。在人口老龄化日益加剧的背景下，作为为老年人提供生活照顾和护理服务、满足老年人生活需求服务的养老服务业的发展显得尤为必要和紧迫。虽然近年来，我国养老服务业也取得了较快发展，呈现出服务对象公众化、投资主体多元化、经营机制市场化、服务方式多样化、服务队伍专业化的发展趋势。到 2009 年年底，养老服务队伍的专业化建设方面，获得社会工作者职业资格的人数为 24 840 人，其中中级社工师 4192 人，助理社工师 20 648 人；获得养老护理员国家职业资格的达到 3 万人左右。但养老服务业目前仍处于起步阶段，还存在不少亟待解决的问题。比如，供需矛盾突出，有数据显示，千名老年人拥有养老床位数只有 19.7 张，不仅低于发达国家 5%～7%的平均水平，也低于一些发展中国家的水平；服务项目偏少，养老服务设施功能不完善、利用率不高；结构不合理，社区和居家养老服务发展缓慢，区域、城乡之间发展不平衡；经营模式单一，政府投入不足，民间参与不充分，服务队伍专业化程度仍不够高，等等。

所以，老龄事业的发展迫切需要大量合格的老年服务与管理专业人才，这样才能满足日益增长的老年人个性化和多样化的养老需求。而着力培养老年服务与管理专业人才成为我国应对人口老龄化的当务之急。

(三) 老年服务与管理专业人才的需要

老年服务与管理专业人才是指能够从事老年人生活照料、疾病护理、康复保健、精神抚慰以及各类养老机构管理、老龄产业经营与管理的一种新型职业人才。我国目前老年服务与管理专业人才不仅人员数量严重不足，而且还存在年龄偏大、文化素质低、专业水平不高、技能培训不足、人员流失严重、队伍不稳定、工资待遇较低、心理问题严重、社会认可度低、无法胜任高端的护理服务和养老机构管理等突出问题，尤其是高级养老护理员、养老护理技师、高素质的养老机构管理人员及养老产业经营与管理方面的高素质专业人才更是凤毛麟角，老年服务与管理“人才荒”已然出现。

如此下去，我国养老资源将无法实现有效利用，养老服务事业的健康发展也将受到严重影响。为改变我国养老行业的人才现状，必须大力加强高职院校老年服务与管理专业建设力度，不但要培养老年生活护理、老年心理护理、老年康复和疾病护理技能突出的专科高职教育的相关专业人才，而且应及早尝试培养四年制本科教育专业人才。培养除了具备较强的老年护理技能，更具备养老机构管理能力、老龄产业经营与管理能力的高素质的应用型人才，进一步提高应用型人才培养的质量，向养老行业输送专业对口的高层次、高素质老年服务与管理高技能型专业人才。

二、老年服务与管理专业建设现状

与老年服务与管理相关的专业建设大致可分为 3 种情况：一是由医学类院校开办的与

老年相关的专业，如老年护理学、临床医学中的老年病学等专业；二是由一般本科院校开设的与老年相关的专业，如老年学、人口学、社会工作、社会保障等；三是由高职院校开设的与老年相关的专业，如老年服务与管理、康复保健、老年旅游等。医学类的老年相关专业开设时间较长，专业建设较完善。本科和高职院校老年相关专业都偏文科方向，且都属于新兴专业，专业建设方面也有待完善。目前国内几所本科和高职院校在老年服务与管理专业方面的建设情况如下。

（一）本科院校建设情况

1. 清华大学老年学中心

清华大学老年学中心成立于2001年，主要致力于探讨和认识人口和个人老龄化过程和规律，促进个人晚年生活质量的不断提高和老年人群对社会生活的积极参与，推动老年社会政策的不断改善。作为一个研究和教学相结合的机构，清华大学老年研究中心为其制定了如下目标：

（1）为跨学科、跨专业的老年问题基础研究提供充分的理论建设环境；

（2）开设各类适应老年社会需要的教育专业并承担对各类专业人才的老年学培训；

（3）组织和协调校内外老年学研究项目和活动；

（4）成为老年社会政策的思想库，为政府制定老年政策提供科学的依据和建议。

2. 中国人民大学老年学研究所

中国人民大学老年学研究所成立于1994年，现任所长杜鹏教授。主要致力于科研和教学相结合，理论和实践相结合，坚持多学科相结合，现实性和前瞻性研究相结合，国内外老龄问题相结合。密切跟踪国外老年学研究的新成果与国内人口老龄化发展的新问题。在全国大力推动健康老龄化研究，引导家庭养老研究，率先提出了老年精神赡养，推动老年社会价值、老年人精神文化生活等方面的研究。2002年，老年学研究所成为中国人民大学“211工程”重点建设单位。2003年，老年学研究所和中国老龄协会共同承担了联合国人口基金第五周期援华项目“中国老龄问题”的执行工作。老年学研究所从2003年开始招收老年学专业硕士、博士研究生，是教育部批准的全国第一个正式设立老年学专业的高校研究机构。

其他本科院校在老年方面的专业建设方面还有待提高和完善。

（二）高职院校建设情况

1. 大连职业技术学院

大连职业技术学院于1999年开设老年服务与管理专业，在全国来说算开办此专业较早的学校。主要培养适应经济发展与建设需要的德、智、体、美全面发展的具有较高职业道德修养，具有较强的老年生活护理能力、老年心理护理能力、老年康复保健能力和养老机构经营与管理能力，胜任各级养老机构高级护理员、心理相谈员、康复保健师、养老机构管理者及老年产品及老龄产业营销人员等高等技术应用性专业人才。

经过十多年的建设发展，该校的老年服务与管理专业已逐渐成熟和完善，并发展了自己的特色。

（1）创新以工作任务为导向、“教、学、做”一体化的人才培养模式

适应我国人口老龄化对老年服务与管理紧缺人才的需要，以养老机构的工作任务为切入点，以老年生活护理、老年康复保健与医疗照护、老年心理护理及养老机构经营与管理4

种岗位能力培养为主线，借鉴国外先进的办学理念和经验，融教、学、做于一体，突出职业活动导向的人才培养模式，着力培养学生专业基础能力、核心能力、拓展能力。

(2) 构建基于老年服务与管理工作任务的课程体系

以养老机构岗位及对应的工作任务为切入点，以岗位能力培养为主线，借鉴日本先进的老年服务人才培养理念和办学经验，与企业共同开发基于老年服务与管理工作任务的专业课程体系，制定课程教学大纲，建设5门优质核心课程，建设6门主干课程教学素材库。

(3) 强化学生职业道德教育，并贯穿于人才培养的全过程

加强职业道德教育，通过职业认识与职业规划，通过认识养老机构和老年群体特点、规范服务行为、参与社会公益活动与自我教育4种主要途径保证职业道德教育的实施，并贯穿人才培养的全过程。

在校内和校外实训基地建设方面也取得了不少成果。

(1) 建设了功能比较完善的校内专业实践场地：老年生活护理实训室、老年心理咨询与治疗实训室、老年疾病照护与推拿按摩实训室、养老机构管理模拟实训室、老年休闲活动实训室、康复理疗实训室。

(2) 建设了国际化实训基地2个：日本横滨绿峰会(下辖6家养老机构)、日本东北福祉大学(仙台)附属养老院。

(3) 建设了国内实训基地若干个，典型的如北京东方太阳城、天津老年福利协会、上海市福利协会、宁波怡寿园及大连本地的养老院、福利院、老年社区、老年公寓等。

其毕业生规模已达到400多人，就业率达95%以上。

2. 江苏经贸职业技术学院

江苏经贸职业技术学院在老年专业建设方面走的步子更大一些，率先于2008年成立了老龄产业管理学院，开设了老年服务与管理、老年社会工作、老年营养与保健、老年旅游等4个专业。

该院的办学思路在于将本校的涉老专业强势资源进行整合，培养具有良好的综合素质、过硬的基本技能和职业技能的学生。在专业人才培养的内涵上拓展3个层面，即老年养生护理、老年工作管理、老龄产业创业。课程设置和教材建设突出“三基”和“五性”，“三基”即基本知识、基本理论和基本技能，“五性”指针对性、大众性、产业性、社会性和适用性。

目前该学院已建成国家级“爱心护理人才培养培训基地”“老年心理关爱研究中心示范基地”和“江苏省老龄产业人才培养基地”。

其老年服务与管理专业招生规模在200人左右。培养目标在于培养思想政治素质高，具有老年服务与管理方面、文秘方面的专业理论知识与技能的，面向老年机构、老年事业产业单位、老年社会团体领域第一线的，实践能力强，具有创业精神、良好职业道德和健康体魄的高素质、高技能的专业人才。主要专业课程有老年学理论与实务、社会学基础、管理学基础、老年社会工作、老年活动与策划、老年政策与法规、社会保障基础、老年服务与管理案例分析、老年健康与保健、老年培训管理等。就业方向主要是在老年事业单位、老龄产业经营企业、老年社团、城镇社区和老年大学等各类企事业单位，从事经营管理和教学服务工作。

3. 长沙民政职业技术学院

长沙民政职业技术学院也是在全国较早开办老年服务与管理专业的学校，该校于1999年成立该专业，并经过十余年的发展，成了国家级示范性重点专业。

(1) 办学特色

① 办学理念上,突出职业道德培养与专业素质培养同时兼顾,不仅仅让学生学习知识、掌握技能,更是力求让毕业生真正热爱养老服务事业,能够长久从事养老服务工作;

② 能力培养上,突出老年照护与康复保健,以技能培养为核心设计人才培养方案,这一特色得到了大多数养老机构的肯定,也是该专业毕业生供不应求的关键所在;

③ 培养模式上,突出民政特色与行业特色、重视产学合作,教学全过程强调从实际问题出发来设计教学模式,努力实现零距离就业的目标。

(2) 专业建设情况

① 人才培养模式上,建立了工学结合的长效机制。该校在本专业建设方面积极探索"服务→教学→研发"校企合作模式,和全国各地 20 余家养老机构签订了长期校企合作协议,并且尝试订单人才培养模式。通过服务行业,合作双方找到利益共同点,以其在养老服务行业上获得高层次服务、高效率管理、高素质人才。

② 教学条件建设上,该校开办本专业 10 年来,依托行业企业,通过改建、扩建、新建,建立了全面覆盖职业岗位的 3 个校内实训基地,包括 14 个实训室,可以满足校内生产性实训的要求。重点建设了 1 个示范性校外实习基地——附属养老院,另外,在广东、上海、浙江等沿海发达地区建立了 15 个校外示范实习基地,使得学生校外半年顶岗实习达到了 100%。这些实习基地功能齐全、设备先进,集职业道德教育、实践教学、顶岗实习、在职培训、应用研究和学生就业于一体,充分体现了老年健康照护、康复保健、现代实用管理的特色。

(3) 招生就业情况

该校在老年服务与管理专业上招生规模逐步增加到 200 人左右。其就业岗位包括:

① 养老机构技术服务岗位:在各级养老机构(社会福利院、敬老院、老年公寓、居家养老服务中心等)从事老年人高级生活护理、康复保健等技术服务工作;

② 养老机构基层管理岗位:在各级养老机构的行政管理、护理管理、后勤管理等岗位从事基层管理工作;

③ 老年社会工作岗位:在社区、养老机构等处从事老年社会工作。

4. 重庆城市管理职业学院

重庆城市管理职业学院老年服务与管理专业于 2010 年开设,虽然开办时间较晚,但学院由国家民政部与重庆市人民政府共建,同时也是教育部确立的国家示范骨干高职院校建设单位。其中老年服务与管理专业更为国家骨干院校重点建设专业群专业。在借鉴其他兄弟院校办学经验的基础上,该校老年服务与管理专业起点高,发展快,2010 年首次招生就达到 100 多人。

该校在办学的过程中本着"敏学致用、厚德笃行"的校训和"尽忠职守、诚信待人、专业笃实、敬爱生命"的理念,着力培养学生较高的人文素养、良好的职业道德、熟练的职业技能和科学的创新精神。与重庆医科大学附属第一、第二医院,重庆渝西医院、深圳宝安社会福利中心、深圳龙岗社会福利中心、重庆青杠老年护养中心等机构、行业协会、企事业单位建立了实习就业基地,大力推进工学结合、"订单"培养,为专业实践教学、学生实习就业提供了有力的保障。毕业生深受用人单位欢迎,老年服务与管理专业就业率达到 98%以上。

三、办学过程中存在的问题

老年服务和管理专业属于新兴专业，各个高校开办此专业的时间都不长，经验都不够丰富，因此在办学的过程中难免存在各种问题。其中多数专家学者认为问题主要表现在以下几个方面。

（一）缺乏统一的人才培养目标和大纲

国家对于这样一个社会需求量大的新专业还没有统一的人才培养目标与大纲，以至于各院校各行其道。从上述几个学校专业建设情况中可以看出，有的学校侧重于培养老年护理方面的专业技术人才，有的学校侧重于培养老年管理方面的专业技术人才。为什么会存在这样的差别，原因主要在于目前在各养老机构岗位只分为管理和服务护理员，而这些岗位现在还没有根据能力、学历等进行高、中、初等级别的确定，因此不管培养的是高级护理人员还是产业管理人员，都只是一厢情愿，少有用武之地。再有，养老方式的多元化，决定了服务内容的侧重应有所不同，而现有的能力培养主要针对老年机构的人才需要。对居家养老及其他形式老年服务能力的要求兼顾不够。

（二）缺乏完善办学条件，无法突出职业教育特色

老年服务与管理专业是培养实用型、应用型人才，要求突出职业技能学习与训练，然而，目前大多数学校缺乏完善办学条件，虽有一些专业训练器材，但使用率不高，部分器材养老机构无力购买，学到的技能暂时无用武之地；学生到养老机构实习也缺乏合适的专业实践指导，因为学校没有自己的养老机构，实习难免受到一定的限制，有时还不能真正达到实习的目的，与学生毕业就能完全胜任本职岗位还有一定的距离。

（三）岗位从业能力要求标准不清

2002 年国家出台了《养老护理员国家职业标准（试行）》。该标准明确界定了养老护理工作是一项专业性、技术性很强的工作并将养老护理工作划分为初级、中级、高级和技师级。随着等级的提升，养老护理工作将由技术服务型向技术管理型发展。应该说这是一个符合我国国情的职业技术标准。不足之处是在该标准中各级从业人员能力要求标准不清，有些界定不够准确，部分标准条款不够细致，在教学上难免缺乏针对性。

（四）教育与科学的支持力度明显不足

与国外相比，我国在老年科学和教育方面严重滞后，多年来对老年学的研究和教育基本是空白的，高等院校没有老年学课程，更没有老年学专业，老龄化需要的护理和照料人员严重不足。同时也缺乏校际合作和对口专业的人才支持。老年服务与管理专业是国内首创，因此，没有现成的办学模式可供借鉴。全国高等院校应尽快成立“老年学”专业，为“老年服务与管理”专业提供科研师资培训基地，便于校际合作，做到优势互补、资源共享。

任务二　21世纪老年学学科的走向

情境导入

英国是较早进入“银发”时代的国家，其65岁以上的老年人超过1000万，约占全国总人口的18%，75岁以上的老年人亦有370万。英国的一些城市，如贝克斯希尔、海斯汀、伊斯特邦等，由于风景优美，适合度假，已发展成了“老年人城市”，很多退休的老年人纷纷迁入安度晚年，城市中老龄人口已占20%～50%。面对日益庞大的老年人群，英国将养老问题纳入社区，对老年人采取了社区照顾的模式。社区照顾的主要内容包括：

第一，生活照料（饮食起居的照顾，打扫卫生，代为购物等）。生活照料又分为居家服务、家庭照顾、老年人公寓、托老所等4种形式。

第二，物质支援（提供食物、安装设施、减免税收等），如地方或志愿者组织用专车供应热饭，负责为他们安装楼梯、浴室、厕所等处的扶手，设置无台阶通道和电器、暖气设备等设施，改建厨房和房门等。

第三，心理支持（治病、护理、传授养生之道等），如保健医生上门为老年人看病，免处方费；保健访问者上门为老年人传授养生之道，包括保暖、防止瘫痪、营养及帮助老年人预防疾病等。另外，还规定了为老年人提供视力、听力、牙齿、精神等方面的特殊服务。

第四，整体关怀（改善生活环境、发动周围资源予以支持等），如由英国出资兴办具有综合服务功能的社区活动中心，为老年人提供一个娱乐、社交的场所。行动不便的老年人则由中心定期派专车接送。同时，为帮助老年人摆脱孤独，促进心智健康，适当增加老年人的收入，社区为老年人提供力所能及的钟点场所——老年人工作室。

社区照顾与传统的家庭养老和集中院舍养老相比，具有很大的优越性，它融合了传统的家庭养老和集中院舍养老之长，更符合人道的原则，更注重对老年人心理和情感上的关怀，使老年人过上了正常化的生活，提高了老年人生活的质量。

其他国家养老产业的发展也各有特色。美国有建筑规模庞大的老年社区，如太阳城，配有各式各样的俱乐部，能开设课程和组织80种以上；日本提供无障碍设施的老年人住宅产品、具有看护性质的老年人住宅产品、能和家人共同生活（二代居）的住宅产品，如港北新城，老年人住宅产品与其他租售性质的住宅产品混合设计在一个生活社区内，突出自助自理；欧洲国家倾向于让老年人居住在独立的公寓中。建筑将城市意味、社区功能和生态目标3种元素结合在一起，如荷兰弗莱德利克斯堡老年公寓，建筑元素的集合处理，让老年公寓不显孤独。

（资料来源：http://sdzkx.blog.163.com/blog/static/13743725520102269224219 0/）

任务描述

1. 上述情境向我们介绍了各国老龄产业的发展状况。请进一步搜集资料，了解世界各国人口老龄化发展过程中面临的新问题及采取的应对措施。

2. 思考并讨论，面对老龄化过程中出现的新问题，我们该如何应用相关的知识理论去解决问题。

任务实施

1. 分小组搜集资料，并整理成调研分析报告；
2. 分小组学习知识链接内容，并讨论学习心得体会。

任务总结

1. 学习过程中是否遇到不懂的概念或知识？如何解决？
2. 如何补充课外知识？

知识链接

一、国外老年学科的发展状况

国外老年学诞生于20世纪40年代，缘自于世界经济的发展与科技革命的进程，老年人口在世界总人口构成中的比重日益上升，引起生物医学、心理学与社会学等学科对人类老年期所特有的生理、心理和社会等方面的变化与问题的共同关注。老年学以学科群的理论与方法为基础构成共同研究领域与交叉研究范畴，是一门综合性学科。

(一) 研究领域的发展变化

早期的老龄问题研究局限于个体老化的生物学观点。比如，20世纪40年代之前，法国有老年病学与老年医学研究，民主德国有老年保健医学，英国有老年人生理与精神疾病研究，美国有老年医学和老年生物学研究等。它们均偏重于研究个体衰老的生理原因与生物学机制。

随着社会的进化，学者们认识到从整个社会进化的角度考察个人的发展与老化过程并非仅仅是一个自我封闭的生物体系的运作过程，它还是一个包括自然环境和社会环境，并与之发生互动作用的社会生态系统的组成部分。人的老龄化与人口老龄化具有不同的科学含义，人的老龄化是就个体而言，是一种受生物学规律支配的个人老化现象，它是一个不可逆转的生命过程；人口老龄化是就群体而言，描述在一定总体的人口中少儿人口比重减少，老年人口比重上升的一个动态的社会过程。基于对被研究对象社会属性的认识视野的更新，20世纪40年代老年学终于在研究群体老化的基础上逐渐形成为一门新兴的综合学科。当时的社会状况是资本主义国家经历了20世纪30年代的世界经济危机后，一方面，欧洲国家在这个时期已经成为老年人口比重较高的国家，65岁及以上的老年人口大都接近或超过总人口的7%；另一方面，政府面临老年人问题日益严峻的挑战，如失业问题、贫困问题、劳动力结构老化，以及由于西方社会结构和家庭结构演变而引起的老年人赡养问题等。它促使欧洲及美国等一些资本主义国家不得不从社会政策层面上越来越重视社会老龄化带来的一系列社会结果以寻求新的社会整合与平衡机制，客观上促使老年学这门学科得以迅速发展。

美国社会学家在研究群体老化社会特质的过程中提出了人口老化的概念。1944 年美国成立老年学学会并首先使用老年学(Gerontology)这个名词,它被视为老年学发展史上的一个里程碑。

(二) 各国老年学研究的发展历程

1. 美国

美国是世界上开展老年学研究较早的国家之一,并于第二次世界大战后逐步形成专门的研究理论与技术方法论。美国老年学的发展开创了由生物医学向社会学领域拓展的先河。一些美国老年学家认为老年学社会科学方面的问题难以解决,自然科学方面的研究和成果是有限的,老年医学与老年生物学领域的成果亦只能为少数人服务。美国社会学的历史有一个特点与欧洲社会学不同。欧洲的社会科学都在根本上致力于对社会发展作高度宏观的解释,然而美国却不同,它不注重客观解释,只要是大概轮廓和它的主要价值都看成是理所当然的事,因而它更深切关心的是实际状况如何和价值偏离问题。这培养了美国社会学的应用兴趣,这种着重方式的特征促使种种经验研究的技术和方法得到了迅速发展,比如现场观察的方法、阅读文件的方法、口头交谈的方法及使用调查表进行调查的方法。这些技术方法上的发展趋势恰好与统计学的迅速发展相吻合。因而社会学研究着重于技术方法的特点在美国远远比欧洲显著。而美国的老年学研究由于社会学家的介入并发展成详尽细致的经验研究,促使美国型的老年学迅速发展为一门经验的科学。目前,美国老年学研究机构由 4 个部分组成:行为与社会科学研究机构、社会研究计划与实践机构、生物科学研究机构和临床老年病研究机构。老年学已经成为美国社会科学一个越来越重要的组成部分。

第二次世界大战后,美国及其他西方工业国的产业社会趋于成熟,工业社会打破了传统社会的行为规范和价值体系,讲究效率与实利,重青年而轻老年,限制老年人的作用并迫使老年人逐步退出社会功能体系。老年人因此被排除在经济、家庭和社会等领域中的重要地位之外。不同年龄群体权利和责任的急剧变化,产生了广泛的社会变革。老年问题涉及社会经济、政治、文化和家庭生活的各个层面。它促使社会学及其他更多的社会科学研究者介入了老龄问题研究。20 世纪 60 年代,西方学者用年龄偏见这个短语来表示现代工业社会中歧视老年人的社会观念。他们认为,年龄偏见同种族主义和性别偏见非常相似。老年人的智力和体力被认为不能在社会中发挥充分的作用,所以可以被排除在重要的社会活动之外。年龄偏见忽视个人之间的差别,而把年老体弱看作是唯一的和最重要的特征。与种族主义和性别偏见一样,年龄偏见忽视了这样一个事实,即年龄等级之间的许多差别根本上是由社会因素决定的。

2. 法国

20 世纪 70 年代后,世界上许多国家由于生育率的下降与人均寿命的提高而相继步入老龄化社会。各国的老年学研究亦日趋成熟,英国与法国在近 30 年中取得了老年学研究中人口统计学的成果。与其他工业化国家相比,法国是第一个老年型国家。法国学者将老年人和退休人口细分成 40 个年龄组(按同年出生的人)将人口移动规律从两个组合方向进行分析(即人口统计和社会方向),一方面,75 岁和 75 岁以上的高龄老人显著增加;另一方面,60～75 岁的人数相对稳定,但其中退休人口由于退休年龄的下降而渐趋上升,从而在人口学、社会学以及经济学意义上,对人口老龄化进行多层面的剖析研究,为国家实施老年保障政策,即社会转让构成(退休养老金、非捐款者津贴、社会服务设施)构置了理论框架。今天的法国老年学已经成为涉及 12 个学科的综合性学科。

3. 英国

英国在老龄化社会过程中，老年学家建议政府解决社会老龄化对策的核心理念是实现让那些独立生活的老人及其他们特殊的家庭能够合理地存在于社会。英国的养老保险制度由国家养老金计划和私人养老金计划构成。国家养老金计划包括对全体符合条件的纳税人提供的国家基本养老金和对雇员提供的与收入相关联的国家第二养老金，两者都采用现收现付制。在英国，国家养老金仅保证职工退休后的基本生活需要，更高的退休待遇主要是依靠私人养老金来满足。

4. 德国

德国亦是西方资本主义国家中较早步入老龄社会的国家。20 世纪 90 年代，德国老年学研究卓有成效的大学是多特蒙德大学。以该所大学为主体的研究成果为德国政府公布的议会委员会的老年学著作《人口变化》提供了理论依据。其研究内容包括以下 3 个主要问题：① 人口变化和社会保障体系的稳定性(特别是养老金、健康、长期护理保险)，主要相关保险的原则和支付；② 在人口变化和家庭结构改变的背景下，怎样顾及老年人的需求和供养问题；③ 怎样为个人和社会提供和保持充裕的生活条件资源和老年人的潜力。这是德国老年学近几年研究的主要课题。

5. 日本

日本在 1947—1957 年间出生率急骤下降，致使 60 年代后整个社会人口迅速老化。直接从事生产劳动的人口减少，需要扶持的人在大量增多。自 1970 年开始，日本的人口学家、社会学家和经济学家从各自的学科角度全方位介入了老年学领域，全面研究日本的人口老龄化问题。

西方产业社会学者 Wilensky 研究了产业化给整体社会结构带来的影响，他认为，社会保障支出是现代产业社会运转的必要成本，在福利国家已经普遍化。日本朝日大学社会学家松户庸子教授以数理计算为依据的因果模式理论，研究日本产业社会结构的特征与福利政策，她认为 Wilensky 的命题在日本找到了事实依据，即不论是社会主义国家还是资本主义国家，社会保障支出增多的原因都是由于经济增长、人口趋于老龄化，从而导致需要护理的人口扩大和护理期限的延长。1994 年松户庸子提出护理是 90 年代全民课题，它是产业社会在完成经济层面的公共赡养制度之后必然面临的共同课题。它的深化源自两个方面因素：一是以卧床不起的老人和患痴呆症老人为代表的需要护理人口增加这一人口学因素；二是以核心家庭化和小家庭化为代表的家庭现代化以及女子雇佣劳动力比率上升这一劳动经济学因素，这都是产业社会所共有的、不可逆转的趋势所致。在日本，贯穿 80 年代的福利政策模式“日本式福利社会论”由于以家庭为核心的强大私人赡养延缓了社会保障的建立和成熟，从而使这一社会结构特性成为抑制日本式福利社会论中公共开支这一理论武器的核心。20 世纪 90 年代老年护理成为全社会的问题，旧的护理模式不再符合现实，作为福利国家的日本，福利体系需要重新组合。

(三) 老年学的发展趋势——多学科相互渗透、交叉研究

在匈牙利的布达佩斯举行的第十五届国际老年学大会上，会议研讨的课题内容涉及众多的学科门类，包括生物科学、临床医学、行为科学和社会科学、社会研究计划和实践以及边缘学科课题。它揭示了多学科相互渗透、相互交叉研究已经成为未来老年学的发展趋势。

从该会议至今，老年学领域在多学科交叉研究社会老龄化问题以及老年性疾病的社会性预防、控制与社会心理病因学机制方面取得了瞩目的成果，如第十五届国际老年学大会确定的重点项目“家庭与老龄化——跨文化研究”，“性格与老化”“老年期痴呆(阿尔茨海默病)病人的特护管理与社会方面”等多学科、多系统的同步研究。

2. 老年性痴呆社会方面的研究

1998年美国国立老龄化研究院与哈佛大学老年医学研究所发表了他们对阿尔茨海默(Alzheimer)患者特护病房的设计标准以及管理模式的研究状况，以期建立一种新的方式与管理类型，从而寻求为这类伴随老年型社会而日益增多的老年患者提供享受最佳医疗照顾与护理的实践模式。研究显示，病人管理方式与病人及管理人员的基线情况相互作用，病人管理的不同方式与服务利用的差异相关，但对卫生保健服务利用结果影响较少，有可能确定对这类患者管理的“最佳实践”模式。

3. 性格与老化的跨文化研究

1995年新加坡神学研究者李宗高在继西方学者积极探索老化与人生意义的课题之后对性格与老化的跨文化特征进行了研究。他认为老年学应从心理学、社会学、伦理学和神学等方面共同研究老化与心灵，以及在科技越先进、经济越繁荣、社会变得越物质化时，研究人的价值、生之意义等重要课题。当代老年学的重要使命之一便是于人类享有更长寿命时，寻求心灵更新的可能。在李宗高的性格与老化研究中，他十分强调家庭对于提高老弱者生之勇气与意义的功能。美国当代著名的心理治疗家 Carlsen 指出，在老年人心理治疗过程中，家庭扮演最具决定性的角色。家人若能在他们老弱的亲人在世最后数年给予爱、温暖、关怀，并借着对他们的尊重、珍惜，鼓励他们去发展生命中的潜能，必能使他们在身体衰败的同时，心灵能步上更新向上的历程。

二、国内外老龄工作人才培养发展情况

(一) 国外老龄工作人才的培养发展情况

在许多发达国家，老龄工作已经成为一种职业，准备从事这方面工作的人员迫切需要接受长期系统的教育或短期的职业教育与培训。这就使得各类大学、学院和社区性大专学校纷纷开设各种有关老龄工作的课程，开展从短期培训班、职业培训班到正规的大学生和研究生教育。

在这方面，起步较早的是美国，20世纪70年代前后，美国的大学、学院就开设老年学本科、研究生课程班，研讨班、培训班等也大量涌现。1976年此类学校已达1275所，27％是大学，29％是四年制的学院，33％是社区大专学院，其余的由函授或职业学校开设。

日本是举世公认的长寿之国。日本高度重视养老服务与管理人员的专业素质。早在20世纪上半叶，日本就已针对日益凸显的人口老龄化问题采取对策，不仅大力发展老龄产业，而且高度重视老年社会保障、老龄科学研究和老年福利人才的培养。目前，日本国内设有福祉专业的院校就有100多所。“福祉”一词我们往往把它理解为“福利”的意思，其实“祉”，字典解释为“幸福”，因此“福祉”有着比“福利”更深刻的内涵。如在所有福祉专业的院校中规模较大并在国内外享有较高声誉的日本东北福祉大学，建于1875年，已有100多年的历史。如今，东北福祉大学已成为日本培养社会保障和老龄科学人才的摇篮。学校奉行“行学如

一”的教学理念，培养出的福祉人才，个个都具有尊老敬老之心，深受老年人的喜欢和好评。在日本，凡是从事老年管理和服务工作的人员都必须经过专业学习和培训，持证上岗。专业人员也都有着很高的学习愿望和需求。

（二）国内老龄工作人才培养发展情况

我国学者于20世纪80年代开始关注人口老龄化问题。1984年，中国人民大学人口研究所在人口学专业下招收老年学研究方向的研究生，培养老年学硕士和博士研究生，至今已有20多年的历史。已培养的老年学人才中，有的在国家政府部门工作，有的在高校工作，也有的在国外继续从事老年学研究。

2001年国务院颁布的《中国老龄事业发展“十五”计划纲要（2001—2005）》指出：“加强人才培养，为老龄事业培养各类专门人才。”2003年，经国家教育部批准，中国人民大学正式设立了老年学专业，旨在培养能够从事老年学及相关学科研究、教学、管理、对外交流的高级专业人才，使他们既能从事各项老龄问题的研究，又能培养和培训养老服务人才，还能指导各项老年服务与管理工作。另外，一些高校在本专科阶段对个别专业学生开设了老年工作相关课程，如北京大学心理学系开设了“老年心理学”课程；中国人民大学人口学系的公共事务管理专业开设了“老龄事业管理”课程；北京大学社会学系的“社会工作与管理”，以及北京青年政治学院的社会工作专业开设了“老年社会工作”课程，首都医科大学和北京中医药大学的医疗系开设了“老年医学”课程。老年服务工作是一项综合性工作，老年服务人员应具有从事老年服务工作的综合素质，而不是只掌握某一门课程的知识技能。随着计划生育工作的深入，独生子女增多，社会竞争日趋激烈，家庭养老资源锐减，仅靠家庭养老单一方式很难满足老人的养老需求。养老方式日渐由家庭养老向社会化养老过渡，社会化养老需要大量的一线老年服务人才。各高等院校培养的有关老龄问题的研究型、教学型、管理型专业人才日益增多，而具备综合素质的实践型、应用型人才的培养几乎是空白。大连职业技术学院、长沙民政职业技术学院、北京城市学院、山东淄博师范高等专科学校等院校相继开设了“老年服务与管理”专业，培养具有基础理论、专业知识和技能的应用型老年服务与管理人才。此专业的开设应对了社会需求。从国内外的老龄化发展可看出，老年服务与管理专业在21世纪是一门有着广阔前景的朝阳专业。

三、21世纪的社会老年学学科走向

21世纪是全球人口老龄化的世纪，社会老年学作为新兴学科方兴未艾，大有可为。这门学科在汲取古今中外的一切文明成果营养基础上，其学科领域的范围、特点和方法将会得到更为科学的界定，学科的专业研究队伍将有较大发展，学术规范将进一步强化，学科的研究成果将大大丰富。不论是从社会老年学的理论和方法研究，还是应用和对策研究，都会走向更加成熟。

21世纪的社会老年学将开展全方位研究，从研究健康老龄化到研究积极老龄化，从研究解脱理论到研究融入理论，从研究老年人的生活质量到研究生命质量，从研究现行老年社会保障政策到研究可持续发展的老年社会保障政策。总之，社会老年学将从一个新兴学科发展成为成熟和完整的学科体系。

（一）从薄弱学科走向成熟学科

老年学研究具有悠久的历史，但老年学作为一门独立学科是在20世纪40年代出现的，到现在不过数十年时间。老年学起源于老年生物学和老年医学。老年医学一词出自1916年出版的专著《老年医学》一书，作者是奥地利医师纳肖。此前曾有俄国细菌学家尼亚·梅奇尼柯夫以生物学的观点探讨人类的寿命问题，因而老年学被称为“长寿的科学”。《辞海》对老年学的释义是“研究人类衰老问题的科学，主要包括老年医学和老年生物学”，直到现在，有的辞典中仍将该词译为“老年医学”或“老年医学和老年学”。1946年美国开始发行《老年学杂志》，标志着老年学学科的确立。此后，国际老年学学会于1950年12月在比利时召开成立大会，提出老年学的新构思。会议指出，老年学的研究不仅包括医学，而且还必须包括社会保健等问题。会议还强调：“有鉴于老年人口日益增多，对老年人有重大影响的社会经济因素进行研究，实属必要。”这次会议成为老年学研究从生物学和医学研究发展到结合社会经济等方面进行综合性研究的里程碑，推动了国际性老年科学的学术研究。之后，国际老年学会和美国老年学会将老年学划分为4大领域：生物学，医学，行为与社会科学，以及社会研究、计划与实践等。前两者研究以自然科学领域研究为主，行为科学为自然和社会两大领域的交叉学科，而后者研究则以人文社会科学领域的研究为主。从此，老年学的研究领域从自然科学扩展到社会科学领域。社会老年学正式作为老年学的一个分支学科是在20世纪60年代。社会老年学作为专用学名使用，出自美国学者克拉克·蒂比茨主编的大型著作《社会老年学手册——从社会的角度研究老龄化》一书。该书由美国芝加哥大学出版社于1960年出版后，冠以社会老年学的百科全书之称，该主编后被称为“社会老年学之父”。该书的出版标志着社会老年学的诞生，进而确立了社会老年学在老年学学科体系中的地位。

现代老年学与老龄问题的研究始于20世纪80年代。1982年中国老龄问题全国委员会成立，开始筹划老年学研究。1986年中国老年学会成立，老年学学科方面的翻译和研究成果不断问世，主要为老年人口学、老年社会学、老年心理学、老年经济学、老年生物学和老年医学等6个分支学科领域的研究成果。1989年熊必俊、郑亚丽编著的《老年学与老龄问题》，由科学技术文献出版社出版，首次开创了我国老年学学科研究的先河；1992年美国学者N. R. 霍曼、H. A. 基亚克著的《社会老年学——多学科展望》一书由社会科学文献出版社出版，西方学者对社会老年学学科的研究成果被翻译介绍到我国；1999年国际老人年时，由邬沧萍教授主编的《社会老年学》由中国人民大学出版社出版，使我国有了第一本系统论述该学科的著作，其从社会科学的角度研究人口老龄化及其发展的规律，结合中国的国情和实际，创建社会老年学的理论框架，为中国社会老年学的发展奠定了基础。

(二) 从发达国家的显学走向发展中国家的显学

发达国家的人口老龄化要早于发展中国家一个多世纪，因此老年学研究也是从发达国家介绍到发展中国家的。19世纪60年代后期，法国65岁及以上人口超过人口总数的7%，成为世界上第一个老年型国家，20世纪上半叶欧美工业化国家也相继成为老年型国家。特别是第二次世界大战以后，发达国家人口老龄化加重，老年学理论研究在发达国家首先兴起。

21世纪初，发展中国家人口老龄化问题也显现。据联合国统计，2002年全世界有1/3以上的国家成为老年型国家。全世界186个国家和地区中，有68个已进入“老年型”，约占36.6%。其中亚洲老年人口占54%，欧洲占24%。中国60岁及以上老年人口为1.34亿，占世界老年人口的1/5(21.34%)，占亚洲老年人口的2/5(39.7%)。2002年在全世界6.6亿左右的老年人口中，发展中国家老年人口占六成(62.55%)。1982年联合国第一届世界老龄大会提出人口老龄化的两大挑战，即解决老年人的需求和社会经济发展问题。会议认为，研究解决人口老龄化问题包括两个方面，一是研究人道主义问题，根据老年人的特点及其物质和精神需求，切实保障老年人的合法权益；二是研究发展问题，人口老龄化和社会经济发展的相互关系问题。20 年后，2002 年联合国第二届世界老龄大会提出，老龄化问题的政策应从更广的生命过程的发展观点及整个社会的角度来审视。并提出国际战略的目标，发挥 21 世纪长寿社会的巨大潜力，确保全世界所有人都能够安全和有尊严地步入老年，并作为享有充分权利的公民参与社会。如果说，第一届世界老龄大会主要关注发达国家的人口老龄化问题，并提出人道主义和发展问题；那么第二届世界老龄大会则更为关注发展中国家的人口老龄化问题，提出发展的潜力在于老年人口参与社会。据联合国预测，2050 年年底老年人口将增至 20 亿人，而发展中国家的老年人口将增加 4 倍。在未来的 50 年中，以发展中国家的加速老龄化且未富先老的状况，与发达国家的渐进老龄化且先富后老的状况相比，前者将同时面临人口老化问题和发展问题。为了应对这一挑战，老年学研究必将从发达国家的显学走向发展中国家的显学。

（三）从分散的多学科走向完整的社会老年学学科体系

1. 社会老年学各分支学科将形成系统理论

老年学一直作为多学科的交叉学科。老年学的多学科、交叉学科属性使其处于学科边缘地位。目前老年学的学科主要分为自然科学和社会科学两大类，其中有若干分支学科为自然科学和社会科学交叉学科。社会老年学包括老年人口学、老年经济学、老年社会学、老年哲学、老年法学、老年教育学、老年管理学等；社会与自然交叉的学科包括老年心理学、老年伦理学、老年体育学、老年精神病学等；生物、医学老年学包括老年生物学、老年医学、老年营养学、老年康复学和老年护理学等分支学科。社会老年学除老年经济学和老年社会学外，大部分的分支学科都还没有系统论述过。

随着社会经济发展的需要，老年学学科自身在不断发展。每个分支学科又分出若干子学科。如老年经济学的子学科有老年资源经济学、老年环境经济学、老龄产业与市场学等；老年社会学的子学科有老年社会心理学、老年社会保障学、老年社会发展学、老年婚姻家庭学、老年妇女问题研究和老年住宅社会学等。这些子学科可从不同角度对老龄问题进行综合研究。

社会科学与自然科学两大领域老年学研究的深化，从以研究个体老化为主，到进一步研究群体老化的规律。从微观研究发展到宏观研究，进一步研究人口老龄化对社会经济发展的影响，研究人口老龄化与社会环境、生态环境之间的相互关系，研究社会和个人在老龄化文化环境中的互动关系。社会老年学将从尚不完整的学科走向更为完整的学科体系。

2. 学科概念的使用将更为规范

学科名称的使用将更规范。实际上，社会老年学与老年社会学的概念不同。社会老年学是老年学的一个分支学科，属于较大型的分支学科（二级学科），从社会科学的角度来研究老龄化问题，包括老年社会学、老年经济学和老年人口学等。而老年社会学既是社会学的一个分支学科，又是社会老年学的一个分支学科，介于中间型的分支学科（三级学科）。老年社会学是以社会学的视角，研究老年人口的社会问题，研究老年与社会的相互关系及其发展变化，包括老年家庭、婚姻、生活环境和生活方式等特点，也包括人口老龄化与社会福利、社会保障的关系等问题。社会老年学和老年社会学作为不同层次的学科是不能混用的，有些概念不能混淆，如老年型国家和老龄化社会，两者含义不同，按照国际通行标准，老年型国家指60岁及以上人口占总人口比例的10%，或65岁及以上人口占总人口比例7%的国家；而老龄化社会指由于生育率降低，人口平均预期寿命延长而带来社会人口年龄中数字增长的过程。

（四）从传统老龄理念研究走向现代老龄理念研究

所谓传统老龄理念研究，是对人口老龄化社会持悲观的思想，将老年人口作为"负担""包袱"，对社会日益老龄化现象感到恐惧，认为人类社会将面临老人危机和养老保障制度崩溃的危险。传统伦理道德观被市场经济价值观所取代，老年人面临经济上的贫困，身体衰弱，疾病困扰，精神上的孤独、寂寞和失落，使他们失去传统的地位和尊严。人们担忧尊老、敬老、养老的风尚改变，老年人失去传统的天伦之乐的晚年生活，受到歧视，甚至被遗弃。传统老龄理念从老年弱势群体分析多，从对社会消极影响方面分析多，将老年人的养生保健作为理想社会的追求目标。

现代老龄理念研究，是将人口老龄化视为经济发展和社会进步的结果，是人类历史发展的巨大成就。将老年人口作为宝贵的财富和资源，认为人口老龄化能够与社会协调发展，老龄社会能够实现可持续发展。随着生产力水平的提高，养老保障制度更加健全，老年人物质和精神生活质量和生命质量全面提高。实行积极的老龄化对策，倡导公正伦理，代际和谐，发挥老年人社会功能，可以共建不分年龄人人共享的社会。

邬沧萍教授指出："认识和解决中国人口老龄化问题，有一个指导思想、立场、世界观和价值观问题。马列主义、毛泽东思想和邓小平理论虽然没有专门论述过人口老龄化问题，但提出了认识世界、改造世界的基本原则和方法，同样对认识老龄化问题具有极为重要的指导作用。"因此，现代老龄理念是以历史唯物主义和辩证唯物主义观点为指导，正确研究和认识人口老龄化，积极应对人口老龄化的挑战，就能够促进人口老龄化与社会经济协调和持续发展。

（五）开展全方位的理论与实践研究

1. 从研究健康老龄化到研究积极老龄化

20世纪90年代健康老龄化的问世，否定了无病即健康的简单定论。健康老龄化是世界卫生组织于1990年提出并采用的新的健康理念。认为健康包括躯体、社会、经济、心理和智力等诸种功能状况良好，能精力充沛地适应社会生活和工作。由于健康老龄化有助于成功地解决老龄问题，又称为"成功的老龄化"。联合国在《2001年全球解决人口老龄化问题方面的奋斗目标》中指出："健康老龄化是指从整体上促进老年人的健康，从而使老年人在体力方面、才能方面、社会方面、感情方面、脑力和精神方面得到平衡发展。"国际老年学学会在1993年又进一步指出："科学要为健康老龄化服务。"倡导科学的生活方式，缩短生存中带病伤残时间，使导致老年人病理性和社会性老化的因素减少到最低程度，尽可能长久地保持生活自理的能力。

21世纪初，积极老龄化问世，将健康、参与和保障三者组合在一起。世界卫生组织于2002年提出《积极老龄化政策框架》（见联合国第二届世界老龄大会的书面报告），政策框架中的3个支柱为健康、参与和保障。积极老龄化是在健康老龄化基础上提出的新观念。如果说，健康老龄化强调的重点是人在进入老年之后，尽可能长久地保持在各方面，包括生理、心理、智能等方面良好的状态；那么，积极的老龄化是指老年人要积极地面对晚年生活，不仅保持身心健康状态，而且作为家庭和社会的重要资源，要融入社会，参与社会发展。同时，全社会都要关心老年人，努力营造支持性环境，以保障他们的合法权益，使他们活得有尊严、有价值、有意义。

2. 从研究解脱理论到研究融入理论

解脱理论（伊莱思·卡明、威廉·亨利，1961）主张，进入老年时期的人应该退出重要角色，以便社会更好地发挥功能。随着老年人所担负的角色数量和重要性的减少，他们生活满足感的程度将会提高；解脱是一种渐进过程，如双亲角色的逐渐淡薄，工作角色的结束，社会角色的分离；解脱是不可避免的，走完所有生命期的人必定会经历这一过程；解脱是一种对社会和个人来说都能互相满足的过程，是社会和个人的共同期望。老年学界对解脱理论素有争议，认为过于简单化，带有消极倾向。一些学者提出相反理论，如活动理论（罗伯特·哈维格斯特）认为，长久保持中年的生活方式，能够获得生活的满足感和幸福感，但其忽视了老年人个性、需要的差异。还有连续性理论认为，如果一个人在逐渐变老时保持一种成熟和完整的个性，那么，便会有一个结果良好的晚年。这一理论试图弥补活动理论的不足，用个性阐释了老年人的差异，但其脱离社会环境因素，如保持原有生活方式会引起新的不适应。因而都存在理论的局限性。

解脱理论、活动理论和连续性理论为社会老年学深入研究开辟了道路。为了事业的连续性，人们在进入老年期后，解脱部分角色是必要的，以更好地发挥中青年的作用。但解脱不是将老年人排斥在社会之外，而是转换社会角色。生命在于活动，但不是保持原有的生活方式，要适应老年期的特点，不断调整生活方式，发挥老年社会功能。因此，需要将融入社会、参与社会的理论研究引向深入。融入理论框架可以由角色理论、生活方式理论和参与社会发展理论组成。对进入老年时期的人的角色变化看成一种自然过程，如离开原工作岗位后工作角色的变化，子女自立分居之后家庭双亲角色的变化，原社会身份的交往角色改变等社会角色的变化，看成是部分角色解脱的变化。但这并不意味着老年人成为无角色的角色，脱离社会群体，将自己置于社会之外，封闭度日。老年人要转换社会角色，调整生活方式，摆脱孤独、寂寞和失落，使自己与社会融为一体。老年人还要关注现代信息，坚持终身学习，充分利用自由空间和闲暇时间，保持人与自然的和谐，人与社会的和谐，即保持科学和健康的生活方式，保持良好的代际关系，发挥潜能，参与社会。老年人只有融入社会，才能发展、健康和有保障，才能具备较高的生活和生命质量，才能保持自身的尊严和价值。

3. 从研究提高老年人生活质量到研究提高老年人生命质量

生活质量研究是由美国社会学家威廉·奥格本于20世纪30年代起开始进行研究的。1958年美国经济学家加尔布雷斯在《富裕社会》一书中首先使用“生活质量”这一概念，用以评价人们的生活福利。到20世纪60—70年代发达国家的经济学界、社会学界、人口学界和统计学界兴起，认为生活质量是研究人在社会环境中生存、生活状况的好坏，以及享受物质和文化生活的程度，实现自我需要的层次高低等，是研究人口的自然和社会生活条件的综合状况，是全面衡量生活优劣的尺度。生活质量的提出，使人们从工业社会片面追求经济增长的误区中走出来，认识到经济指标不能成为衡量生活质量的全部指标，只有引进社会发展指标，才能使生活质量从低到高，从数量到质量的转化。现代老年人的物质生活保障是基础，但物质保障不能替代精神文化保障。文化教育的贫困，会导致老年人的边缘化。提高老年人的生活质量必须以文化教育为依托，在学习型社会中不断汲取新营养。老年人的生活质量是与经济和社会的全面进步联系在一起的。

生命质量与生活质量相互联系又有区别。生命质量是生活质量的自然和社会基础。长寿不能与健康画等号观点的提出，使人们不满足于给生命以时间，而更为关注给时间以生命。

生命质量指从个体生理状态、心理状态、社会生活状态和对生活的积极态度来评价生活幸福感。发达国家学者于20世纪60—70年代从衰老生物学、老年医学、老年康复学、老年护理学、老年心理学和老年营养学角度研究，目前也扩展到社会科学领域。生命质量，从生物学和医学角度来说，指生命体的结构、形态和功能的优劣程度及其生存、繁衍、发展的能力。从政治和社会意义来说，指人应怎样度过他的一生才有价值，有意义。在自然科学领域中，加强基础生物学对衰老机制的研究，分别制定老年人口第三年龄生活自理阶段和第四年龄生活不能自理阶段的政策。科学养生，尽可能延长第三年龄阶段，缩短第四年龄阶段。不仅要长寿，而且要健康，要尽可能长久地保持生活自理能力。在社会科学领域中，加强对老年人价值、资源研究，为制定老年人融入社会、参与社会发展政策提供理论依据。老年人不仅要生存，而且要活得健康、独立，有尊严。

4. 从研究现行老年社会保障政策到研究持续老年社会保障政策

从研究现行老年社会保障政策到研究持续老年社会保障政策上，处于从家庭养老保障向社会养老保障的过渡时期。家庭养老保障是农业社会的产物，数千年来家庭成员一直是实施养老保障的主体。家庭养老指主要由家庭提供经济供养、生活照料和精神慰藉等赡养资源。社会养老保障是工业社会的产物。在向城市化、工业化、现代化社会的进程中，随着社会和家庭结构的转型，形成社会养老保障趋势。社会养老主要是由社会提供物质和精神等赡养资源，包括国家、单位、社区、社团、家庭和个人等方面，是养老保障的主体。国家依法行政，社会各方面依据社会保障的法规政策，从多渠道提供多层次资源，保障老年人的晚年生活。

家庭养老与社会养老的区分在于实施养老保障的主体不同，而不是指养老方式，如有居家式、机构式、移民式，还有新的候鸟式等。家庭养老与居家养老，社会养老与机构养老，是实施养老保障主体与养老方式的不同，两种概念不能混淆。家庭是社会的细胞，以社会成员作为实施养老保障的主体时，家庭成员依然是社会成员的组成部分，因此仍承担着养老保障的义务和责任。持续发展的老年社会保障制度，是建立在法治社会基础上的养老保障制度，老年人享有社会保障的权利。传统社会是从孝道的角度，家庭后代成员回报养育之恩，以“养儿防老”的“反哺”方式，从老年人的需求考虑，使老年人老有所养。现代社会是从社会公正的角度，社会成果是代代延续创造而来的，要从老年人的合法权益上认识问题，让老年人享有养老保障，是受法律保护的。

持续发展的老年社会保障制度，以养老和健康保障为先导，使老年人得到终身物质和精神生活保障，并使老年人能够享受社会发展成果。建立和完善符合社会主义市场经济体制要求、与生产力发展水平相适应、具有中华民族尊老敬老传统美德的社会保障制度，任务十分艰巨。现行老年社会保障政策要重点解决老年人的经济收入保障问题，老年人的贫困、疾病、生活护理问题是困扰老年人的3大难题。老年人的贫困问题尤其是老年妇女的贫困问题，与其在业期短、积蓄少、退休金低是联系在一起的，解决贫困问题仅靠社会救助政策是有限的。

持续发展的老年社会保障政策，是以积极老龄化为对策，涉及就业政策、退休政策、收入政策、护理保健政策等，需要统筹考虑，保持政策的连续性和科学性。实践证明，缓解就业压力不是简单岗位顶替可以解决的，以提前退休为代价，既加大养老保障压力，又造成人力资源的浪费，特别是一些技术岗位的断层，不利于生产力的发展。加大就业培训，提高劳动力素质，创造就业机会，拓宽就业渠道才是出路。尊重老年人的劳动权利，禁止歧视老年人就业，坚持就业与收入的性别平等，消除年龄歧视，性别歧视，消除对老年人的怠慢、虐待和暴力行为，改善他们参与社会的自身条件和社会条件，是老龄社会的重要政策导向。目前社区便民服务、环境保护、教育培训、文体健康活动、医疗卫生保健、法律安全保障和老弱病残的长期护理等众多岗位亟待开发，需要大批懂业务、有能力、愿意献身于社区发展的人才充实各个岗位。社区许多不同年龄的志愿者已展示才华，但社会公益活动志愿人员要与社区建设职业人员相结合，规范社区劳动职业性岗位，促进社区建设职业化。

持续发展的老年社会保障政策，与对老年人的价值认定是联系在一起的。现代老年人的社会价值越得到认可，越受到社会的敬重，其社会地位也越高。老年人参与社会，老有所为，开发老年人力资源，发挥老年人作用，涉及老年人的劳动权利、老年人的社会价值、老年人的生活质量问题。尽管人的时序年龄与年俱增，不能逆转，但生理年龄可以延缓，心理年龄可以保持青春，参与社会年龄则潜力很大。充分开发和利用老年人力资源，能够缓解养老保障的压力，是发展中国家解决人口老龄化的战略措施之一。

内容小结

1. 社会老龄化程度日益严重，特别是高龄老人的逐渐增多，对老年服务与管理方面人员的需求量逐渐增大，为专业发展和建设带来契机。

2. 为适应老龄化社会对老年服务与管理人员需求增加的要求，在全国高等院校中，本科院校主要建成了以老年人、老年社会为研究对象的老年学研究中心，为老年学学科的发展奠定基础；高职院校纷纷开设老年服务与管理专业，主要培养掌握为老年人提供相关服务与管理技能的专业型人才。

3. 21 世纪是全球人口老龄化的世纪，社会老年学作为新兴学科方兴未艾，大有可为。这门学科在汲取古今中外的一切文明成果营养的基础上，其学科领域的范围、特点和方法将会得到更为科学的界定，学科的专业研究队伍将有较大发展，学术规范将进一步强化，学科的研究成果将大大丰富。不论是从社会老年学的理论和方法研究，还是应用和对策研究，都会更加走向成熟。

4. 21 世纪的社会老年学将开展全方位研究，从研究健康老龄化到研究积极老龄化，从研究解脱理论到研究融入理论，从研究老年人的生活质量到研究生命质量，从研究现行老年社会保障政策到研究持续发展的老年社会保障政策。总之，社会老年学将从一个新兴学科发展成为成熟和完整的学科体系。

子情境九　老年服务与管理的国际化与本土化

能力目标

本部分知识内容可采用案例分析、知识讲授、小组讨论、读书指导等多种教学方法，旨在培养学生：

1. 自主学习的能力；

2. 对未来老年服务与管理发展趋势的把握能力；

3. 对事物整体把握的能力，最后达到对老年服务与管理国际化与本土化全面掌握的目的。

知识目标

通过本情境的学习，你应能够：

1. 了解世界各国老年服务与管理的基本情况；

2. 掌握发达国家老年服务与管理对我国的经验与启示；

3. 了解我国老年服务与管理的历史变迁；

4. 掌握我国老年服务与管理存在的问题及改革思路。

任务一　老年服务与管理的国际化

情境导入

联合国最新统计数据显示，目前全世界老龄人口总数已达 6.29 亿，60 岁或 60 岁以上的老年人已占 1/10，到 2050 年，老龄人口总数将达到 20 亿左右，占总人口数的 21%，与 14 岁以下儿童人口总数相当，百岁老人人口将从 2002 年的约 21 万增长到 320 万，其中，非洲老龄人口将从 4200 万上升到 2.05 亿，亚洲从 3.38 亿增加到 12.27 亿，欧洲从 1.48 亿增加到 2.21 亿，美洲从 9600 万增加到 3 亿。在中国，据全国老龄办的调查显示，截止到 2004 年年底，中国 60 岁及以上老年人口为 1.43 亿，占我国总人口的 10.97%，并且以每年 3.2% 的速度递增，2026 年将达到 3 亿，2037 年超过 4 亿，2051 年达到最大值，之后一直维持在约4亿的规模。目前，全世界各国都面临着人口老龄化这个共同的课题。

（资料来源：http://news.sohu.com/71/74/news14845741.shtmr）

任务描述

人口老龄化是世界各国都必须面对的现实问题，上述情境生动地说明了这一情况的紧迫性。小组讨论并思考：我们该如何了解世界发达国家对于老年服务与管理的做法，学习其先进经验，正视我国目前存在的问题，并探索出一条符合中国国情的老年服务与管理道路来。

任务实施

每位同学撰写不少于1000字的小论文，谈谈自己的看法。

任务总结

课堂讨论并分享国外先进经验及适合我国国情的做法。

知识链接

人口老龄化的问题已得到国际社会的广泛重视。世界上许多国家（如日本、英国、新加坡等）都组建了一些较为完善的老龄科研组织和机构，从自然科学和社会科学两个方面加强对老龄问题的综合研究。联合国于1982年在维也纳举行了第一届老龄问题世界大会，在以后的历届大会上都涉及了老龄化问题，并先后作出了《维也纳老龄问题国际行动计划》、《十一国际老人节》、《联合国老年人原则》等一系列重大决议。由此可以看出，人口老龄化问题已成为一个世界性的课题，多数发达国家在这方面已走在世界前列，建立了较为完善的老年服务与管理体系。

一、世界各国老年服务与管理的发展

（一）日本

日本是世界上人均寿命最长的国家，据统计，2000年日本女性的平均寿命为84.6岁，男性为77.72岁。根据国际标准，日本从1996年起就已经进入了老龄社会。随着人口高龄化进程的加快，日本政府制定了一系列法律制度，并不断进行修改和补充，以期逐步完善社会保障体系。日本政府从20世纪50年代末起便开始通过立法来解决养老问题，1959年，日本颁布《国民年金法》，采取国家、行业、个人共同分担的办法，强制20～60岁的日本人都参加国民年金体系；1963年，日本政府推出了倡导保障老年人整体生活利益的《老人福利法》，推行社会化养老；1982年又出台了全面推广老人保健设施的《老人保健法》，使日本老人福利政策的重心开始转移到居家养老看护上来。同时，政府又采取了一系列使之有效的措施，如出资培训了数万名家庭护理员，专门从事老人看护与家务处理；普及托老所，提供短期入住、看护、治疗；开发了一批低价位的“三代同堂”式住宅，倡导全民保健等，这些措施有力地支撑

起了日本的老年人服务与福利保障体系。

为保障老年人的生活水平，日本建立了养老金保险制度。它由厚生年金、共济年金、国民年金三部分组成，国民年金是日本养老金制度的基础，20 岁以上 60 岁以下在日本拥有居住权的所有居民都必须加入；企业职工和公务员则分别加入包含国民年金在内的厚生年金和共济年金，缴纳金额为收入的 17.5%，由职工和雇主各负担一半。这种"全民皆年金"的强制性保险措施，使所有连续 25 年以上参加保险的日本人，都能在 65 岁后领取养老年金，从而使基本的生活水平能够得到保障。

为解决老年人生活不能自理这个问题，日本政府从 2000 年 4 月开始实行"看护保险制度"。它规定市町村及特别区、国家、都道府县和医疗保险机构等为保险人，40 岁以上的人为被保险人，被保险人在缴纳 10%的保险费用后，在需要看护时提出申请，经看护认定审查会确认后就可享受看护保险制度所提供的不同等级的看护服务。针对高龄化现象，日本政府还通过修改雇佣保险法推动高龄雇佣，修改案加强了对大量雇佣高龄者的企业进行奖励的制度，增设了"高龄者继续就业补助制度"，对工资低于退休时工资的高龄受雇者给予一定的补助。与此同时，日本政府还采取鼓励延长企业职工退休年龄等措施，引导老年人由"老有所养"转变为"老有所为"。

随着人口老龄化进程的加快，日本的养老服务与管理体系也面临着许多挑战。到 2025 年，日本 65 岁以上的老年人将占总人口的 27%，而养老金体系却有可能在未来 10 年出现数万亿美元的缺口，如果没有后续资金的持续注入，养老金制度将会遭遇严重的资金短缺；同时，日本还面临着老年人逐年增加、养老院与养老保健基础设施滞后等一系列问题。

（二）英国

英国是世界上最早实行社会保障制度的国家，其社会福利体系经历了从逐步完善、迅速发展到陷入困境而又不断改革调整的曲折过程。作为具有典型意义的福利国家，英国在养老服务与管理方面取得了一些成就，尤其是社区照顾，它为老年人提供适当的照顾与支援，从而使得这些人能够过上独立和正常的生活。英国的社区照顾在其国内得到了大力宣扬和实施的同时也受到了国际社会的赞赏，世界上许多国家和地区纷纷效仿。社区服务分为"社区内服务"和"由社区服务"两种方式。

"社区内服务"是指政府直接干预且由法律和制度进行规范的养老服务。一般由政府、公益机构等正式组织提供，服务者都是经过相关机构培训的专业服务人员。"社区内服务"的范围包括老人日间护理服务中心、养老院、老人福利院、老人护理院等，它的服务对象主要是生活基本不能自理的老人。所谓"由社区服务"，是指通过血缘关系或道德维系的没有政府直接干预的非规范性养老服务。它包括 3 种情况：第一，由家庭成员，主要是子女对父母的赡养；第二，由亲属，即兄弟姐妹及远亲等对老人的照顾；第三，由非亲属，包括朋友、邻居、慈善机构、非营利组织对老年人的照料，它的服务对象通常是有一定自我生活照顾能力的老年人。虽然两类服务模式的方式、对象、服务人员、服务地点等不尽相同，但是它们都能够满足老年人从低龄到高龄直到生命最后阶段的不同层面的不同需要，而且"由社区服务"是从预防性、发展性的角度为老年人提供照料服务，"社区内服务"则是从补救性的角度为老年人提供照料服务。英国的社区服务主要包括以下几个方面的内容。

1. 居家服务

居家服务是对居住在自己家中，尚有部分生活能力但不能完全自理的老年人所提供的服务。具体包括做饭、理发、洗澡、清洁卫生、陪同购物及就医等。有了这些周到、全面的服务，可使行动不便、年老体弱、家中无人照顾的老年人生活问题在自己熟悉的环境中得以解决。从事居家养老服务的人员有政府雇员、志愿者，这些护理服务或免费或收费较低，费用由地方政府承担一部分，得到服务的老年人自己承担支付一部分。

2. 家庭服务

家庭服务是对生活不能自理、卧病在床的老人接受子女全面照顾的养老方式。为了鼓励子女全方位照顾老人，政府规定对在家居住、接受子女照顾的老人发给和在专业机构养老相同的补助，这样就可以使在不影响家人生活水平的情况下有充足的经济实力照顾老年人。

3. 老年公寓

老年公寓主要提供给无人照顾有生活自理能力的老人。老人公寓通常为二居室，生活设施较齐全，电视、洗衣机、厨房、卫生间等应有尽有。老人公寓内设有紧急呼救装置，与社区的控制中心相连，一旦老人身体不舒服，只要求助紧急呼救装置，社区可派人迅速赶到老人家里提供救援。这类老年人公寓收费较低，数量有限，申请入住的老年人较多，必须经过政府的严格审查确认为低收入者老年人后才能居住。

4. 托老所

托老所主要包括暂托处和老人院。暂托处是一种短期护理服务机构，专门针对子女有事外出或子女长年累月护理老人而身心不堪重负，需要放松休息而设置的。需要时可将需要照顾的老人暂时送到暂托处，由服务人员代为照顾，时间可以是几小时或者几天，一般最长不超过一个月。照顾时间较短的不收费，超过两周就需要支付相应的费用。老人院则是针对生活不能自理、又无人照顾的老年人而设置的专门机构。当老年人尚有自理能力时，可在家或老年公寓接受护理服务，一旦完全丧失自理能力，只能入住老人院，接受集中照顾服务。

5. 老年社区活动中心

老年社区活动中心是指由地方政府兴办，具有综合性功能的社区服务机构，按照社区居民的人数多少而设置。它的主要服务对象为60岁以上的老年人，为居住在本社区的老人提供社交、娱乐场所等。英国是非常发达的市场经济国家，除了上述这些服务设施机构外，还有大量私营的、以赢利为目的的养老服务机构，老人消费者可根据自己的经济能力和需要自由购买。英国通过一系列政策措施，把原有由国家包揽的社会福利服务转移到家庭和社区，从而建立起了多元化的社会福利服务体系，以更好地为老年人服务。

（三）新加坡

1. 制度设计具有前瞻性

新加坡是亚洲人口老龄化速度较快的国家之一，60岁以上的老年人达84万，占全国总人口的20％。20世纪50年代起，新加坡政府便开始着手解决老年人问题，1955年中央公积金制度的建立，标志着新加坡制度性老年服务与管理的开始，此后公积金制度不断完善，各项老年救助措施相继出台，为老年人提供了养老、医疗、住房等全方位的服务与保障。新加坡公积金制度是政府立法强制个人储蓄、采取完全积累模式和集中管理模式的社会保障制度，在这种机制下，所有人都要为自己的养老负责，年轻时就必须努力工作，为自己的老年生活进行储蓄和准备。该制度不仅比较有效地解决了新加坡的养老难题，而且对新加坡的社会经济稳定发展提供了重要的保证。面对日益严峻的人口老龄化形势，新加坡政府还及时对人口政策进行了调整，不仅取消了过去严格控制人口增长的规定，还制定了一系列鼓励生育的政策，以提高新加坡的生育率，逐步改变人口结构。

2. 工作理念细致周到

在人口老龄化速度日益加快的严峻形势下，新加坡政府转变传统管制思维，树立服务理念，通过创造良好的投资环境、完善的基础设施以及人性化的奖励计划，吸引社会力量投资新加坡，投资老龄产业。尤其是对社会力量投资养老事业的，政府提供资金支持和政策优待。对养老机构的扶持，新加坡政府采取了一系列措施：政府是养老设施建设的投资主体；对养老机构各项服务的运作成本提供津贴；实行“双倍退税”的鼓励政策，允许国家福利理事会认可的养老机构面向社会募捐。由于新加坡政府周到的服务和配套优惠，每年都吸引近百亿美元的投资，既保证了新加坡经济的稳健增长，也极大地缓解了人口老龄化对公共财政的压力。

新加坡鼓励老年人居住在家中，生活在社区。为此，新加坡政府实施了许多惠民政策。

(1) 实施“居者有其屋”计划。政府通过实施“居者有其屋”计划，建设了数十万套政府保障房，为全国87%的居民提供了住房保障。

(2) 建设宜居社区。在社区规划中，新加坡政府坚持以人为本，强调人与环境的协调，以满足包括老年人在内的所有居民需要为指南，考虑细致周到，建设配套齐全的生活、医疗、康乐设施。建设“对门”交通和“无缝”交通设施，通过“绿色廊道”提供快捷方便的交通设施，极大地方便了老年人的出行。

(3) 营造良好的社区氛围。新加坡人从本国国情出发，提出了具有亲和力的社区建设理念：个体——具有社会责任感，家庭——温馨而稳固，社群——积极并有爱心，社会——富有凝聚力和复原力。社区建设的总体目标是发现并满足社区居民的共同需要，提升社区生活环境，开发和利用社区资源，开展社区服务和社会援助等。

3. 体制机制设计科学

新加坡政府为了保证工作效率不断提高和完善，在具体实践中，建设了电子政府，即在网上进行政务活动，这需要对老年服务与管理部门和其他相关部门之间进行整合重组，从而为民众提供完善的政府服务。为此，新加坡政府专门制定出台了相关政策和措施，并拨出专款。例如，某项公共服务会涉及8个部门，首先看这8部门中哪个部门对这项服务起到了关键和主导性的作用，就由这个部门牵头领导。政府给予财政和政策上的支持，把这个部门的工作流程同另外7个部门的业务流程协调起来，提供整合的服务。从管理学角度来看，这属于“行政流程重组”。在没有实施电子政府之前，为了达到解决问题的目的，各部门之间需要不断沟通，甚至需要不同程度的妥协，然后才能达成共同的目标。而实施电子政府以后，则快捷得多。与此同时，新加坡还建立了严格的工作考评监督制度。其考评项目形成了体系化，对每项指标都有十分具体的评分标准，这就减少了考评中的人为主观评判程度，通过考评，实施严格的责任追究制度，督促各项工作措施的落实。

二、发达国家老年服务与管理的特色经验

解决我国养老问题的一个重要方面就是要完善养老服务与管理体系，这也是构建具有中国特色的居家养老体系不可或缺的一部分。为此，一些发达国家的先进经验值得我们进一步深入思考和研究，这对我国的养老服务与管理建设将起到良好的指导和推动作用。

(一) 日本

日本从 20 世纪 70 年代开始,养老的重点从社会养老转移到了居家养老与社区养老,政府帮助建立并不断完善社区养老服务设施,并且制定了各种为家庭提供相关福利服务的政策法规。充分利用养老院的现有设施为周围居家老人提供相关的服务,包括:每天早晨用专车挨家挨户把老人接到养老院,晚上再把他们送回到各自的家中;建立和完善老年人健康紧急求救系统,让每一位居家老人都在身上挂一个小巧灵敏的发讯装置,遇到紧急情况的时候,只要轻轻一按,就可以得到及时抢救;重点加强社区养老服务人员的数量和相关设施,到 2000 年,服务人员数量已达 10 万人,日间照料中心的床位数增加到 5 万张。通过充分利用和发挥社区已有的福利设施、专职的社区养老服务人员、相关的行政机构、各种志愿者团体以及社会团体的作用,大力支撑着社区养老服务的发展。由此可见,完善的社区养老服务是居家养老得以实现的重要保障。在为老年人服务的过程中,要充分了解老年人的实际需求,合理整合和利用各项资源。

(二) 英国

英国是最早实施社区养老服务的老牌福利国家,在养老服务方面,它的理念是让老年人感觉像在自己的家里一样的环境中得到帮助与服务。英国养老服务的最大特点就是社区内的服务和由社区服务两个方面。社区内的服务可以利用社区内的资源,由专门的服务人员为老年人提供照看服务,充分利用社区中已有的服务设施,为孤寡老人或者是生活不能自理的老年人在开放式的庭院中进行集中照料,老年人也可以随时回到自己生活的环境当中。而由社区服务主要是由家人、朋友、邻居以及社区志愿者来共同提供服务和照料,为满足不同需要的老年人提供不同的家庭式服务和照料。英国的社区养老服务的资金来源于政府的财政支出,大部分养老服务设施都是由政府出资建设的,其他社会团体,如社区、家庭等方面的支出只占很小一部分,从事社区养老服务的工作人员构成主要包括以下两个方面:一方面是由志愿者组成的服务团队,另一方面是由政府出资雇用的专职服务人员。社区养老服务的价格相对较低,还有很大一部分免费项目,而养老服务的收费标准一般由地方政府来决定,一般价格都制定在老年人能够承担的范围之内,不足的部分由政府来补贴。

(三) 新加坡

新加坡的养老服务与管理的最大特色就是将养老问题作为一个系统化的工程来处理,这有利于充分调动各个方面的积极性共同解决这一难题。在制定政策的思路上,将构建包含个人、家庭、社区、国家这 4 个层面的老年人服务体系。要求个人必须对规划自己的晚年生活负责,家庭是为老年人提供服务的基础,社区要协助和支持家庭担负为老年人服务的责任,国家提供基本框架和为制定政策措施创造有利环境,从而使得个人、家庭和社区各尽其责,协调配合。

三、发达国家老年服务与管理经验对我国的启示

(一) 大力发展经济,为老年服务与管理创造良好的经济基础

我国是在"未富先老"的社会经济背景下步入老龄化社会的,一些发达国家在人口进入

老龄化时，人均收入一般为1万美元左右，而我国在进入老龄化社会时，人均收入仅为1000美元。国家不能提供更多的剩余产品来解决日益庞大的老年人口各方面的需求。因此，只有大力发展生产力，提高劳动生产率，创造雄厚的物质基础，才能满足国家建设、人民生活及老年服务与管理等多方面的经济需求。

（二）大力培养老年服务与管理的专门人才

我国传统的养老方式只注重老年人生理方面的需要，对老年人心理方面的关注较少，随着社会的发展，老年人精神生活方面的诉求越来越强烈，今后社区养老服务人员要提高满足老年人心理方面需求的技能。专业的社区养老服务人员能够比较好地满足老年人在心理、情绪和人际关系的互动等方面的需要，同时协助老年人维持身心健康，适应新的环境，维护老年人的权利与尊严，提升老年人的自尊与自信，让老年人有更多的热情、更大的积极性来参与社会活动，这不仅可以提升老年人的自我认知价值，同时也可以让老年人有一个健康幸福的晚年生活。

（三）提高社会公众参与度

在社区养老服务的建设当中，除了培养专业的服务人员以外，还要调动公众参与的积极性，如志愿者团体，要吸纳退休人员发挥余热，原因在于：① 他们在老年人的队伍当中相对年轻，身体状况比较健康；② 多数刚刚退休的老年人还不习惯整天悠闲的生活，总想为社会为别人做点贡献；③ 他们可以从自己的经验出发，更能了解老年人的生理心理特征和需要，所以把低龄老人的“余热”发挥出来，可以成为社区养老服务当中的重要人力资源。在这方面我们可以借鉴日本和我国的一些大城市试行的一种老年人服务的“时间储备”的做法，就是让低龄老人在身体状况尚好的时候为社区中的高龄老人提供一定的义务照料，所花费的劳动用时间单位记入个人“账户”，等到自己高龄或生病时，可以从社区其他低龄老人处得到同样时间的免费照顾。这一服务模式如能运行正常，将使社区养老服务进入良性循环的状态。

（四）加大社区养老服务的宣传力度

由于受传统养老观念的影响，目前公众对社区养老服务的认识不足，存在着供给与需求错位的现象，因此在注重社区建设和人员配备的同时，也要加强宣传与普及力度。这方面可以借鉴别人的成功经验，如将服务项目印成形形色色的、生动活泼的宣传单或宣传册，方便老年人或其家属任意取阅，并且在繁华地段、人口密集的公共场所播放一些宣传短片或做一些成果展示，这样不仅让更多老年人对我们现有的服务项目有所了解，知道遇到问题该向谁求助，而且也提高了资源的优化配置，为更好地发展社区养老服务打下良好的基础。

思考题

1. 结合案例，简述发达国家在老年服务与管理方面有哪些可取之处值得我们借鉴。
2. 针对目前老龄化现状与趋势，谈谈你对加强老年服务与管理的想法及建议。

任务二　老年服务与管理的本土化

情境导入

养老产业是一个可以撬动多行业的“朝阳产业”，不仅为老年人提供日常生活用品，还包括养老机构、医疗保健、养老金融产品、老年文娱产业等多个方面。此外，养老产业的发展还能带动建筑、钢材、水泥、机械等上下游行业的发展，辐射范围广泛。据一项统计数据显示，2010 年，我国的养老产业产值为 1.4 万亿元，到 2030 年将增加到 13 万亿元。

然而调查发现，我国的养老产业市场却呈现着严重的“冷热不均”现象。常用的老年用品以及专门的商店在城市中心很难觅到，而那些看中老年人丰厚“养老金”的地产等项目却扎堆进入。

上海全泰服饰鞋业商厦几乎是目前上海仅有的一家以中老年服装为主的商场，尽管几经调整，中老年服饰的经营状况却仍未见大起色。而且，一般老年用品店也难以生存，在为数不多的老年用品店里，产品非常单一，多为保健品和护理用品。

有分析认为，当前我国老年消费市场开发仍处于初级阶段，养老服务产品的供给不足、比重偏低、质量不高。而且整个养老产业都还处在一个自发无序的发展阶段，缺乏完善的行业规范和标准，发展中面临着服务技术操作无标准、服务和产品质量管理不完善、服务合同不规范等问题。

与此同时，中国老年人总体消费能力相对较弱。大多老年人已退休或逐渐丧失劳动能力，收入水平降低，而社会保障水平还不高。同时，受传统价值观念和家庭观念的影响，一些老年人还会把有限的养老钱留给子女后代，这在一定程度上制约了老年人消费。

此外，老年用品企业在税收等方面没有丝毫的“倾斜政策”，沉重的负担让企业难以负荷。

人口老龄化进程的加快，让养老产业凸显出巨大的市场潜力。根据老龄产业“十二五”规划，推进供养型、养护型、医护型养老机构建设，促进老年用品、用具和服务产品开发，重视康复辅具、电子呼救等老年特需产品的研究开发，拓展适合老年人多样化需求的特色护理、家庭服务、健身休养、文化娱乐、金融理财等服务项目。

（资料来源：http://finance.sina.com.cn/roll/20121024/100413460967.shtml）

任务描述

1. 上述情境描述的是我国养老产业的发展，请通过相关工具查找资料，详细了解各地养老产业的发展情况，并在老师的指导下编制调查问卷，调查本地养老产业的发展情况。

2. 根据搜集到的调查问卷数据，分析本地养老产业发展的特点及优势。

3. 思考并讨论：面对众多的老年服务与管理领域，你今后的择业方向在哪里？为什么？

任务实施

1. 编制调查问卷；

2. 整理分析调查问卷数据，形成调查报告；

3. 撰写 800 字以上的小论文，主题是“关于我的择业方向”。

任务总结

理想和现实的差距。

知识链接

中国在“仁政”“兼爱”的思想和“孝”文化的影响下，自古就有着尊老、敬老和养老的传统，中国典型的农业社会生产方式与封建文化数千年来形成了家庭养老的传统模式，到 20 世纪 50 年代，现代意义上的养老保障制度才逐步开始。它先后经过了初创时期、调整时期、停止时期和改革与发展时期 4 个阶段。社会保障在这 4 个阶段的功能也经过了从单一政策目标和单一政策手段阶段、政策目标和政策手段脱节阶段向多种方式和多种手段相结合阶段的跨越。

一、我国老年服务与管理的历史变迁

(一) 中国古代老年服务与管理概况

中国是一个历史悠久的文明古国，享有“礼仪之邦”的美誉，养老尊老早已成为中华民族的传统美德并世代相传。历代的统治者为了维护和巩固自己的统治地位，先后推行了一系列保障和养老措施及礼仪制度

1. 中国古代老年服务与管理的对象

古代对于“老”的概念与现在有所不同。据《礼记·曲礼》记载，“人生十年曰幼学；二十曰弱冠；三十曰壮，有室；四十曰强，而仕；五十曰艾，服官政；六十曰耆，致使；七十曰老，而传；八十九十曰耄。七年曰悼。悼与耄虽有罪，不加刑焉。百年曰期颐。”古代把人生分为悼、幼、弱、壮、强、艾、耆、老、耄和期颐 10 个时期。其中，把老年时期又分为耆、老、耄、期颐 4 个阶段。“老”指七旬老人。相对而言，古代“老”的概念和内涵是比较狭小的。古代养老主要指老、耄、期颐这三老阶段，因此，许多朝代规定“官吏七十而致仕”，也就是 70 岁退休。据史书记载，中国在远古时期就规定了养老对象，主要有三老五更、殉国父祖、致仕官吏 3 种。

(1) 三老五更

三老五更相传是古代设立的养老之位的名称。《礼记·文王世子》中说，“遂设三老五更，群老之席位焉。”郑玄《注》解释为，“三老五更各一人也，皆年老更事致仕者也，天子以父兄养之，示天下之孝悌也。”另据蔡邕解释，认为三老为三人，五更为五人。三老五更盛行于周朝，并被后代沿用。北周武帝宇文邕，任太傅燕国公于谨为“三老”，并称“猥当天下重任，自惟不才，不知政治之要，公其悔之”。《后汉书·礼仪志》中的“养老”篇记载“明帝永平二年三月，上始率群臣躬养三老、五更于辟雍。皆服大袍单衣，早缘领袖中衣，冠进贤，扶玉杖，五更亦如之，不杖。”可见汉朝上下都崇尚尊老养老，已蔚然成风。唐朝规定，皇帝颐养朝廷致仕大臣之老者，刺史敬养仕子之老者，县令敬养庶民之老者。有些朝代还自发成立了养老组

织，其中最有声望的为唐朝的“九老会”和宰相文彦博组织的“耆英会”以及后来宋朝的“五老会”等。

（2）殉国父祖

所有文武百官，无论是战死疆场者，还是死于政务者，他们年迈的父祖辈，都可以蒙受皇恩，得以敬养，被称为殉国父祖。宋景德元年三月下诏，年七十五岁以上不愿借职者，听归乡里。凡朝官遇庆恩，父在者授致仕官，祖在而求回授者亦听，有的赐予金银，有的赐予田宅，有的赐予兵卒，也有的荫其子孙。有些朝代的帝王，定期遣使到府第问候遗老，多赐羊、酒、粟、帛等物，以慰亡灵。

（3）致仕官吏

致仕官吏指的就是退休官员。对此各朝各代优待办法不尽相同，大体是根据功劳大小、品秩高卑，可享受皇帝恩赏、依章供奉、升秩加衔、因袭官爵、冠带致仕、听朝塑望、定期存问、建阁入祠等项优惠待遇。历代给退休官员的供奉标准一般分为食全禄、半禄、1/3 禄、半禄之半禄等 4 种。退休官员的养老条件一般优于乡间平民老人。他们不仅家置田产，按月领取俸禄，而且高官宠臣还能得到名目繁多的赏赐。不能得到俸禄的中下层官员也可以按照不同官职分到一些待遇。清朝规定，千总以下武官休致，不供奉，但给步粮或守粮一份；守备以上者立功告休，准其子弟一人入伍食粮，无子弟者，均给守粮一份以供养老。

2. 中国古代养老服务与管理的方式

我国在秦汉以前就建立了养老礼仪制度，且对养老地点作了明确的规定。一般个人不能自由选择，要严格按照礼仪制度归养。《礼记·王制》中记载：“五十养于乡，六十养于国，七十养于学，达于诸侯。”意思是说，50 岁时尊养于士大夫管辖的乡，60 岁时尊养于诸侯管辖的国，70 岁时尊养于天子管辖的学堂。并且说这个养老的方法不仅是天子的法规，而且普遍施行于诸侯。秦汉各朝沿袭了这一制度，各自规定了养老之地，后来除了京师需要皇帝获准外，其他养地一般可由个人选择。中国古代大致有以下 4 种养老方式。

（1）养于乡

古代民间普通老人都在家乡养老，而退休的官吏则分为两种情况——朝内中下层官吏和在京城以外任职的官员多返回家乡养老；朝中上层官吏大多在所赐的京城所在地养老。少数高官也有告老还乡的，朝廷常给予各种恩典。汉代的疏广、疏受叔侄二人，年迈告退，不恋京师，自请还乡，常为后人赞颂。唐代的贺知章告老还乡，唐玄宗亲自为之饯行，赋诗惜别，并命百官设帐于长安青门送行。也有退休高官迁徙到丰饶秀美的地方安度晚年。随着京城人口的膨胀，封建社会后期朝代多推行返乡养老的制度。清代时，已不准官吏在任职地区购置产业，要求退休后须返回原籍养老。

（2）养于馆

中国历史上有不少朝代设置了文、史、典等馆阁，专门安排有学识的退休老臣。唐官署有集贤店和翰林院，宋朝设翰林学士院，清代设有翰林院史馆和大清会典馆，成为封建王朝储备人才的地方。有学识的大臣退休后，大多安置在这些殿、院和使馆之内，使其潜心整理国家典章制度，编撰史书。宋太宗赵炅就组织当朝遗老修编《文苑英华》、《太平广记》诸书。唐代白居易、宋代欧阳修、苏轼、司马光、沈括、明代徐光启等晚年都曾在翰林院供职。

（3）养于观

中国古代各朝帝王为了维护和加强自己的封建统治，纷纷修建庙宇宫殿，供奉神灵。有些朝代增设了祠禄官，安排退休老臣任职，借名领取俸禄，但不执事，这是古代优老养老的一种办法。宋代崇尚道教，各地宫观甚多。设置宫使、提举、监岳庙等祠禄官，多由退休老臣任职。明代宫观不限人员，使祠禄官剧增。一般退休官吏不仅借各地宫观名目领取俸禄，而且使其获得养老和修身养性之所。

(4) 养于学

养于学，指的是借助学校和学术机构以学者的名义退休养老，让其在养老的同时发挥学术专长。这是中国古代最受仰慕的一种养老方式。据《文献通考》记载："古者，天子视学多为养老设也，虽东汉犹然。"《礼记·王制》中记载："有虞氏，养国老于上庠，养庶老于下庠。夏后氏养国老于东序，养庶老于西序。殷人养国老于右学，养庶老于左学。周人养国老于东胶，养庶老于虞庠，虞庠在国之西郊。""国老"指的是知卿大夫退休者；"庶老"是指普通人为官退休者和普通人老者；"庠""序""学""虞庠"和"东胶"都是学堂的不同等级和称呼。

(二) 中国现代老年服务与管理体系的建立与发展

中国的封建统治阶级长期施行封闭的自给自足的经济模式，因而中国古代老年人的社会保障不是得益于国家和社会的保障制度，而是得益于中国传统文化以及封建思想下的家庭保障。中国的家庭长期以来承担了所有的养老服务与管理责任，而封建政府和社会实行的却是一些零星的敬老和养老政策，更多的则是沿袭已久的养老习俗。中国真正意义上的老年服务与管理制度是在新中国成立后建立起来的现代养老保障制度。

1. 中国现代养老保障制度的建立

(1) 开创时期(1949.10—1957)

1951年2月，政务院颁布了《中华人民共和国劳动保险条例》。该条例规定："综合性社会保险费全部由企业承担，企业根据其工资总额的3%缴费，费用由企业的工会控制，各地政府工会再将各地企业上缴养老金的30%交给当时全国的社会保险事业最高领导机关——中华全国总工会管理，用于全国的调剂，70%留存于企业工会基层委员会。"这一措施首先在部分企业实施，到了1956年，全国国营、公私合营、私有企业中超过90%的职工实行了劳动保险。1955年，政府颁布了《国家机关事业单位工作人员退休暂行规定》，对国家机关、事业单位工作人员的养老保险作了专门规定。这个时期的社会保障制度是在计划经济体制下实施的，重点突出保障的互济性，完全体现社会的"公平"原则，调动了职工的积极性，但是覆盖范围有限，保障制度的统一性还没有完全建立。

(2) 调整时期(1958—1966)

新中国成立以后实施的是企业职工社会保险和政府机关、事业单位的社会保险，保险对象仅仅局限在城镇劳动者。为了适应经济的发展需求，中国在1958年和1966年对社会保障制度进行了初步的调整。根据新中国成立以后创立的各项基本制度，对社会保障制度的项目、管理和标准等逐步进行了完善。1958年，国务院颁布了《关于工人、职工退职处理的暂行规定》，把企业、事业单位职工和国家机关工作人员退休制度统一起来。这一时期，社会保障制度在调整中得到了一定的发展。到1966年，全国享受社会保险的职工人数已经达到4000万，支付保险的费用达到30.5亿元。但是由于受当时社会影响，这一时期的社会保障出现了过热的现象，随后又因"文化大革命"而出现了停滞。

(3) 停滞时期(1966—1978)

1966年开始的"文化大革命"使得中国的政治、经济、文化等各方面都受到严重破坏与损失，社会养老保险政策也不例外。社会保险政策遭到破坏，造成政策目标和政策手段相脱节。面对严峻的政治和经济形势，1969 年初财政部发出了《关于国营企业财务工作中几项制度的改革意见(草案)》，规定由国家机关、企事业单位自行支付养老金，国家不再进行企业、行业、地区间的调剂，社会养老保险由此变成了各单位的养老保险，中国的社会保障制度出现停滞现象。社会养老保险政策手段与目标脱节后带来了许多不利的后果：① 社会养老保险的保障性功能受到影响。政策手段的改变使养老金由各单位自行支付，社会养老保险失去了互济性，养老金不再在各企业、各行业、各地区之间进行调剂，降低了养老保险抵御风险的能力。② 企业负担严重不均，影响了经济的发展。养老金由各企业自行支付，使各企业间、行业间、地区间养老保险费用负担严重失衡。各企业由于成立的时间不同，职工年龄结构不同，养老保险费用的负担存在很大差异。新成立的企业、年轻职工多的企业养老金支付数额少，成立时间长、离退休人员多的企业养老金支付数额多。

2. 中国养老保障制度的改革与发展

(1) 养老保障制度在部分地区试行(1984—1986)

从 1984 年起，广东东莞、江苏泰州、辽宁黑山县、湖北江门以及四川等省的少数县市开始试行退休养老费用的社会统筹，建立合同制工人养老保险基金，并实行个人缴费，从而揭开了中国社会保险制度改革的序幕。1986 年开始，中国实行劳动合同制度，同年，国务院颁布《国有企业职工退休费用实行社会统筹的暂行规定》，建立劳动合同制工人的养老保险制度，规定劳动合同制工人按照本人标准工资的 3%缴费，实行全国县市一级的养老保险费社会统筹，改变了过去完全由国家和企业出资的情况。

(2) 养老保障制度在全国的推广(1987—1990)

在少数地区改革试点的基础上，中国养老保障的社会统筹工作开始在全国范围内推广，同时也带动了工伤、医疗等社会保险制度的改革。由于县、市一级的统筹管理和决策层次不高，无法保证养老金的完整与安全。1986 年年底到 1987 年上半年，北京、上海、天津 3 个直辖市开始建立直辖市级的统筹制度。1989 年到 1992 年，福建、江西、山西等省实行省级统筹。截至 1994 年，全国有 13 个省、市、自治区先后实现了省级统筹。

(3) 养老保障制度框架的建立(1991—1995)

在对社会统筹政策手段、“效率”目标及与之相配套的个人缴费政策手段试行的基础上，政府开始了对社会养老保险政策手段改革的进一步探索。1991 年，国家颁布了《关于城镇企业职工养老保险制度改革的决定》，改变了养老金完全由国家、企业包揽的办法，首次提出在中国建立基本养老保险、企业补充养老保险和个人养老储蓄的多层次养老保障制度；实行企业、职工和国家三方筹集资金的原则，实施“部分积累”的模式，实现社会统筹管理，从县级开始统筹。养老金的计发办法是“职工退休后的养老金基本计发办法目前不作变动，今后可结合工资制度改革，通过增加标准工资在工资总额中的比重，逐步提高养老金的数额”。这样就建立了以国家基本养老保险为核心，企业养老保险为补充，与职工个人储蓄性养老保险相结合的中国企业职工养老保险制度的基本框架。

(4) 养老保障制度的全面改革(1996—至今)

1995 年，《国务院关于深化企业职工养老保险制度改革的通知》颁布，这标志着社会养老保险政策全面改革的开始。该通知提出了改革的 4 个原则：“保障水平要与国家的生产力发展水平及各方面的承受能力相适应；社会互济与自我保障相结合，公平与效率相结合；

政策统一，管理法制化；行政管理与基金管理分开。"这次改革扩大了企业覆盖面，包括了国有、集体、私营、合资、股份制和个体各类城镇企业，建立了城镇企业一体化的养老保险制度，建立了养老金的计发和调节机制。这一改革设置了3个方案，可供全国各地根据自己的特点和时机选择实施。为了改变3个方案在全国不同地方实施出现的问题，1997年7月，国务院发布了《关于建立统一的企业职工养老保险制度的决定》，规定从1998年开始，我国建立全国统一的企业职工基本养老保险制度，以"社会统筹和个人账户相结合"为养老金制度的模式，实现了全国养老保险制度及标准的统一。

二、我国老年服务与管理存在的问题

我国老年社会保障制度的建设与发展有赖于国家的经济发展，经济发展水平是决定老年社会保障发展的前提和必要条件。目前，我国还存在着人均经济水平不足、农村保障制度不完善、传统思想对养老保障产生影响以及法律制度的缺失等问题。

（一）人均经济发展水平低

我国是一个由计划经济向社会主义市场经济转轨的发展中国家，人口数量居世界之最，但人均受教育程度低，劳动力水平在世界上处于落后状态。中国的城乡以及东西部发展极不平衡，造成了西部人力资源的大量流失和发展滞后，而东部又面临人口、资源等竞争激烈的现象。由于中国的人口众多，造成人均经济水平上十分薄弱，近年来，中国的经济年增长速度位居世界第一，但是人均国内生产总值的水平一直处于世界较低水平。目前最新的统计资料显示，2003—2011年，中国经济年均实际增长10.7%，社会生产力和综合国力显著提升。其中，2011年，我国人均GDP达到35 083元，扣除价格因素，比2002年增长1.4倍，年均增长10.1%。按照平均汇率折算，我国人均GDP由2002年的1135美元上升至2011年的5432美元，排在世界前10名的分别是卢森堡、卡塔尔、挪威、瑞士、澳大利亚、阿联酋、丹麦、瑞典、荷兰和加拿大，我国靠后，仅排在世界的第87位，与发达国家相比还有相当大的差距。这样，以经济发展和人均经济水平为关键依托的社会保障的发展空间就可见一斑了。总体经济水平和经济实力的差距，再加上我国社会保障制度建立得较晚、立法又不完善，这都给我国的养老保障制度建设带来了诸多困难。

（二）传统养老方式面临挑战

1. 家庭养老面临危机

我国已步入老龄化社会，在老龄化高峰期来临之前，老年人口仍将继续增长，同时，随着经济的发展、居民医疗保健和生活水平的提高，老年人的寿命也会大大延长。

（1）家庭呈小型化趋势

计划生育的实行，缩小了家庭的规模，尤其在城市，独生子女十分普遍。同时，人口流动性增强，出国留学、务工、移民潮的出现，造成空巢家庭的增加。20世纪50年代，我国家庭平均规模为5.5人左右，1995年的人口抽样调查结果显示，家庭平均规模已缩小到3.15人。未来空巢家庭和单身老人家庭仍将迅速增加。到2025年，65岁以上的单身老人家庭将突破2000万户，其中女性单身老人家庭将占主体。

（2）女性劳动参与率提高

女性受教育程度提高及其社会角色的多样化是社会进步的表现。与此同时，妇女在家庭中的闲暇减少，而女性在家庭养老中起着至关重要的作用。同时，大量“下岗职工”的出现，导致失业率上升，家庭收入锐减，这种就业不充分的状况还将在很长一段时间内存在，从而导致家庭赡养能力减弱或者丧失。

(3) 传统养老观念减弱

在西方文化的影响下，传统的敬老文化逐渐淡化，传统的“养儿防老”观念也正在逐步退化。而当代社会的养老文化尚未建立，使家庭养老的行为缺乏规范约束。老年型社会对“养老”提出了更高的要求，而我国当前的社会实际情况使得家庭赡养能力不但没有同步提高，反而有所下降。“家庭养老”原来就存在制度与观念上的弊端，现在又增添诸多问题，更加难担重任，事实表明，它已不可能作为一种主流的养老方式来解决我国的养老问题。

2. 社会养老面临困难

由于我国经济水平较低，特别是人均水平在世界上还比较落后，负债、破产的企业增多，因此养老基金的发放较为困难。企业职工下岗分流、提前退休人员陡增，致使参加统筹的在职职工有所减少，离退休人员却大量增加，这样便加重了企业支付养老金的负担。据劳动和社会保障部门统计，2014 年我国共收缴养老保险费收入 17 554 亿元，支出 19 117 亿元，缺口较大。快速老龄化使养老金的发放难以维持。据预测，到 2020 年我国赡养率为 37.37%，2031 年将达到最高峰为 47.39%。届时，就业人口不仅要养活自己，还要养活另一半仅作为消费者存在的老年人及未成年人。

3. 制度设计出现问题导致政府负担过重

经济学研究已经证明，从现收现付制转变为储备积累制，必然会有至少一代人的利益受损。原因是这一代人既要承担供养上一代人的义务，又要为自己将来养老进行储备积累，这种双重经济负担是雇主和雇员都难以承受的。当前我国推行“统账结合”，实行“老人老办法，新人新办法”。对已退休的老职工，仍沿用现收现付的办法给付养老金，并且保持原来的水平不变，而这部分实行“老办法”的职工养老金不是国家负担而是从现在实行部分积累制的职工交费积累中开销。所以目前正在工作的这一代职工，不仅要为已经退休的上一代人缴费，还要为自己未来的养老金向“个人账户”缴费，导致出现“双重负担”的局面。

目前我国养老金的平均工资替代率高达 80%，为世界之最。改革开放 30 多年来，我国城镇职工的工资早已大幅度地增长，但养老保险制度却延续了计划经济体制下的高工资替代率，由于工资水平不断上涨和过高的工资替代率，加上职工退休前的工资突击升级，导致资金不足，养老金支出膨胀。据中国社科院世界社保研究中心发布的《中国养老金发展报告2012》对城镇基本养老保险替代率进行测算，数据显示，养老金替代率由 2002 年的 72.9%下降到 2005 年的 57.7%，此后一直呈下降趋势，到 2011 年，这一数字更是降至 50.3%。

4. 养老金管理体制不完善，积累资金缺乏理想出路

目前，全国养老金管理与养老保障事务的行政管理混合进行，管理主体并不是养老保障的直接受益者，真正的受益者没有参与管理。另外，日益增加养老基金关系到未来千千万万个退休职工的切身利益，如果不经过保值增值的运营就不能保证未来退休者的利益。当前的个人账户因为监管制度不严不细，积累资金的投资问题没有得到彻底解决，容易影响个人自愿储蓄，产生逃避缴费、腐败和违规等现象。更为严重的是我国部分积累制度下的养老金由于管理理念和管理机制等原因，没有发挥应有的保值增值作用，这样会导致积累制度出现问题甚至危机。最后，我国还没有关于个人账户可以继承的立法，个人账户的积累在受益人

死亡或者因其他原因放弃自己的收益资格时,不能继承或者转让。

(三) 养老保障服务与管理体系缺失

养老保障除了基本保障的法律制度以外,还需要一个支撑这个制度顺利运行的服务体系。这个服务体系贯穿于养老保障制度的始终,包括设计养老金缴付、支出、投资运营以及发放领取等环节的养老金服务。如在养老保障制度下维护老年人各种合法权益的法律服务;为老年人提供的医疗保险、健康咨询、健康检查、疾病诊治及医疗护理等医疗保健服务;为居家养老及机构养老者提供的日常生活中涉及衣、食、住、行等基本照顾与护理服务;涉及老年人心理和精神健康的心理服务;日常消费服务;包含文化学习、文艺活动、体育活动、团队建设及老年社会价值观念的培养等内容的老年文化服务,以及帮助老年人完成自我实现的价值服务等。这些服务从理论上讲应该是养老保障制度的衍生物,是养老保障制度顺利贯彻落实的润滑剂和链接物。有了服务体系之后制度才能得到坚决、完全和高质量的贯彻落实,制度才能发挥其最大的政策效应。我们在重视制度时却忽视服务体系的建设,为此,我们应该把服务体系纳入制度之中,作为制度的一部分。全国老年服务与保障管理机构要加快制定相应的政策,鼓励社会力量兴办养老保障服务机构,促使养老服务的社会化和多元化。

(四) 养老保障体系法律法规不完善

改革开放使得我国经济实现了持续增长,目前,逐步解决养老保障问题的条件已日渐成熟。但是要长期、科学地解决我国的养老问题,政府在开展大量工作的同时还要从国家职能的角度看待养老保障的法律问题,实现中国社会保障以及养老保障的系列立法,从法律的角度保证我国社会保障制度的长期稳定和顺利发展。目前,我国社会政治、经济和文化事业飞速发展,新生事物层出不穷,但是整个国家的立法却落后于社会发展的需求,而许多工作的贯彻执行和落实又必须要建立在法律的根据和规定之上,因此,法律法规的不完善会对社会的养老保障体系造成严重的影响。目前我国没有《社会保障法》,更没有社会保障范围中的《养老保险法》《医疗保险法》和《失业保险法》等基本法律法规,社会保障工作缺乏行之有效的法律依据和实施规则。法律法规是一个社会制度、政策和行为规范化和稳定化的标志,我国应当积极行动起来,尽最大限度地重视和解决这个问题,以实现国家的稳定发展和长治久安。

三、我国老年服务与管理的改革思路

我国的养老保障体制改革经历了1984—1986年的部分地区的试点、1987—1990年的全国的试行、1991—1995年的社会养老保险制度框架的建立以及1996年至今的社会统筹与个人账户相结合制度的建立与施行4个阶段。经过近30年的发展,我国的养老保障制度建设取得了令人瞩目的成就,但鉴于我国人口众多、经济相对落后特别是老龄化程度日益加剧等一系列现实问题的存在,今后的养老制度保障改革还需进一步深化。

(一) 构建多样化的老年服务与管理保障体系

根据养老保障责任承担的主体以及承担的方式,我国的养老保障可以分为自我保障、政府保障、差别化职业养老保险、劳动单位负责以及市场提供5个层次。

1. 自我保障层次

自我保障(self-security)层次是养老保障的基础和第一层次,包括家庭保障和个人保障,即养老的经费来源于家庭,以及个人的储蓄与养老的方式和服务由家庭提供两层含义。2002年年底,全国有超过1亿4千多万人参加了基本养老保险,但是参加养老保险的离退休人员仅为3608万人。这对于有着1亿3千万老年人的中国来说还远远不够,大部分的老年人仍然依靠以家庭和个人为主的自我保障。家庭或自我保障不仅符合中国数千年来的历史文化传统,也是目前中国社会现实格局和法制规范的必然选择,故应继续发扬光大。另外,政府要更新观念、承认这一保障层次存在的合理性和必要性,同时要制定相应的福利政策和扶持措施,实施家庭补贴等来支持和帮助家庭养老和自我养老保障,与社会化养老形成互补。

2. 政府保障层次

纵观世界各国的养老保障制度,除实行福利性保障制度的少数国家外,目前大多数国家实行的是满足居民基本生活需要的养老保障,也就是由政府负责的普惠式(universal)国民养老保障制度,即政府保障(government security)层次。这就是养老保障的第二层次。在这一层次中,政府是保障制度的直接责任主体,其目的是向所有老年人提供最基本的收入保障,包括满足最低生活需要的贫困救济。保障的经费来源于国家税收,待遇标准与工资脱钩,但是与物价水平挂钩,并且随着整个社会平均水平的提高而提高。政府的普惠式养老保障可以让老年人分享社会发展的成果,体现了社会保障的公平性原则,这个保障层次的优点是覆盖面大,不足之处是保障的水平比较低,不能充分保障老年人的生活质量。

3. 差别化职业养老保险层次

差别化职业养老保险(differential professional pension)层次是指由政府主导,雇主与雇员分担缴费责任,待遇标准因劳动就业以及缴费关联而存在差异。政府统一政策规范,统一税制优惠,确定与雇主分担缴费的比例,缴费又与个人工资水平和缴费年限相关,是一种兼顾公平与效率的制度安排。

4. 补充保障层次

补充保障(complementary security)层次是指由劳动者所在单位提供的补充养老保险,包括企业年金和非企业单位补充养老保险。这是养老保障的第四层次,也是职业福利的重要组成部分。这个层次保障的经费来源于雇主的缴费或者雇主与雇员共同的缴费,这样可保证雇主单位的发展战略和劳动力市场的竞争需要。政府对这一层次的养老保障措施实施鼓励政策,但不具体干预。西方工业化国家的企业年金制度和我国目前实施的企业补充养老保险都属于这个层次的保障。

5. 市场提供层次

市场提供(market provided)层次的养老保障主要有各种商业保险公司提供的商业人寿保险服务。这一层次是完全的市场行为,通过市场提供的产品,以市场交易的方式来完成,政府只在商业保险的法律框架内监管,具体不负任何责任。从本质上讲,这一层次的保障也可以理解为自我保障或者家庭的保障,只不过这种保障方式比我们第一层次的保障更加社会化和市场化,是一种高度社会化的自我保障。

在这5个保障层次中,包括家庭保障的自我保障层次在我国仍将发挥重要的作用。5个保障层次的分布特点是,目前处在第一保障层次的人口占大多数,越向高级层次发展,保障水平越高，劳动力的价值也越高，个人和雇主（单位）支付的费用越高。在这 5 个保障层次中，我国要大力鼓励和发展第三、第四和第五层次的保障，同时还要努力做好第一和第二层次的基本保障工作，使每一个保障层次能在不同的发展阶段发挥着各自的作用。

（二）解决养老金旧体制的历史遗留问题

1993 年，中共十四届三中全会决定加大我国养老保障体制的改革。1995 年 3 月，国务院发布了《关于深化企业职工养老保险制度改革的决定》，并附加了实施这一方案的 3 个原则。这次改革的重点内容是实现我国基本养老保障制度由过去的“现收现付”制度向“社会统筹与个人账户相结合”的部分积累制度的转变。这是我国养老社会保障制度改革中的一个历史性的根本的制度转变和跨越。这种“统账结合”的模式既可以解决社会养老保障中的社会互济问题，又可以调动个人的积极性，达到养老金积累的目的，可以应付因人口增加和快速老龄化而造成的养老金支付高峰和其他养老保障的压力。虽如此，但任何改革都不会一帆风顺，我国的养老保障制度改革从“现收现付”的旧体制向“统账结合”部分积累的新制度的过程中，产生了许多历史问题，为此，我们试从以下几个方面来加以解决。

1. 政府主动承担养老责任

新制度产生前，我国实行计划经济体制，实施新制度时已经退休的职工和在实行个人账户制度之前较早参加工作的职工所在企业的养老保险基金不是以利税形式上缴国家财政，就是被企业用来扩大再生产。这些为国家做了多年贡献，已经退休的职工与即将要退休的职工，其个人养老金在计划经济年代被转化成了国有资产，现在他们在改革中出现的因制度原因导致的困难和问题应该由政府承担。

2. 国有资本填补养老金空缺

建立新的社会保障体系的最大难点在于如何处理老职工的“空账户”问题。如果不对老职工作出补偿，“充实”他们的账户，以个人账户为主的基本养老保险和医疗保险体系就难以建立。有人认为，它之所以成为难点，是因为这项欠账数额巨大以致国家财政无力承担。有经济学家认为，中央政府向各级国有资产管理公司划拨原来由国务院集中行使产权的国有资产前，首先要留出足够的国有资产，用于偿清对老职工的社会保障欠账。如果把现有国有资产全部拨给三级国有资产管理机构，由他们自主处理，这将使政府失去处理广大老职工社会保障欠账的资源，从而留下巨大的金融风险和社会风险隐患。而将这部分国有资产通过社会保障基金理事会归还老职工恰好符合运用金融工具和金融机构创新来消除金融风险的主旨。现有国有资产中相当一部分是由现收现付体系下职工的社会保障基金形成的，因此拿出国有资产中足额的部分用于偿还老职工的社会保障欠账，做实个人账户合情合理，符合社会公平的原则。用国有资产的存量化解养老保障制度转轨中的隐形债务问题是一个解决目前养老金制度转轨中燃眉之急的理想出路。另外，还可以在国有企业进行股份制和股份合作制改革以及组建有限责任公司时，从中划出一部分归属社会保险基金管理机构，用以变现来偿还养老保障制度转轨中留下的历史债务。通过对国有资产的转换和改造，剥离部分资产用来解决养老保障制度转轨中的历史遗留问题是较为合理可行的途径。

（三）建立和完善科学的老年服务与管理体系

老年服务与管理体系指的是由服务主体（政府部门、社会团体、养老机构等）、服务对象（居家老年人、机构养老者、残疾老年人等）、服务内容（养老金服务、法律权益服务、医疗保健服务、生活护理服务、心理健康服务、老年消费服务等)及服务方式(居家养老服务、社区养老护理服务、养老机构服务、社区服务等)等多种要素构成的体系。服务体系的形成意味着服务理念的提升、服务内容的丰富、服务品质的提高以及对服务管理与监督的便利,其宗旨就是确保老年人保障水平与老年人生活质量的改善与提升。

1. 加强对养老设施建设和运营的政策扶持

发展社会福利事业,寄希望于以赢利为目的的企业或投资者可行性不大,要完全靠商业运行模式来大力发展养老事业还有许多困难,因此,政府要成为这项事业的带头人与推动者。以北京市为例,它出台的《关于加快实现社会福利化的意见》中公布的一些优惠政策对社会化福利起到了良好的推动作用,提出可以通过两个方面的途径对养老设施的建设和运营加以解决。第一,融资和投资扶持。目前福利机构拥有或运营的养老设施是以入住老人的月租金收入来支撑运营的,前期投入大,且投资收益时间长。如果贷款和还贷没有政策方面的优惠,不可能建设较现代化的养老设施。国家可考虑由有关部门研究出养老院建设贷款优惠政策,从资金来源上扶持养老机构的建设。第二,机构运行政策扶持。在养老机构的日常运营中,政府可以考虑对水、电、气等费用给予一定的优惠。同时也可以考虑在一定的年限内对养老机构的老年人实行补贴,帮助他们购买服务,另外对机构的经营实行一定年限的税收减免政策。对于目前已经实行的一些社会福利政策,一些地方并未遵照执行,因此,政府要加大各部门的协作,督促各地将政策落到实处。与此同时,国家或当地政府每年可以拿出一部分资金对老年管理与服务优良的养老机构或者个人进行奖励,以提升养老机构的服务质量和管理水平,从而解决养老机构中存在的一些实际问题。

2. 丰富养老设施的形式和内容

一些发达国家的养老设施多种多样,传统的如养老福利院、特别养老福利院以及低费老人福利院等。这些养老机构为不同年龄段、不同身体状况和不同经济状况的老人提供了不同的设备、服务的内容等。鉴于传统的养老设施在保护个人隐私和维护个人尊严方面存在缺陷,近年来老人集体居住设施以及老年公寓迅速发展起来,这种住宅表面上与普通住宅没有什么不同,但在楼梯、走廊、居室、浴室、厨房、厕所等内部设计上都充分考虑了老人们生活习惯的特征,并且按比例配备生活管理员,全天候值班服务。另外,更高生活水准的老年公寓也发展较快,如日本,按地理环境不同,出现了都市型、近郊型、风景地疗养型、田园诗话型等多种形式的老年公寓。我国的老年公寓在服务内容与质量上与发达国家相比还存在较大的差距。因此我国的养老设施在形式多样化方面应有所发展,以此来满足不同生活负担和经济负担的老人的需求。

3. 因地制宜做好养老机构的合理规划

养老设施的发展不仅要考虑老年人的需要和特点,还应当因地制宜,充分发挥不同地理环境的优势。对于市区的养老设施来说,应当要考虑到老年人的情感需求,满足他们与后代、朋友、邻居等保持情感交流的需要,因而,市区的养老设施应当尽量设置在居住区内。而对于郊区或农村地区来说,则应当充分发挥其环境优美、空气清新、地价便宜、远离城市喧嚣等优势。这样不仅可以吸引郊区的老年人,还可以吸引市区的老年人。以日本为例,都市型养老院位于市区,可以使老人保持以往生活的规律及各种人际交往关系,有生活便利的优点。而近郊型和田园化老年公寓,虽然不如都市型方便,但价格都比都市型便宜,而且可以享受到良好的环境质量。另外,在生态田园型的老年公寓中,老人还可以自己种植蔬菜和花卉，既自娱自乐，又可降低生活费用，特别适合那些喜欢田园生活的人。

（四）提高养老机构的管理和服务水平

目前，我国各地养老机构的服务水平普遍偏低，大部分老年人不满意，造成许多老年人不愿到养老机构去养老，这严重影响到我国养老保障事业的进一步发展。老年人对舒适的生活、健康愉悦的身心以及亲情等都有着十分强烈和敏感的需求。如果在养老服务，特别是在养老的心理服务上没有突破，加上传统观念的影响，要想让更多的老年人到养老机构就会十分艰难。目前，养老机构的服务只局限在普通意义上的日常生活照料，这是远远不够的，我们要科学地安排、创造健康愉快的环境与和谐的人际关系，让老年人发挥一定的余热，体现他们自身的价值，营造一个像家一样的养老环境，真正把养老保障服务与管理水平提升到一个新的台阶。

1. 加强和完善养老机构建设

随着人口老龄化的进一步发展，兴办养老设施将是一项非常具有前景的产业，正在吸引越来越多社会力量的介入。无论是养老设施的新建还是改造，首先在硬件上考虑方便老年人生活的需要，为老年人提供便于交流和活动的环境。对此，国家颁布了养老设施的建设标准。但是硬件设施仅仅是保证老年人精神生活质量的基础，除此之外，还必须有良好的服务作为支撑。在市场经济的条件下，社会办养老设施没有政府拨款，必须自负盈亏，因而它们首先要考虑的是生存问题，它们的资金往往有限，如考虑较高的精神生活质量，则需要较多的人力和物力的投入，而经营成本过高又可能导致入住率不足。因此，越来越多的老年人把是否能提高精神生活水平作为选择养老机构的重要的参考因素。养老产业是一个特殊的产业，关系到老年人这一特殊群体，在考虑利润的同时又必须兼顾其公众性和公益性。因此，必须解决好投入予成本之间的关系，切实保护老年人的权益，保证养老设施产业的长远发展。政府有关部门应当结合各地的实际情况，在养老设施的硬件和软件建设上给予必要的政策扶持，促进机构养老事业的发展。

2. 关注老年人的心理健康，提升老年人的精神生活层次

针对老年人敏感、脆弱，易产生压抑情绪的特点，适当地帮助他们进行心理疏导是十分必要的。首先，要尽量根据老年人不同的身体状况，实行分级管理，分片居住，以免不良情绪的感染。其次，营造温馨而富有人情味的生活氛围。要求管理和服务人员在服饰、语言和动作上都应注意给予老年人以正面的暗示，而避免负面的刺激，要让老人感到自己是被平等对待和受尊敬的，而且仍然在获得关心和爱。再次，要多组织一些丰富多彩的活动，转移他们的注意力，开设心理疏导讲座和咨询，注意他们的心理变化，增强他们的自我心理调适能力。帮助他们树立正确的生死观，消除他们对死亡的恐惧等。养老机构要设立专门的部门对老年人的精神生活进行细分，有意识地提高他们对周围事物的关心程度，开拓他们的视野，培养和扶持老年人比较广泛的兴趣与爱好，并配备必要的硬件设施条件让他们实现自己合理的计划与想法。除了为老年人提供日常听广播、看电视、读书读报的环境外，还可多组织设施内部分或全部老人参加的参观、旅游、讲座、联谊活动等，其内容、规模、时间、路程等可根据老年人的身体状况与兴趣爱好具体安排。这样可有效地避免设施内老年人生活的枯燥感和与外界的脱节，提升和丰富老年人的精神生活。

3. 协助老年人与家庭之间的联系

无论设施内的生活如何丰富多彩，家始终都是老年人心中忘却不了、割舍不下的感情依

托和牵挂。入住养老设施意味着老年人与家庭在空间和心理上距离的加大，虽然绝大多数老年人已经能坦然接受这一点，但这并不等于他们不再需要家庭的关心，他们甚至比入住前更希望得到子女和亲人的问候。而事实上，老年人入住养老设施后，由于没有了安全、健康和衣食方面的牵挂，子女更容易忽略对老年人的关心。对此，养老机构的管理者可设立定期与不定期的家庭联系制度，及时通报老年人的生活近况，帮助弘扬尊老敬老的文化，并邀请家属到机构参观，提出意见和建议。此外，有条件的养老机构还可以在每个老人的寝室中安装电话，方便老人与家庭的联络与沟通。

（五）加强养老服务与管理人员的教育和培训

人是养老服务与管理的主要因素。包括普通的服务员和管理人员，即包括从事养老保障服务行业的所有人员。要提供高质量、人性化、专业化的养老服务，做好对养老机构的人员培训十分重要。这个培训的目的不仅要让管理人员和服务人员树立良好的为老年人服务的意识和“服务出效益”的思想，做到熟悉和掌握本职工作中基本的医疗救护、日常生活照料、房间环境布置，还要做到能认真与老人谈心、聆听老人的倾诉、排遣老人心中的苦闷以及对老人进行正确的心理疏导等。

1. 开设专业课程加强人员的教育和培训

做好养老服务与管理工作，培养合格的人才是关键。劳动和社会保障部门、民政部门等应加强与有关高等院校和科研机构的合作，研究开设“老年保障学”“老年心理学”“老年护理学”“老年文化学”“老年经济学”等课程和其他与之有关的具体的专业课程，为我国的养老保障服务与管理培养一大批高质量的管理人员和专业人才。从而在根本上提高我国的养老保障及服务的质量。老年社会保障的专业教育和服务在我国一直是一个空白，由于福利社会化和老年服务行业刚刚兴起，这个领域的专业人才和职业人员极为短缺。老年服务是一个需要专业技术和热情、耐心、爱心的行业，所有从事老年服务工作的人都需要接受专业培训。劳动和社会保障部已经将养老护理员规定为一个技术工种，需要经过培训持证上岗，然而，目前从事养老服务的人员大部分没有接受过严格的专业的教育和培训，为此，我们要开展相关工作，重视养老服务与管理人员的技能培训与提升。

2. 建立老年保障服务与管理教育的长期机制

对老年人的服务与管理是各个国家都必须认真对待和从事的一项长期工作和任务，在全球老龄化的形势下更显得紧迫和必要。但是，要真正做好这项长效的工作，首先要建立科学的教育机制，把养老保障的理论和科学知识的教育与专业化的培训结合起来，让政府和社会共同参与实施。做好养老保障服务与管理的理论研究和教育、人员培训及实践和完善各环节的规划和实施工作。

3. 做好教育和培训的考核认证工作

劳动和社会保障部规定养老护理员作为一个技术工种，需要通过培训持证上岗。这说明国家开始重视对养老保障管理与服务教育和培训的规范化建设。要实现规范化，提高养老保障的管理和服务质量，做好养老机构专业人员资格的培训和认证是一个重要环节。我们可以参考旅游宾馆与饭店的管理模式，在对养老保障管理与服务机构的从业人员进行必要的教育和培训后，发给相应的培训合格证书及资格证书，然后根据人员的实际情况，决定机构的开业和运营资格。这样就保证了养老机构的从业人员资格符合养老保障与服务的要求，从而保证了养老服务机构的服务与管理水平，也保证了老年人的权益和养老生活质量。

（六）养老机构实行行业化管理

随着市场经济的发展，经济增长方式从粗放型向集约型的转变，传统的以行政区域划分管理经济的模式遇到了效率和产出低下、重复建设、资源浪费等问题的严峻挑战。在中国加入世界贸易组织的背景下，要求政府从产业发展的角度审视和管理养老保障机构，以保证服务的规范和效率的提高。

1. 行业化管理的作用

在传统的计划经济向市场经济体制转变的过程中，多元化的市场格局日渐形成，旧的部门管理已难满足现实需求。行业发展难以做到有效的统筹规划，导致大量的重复生产、重复建设和重复引进等情况的发生。此外，经济增长方式从粗放型向集约型转变，也要求政府管理体制从部门管理向行业管理转变，以求得产业布局的合理和行业发展的有序进行，抑制盲目发展。从现实情形来看，要求政府的经济管理职能向制定和执行宏观调控政策、搞好基础设施建设以及创造良好的经济发展环境方向转变。这样，过去由政府行使的部分职能需要转给企业、市场甚至社会组织，同时还要区分政府的行业管理和非政府的行业管理。前者由政府有关部门实施，主要是制定行业发展的目标、任务和规划，制定和实施产业政策，协调行业利益和行业行为，以国家的财政政策、金融政策、分配政策等予以调控和贯彻；后者则是由自律性行业组织即行业协会实施，主要是在政府与企业之间发挥桥梁与纽带作用，维护行业利益，进行行业统计，在行业中发挥服务、自律、协调、监督等作用。

2. 行业化管理的要求

目前，养老机构日益增多且社会化趋势渐强，养老服务作为一个专门的行业，政府应该鼓励和支持非政府性质的养老机构行业协会的构建。行业协会代表着养老机构的共同利益，反映机构的共同要求和愿望。它可以加强行业的内部协作关系、机构与老年团体以及老人家庭的交流、机构与社会相关组织和企业的联系，并协助政府将社会化福利行业规范化，提高行业整体素质，促进全行业的共同发展。协会在以各种形式为养老机构服务的同时，可以发现问题，研究行业发展趋势，向政府业务主管部门反映会员的要求，从而维护会员的合法权益，为政府规划、政策的科学制定提供依据，成为沟通政府与机构的桥梁和纽带，最终成为推动养老事业发展的重要社会力量。

3. 养老机构行业协会的目标

（1）制定行业规范。根据国家法律、法规和本行业的特点，制定行业的规章制度，建立行业自律性机制，规范行业自我管理行为，促进各企业平等参与竞争，提高行业整体素质，维护行业整体利益。

（2）制定行业的运行标准。参与制定、修订行业各类标准工作，包括技术标准、经济标准、管理标准。组织推进标准的贯彻实施，开展行检、行评工作。

（3）进行行业内部价格协调。对于行业内的价格争议，组织同行议价。对行业内的协定价格进行指导、监督、协调，防止行业价格垄断，保护行业平等竞争，维护企业合法利益。

（4）加强行业统计工作。布置、收集、整理、分析全行业统计资料，为政府制定产业政策提供依据，为企业经营决策服务。

（5）进行行业论证与监督。在受政府或有关企业委托的情况下，对行业内重大投资、改造以及开发项目的先进性、经济性、可行性进行前期论证工作，并参与项目责任监督，组织国内外的行业技术协作和交流。

4. 政府对养老服务行业的政策扶持与监督

鉴于养老服务行业的特殊性，我们不能完全按照市场化的标准来对其进行运作，如果完全融入市场，除了经济实力相当雄厚且具有爱心的人士会致力于慈善事业之外，其他的任何以赢利为目的的企业或者个人都不会参与这个行业。为此，政府必须建立起一套科学合理的政策体系，通过制定一系列具有行业优惠和扶持的政策来激励和带动养老服务行业的发展。

（1）老年服务与管理补贴政策。针对不同年龄的老年人实施不同的老年服务补贴政策，定期向每个老年人补贴一定的款项，用于其养老服务开支，补贴根据老年人的自身保障状况而定，补贴的经费由当地的财政或中央财政统一调拨支付。

（2）养老机构建设扶持政策。政府部门可以制定税收优惠政策甚至在一定期限内减免税收；制定土地使用优惠政策，政府优先划拨土地用于养老机构的建设，或者若干年内免费使用土地的政策，以鼓励企业投资养老服务机构的建设。

（3）制定保障老年人权益的公共政策。由政府制定一系列有利于老年人权益保障的公共政策，如公园、图书馆、剧院、体育场馆等公共设施的免票政策、公共交通搭乘的优惠政策等，使他们享受社会发展的成果及社会的关爱。

（4）民政等部门要尽快制定养老机构的详细管理和服务标准。根据标准定期对养老社会保障机构的管理和服务进行监督检查和信息披露，避免养老机构过于趋利或管理不善给老年人的身心带来危害和影响。

思考题

1. 联系实际，分析我国当前老年服务与管理工作的首要任务与发展趋势。

2. 结合所学知识，讨论你所在社区（村）老年服务与管理存在的不足之处及改进措施。

内容小结

对老年服务与管理的国际化与本土化的掌握可以从以下两个方面进行。

1. 了解世界各国特别是发达国家的养老服务与管理的现状，学习其先进经验，结合我国实际，借鉴其可取之处。

2. 在对我国老年服务与管理的历史变迁进行学习之后，深刻体会到我国传统文化对于养老方式的影响，随着社会的发展，传统的养老方式已不能适应和完全满足社会需要，为此，我们要进行一些积极的探索与改革，以求在为老年人提供更好服务的同时促进我国老龄事业的不断发展。

推荐阅读

[1] 窦玉沛. 重构中国社会保障体系的探索[M]. 北京：中国社会科学出版社，2001.

[2] 邓大彬，向运华. 社会保障问题研究[M]. 北京：人民出版社，2009.

[3] 时正新. 北京中国社会福利与社会进步报告[M]. 北京：社会科学文献出版社，2001.

附　　录

附表 1　量表 1

生活满意度指数 A(LSI A)

下面的一些陈述涉及人们对生活的不同感受。请阅读下列陈述，如果你同意该观点，就请在“同意”之下做一记号；如果不同意该观点，请在“不同意”之下做一记号；如果无法肯定是否同意，则在“?”之下做一记号。请务必回答每一个问题。

1. 当我老了以后发现事情似乎要比原先想象的好。(A)
   同意　不同意　?
2. 与我所认识的多数人相比，我更好地把握了生活中的机遇。(A)
   同意　不同意　?
3. 现在是我一生中最沉闷的时期。(D)
   同意　不同意　?
4. 我现在和年轻时一样幸福。(A)
   同意　不同意　?
5. 我的生活原本应该是更好的时光。(D)
   同意　不同意　?
6. 现在是我一生中最美好的时光。(A)
   同意　不同意　?
7. 我所做的事情多半是令人厌烦和单调乏味的。(D)
   同意　不同意　?
8. 我估计最近能遇到一些有趣的、令人愉快的事。(A)
   同意　不同意　?
9. 我现在做的事和以前做的事一样有趣。(A)
   同意　不同意　?
10. 我感到老了、有些累了。(D)
    同意　不同意　?
11. 我感到自己确实上了年纪，但我并不为此而烦恼。(A)
    同意　不同意　?
12. 回首往事，我相当满足。(A)
    同意　不同意　?
13. 即使能改变自己的过去，我也不愿有所改变。(A)

同意　不同意　？

14. 与其他同龄人相比，我曾作出较多的愚蠢的决定。(D)

同意　不同意　？

15. 与其他同龄人相比，我外表较年轻。(A)

同意　不同意　？

16. 我已经为一个月甚至一年后该做的事制订了计划。(A)

同意　不同意　？

17. 回首往事，我有许多想得到的东西均未得到。(D)

同意　不同意　？

18. 与其他人相比，我惨遭失败的次数太多了。(D)

同意　不同意　？

19. 我在生活中得到了相当多我所期望的东西。(A)

同意　不同意　？

20. 不管人们怎样说，许多普通人是越过越糟，而不是越过越好了。(D)

同意　不同意　？

注意：

A为正序记分项目，D为反序记分项目。得分从0分(满意度最低)到40分(满意度最高)。

生活满意度自我评价：选用自评量表生活满意度指数A(LSI-A)表，该量表包含20个题目，其中有12个正向问题，8个负向问题；涉及热情与冷漠，决心与不屈服，愿望与实现目标的统一等问题记分，方法是同意正向问题得2分，不同意得0分；同意负向问题得0分，不同意得2分；不回答或不清楚的得0分，总分最高为40分，最低为0分，分数越高表明生活满意度越高。

附表2　量表2

纽芬兰纪念大学幸福度量表(MUNSH)

指导语：我们想问一些关于你的日子过得怎么样的问题。如果符合你的情况，请回答"是"，如果不符合你的情况，答"否"。

最近几个月里，你感到：

(1) 满意到极点？　(PA)　　(2) 情绪很好？　(PA)

(3) 对你的生活很满意？　(PA)　　(4) 很走运？　(PA)

(5) 烦恼？　(NA)　　(6) 非常孤独或与人疏远？　(NA)

(7) 忧郁或非常不愉快？　(NA)

(8) 担心，因为不知道将会发生什么情况？　(NA)

(9) 感到你的生活处境变得艰苦？　(NA)

(10) 一般说来，生活处境变得使你感到满意？　(PA)

(11) 这是我一生最难受的时期？　(NE)

(12) 我像年轻时一样高兴？　(PE)

(13) 我所做的大多数事情都令人厌烦或单调？　(NE)

(14) 我做的事使我感兴趣? (PE)
(15) 当我回顾我的一生时,我感到相当满意? (PE)
(16) 随着年龄的增加,一切事情更加糟糕? (NE)
(17) 你感到孤独的程度如何? (NE)
(18) 今年一些事情使我烦恼? (NE)
(19) 如果你能到你想住的地方去住,你愿意到那儿去住吗? (PE)
(20) 有时我感到活着没意思? (NE)
(21) 我现在像我年轻时一样高兴? (PE)
(22) 大多数时候我感到生活是艰苦的? (NE)
(23) 你对你当年的生活满意吗? (PE)
(24) 我的健康情况和我的同龄人比与他们相同甚至还好些? (PE)

解释:

由于 MUNSH 对幸福度测定的效度和信度较高,具有较好的内部一致性和最大的时间稳定性,MUNSH 作为老人精神卫生状况的恒定的间接指标已为许多国家广泛应用。MUNSH 的理论结构是情感平衡理论,这一理论把幸福理解为两种对立而同样重要的、独立的情感之间的平衡,即正性情感与负性情感之间的平衡,正性情感增加一个人的幸福度,负性情感降低一个人的幸福度,总的幸福度是两者之间平衡的结果。

MUNSH 有 24 个条目组,10 个条目反映正性和负性情感,其中 5 个条目反映正性情感(PA),5 个条目反映负性情感(NA),14 个条目反映正性和负性体验,其中 7 个条目反映正性体验(PE),另 7 个条目反映负性体验(NE)。

总的幸福度=PA－NA＋PE－NE

评分:

对每项目回答“是”,记 2 分,答“不知道”,记 1 分,答“否”记 0 分。

第 19 项“现在住地”记 2 分,“别的住地”记 0 分。

第 23 项答“满意”记 2 分,“不满意”记 0 分,

总分=PA－NA＋PE－NE,

得分范围－24～＋24。为了便于计算,加上常数 24,记分范围 0～48。

PA:正性情感　NA:负性情感　PE:一般正性体验　NE:一般负性体验

附表 3

90 项症状自评量表
(Symptom Checklist 90,SCL-90)

用户编号:	姓名:
出生日期:	性别:
文化程度:	婚姻状况:
年级:	班级:

指导语：以下条目中列出了有些人可能会有的问题，请仔细地阅读每一条，然后根据最近一星期以内下述情况影响你的实际感觉，在5个答案中选择1个答案(无：自觉并无该项症状或问题；轻度：自觉有该项症状，但对测验者并无实际影响，或影响轻微；中度：自觉有该项症状，对测验者有一定影响；相当重：自觉常有该项症状，对测验者有相当程度的影响；严重：自觉该项症状的频度和强度都十分严重，对测验者的影响严重)。

选项内容(共5项)：1. 无　2. 轻度　3. 中度　4. 相当重　5. 严重

测验题目(共90题)：

1. 头痛
2. 神经过敏，心中不踏实
3. 头脑中有不必要的想法或字句盘旋
4. 头昏或昏倒
5. 对异性的兴趣减退
6. 对旁人求全责备
7. 感到别人能控制您的思想
8. 责怪别人制造麻烦
9. 忘性大
10. 担心自己的衣饰整齐及仪态的端正
11. 容易烦恼和激动
12. 胸痛
13. 害怕空旷的场所或街道
14. 感到自己的精力下降，反应减慢
15. 想结束自己的生命
16. 听到旁人听不到的声音
17. 发抖
18. 感到大多数人都不可信任
19. 胃口不好
20. 容易哭泣
21. 同异性相处时感到害羞不自在
22. 感到受骗、中了圈套或有人想抓住您
23. 无缘无故地突然感到害怕
24. 自己不能控制地发脾气
25. 怕单独出门
26. 经常责怪自己
27. 腰痛
28. 感到难以完成任务
29. 感到孤独
30. 感到苦闷
31. 过分担忧
32. 对事物不感兴趣

33. 感到害怕
34. 我的感情容易受到伤害
35. 旁人能知道您的私下想法
36. 感到别人不理解您,不同情您
37. 感到人们对您不友好,不喜欢您
38. 做事情必须做得很慢以保证做得正确
39. 心跳得很厉害
40. 恶心或胃部不舒服
41. 感到比不上他人
42. 肌肉酸痛
43. 感到有人在监视您,谈论您
44. 难以入睡
45. 做事必须反复检查
46. 难以作出决定
47. 怕乘电车、公共汽车、地铁或火车
48. 呼吸有困难
49. 一阵阵发冷或发热
50. 因为感到害怕而避开某些东西、场合或活动
51. 脑子变空了
52. 身体发麻或刺痛
53. 喉咙有梗塞感
54. 感到没有前途,没有希望
55. 不能集中注意
56. 感到身体的某一部分软弱无力
57. 感到紧张或容易紧张
58. 感到手或脚发重
59. 想到死亡的事
60. 吃得太多
61. 当别人看着您或谈论您时感到不自在
62. 有一些不属于您自己的想法
63. 有想打人或伤害他人的冲动
64. 醒得太早
65. 必须反复洗手、点数目或触摸某些东西
66. 睡得不稳不深
67. 有想摔坏或破坏东西的冲动
68. 有一些别人没有的想法或念头
69. 感到对别人神经过敏
70. 在商店或电影院等人多的地方感到不自在
71. 感到任何事情都很困难

72. 一阵阵恐惧或惊恐
73. 感到在公共场合吃东西很不舒服
74. 经常与人争论
75. 单独一人时神经很紧张
76. 别人对您的成绩没有作出恰当的评价
77. 即使和别人在一起也感到孤单
78. 感到坐立不安,心神不定
79. 感到自己没有什么价值
80. 感到熟悉的东西变成陌生或不像是真的
81. 大叫或摔东西
82. 害怕会在公共场合昏倒
83. 感到别人想占您的便宜
84. 为一些有关"性"的想法而很苦恼
85. 您认为自己应该为自己的过错而受到惩罚
86. 感到要赶快把事情做完
87. 感到自己的身体有严重问题
88. 从未感到和其他人很亲近
89. 感到自己有罪
90. 感到自己的脑子有毛病

参考文献

[1] 田雪原.中国老年人口[M].北京：社会科学文献出版社，2007.

[2] 姚远.中国人口年龄结构变化及老年人问题研究[M].北京：中国人口出版社，2007.

[3] 郑志学，朱汉民，王赞舜.全球人口老龄化新动向[J].中国老年学杂志，2001(1).

[4] 王瑞文.我国人口老龄化对社会发展的影响[J].天津商学院学报，2006(6).

[5] 颜志敏.人口老龄化对社会可持续发展的影响[J].哈尔滨市委党校学报，2007(3)

[6] 黄艺红，刘海涌.城市老年人服务需求的实证研究[J].北华大学学报(社会科学版)，2006(4).

[7] 江立华，黄加成.老年人需求与宜居社区建设[J].公共政策与公共管理，2011(6).

[8] 曲江川.老年社会学[M].北京：科学出版社，2007.

[9] 王石泉.老年社会服务需求考查[J].中国社会保障，2006(9).

[10] 陈友华，徐愫.中国老年人口的健康状况、福利需求与前景[J].人口学刊，2011(2).

[11] 庄琦.我国城市社区居家养老服务的现状与出路[J].北京劳动保障职业学院学报，2008，2(4).

[12] 陈雪萍.以社区为基础的老年人长期照护体系构建——基于杭州市的实证分析[M].杭州：浙江大学出版社，2011.

[13] 王刚义，赵晶磊.居家养老的困境与出路[J].创新，2008(3).

[14] 杨宜勇，杨亚哲.论我国居家养老服务体系的发展[J].中共中央党校学报，2011(10).

[15] 张本波.中国多支柱养老服务体系发展的框架和思路[J].社会福利，2008(11).

[16] 陈杏铁，张正义.老年社会工作[M].北京：中国人民大学出版社，2003.

[17] 董红亚.非营利组织视角下养老机构管理研究[J].海南大学学报(人文社会科学版)2011，29(1).

[18] 赵巧云，张金明.老年人权益保障问题研究[J].合肥学院学报(社会科学版)，2008，25(2).

[19] 袁露.论我国老年人权益保护[J].社会发展，2009(3).

[20] 李齐云，崔德英.老龄产业发展现状、问题与对策研究[J].山东经济，2008(1).

[21] 程欣.老年人生活照料研究综述[J].赤峰学院学报(汉文哲学社会科学版)，2011，21(10).

[22] 田青.老年社区照料服务：基于福利多元主义的研究[D].华东师范大学，2010(4).

[23] 王镜茹，程红.老年社区护理发展现状与启示[J].长江大学学报(自然科学版)，2011，8(7).

[24] 邢学亮，汪莹.老年心理问题与社区老年心理服务[J].宁波大学学报(教育科学版)，2008(1).

[25] 〔美〕凯瑟琳·麦金尼斯-迪特里克.老年社会工作——生理、心理及社会方面的评估与干预[M].隋玉杰，译.北京：中国人民大学出版社，2008.

[26] 裴晓梅，房莉杰.老年长期照护导论[M].北京：社会科学文献出版社，2010.

[27] 陈雪萍，姚蕴伍，杜丽萍.养老机构老年护理服务规范和评价标准[M].杭州：浙江大学出版社，2011.

[28] 〔美〕赫思. 老年病病例教程[M]. 张存泰,译. 北京：人民卫生出版社,2012.
[29] 王海霞. 老年护理学[M]. 上海：同济大学出版社,2008.
[30] 卢桂珍. 老年健康照护[M]. 天津：天津大学出版社,2008.
[31] 孙长颢,孙秀发,凌文华. 营养与食品卫生学[M]. 北京：人民卫生出版社,2007.
[32] 任淑华. 老年膳食营养[M]. 北京：经济管理出版社,2006.
[33] 赵旭旦,林梅. 浅谈老年人心理健康的维护与促进[J]. 学术论坛,2010(11).
[34] 高焕民,刘耀泉,吕辉. 老年心理学[M]. 北京：科学出版社,2007.
[35] 刘艳阳. 浅谈老年人的幸福指数[J]. 企业家天地(下旬刊),2011(10).
[36] 李倩. 老龄化背景下老年人的精神需求分析[J]. 东方企业文化,2011(8).
[37] 唐东霞. 论老年活动策划与组织原则[J]. 江苏经贸职业技术学院学报,2012(2).
[38] 李建伟. 老年旅游市场现状及发展方向[J]. 经济论坛,2009(12).
[39] 杨晖. 对做好企业老年旅游服务工作的探讨[J]. 经济论坛,2009(12).
[40] 李敏. 论我国老年旅游市场发展存在的问题与策略[J]. 安阳工学院学报,2007.
[41] 刘渝琳. 养老质量评测[M]. 北京：商务印书馆,2007.
[42] 田定中. 中国老年旅游指南[M]. 北京：光明日报出版社,2011.
[43] 赵宝华. 提高老年生活质量对策研究报告[M]. 北京：华龄出版社,2002.
[44] 刘嘉龙. 休闲活动策划与管理[M]. 上海：上海人民出版社,2011.
[45] 刘静林. 老年社会工作[M]. 北京：中国轻工业出版社,2005.
[46] 张虚. 银色浪潮忧思录[M]. 北京：华龄出版社,2006.
[47] 武新,刘华锋. 社会保障概论[M]. 北京：中国劳动社会保障出版社,2007.
[48] 周绿林. 社会保障概论[M]. 天津：天津大学出版社,2008.
[49] 陈卓颐. 实用养老机构管理[M]. 天津：天津大学出版社,2009.
[50] 赵勤,周良才. 社区管理[M]. 北京：中国劳动社会保障出版社,2007.
[51] 牟洋. 浅析老年人权利法律保障及其完善[D]. 山东大学,2009.
[52] 闫堃. 论城市社区老年保障的有效建立——以北京方庄的 15 个社区为例[D]. 首都经济贸易大学,2007.
[53] 高佩钰. 老年居住社区的设计研究[D]. 合肥工业大学,2010.
[54] 高娟. 社区老年教育模式研究[D]. 陕西师范大学,2011.
[55] 王宁. 城市社区养老需求与社区养老服务体系建设[J]. 重庆科技学院学报,2011(11).
[56] 中华人民共和国老年人权益保障法,2012.
[57] 湖北省养老服务机构服务质量控制规范(试行),2012.
[58] 程馨,徐建培. 论中国老年人力资源开发[J]. 中华励志网. 2010-6-22.
[59] 全国老龄办. 中国人口老龄化发展趋势预测研究报告. 2006-2-23.
[60] 陈力. 老年人力资源的特点与开发原则[J]. 中国人才,1996(12).
[61] 叶亚谅. 老年人再就业[J]. 人力资本管理,2012(9).
[62] 肖明智. 开辟老龄产业发展新天地[N]. 中国经济网—经济日报. 2012-2-10.
[63] 鲁志国. 简论人口老龄化对我国产业结构调整的影响[J]. 深圳大学学报(人文社会科学版),2001.
[64] 王岳喜,李洪星. 试论市场经济条件下我国老龄产业发展的现状与前景[J]. 山东经济,2004(9).

[65] 熊必俊.老年人才资源开发的理论和实践.第二届中国老年人才论坛论文集,2006.
[66] 国务院新闻办公室.《中国的人力资源状况》白皮书,2010.
[67] 中华人民共和国国家统计局.2010年第六次人口普查主要数据公报,2011.
[68] 张岩松.论举办高职本科老年服务与管理专业的必要性[J].辽宁高职学报,2006,14(4).
[69] 孙颖心,张开荆.老年服务与管理专业教育的现状及对策[J].中国老年学杂志,2005,12(25).
[70] 宋珮珮.论国外老年学的学科体系[J].国外医学(社会医学分册),2001,18(3).
[71] 张白.社会化养老服务人才的培养培训研究[D].山东大学,2010.
[72] 董之鹰.21世纪的社会老年学学科走向[J].社会科学管理与评论,2004(1)
[73] 何靖楠,李宁华,张毅.国内外人口老龄化现状及我国面临的挑战[J].中华临床医师杂志,2011(7).
[74] 祁峰.英国的社区照顾及启示[J].西北人口,2010(6).
[75] 杨雯雯.老龄化背景下社区养老服务需求研究[D].吉林大学,2010.
[76] 王石泉.中国老年社会保障制度与服务体系的重建[D].复旦大学,2004.
[77] 王东进.中国社会保障制度的改革与发展[M].北京:法律出版社,2001.
[78] 胡伟略.人口社会学[M].北京:中国社会科学出版社,2002.
[79] 陈克冀.老龄化中国:问题与对策[M].北京:中国协和医科大学出版社,2001.